Kauderwelsch plus
Band 12

Sabancı-Zentralmoschee in Adana

Impressum

Kauderwelsch plus

Marcus Stein
Türkisch – Wort für Wort
plus
Wörterbuch Türkisch

erschienen im
Reise Know-How Verlag Peter Rump GmbH
Osnabrücker Str. 79, D-33649 Bielefeld
info@reise-know-how.de

1. Auflage 2013

Wörterbuch © 2013 LINGEA s.r.o., Brünn, Tschechische Republik,
Bearbeitung Josef Overberg, Oliver A. Iggesen
Layout Günter Pawlak
Layout-Konzept Günter Pawlak, FaktorZwo! Bielefeld
Umschlag Peter Rump (Foto: © steve estvanik@Fotolia.com)
Fotos © Diverse Fotografen@Fotolia.com, (Namen am jeweiligen Foto)
Druck & Bindung Werbedruck GmbH Horst Schreckhase, Spangenberg

ISBN: 978-3-89416-743-1
Printed in Germany

Dieses Buch ist erhältlich in jeder Buchhandlung Deutschlands, Österreichs, der Schweiz und der Benelux-Staaten. Bitte informieren Sie Ihren Buchhändler über folgende Bezugsadressen:

Deutschland Prolit GmbH, Postfach 9, 35461 Fernwald (Annerod)
sowie alle Barsortimente
Schweiz AVA-buch 2000, Postfach 27, CH-8910 Affoltern
Österreich Mohr Morawa Buchvertrieb GmbH,
Sulzengasse 2, A-1230 Wien
Belgien & Niederlande Willems Adventure, www.willemsadventure.nl

direkt Wer im Buchhandel kein Glück hat, bekommt unsere Bücher zuzüglich Porto- und Verpackungskosten auch direkt über unseren Internet-Shop: ***www.reise-know-how.de.***

Zu diesem Buch ist ein **AusspracheTrainer** erhältlich, auf **Audio-CD** in jeder Buchhandlung Deutschlands, Österreichs, der Schweiz und der Benelux-Staaten oder als **MP3-Download** unter ***www.reise-know-how.de***

Der Verlag möchte die **Reihe Kauderwelsch** weiter ausbauen und **sucht Autoren!** Mehr Informationen finden Sie unter ***www.reise-know-how.de/rkh_mitarbeit.php***

Kauderwelsch plus

Marcus Stein

Türkisch

Wort für Wort

Wörterbuch Türkisch

REISE KNOW-HOW
im Internet
www.reise-know-how.de
info@reise-know-how.de

Aktuelle Reisetipps und Neuigkeiten, Ergänzungen nach Redaktionsschluss, Büchershop und Sonderangebote rund ums Reisen

Kauderwelsch-Sprechführer sind anders!

Warum? Weil sie Sie in die Lage versetzen, wirklich zu sprechen und die Leute zu verstehen.

Wie wird das gemacht? Abgesehen von dem, was jedes Sprachbuch bietet, nämlich Vokabeln, Beispielsätze etc., zeichnen sich die Bände der Kauderwelsch-Reihe durch folgende Besonderheiten aus:

Die **Grammatik** wird in einfacher Sprache so weit erklärt, dass es möglich wird, ohne viel Paukerei mit dem Sprechen zu beginnen, wenn auch nicht gerade druckreif.

Alle Beispielsätze werden doppelt ins Deutsche übertragen: zum einen **Wort-für-Wort**, zum anderen in „ordentliches" Hochdeutsch. So wird das fremde Sprachsystem sehr gut durchschaubar. Denn in einer fremden Sprache unterscheiden sich z. B. Satzbau und Ausdrucksweise recht stark vom Deutschen. Ohne diese Übersetzungsart ist es so gut wie unmöglich, schnell einzelne Wörter in einem Satz auszutauschen.

Unsere ganze Erfahrung als Reisende, Sprachpraktiker und Büchermacher sind in das Konzept **Wörterbuch** eingeflossen. Auf über 150 Seiten bieten wir Ihnen ca. 10.000 ausgewählte Vokabeln des Grund- und Aufbauwortschatzes speziell abgestimmt auf die Bedürfnisse des Reisenden und die Besonderheiten des türkischen Sprachraums.

Die **Autorinnen** und **Autoren** der Reihe sind Globetrotter, die die Sprache im Land selbst gelernt haben. Sie wissen daher genau, wie und was die Leute auf der Straße sprechen. Deren Ausdrucksweise ist nämlich häufig viel einfacher und direkter als z. B. die Sprache der Literatur oder des Fernsehens.

Besonders wichtig sind im Reiseland **Körpersprache, Gesten, Zeichen** und **Verhaltensregeln**, ohne die auch Sprachkundige kaum mit Menschen in guten Kontakt kommen. In allen Bänden der Kauderwelsch-Reihe wird darum besonders auf diese Art der nonverbalen Kommunikation eingegangen.

Kauderwelsch-Sprechführer sind keine Lehrbücher, aber viel mehr als Sprachführer! Wenn Sie ein wenig Zeit investieren und einige Vokabeln lernen, werden Sie mit ihrer Hilfe in kürzester Zeit schon Informationen bekommen und Erfahrungen machen, die „sprachlosen" Reisenden verborgen bleiben.

Inhalt

Grammatik

Inhalt

Konversation

Wörterbuch

Eray Hacıosmanoğlu@Fotolia.com

Bosporus-Brücke in Istanbul

Vorwort

Dieser Sprechführer ist gedacht für Leute, die nicht nur mit den Wellen des Touristenstromes auch mal in die Türkei gespült werden, sondern für die, denen Reisen soviel bedeutet wie: Neues sehen, kennenlernen und zu verstehen versuchen. Das geht natürlich nicht ohne ein Minimum an Arbeit und Vorbereitung.

Sprechen, kommunizieren mit Fremden – wer möchte das nicht? Und möglichst schnell natürlich. Bloß wie?

Man muss schon ein bisschen über den **Aufbau einer Sprache** wissen, damit das überhaupt geht – mit anderen Worten: Ohne Grammatik ist nicht gut sprechen – oder zumindest nicht sehr lange. Natürlich ist es nicht gerade sehr sinnvoll, sich zu Hause hinzusetzen und eine Regel nach der anderen auswendig zu lernen bis man sie alle aus dem „ff" kennt. Der einzige Effekt wäre, dass man dann überhaupt nichts mehr spontan sagen kann, weil man nur noch darauf achtet, mit den Regeln irgendwie klarzukommen. Was tun also?

Am besten blättere man dieses Büchlein erstmal von vorn bis hinten durch, damit man einen ersten Überblick darüber bekommt, was einen erwartet. Dann versuche man, die einzelnen Kapitel nacheinander noch einmal intensiver durchzulesen. Falls es Ihnen beim Anblick der Grammatik schwarz vor den Augen werden sollte: Wenn es auch ziemlich willkürlich ist, würde ich trotzdem empfehlen, sich wenigstens bis zum Kapitel „Substantive, Artikel und Pronomen" durchzuarbeiten. Alles andere kann man später bei Bedarf noch nachholen.

Ich habe versucht, mich bei dem **Grammatikteil** auf die grundlegendsten Abschnitte zu be-

Hören Sie sich Ausprachebeispiele mit Ihrem Smartphone an! Ausgewählte Kapitel im Konversationsteil sind dafür mit einem QR-Code ausgestattet.

schränken – und auch das ist noch ganz schön viel. Aber es lohnt sich: Der Unterschied zu den sogenannten indoeuropäischen Sprachen ist zwar manchmal immens, dafür ist Türkisch eine der Sprachen, die noch die wenigsten Ausnahmen von ihren Regeln kennen.

Wenn man dann also ausreichend Grammatik getankt hat, kann man sich den thematischen Teilen zuwenden, die erstens möglichst typische und zweitens möglichst einfache Formulierungen enthalten, die man sicher öfter brauchen wird. Außerdem wird jeder Satz „interlinear" übersetzt, d. h. jeder einzelne Formbestandteil wird für sich übersetzt, was dann zwar im Deutschen den schönsten Sprachsalat gibt, dafür aber erkennen lässt, wie der Satz überhaupt zusammengesetzt ist, und wie und wo man einzelne Teile ändern muss, um ihn abzuwandeln. Eine genaue Erklärung dieser Übersetzungsmethode findet sich im nächsten Kapitel.

Überhaupt ist es das Prinzip dieser „Einführung" in die türkische Sprache, Ihnen eine Verständigungsmöglichkeit zu geben, und zwar nicht, indem fertige Sätze und Phrasen offeriert werden, die man zwar auswendig lernen, aber nicht in ihrem Aufbau nachvollziehen kann. Statt dessen soll man die Voraussetzungen dafür in die Hand bekommen, mit Hilfe der eigenen Phantasie eigene Sätze „bauen" zu können. Gleichzeitig soll aber die Möglichkeit vermittelt werden, auf diesem Grundstock aufzubauen – darum die vergleichsweise ausführliche Grammatik. Es soll zwar nicht in erster Linie um Korrektheit gehen – aber trotzdem soll nicht vorenthalten werden, was korrekt wäre. Missverstehen Sie also die Grammatik nicht als Gesetzbuch!

Auch im **Konversationsteil**, der nach Situationen und Themen geordnet ist, wird man vergeblich nach Dingen suchen, an denen vielleicht ein Philologe seine Freude hätte. Auch hier geht es um Verständlichkeit, Angemessenheit und Einfachheit.

Natürlich wird man nicht gleich nach dem ersten Lesen alle Regeln und Formen anwenden können. Wahrscheinlich wird jeder, der nie vorher Türkisch gelernt hat, am Anfang allenfalls Wortbrocken von sich geben.

Dabei hilft auch das umfangreiche **Wörterbuch** im zweiten Teil des Buches .Ein separates Taschenwörterbuch ist nicht notwendig. Vielleicht lernen Sie auch die eine oder andere Frage oder Äußerung auswendig. Aber vergessen Sie nicht, sich immer klar zu machen, wie sie aufgebaut ist!

Dieser Sprechführer ist gedacht als eine Art Handbuch: In erster Linie dient er zum Nachschlagen und zur Unterstützung und Hilfe beim eigenständigen Lernen in der Praxis. Sprechen lernt man nun einmal nur beim Sprechen selbst, man muss einfach seine Hemmungen ignorieren und darauflos reden, egal ob falsch oder richtig. Mit Hilfe dieses Büchleins können Sie sich das holen, was Ihnen ohne fremde Hilfe kaum klar werden dürfte.

Zwischendurch finden sich eine Reihe **praktischer Informationen**, Tipps und die wichtigsten Verhaltensregeln mit Hintergrundinformationen über kulturelle Gegebenheiten in der Türkei, damit man nicht gleich in jedes kulturelle bzw. religiöse Fettnäpfchen tritt! Dabei sollte man sich allerdings darüber im Klaren sein, das es weder „den Türken" noch „die Türkei" gibt. Vielmehr verbirgt sich hinter diesen Etiketten eine Vielfalt von verschiedenen, sich widersprechenden und kontrastierenden Kulturen, Völkern und Sitten, die sich nicht über einen Kamm scheren lassen, und deren Zusammenleben in einem einzigen Staat konflikt-

Seitenzahlen

Um Ihnen den Umgang mit den Zahlen zu erleichtern,wird auf jeder Seite -außer im Wörterbuch - die Seitenzahl auch in Türkisch angegeben!

reich, da in gewissem Grade erzwungen und noch immer von Repression begleitet ist. Es ist wohl unmöglich, dies alles hier darzustellen. Ich denke auch, dass es hier ja mehr um den ersten Zugang geht und darum, grobe Missverständnisse zu vermeiden und dadurch eigene Entdeckungen und eigene Erfahrungen möglich zu machen – hoffen wir das Beste!

Eingang zum Dolmabahçe-Palast, Istanbul

Die Wort-für-Wort-Übersetzung

Diese Form der Übertragung, die Sie unter allen türkischen Sätzen finden, soll Ihnen helfen zu erkennen, wie jeder einzelne Satz aus den einzelnen Wörtern und den an diese angefügten grammatischen Elementen gebildet wird. Damit ist man in der Lage, einzelne Wörter auszutauschen oder grammatisch zu verändern (zum Beispiel eine andere Person einzusetzen). Das Prinzip dieser Übertragungsart liegt im Wesentlichen darin, dass direkt unter jedem türkischen Wort die deutsche Entsprechung erscheint, unter jeder Nachsilbe deren Übersetzung bzw. die grammatische Funktion, die sie erfüllt (zum Beispiel „Plural", „Dativ" usw.). Natürlich fällt die **Interlinear-Übersetzung** fast immer länger aus als der türkische Satz selbst. Um die dadurch entstehenden „Schwänze" nicht allzu lang werden zu lassen und um die Zuordnung zwischen türkischen Elementen und denen der Übertragung eindeutig zu kennzeichnen, benötigt man einige Abkürzungen und Symbole.

Beispiel:

Türk-üm.	**Türk** = Türke / Türkin
Türke-bin=ich	**-üm** = ich bin
Ich bin Türke (Türkin).	

\- Alle mit Bindestrich verbundenen Elemente bilden Bestandteile eines türkischen Wortes. Sie erscheinen in der Übertragung genau in derselben Reihenfolge wie im Türkischen.

= Einige türkische Nachsilben vereinigen gewissermaßen zwei grammatische bzw. Bedeutungskomponenten in einer Form. In der

Kauderwelsch-AusspracheTrainer

Falls Sie sich die wichtigsten türkischen Sätze, die in diesem Buch vorkommen, einmal von einem Einheimischen gesprochen anhören möchten, kann Ihnen Ihre Buchhandlung den ***AusspracheTrainer (Audio-CD)*** *zu diesem Buch besorgen. Sie bekommen ihn auch über unseren Internetshop* ***www.reise-know-how.de*** *Dort steht der* ***AusspracheTrainer*** *auch als* ***MP3-Download*** *zur Verfügung. Alle Sätze, die Sie auf dem* ***AusspracheTrainer*** *hören können, sind in diesem Buch mit einem 👂 gekennzeichnet.*

Übertragung werden diese beiden im Türkischen verschmolzenen Komponenten durch „=" miteinander verbunden.

?	grammatisches Formelement zur Bildung von Fragesätzen
PL	Plural (Mehrzahl)
Inf.	Infinitiv (Grundform des Verbs)
BEFEHL	Befehlsform (Imperativ)
WUNSCH	Wunschform (Optativ)

Aussprache

Auch wenn sich das Türkische für deutsche Ohren erstmal sehr merkwürdig anhört – es ist doch ziemlich einfach, türkische Worte einigermaßen richtig, d. h. verständlich auszusprechen: Erstens haben wir im Deutschen teils ganz ähnliche Laute (die feineren Unterschiede bekommt man schon mit, wenn man gut hinhört). Und zweitens wird alles gesprochen, „wie es geschrieben wird". Nur an ein paar neue Buchstaben muss man sich gewöhnen und daran, dass einige nicht so wie im Deutschen ausgesprochen werden. In der folgenden Liste findet man alle diejenigen Buchstaben aufgeführt, auf die das zutrifft. Bei allen anderen orientiere man sich an der deutschen Aussprache.

Abweichungen vom Deutschen

ä, q, ß, w, x	deutsche Buchstaben, die nicht im türkischen Alphabet vorkommen
ç, ğ, ş, ı	türkische Buchstaben, die nicht im deutschen Alphabet vorkommen

c, e, h, j, s, v, y, r, z	haben im Türkischen eine andere Aussprache als im Deutschen

Betonung

Es gibt keine einheitliche Regel für die Betonung türkischer Wörter. Wichtig ist, dass es keinen so klaren Unterschied zwischen betonten und unbetonten Silben im Wort gibt, wie man es aus dem Deutschen her kennt. Je nach Stellung im Satz kann dann mal die eine, mal die andere Silbe als betont erscheinen. In grammatisch nicht abgewandelten Wörtern liegt eine etwas stärkere Betonung entweder auf der letzten oder auf der vorletzten Silbe. Grammatische Nachsilben übernehmen meist den Akzent des ganzen Wortes. Allerdings wird die Sache komplizierter, wenn mehrere solcher Nachsilben aufeinander folgen: Bei den Verben tragen meist diejenigen Nachsilben einen leichten Akzent, die die Zeitform ausdrücken, nicht aber die Nachsilben für die grammatische Person. Wie gesagt, kann sich dies im Satzzusammenhang aber auch noch ändern. Hier heißt es genau hinzuhören: mit der Zeit wird man intuitiv die richtigen Muster erkennen und übernehmen. Akzentfehler stören im Normalfall ohnehin nicht die Verständlichkeit.

Alle Ausspracheregeln gelten strenggenommen nur für diejenigen Worte, die nicht arabischen oder persischen Ursprungs sind (was man ihnen leider nicht ohne weiteres ansieht). Wenn man jedoch durch Zuhören und Sprechen lernt, wird man die Abweichungen ganz automatisch mitbekommen.

c	**cacık** Zaziki	stimmhaftes „dsch" wie in „**Dsch**ungel"oder engl. „**J**im"
ç	**çok** viel, sehr	stimmloses „tsch" wie in „**tsch**üss"
e	**gel** komm	kurzes offenes „e" wie das erste „e" in „**e**ssen" (nicht wie in „g**e**hen"!), bzw. wie „ä" in „B**ä**nder"
ğ	**sağ ol** danke **değil** nicht	nach **a, ı, o, u** nur als Verlängerung dieses Vokals hörbar nach **e, i, ö, ü** wie ein schwaches deutsches „j" (Aussprachedes Beispielwortes: de**j**il)
h	**mahalle** Stadtviertel **Salih** (Vorname) **tahta** Brett, Holz	zwischen zwei Vokalen wie deutsches „h" vor Konsonanten und am Wortende wie „ch", dabei nach hellen Vokalen etwas weicher als in „i**ch**", nach dunklen Vokalen raues „ch" wie in „Ba**ch**"
ı	**anlamadım** ich habe nicht verstanden	(ohne i- Punkt!); existiert im Deutschen nicht: dumpf gesprochener Vokal halbwegs zwischen dem „i" wie in „**i**ch" (besonders bei undeutlicher Aussprache) und dem „e" wie in „all**e**"
j	**jilet** Rasierklinge	stimmhaftes Gegenstück zum **ş,** wie französ. „j" in **J**ournal bzw. wie zweites „g" in „Gara**g**e"
r	**Ankara**	Zungenspitzen-„r", aber sehr weich gesprochen
s	**sen** du	stimmloses (scharfes) „s" (ss/ß) wie in „Ku**ss**", auch am Wortanfang
ş	**şimdi** jetzt	stimmhaftes „sch" wie in „**sch**ön"
v	**hava** Wetter **kavga** Streit	wie deutsches „w" in „**W**etter"– Ausnahme: vor Konsonanten wird die Verbindung **av** ungefähr wie das deutsche „au" gesprochen (d. h. das **v** wird dabei zum Vokal)
y	**yarın** morgen	deutsches „j" wie in „**j**a"
z	**zaman** Zeit	stimmhaftes (weiches) „s" wie in „**S**aft", kann auch am Wortende vorkommen

Türkisch – die Bandwurmsprache

Im Türkischen kann man sehr viele Informationen über Inhalt und Grammatik in einem einzigen Wort unterbringen: Neben den normalen Wortstämmen gibt es eine Unmenge von „Nachsilben", die alle eine ganz bestimmte Information oder Bedeutung tragen. (Genaugenommen sind es eigentlich keine echten Nachsilben. Oft gehören nämlich zu einem solchen „Anhängsel" auch zwei Silben, oder es sind einzelne Konsonanten, die als Teil einer Silbe gesprochen werden.) Dazu erstmal ein Beispiel:

Gel-e-me-y-ecek-se-m.
kommen-können-nicht-Zukunft-wenn-ich
Wenn ich nicht kommen kann, ...
(Das **y** hat dabei keine Bedeutung, es wird nur eingeschoben, um zwei Vokale zu trennen.)

*Noch zur Aussprache: Einige wenige Wörter tragen (zumeist aber nicht obligatorisch) ein Hütchen (Zirkumflex) über dem „a": **â.** Dieses Sonderzeichen, das nicht als eigener Buchstabe gilt, zeigt in der Regel an, dass der Vokal gelängt und der vorhergehende Konsonant durch einen nachklingenden „j"-Laut erweicht gesprochen wird: **kâğıt** (Anlaut etwa „kjaa-") „Papier".*

Viele Informationen, die also im Deutschen durch eigene Wörter ausgedrückt werden, sind im Türkischen in einem einzigen Wort untergebracht, eben in den angehängten Nachsilben. Diese können allerdings immer nur in ganz bestimmter Reihenfolge aneinandergereiht werden. Wie dem auch sei, auf diese Weise kommt das Türkische im ganzen oft mit sehr viel weniger Wörtern aus, dafür sind diese dann aber auch oft die reinsten Bandwürmer.

Der Vorteil dieses Prinzips besteht natürlich darin, dass man, wenn man die Nachsilben kennt und weiß, in welcher Reihenfolge sie stehen dürfen, nach Lust und Laune neue Konstruktionen bilden kann, und meistens – hat man einmal die Logik dieses Systems durchschaut – keine allzu groben Fehler mehr machen wird. Außerdem lassen sich die einzelnen

Formen sehr gut analysieren und in ihre Einzelbestandteile zerlegen, um sich so ihre Bedeutung klarzumachen – vorausgesetzt, man bekommt überhaupt so schnell alles mit.

Das ist nämlich nun das große Problem bei der Sache: Durch die Grammatik des Nachsilben-Anhängens werden die einzelnen Informationen so komprimiert, dass wir, die wir an den etwas weitschweifigeren Aufbau des Deutschen gewöhnt sind, gar nicht so schnell alles mitbekommen und verarbeiten können. Man wird wahrscheinlich erleben, dass man sehr wohl bald eine ganze Menge Wörter versteht – und man hört vielleicht ganz gut heraus, worüber gesprochen wird. Trotzdem wird man große Schwierigkeiten haben, herauszubekommen, was denn nun eigentlich genau gesagt wurde, weil man eben nicht gewohnt ist, auf die kleinen „Nachsilben" zu achten.

Natürlich wird man damit auch beim Sprechen seine Probleme haben und sich sicher manchmal einige Knoten in die Zunge reden, aber keine Sorge, wenn man es immer wieder versucht, dauert es gar nicht so lange bis man Gehirn und Zunge soweit umtrainiert hat, dass es besser funktioniert.

Doch damit ist das Kapitel „Nachsilben" noch keineswegs abgetan: Was am Anfang wahrscheinlich am meisten irritieren wird, ist, dass sich die „Nachsilben" auch noch in der Form verändern – je nachdem wie das Wort aussieht, an das sie angehängt werden. Die wichtigste Regel für diese Veränderungen ist die sogenannte Vokalharmonie.

Vokalharmonie

Gleich ein Beispiel: Es gibt im Türkischen eine Nachsilbe, die soviel bedeutet wie „in". Sie wird immer an das Wort angehängt, das die Örtlichkeit bezeichnet, in der etwas ist. Diese Nachsilbe lautet manchmal -da, manchmal aber auch -de. Bei Ortsnamen wird sie übrigens durch einen Apostroph vom Wort getrennt.

Ankara'da	in Ankara	**İzmir'de**	in Izmir
evde	im Haus		

Wann jeweils „**a**" bzw. „**e**" auftreten, hängt davon ab, welcher Vokal in der Silbe davor erscheint. Denn alle Vokale, die in einem türkischen Wort vorkommen, müssen zusammenpassen, miteinander „harmonieren". Damit das funktioniert, passt sich der Vokal jeder angehängten Silbe an den Vokal der letzten Silbe im Grundwort an.
Allerdings hat jede Nachsilbe nur eine begrenzte Anpassungsfähigkeit. Einige Nachsilben können (wie oben) nur zwischen den Vokalen **a** und **e** wechseln, andere haben ein größeres Set zur Verfügung, nämlich die Vokale **i, ı, u** und **ü.** Wann wird nun welcher von diesen Vokalen gebraucht? Das hängt wie gesagt von dem Vokal der Vorgängersilbe ab, und zwar nach folgendem Schema:

1. „große" Vokalharmonie (i / ı / u / ü):			
nach	**i, e**	steht	**i**
	ı, a		**ı**
	o, u		**u**
	ö, ü		**ü**

2. „kleine" Vokalharmonie (e / a):			
nach	**i, e, ö, ü**	steht	**e**
nach	**ı, a, o, u**	steht	**a**

Lautanpassung

Neben der Vokalharmonie gibt es noch eine weitere Veränderungsregel für die Nachsilben: die sogenannte „Assimilation" (Lautanpassung). Zum Beispiel:

ev-de	im Haus
kitap-ta	im Buch
şişe-de	in der Flasche
Edremit'te	in Edremit (Stadt in der Westtürkei)

Die Nachsilbe für „in" wechselt also nicht nur ihren Vokal, sondern ebenso den Anfangskonsonanten, und zwar nach folgender Regel:

Nach Vokalen und stimmhaften Konsonanten steht **d**,
nach stimmlosen Konsonanten steht **t.**

Die Nachsilbe für „in" hat also im ganzen vier (!) Erscheinungsformen: **-de, -da, -te, -ta.**

stimmhafte Konsonanten:	**b c d g ğ j l m n r v y z**

stimmlose Konsonanten:	**ç f h k p s ş t**

Außer den Nachsilben können sich bei manchen Wörtern auch die Endkonsonanten der Stämme verändern (Auslautangleichung). So wird zum Beispiel aus dem Wort **kitap** (Buch) durch das Anhängen der „Nachsilbe" **-m** (mein) die Verbindung **kitabım** (mein Buch). Oder aus **kabak** (Kürbis) wird **kabağım** (mein Kürbis). Das passiert immer dann, wenn eine Nachsilbe mit einem Vokal beginnt. In so einem Fall wird der vorhergehende Konsonant in vielen Fällen „erweicht":

Wird an die folgenden Konsonanten eine mit einem Vokal beginnende Nachsilbe angehängt, verändern sie sich folgendermaßen (im Wörterverzeichnis sind alle Wörter gekennzeichnet, deren Endkonsonanten sich auf diese Weise verändern):

k wird zu **ğ**	**t** wird zu **d**
p wird zu **b**	**ç** wird zu **c**

Zugegeben, diese Regeln mögen jetzt ein wenig verwirrend wirken, man wird aber bald merken, dass sie sich beim Sprechen schnell einschleifen, weil sie letzten Endes nur Lautveränderungen darstellen, die sich aus den Gegebenheiten des Sprechapparates organisch ergeben und eigentlich die Aussprache der Wörter erleichtern.

Nach diesem etwas trockenen Einstieg (der allerdings notwendig ist, damit alles andere verständlich wird), nun zum Eigentlichen:

Satzbau

Beginnen wir mit einem kleinen Dialog wie man ihn oft führen wird, wenn man irgendwo im Teehaus, auf der Straße oder sonstwo von einem Türken angesprochen wird:

Siz nere-li-siniz?
ihr was-aus-ihr
Woher kommen Sie?

Alman-ım
deutsch-ich
Ich komme aus Deutschland.

Alman mı-sınız? Çok güzel.
deutsch ?-seid=ihr sehr schön
Sie sind Deutsche(r)? Wie schön.

Sigara iç-iyor mu-sunuz?
Zigarette rauchen-Ggw ?-ihr
Rauchen Sie?

Hayır, sağ ol, ben kullan-m-ıyor-um.
nein heil sei ich benutzen-nicht-Ggw-ich
Nein danke, ich bin Nichtraucher.

Evli mi-siniz?	**Evet, evli-yim.**
verheiratet ?-ihr	*ja verheiratet-ich*
Sind Sie verheiratet?	Ja, ich bin verheiratet.

Çocuk-lar-ınız var mı?
Kind-PL-ihre gibt=es ?
Haben Sie Kinder?

Hayır, çocuğ-um yok.
nein Kind-mein es=gibt=nicht
Nein, ich habe kein Kind.

Türkiye'yi beğen-iyor mu-sunuz?
Türkei'Akk mögen-Ggw ?-ihr
Gefällt Ihnen die Türkei?

Tabii, Türkiye'yi çok beğen-iyor-um.
natürlich Türkei-Akk sehr mögen-Ggw-ich
Natürlich, die Türkei gefällt mir sehr gut
.

Sieht man sich die einzelnen Sätze genauer an, erkennt man, dass es im Türkischen eigentlich drei verschiedene Grundmuster für die Bildung von Sätzen gibt:

Vorgangssätze **Ben kullanmıyorum.** Ich rauche nicht.

Diese Sätze bestehen im Kern aus einem Verb (mit Ergänzungen wie Objekten usw.).

Zuordnungssätze **Almanım.** Ich bin Deutscher.

Die Struktur dieser Sätze ist:
X .... (ist ein) .....Y

Alle Sätze, die im Deutschen nach dem Muster „X ist Y" gebaut sind, ergeben also im Türkischen Zuordnungssätze. Nur dass eben das Hilfsverb „sein" fehlt.

Existenzsätze

Çocuğum yok. Ich habe keine Kinder. wörtlich: Meine Kinder existieren nicht.

Diese Sätze bestehen aus dem Existenzwörtchen **var / yok** (es gibt / es gibt nicht) und einem substantivischen Ausdruck, der das bezeichnet, was es nun gibt bzw. nicht gibt.

Um solche Sätze nun selber bilden zu können, braucht man noch ein paar zusätzliche Informationen.

Kobby Dagan@Fotolia.com

Im Basar

Zuordnungssätze

Nehmen wir an, man will die folgenden Sätze bilden:

Ich bin Deutscher.
Sie sind sehr nett.
Die Pfirsiche sind (zu) teuer.
Antalya ist sehr schön.

Man sucht sich nun einfach die notwendigen Vokabeln zusammen. Hat man Sätze ohne Personalpronomen, ist es ganz einfach: man stellt einfach die beiden Begriffe hintereinander:

Pfirsich – **şeftali** teuer – **pahalı**

Also: **Şeftali pahalı.** Die Pfirsiche sind teuer.

Das Wort für Pfirsich braucht hierbei nicht in den Plural gesetzt zu werden, weil für den Türkischsprechenden in diesem Zusammenhang völlig uninteressant ist, ob es nun ein oder mehrere Pfirsiche sind: egal wieviel er kauft – teuer sind sie so oder so.

Vergessen Sie nicht, dass sich die Nachsilben verändern, je nachdem wie das Wort auslautet, an das sie angehängt werden!

Bei den Sätzen, die im Deutschen mit Personalpronomen (ich, du, sie, er, ...) gebildet werden, benötigt man die entsprechenden Personen-Nachsilben. Diese werden dann an das Wort, das die Zuordnung ausdrückt, gehängt.

deutsch = **alman** + Personen-Nachsilbe **-ım**
also: **Almanım.** Ich bin Deutsche(r).

Persönliche Fürwörter

Es gibt im Türkischen natürlich auch richtige Personalpronomen in Form von separaten Wörtern. Sie werden aber (wie in vielen anderen Sprachen auch) nur dann benutzt, wenn es sonst Missverständnisse geben könnte, oder wenn man die Person des Subjekts besonders hervorheben möchte. Die Personenendungen kann man der folgenden Tabelle entnehmen; die Personalpronomen stehen gleich dabei. Das eingeklammerte **(y)** erscheint nur, wenn die Nachsilbe direkt an einen Vokal gehängt wird:

Evli-y-im. Ich bin verheiratet.
aber:
Tok-um. Ich bin satt.

ich	**ben**	**-(y)im, -(y)ım, -(y)um, -(y)üm**
du	**sen**	**-sin, -sın, -sun, -sün**
er, sie, es	**o**	(keine Nachsilbe)
wir	**biz**	**-(y)iz, -(y)ız, -(y)uz, -(y)üz**
ihr, Sie	**siz**	**-(s)iniz, -(s)ınız, -(s)unuz, -(s)ünüz**
sie	**onlar**	**(-ler, -lar)**

Dabei ist die Endung in der „sie“-Form (3. Person Mehrzahl) keine echte Personen-Nachsilbe, sondern die allgemeine Mehrzahlendung, wie sie auch an Hauptwörter antritt. Und somit gilt auch hier, dass die Verwendung dieser Nachsilbe nicht obligatorisch ist, ganz im Gegensatz zu den anderen hier aufgelisteten Endungen.

Entscheidungsfragen & Verneinung

Die Fragen mit Fragewörtern findet man im Kapitel „Fragen mit Fragewörtern". Die Fragen ohne Fragewort (Ja-Nein-Fragen) werden je nach Satzart etwas anders gebildet, darum ist es am besten, sie gleich hier mitzubehandeln. Also:

Şeftali pahalı.	**Şeftali pahalı mı?**
Pfirsich teuer	*Pfirsich teuer ?*
Die Pfirsiche sind teuer.	Sind die Pfirsiche teuer?

Otel çok pis.	**Otel pis mi?**
Hotel sehr dreckig	*Hotel dreckig ?*
Das Hotel ist sehr dreckig.	Ist das Hotel dreckig?

Während wir im Deutschen also nur die Wortstellung verändern (manchmal sogar einfach nur die Betonung), wird im Türkischen immer eine kleine Fragesilbe benutzt, die, je nachdem welche Vokalfärbung das Wort davor hat, **mı, mi, mu** oder **mü** lautet („große Vokalharmonie"). Die Fragesilbe stellt man am besten immer ans Satzende.

In Sätzen, in denen Personenendungen vorkommen, wird die Fragesilbe zwischen die Personenendung und das Wort, an dem die Personenendung angehängt ist, gestellt. Dabei werden Fragesilbe und Personenendung in einem Wort geschrieben.

Evli mi-sin?	**Öğrenci mi-siniz?**
verheiratet ?-du	*Student ?-ihr*
Bist du verheiratet?	Sind Sie Student(in)?

Deli mi-sin?
verrückt ?-du
Bist du verrückt?

Ben mi?
ich ?
Ich?

Verneinung

Genauso wie die Fragen haben auch die Verneinungen je nach Satzart verschiedene Formen. Für Zuordnungssätze gebraucht man dabei das Wörtchen **değil** („nicht"), das direkt hinter das verneinte Haupt- oder Eigenschaftswort gesetzt wird. Wenn der Satz eine Personenendung enthält, folgt dieses Verneinungswort ebenso dem Haupt- bzw. Eigenschaftswort, und die Personenendung tritt an das Verneinungswort an:

Evli mi-sin?
verheiratet ?-du
Bist du verheiratet?

Hayır, evli değil-im.
nein verheiratet nicht-ich
Nein, ich bin nicht verheiratet.

Alman mı-sın?
deutsch ?-du
Bist Du Deutsche(r)?

Alman değil-im.
deutsch nicht-ich
Ich bin kein(e) Deutsche(r).

Und zu guter Letzt lässt sich beides – Frage und Verneinung – natürlich auch noch miteinander kombinieren, nämlich so:

Bekâr değil mi-siniz?
ledig nicht ?-ihr
Sind Sie nicht ledig?

Bezugswort **+ değil + mı/mi/mu/mü** + Personal-„Nachsilbe"

Existenzsätze

Wie man an dem folgenden Beispieldialog sehen kann, wird diese Satzart in vielen touristischen Situationen (Einkaufen, Essengehen usw.) gute Dienste leisten können:

Çay var mı?
Tee es=gibt ?
Haben Sie Tee?

Evet, var.
ja es=gibt
Ja, haben wir.

Kahve de var mı?
Kaffee auch es=gibt ?
Haben Sie auch Kaffee?

Kahve mi?
Kaffee ?
Kaffee?

Evet, kahve.
ja Kaffee
Ja, Kaffee.

Yok, arkadaş, kahve yok.
es=gibt=nicht Freund Kaffee es= gibt=nicht
Nein, Freund, Kaffee haben wir nicht.

Diese Wörtchen werden immer dann gebraucht, wenn es darum geht, ob etwas (meistens an einem bestimmten Ort) existiert oder nicht, also immer dann, wenn wir im Deutschen sagen würden: „Haben Sie ... (da)?“, „Gibt es (hier) ... ?“.

Die Bildung solcher Sätze ist also nicht weiter schwierig: Im Grunde muss man sich nur die beiden Wörtchen **var** (es gibt) und **yok** (es gibt nicht) merken. Dann werden alle Sätze einfach nach dem folgenden Schema gebildet:

es gibt ...	= **... var**
... gibt es nicht	= **... yok**

Sie werden nicht benutzt, wenn man einen ganz bestimmten Gegenstand oder eine ganz bestimmte Person meint, von der man weiß, dass er / sie existiert, nur nicht, wo er / sie sich gerade befindet:

Mehmet burada mı?	**Şarap buz dolabı-nda.**
Mehmet hier ?	*Wein Eis Schrank=sein-in*
Ist Mehmet hier?	Der Wein ist im Kühlschrank.

Aber:

Buz dolabı-nda şarap var.
Eis Schrank=sein-in Wein es=gibt
Im Kühlschrank ist Wein.

Fragen

Fragen bildet man bei diesem Satztyp, indem man an die Wörtchen **var / yok** die Fragesilbe **-mı, -mi, -mu, -mü** (als getrenntes Wort) setzt (siehe den o. g. Beispieldialog).

Besitzanzeigende Fürwörter

Wie oben zu sehen, werden in Sätzen, die im Deutschen mit „haben" (= „besitzen", „dabeihaben") gebildet werden, im Türkischen die Wörter **var** und **yok** benutzt. In den Beispielen oben kommt allerdings nicht der „Besitzer" selbst zum Ausdruck. Das ist auch nicht nötig, solange dieser eine Institution, ein Kollektiv, jedenfalls also kein direkt und persönlich Angesprochener und Gemeinter ist (wie eben zum Beispiel in Geschäften, Restaurants usw.).

Im persönlichen Gespräch sieht es allerdings anders aus, abgesehen von den Fällen, in denen ohne die ausdrückliche Nennung des Besitzers der Sinn einer Aussage gar nicht klar wird. Für diese Fälle gebraucht man im Türkischen besitzanzeigende „Nachsilben". Diese sind mit den Personenendung z. T. identisch, hängen auch ganz klar mit ihnen zusammen, haben aber doch eine andere grammatische Funktion.

Çocuk-lar-ınız var mı?	**Çocuğ-um yok**
Kind-PL-ihre es=gibt ?	*Kind-mein es=gibt=nicht*
Haben Sie Kinder?	Ich habe kein Kind (keine Kinder).

Die besitzanzeigenden „Nachsilben" werden also direkt an das Wort angehängt, welches den besessenen Gegenstand bezeichnet:

Ihre / eure Kinder	= **çocuk-lar-ınız**
mein Auto	= **araba-m**
dein Haus	= **ev-in**

Die besitzanzeigenden Endungen lauten so:

mein	= **-(ı)m, -(i)m, -(u)m, -(ü)m**
dein	= **-(ı)n, -(i)n, -(u)n, -(ü)n**
sein / ihr	= **-(s)ı, -(s)i, -(s)u, -(s)ü**
unser	= **-(ı)mız, -(i)miz, -(u)muz, -(ü)müz**
Ihr / euer	= **-(ı)nız, -(i)niz, -(u)nuz, -(ü)nüz**
ihr	= **-leri, -ları** (in vielen Fällen wird auch hier einfach die 3. Person Einzahl (ihr/sein) benutzt.)

Zusätzlich zu diesen besitzanzeigenden Endungen gibt es übrigens auch ganz normale besitzanzeigende Pronomen, wie wir sie kennen, nämlich als selbständige Wörter. Sie stehen wie im Deutschen vor dem Bezugswort. Genau wie die Personalpronomen werden sie aber im Allgemeinen nur dann benutzt, wenn man ihre Bedeutung besonders hervorheben will. Man kann sie jedoch auch ohne besondere Emphase anstatt der besitzanzeigenden Endungen gebrauchen. Das wird auch in der türkischen Umgangssprache manchmal durchaus so gehandhabt. Jedenfalls wird man so ohne weiteres verstanden, und es fällt leichter, sich die Pronomen zu merken – und vor allem: sie anzuwenden.

ich	**ben**	mein	**benim**
du	**sen**	dein	**senin**
sie / er	**o**	sein / ihr	**onun**
wir	**biz**	unser	**bizim**
ihr / Sie	**siz / Siz**	euer / Ihr	**sizin / Sizin**
sie	**onlar**	ihr	**onların**

Natürlich lässt sich der Besitzer einer Sache nicht immer durch einen Personalausdruck (Pronomen oder Endung) ausdrücken. Der Besitzer kann ein Substantiv oder Eigenname sein, wie z. B. in den Ausdrücken „Mustafas Tochter“ oder „Vaters Haus“. Dazu muss man die Genitivbildung kennen, die man im Kapitel „Substantive, Artikel, Pronomen“ findet.

Vorgangssätze & Verb

Die einfachste Form eines Vorgangssatzes besteht aus einem einzigen Wort, nämlich einem Verb mit den entsprechenden Endungen:

Gid-iyor-um
gehen-Ggw-ich
Ich gehe.

Gel-iyor-sunuz
kommen-Ggw-ihr
Ihr kommt / Sie kommen.

Anla-m-ıyor-um
verstehen-nicht-Ggw-ich
Ich verstehe nicht.

So ein Satz besteht also aus dem Stamm des Verbs (**gid-**, **gel-**, **anla-**), einer „Nachsilbe“, die

die grammatische Zeitstufe anzeigt (**-iyor/-ıyor/-uyor/-üyor;** Gegenwartszeit), und einer Endung für die Person des Subjekts. Diese Personenendung ist für die Gegenwartszeit auf **-iyor** identisch mit der Personenendung, die Sie bei den Zuordnungssätzen kennengelernt haben.

Im Wörterbuch findet man allerdings nie den bloßen Stamm der Verben, sondern den Infinitiv („Grundform"), der sich aus dem Stamm und der Nachsilbe **-mek, -mak** zusammensetzt:

git-mek:	**git-** + **iyor**	= **gid-iyor**
+ Pers.-Endung	**-um**	= **gid-iyor-um**

Wenn ein Verbstamm auf einen Vokal auslautet, wird dieser beim Anhängen von **-iyor / -ıyor /-uyor /-üyor** weggelassen:

anla-mak: **anla-** + **ıyor**
= **anl-ıyor**

Die Endungen für die Subjektspersonen finden sich oben im Abschnitt „Zuordnungssätze". Ebenso wie dort kann man auch hier zur besonderen Hervorhebung noch das Personalpronomen vor das Verb stellen:

(Ben) kalkıyorum.	Ich stehe auf.

Fragen

Sie werden ganz ähnlich wie in Zuordnungssätzen gebildet: vor die Personenendung wird die Fragepartikel **mi, mı, mu, mü** eingefügt.

anlamak	**anl-ıyor**
anl-ıyor-sun (+ **mu**)	= **Anl-ıyor mu-sun?**
	verstehen-Ggw ?-du
	Verstehst du ?

Verneinung

Achtung – jetzt wird es kompliziert: Auch für die Verneinung der Vorgangsverben gibt es eine spezielle Silbe, die in die Verbform eingebaut wird. Unglücklicherweise sieht sie der Fragesilbe sehr ähnlich. Sie lautet **-me / -ma,** d. h. sie unterscheidet sich von der Fragesilbe nur dadurch, dass sie die Vokale der kleinen Vokalharmonie **(e, a),** und nicht die der großen Vokalharmonie **(ı, i, u, ü),** enthält.

Sie wird allerdings auch an einer anderen Stelle in der Verbkette eingesetzt, nämlich direkt nach dem Stamm des Verbs. Da nun aber in den Formen der **-iyor**-Gegenwart der Vokal der Gegenwartssilbe (also **ı** bzw. **i**) direkt auf die Verneinungssilbe folgt, fällt der Vokal der Verneinungssilbe aus:

gelmek: **gel-**
verneinter Stamm: **gel-me-**
gel-me- + iyor = gel-m-iyor

Gel-m-iyor-um.
kommen-nicht-Ggw-ich
Ich komme nicht.

Wer jetzt noch nicht genug von dem Silbensalat hat, der möge sich darin versuchen, die verneinte Frage zu bilden – hier ist sie:

Gel-m-iyor musun?
kommen-nicht-Ggw ?-du
Kommst du nicht?

Im Anschluss finden Sie noch einmal die Gegenwartsformen des Verbs **gitmek** „gehen" komplett in Tabellenform:

Präsens -iyor-	positive Aussage	negative Aussage
ich	**gidiyorum**	**gitmiyorum**
du	**gidiyorsun**	**gitmiyorsun**
er/sie/es	**gidiyor**	**gitmiyor**
wir	**gidiyoruz**	**gitmiyoruz**
ihr/Sie	**gidiyorsunuz**	**gitmiyorsunuz**
sie	**gidiyor(lar)**	**gitmiyor(lar)**
	Frage	**verneinte Frage**
ich	**gidiyor muyum**	**gitmiyor muyum**
du	**gidiyor musun**	**gitmiyor musun**
er/sie/es	**gidiyor mu**	**gitmiyor mu**
wir	**gidiyor muyuz**	**gitmiyor muyuz**
ihr/Sie	**gidiyor musunuz**	**gitmiyor musunuz**
sie	**gidiyor(lar) mı**	**gitmiyor(lar) mı**

Es gibt im Türkischen neben der „normalen" Gegenwartszeit auf **-iyor** noch eine weitere Gegenwartsform, das „**-r**-Präsens" (genannt nach ihrem typischen Konsonanten in der Endung). Als Anfänger kann man sich problemlos behelfen, indem man nur die **-iyor**-Formen benutzt. Türken verwenden allerdings beide Präsens-Bildungen etwa gleich häufig, und es gibt auch einen gewissen Bedeutungsunterschied. Die Feinheit liegt darin, dass man mit **-iyor** eigentlich nur aktuell stattfindende Vorgänge und Handlungen ausdrückt, und mit dem **-r**-Präsens gewohnheitsmäßig stattfindende Vorgänge (z. B. „ich stehe jeden Tag um sechs Uhr auf"). Hier folgen nun die entsprechenden Formen nur zum Wiedererkennen:

Präsens **-r-**	positive Aussage	negative Aussage
ich	**giderim**	**gitmem**
du	**gidersin**	**gitmezsin**
er/sie/es	**gider**	**gitmez**
wir	**gideriz**	**gitmeyiz**
ihr/Sie	**gidersiniz**	**gitmezsiniz**
sie	**gider(ler)**	**gitmez(ler)**
	Frage	**verneinte Frage**
ich	**gider miyim**	**gitmez miyim**
du	**gider misin**	**gitmez misin**
er/sie/es	**gider mi**	**gitmez mi**
wir	**gider miyiz**	**gitmez miyiz**
ihr/Sie	**gider misiniz**	**gitmez misiniz**
sie	**gider(ler) mi**	**gitmez(ler) mi**

Die Zukunftszeit (Futur) wird mit Hilfe des grammatischen Elements **-ecek- / -acak-** (kleine Vokalharmonie, je nach dem letzten Vokal des Verbstamms) gebildet. Das **k** wird dabei zum **ğ** erweicht, wenn die nachfolgende Personenendung mit einem Vokal anlautet. Im Türkischen benutzt man grundsätzlich das Futur, wenn von zukünftigen Vorgängen die Rede ist. Es folgen nun die Formen:

Futur	positive Aussage	negative Aussage
ich	**gideceğim**	**gitmeyeceğim**
du	**gideceksin**	**gitmeyeceksin**
er/sie/es	**gidecek**	**gitmeyecek**
wir	**gideceğiz**	**gitmeyeceğiz**
ihr/Sie	**gideceksiniz**	**gitmeyeceksiniz**
sie	**gidecek(ler)**	**gitmeyecek(ler)**
	Frage	**verneinte Frage**
ich	**gidecek miyim**	**gitmeyecek miyim**
du	**gidecek misin**	**gitmeyecek misin**
er/sie/es	**gidecek mi**	**gitmeyecek mi**
wir	**gidecek miyiz**	**gitmeyecek miyiz**
ihr/Sie	**gidecek misiniz**	**gitmeyecek misiniz**
sie	**gidecek(ler) mi**	**gitmeyecek(ler) mi**

Auch für die Vergangenheit gibt es im Türkischen zwei verschiedene Formenreihen. Als Anfänger benötigt man aber nur die Vergangenheit auf **-di-** (große Vokalharmonie: **-di-, -dı-, -du-, -dü-**). Mit dieser Serie drückt man Ereignisse aus, die man selbst erlebt hat bzw. von deren Wahrheitsgehalt man überzeugt ist. Achtung: die „wir"-Form weicht hier ab!

Präteritum -di-	positive Aussage	negative Aussage
ich	gittim	gitmedim
du	gittin	gitmedin
er/sie/es	gitti	gitmedi
wir	gittik	gitmedik
ihr/Sie	gittiniz	gitmediniz
sie	gitti(ler)	gitmedi(ler)
	Frage	**verneinte Frage**
ich	gittim mi	gitmedim mi
du	gittin mi	gitmedin mi
er/sie/es	gitti mi	gitmedin mi
wir	gittik mi	gitmedik mi
ihr/Sie	gittiniz mi	gitmediniz mi
sie	gitti(ler) mi	gitmediler mi

mattmatt73@Fotolia.com

Fischstand

Die Vergangenheit auf **-miş-** verwendet man, wenn man den Wahrheitsgehalt der Aussage nicht garantieren kann (z. B. bei Gerüchten).

In dieser Hinsicht ähnelt diese Form dem deutschen Konjunktiv.

Präteritum -miş-	positive Aussage	negative Aussage
ich	gitmişim	gitmemişim
du	gitmişsin	gitmemişsin
er/sie/es	gitmiş	gitmemiş
wir	gitmişiz	gitmemişiz
ihr/Sie	gitmişsiniz	gitmemişsiniz
sie	gitmiş(ler)	gitmemiş(ler)
	Frage	**verneinte Frage**
ich	gitmiş miyim	gitmemiş miyim
du	gitmiş misin	gitmemiş misin
er/sie/es	gitmiş mi	gitmemiş mi
wir	gitmiş miyiz	gitmemiş miyiz
ihr/Sie	gitmiş misiniz	gitmemiş misiniz
sie	gitmiş(ler) mi	gitmemiş(ler) mi

Hauptwörter, Artikel, Pronomen

Zunächst mal eine erleichternde Botschaft: Im Türkischen gibt es keinen Artikel – oder beinahe keinen. Häufig wird auch noch die Pluralendung weggelassen. Dadurch kann man ein Substantiv im Grunde auf vier verschiedene Weisen interpretieren.

kitap = 1. das Buch
2. ein Buch
3. die Bücher
4. Bücher

Natürlich ist es manchmal schon notwendig, die Unterscheidungen zwischen diesen Verwendungsarten auszudrücken. Und zwar so:

der, die, das

Die bestimmten Artikel des Deutschen lassen sich auf Türkisch nicht direkt wiedergeben. In vielen Fällen kann man aber ausweichen auf die „hinweisenden Fürwörter“ (dt.: dieser, jener). Diese werden denn auch im Türkischen sehr viel häufiger gebraucht als im Deutschen. Es gibt auch mehr davon, nämlich:

bu	diese (- r, - s) (hier)
şu	diese (- r, -s) (da); der, die, das (hier)
o	jene (- r, -s); der, die, das (da)

Der Unterschied zwischen ihnen ist, dass sie eine von **bu** über **şu** nach **o** wachsende Distanz zwischen dem Sprechenden und dem bezeichneten Gegenstand ausdrücken. Das muss keineswegs eine räumliche Distanz sein: Man kann damit auch eine vorstellungsmäßige oder emotionale Nähe bzw. Entfernung meinen.

Übrigens können diese Pronomen entweder selbständig (als Ersatz für Substantive) stehen oder eben als Zusatz (zur näheren Bestimmung von Substantiven).

bu kitap dieses Buch
o adam jener Mann

aber:

O çok güzel.
jenes sehr schön
Das (der, die) ist sehr schön.

Şu araba benim.
das=hier Auto meines
Das (hier) ist mein Auto.

ein, eine

Den unbestimmten Artikel kann man ähnlich wie im Deutschen durch das Zahlwort **bir** (ein, eine) umschreiben:

bir kadın	eine Frau
bir gazete	eine Zeitung

Bu bir cami.
dies ein(e) Moschee
Dies ist eine Moschee.

bir wird - wiederum ähnlich wie im Deutschen - auch für die Bildung einer ganzen Reihe von unbestimmten Pronomen und Adverbien gebraucht:

biraz	etwas, ein wenig
(az	- wenig)
bir şey	(irgend)etwas
(şey	- Sache, Ding)
bir zaman	(irgendwann) einmal
(zaman	- Zeit)
bir gün	eines Tages
(gün	- Tag)
bir kimse	(irgend)jemand
(kimse	- jemand)

Plural

Die Mehrzahl der Hauptwörter wird durch die Nachsilbe **-ler / -lar** ausgedrückt. Das ist im Türkischen allerdings nicht immer notwendig. Man verwendet die Pluralmarkierung, wenn der Mehrzahlcharakter betont werden soll, bzw. wenn darüber andernfalls Unklarheit herrschen würde.

Die Fälle

Substantive verändern je nach ihrer Stellung bzw. Funktion im Satz ihre Form. Dadurch entstehen die verschiedenen Beugungsformen (Fälle). Im Türkischen gibt es zusätzlich zum Nominativ (Grundform) die folgenden fünf:

Akkusativ *(Akk.)*	**-(y)i / -(y)ı / -(y)u / -(y)ü** *(Objektform)*
Dativ *(Dat.)*	**-(y)e / -(y)a** *(Richtungsform)*
Ablativ *(Abl.)*	**-den / -dan / -ten / -tan** *(Herkunftsform)*
Lokativ *(Lok.)*	**-de / -da / -te / -ta** *(Ortsform)*
Genitiv *(Gen.)*	**-(n)in / -(n)ın / -(n)un / -(n)ün** *(Besitzerform)*
(Zugehörigkeitsform siehe Kap. Besitzanzeigende Fürwörter)	

Die eingeklammerten Laute in der Tabelle erscheinen nur dann, wenn das vorhergehende Substantiv auf einen Vokal endet.

Akkusativ

Man benutzt die Akkusativ-Endung nur dann, wenn das Substantiv einen oder mehrere bereits bekannte und grammatisch „bestimmte" Gegenstände bezeichnet, also immer, wenn im Deutschen der bestimmte Artikel („der, die, das") steht (bzw. ein Zahlwort oder hinweisendes Pronomen, das den bestimmten Artikel ersetzt).

Gazete ok-uyor-um.
Zeitung lesen-Ggw-ich
Ich lese (eine) Zeitung.

Gazete-yi ok-uyor-um.
Zeitung-Akk lesen-Ggw-ich
Ich lese die Zeitung. (= die bestimmte Zeitung)

Dativ

Nicht in allen Zusammenhängen lässt sich noch die Bedeutung des Dativs als Fall der Richtung: (nach, zu ... hin, in ... hinein, usw.) erkennen.

ev-e	nach Hause
Ankara'ya	nach Ankara
Ali'ye	zu Ali
masa-ya	auf den Tisch

Ablativ

İstanbul'dan	aus Istanbul
evden	von zu Hause
Kars'tan	aus Kars
Mehmet'ten	von Mehmet

Diese Nachsilbe drückt manchmal auch die Ursache eines Vorgangs oder Zustands aus:

Gez-mek-ten yorgun-um.
herumlaufen-Infinitiv-Abl müde-ich
Ich bin müde vom Rumlaufen.

Ortsform

Diese Endung ersetzt gewissermaßen unsere Präpositionen „in“ und „bei“ (Frage „wo?“):

ev-de	zu Hause (im Haus)
istasyonda	auf dem Bahnhof
bahçede	im Garten
Mustafa'da	bei Mustafa

Genitiv

Man kann diese Konstruktion ganz gut nachempfinden, wenn man sich daran erinnert, dass es in manchen deutschen Dialekten so etwas Ähnliches gibt. Haben Sie vielleicht schon mal gehört, wenn jemand sagt: „dem Hund sein Schwanz"? Na bitte! Nur nehmen die Türken statt des Dativs eben den Genitiv.

Dieser dient wie im Deutschen (bzw. wie in der deutschen Schriftsprache) zur Kennzeichnung von Zugehörigkeit und Besitz. Allerdings kommt im Türkischen eine erhebliche Komplikation hinzu. Während der Besitzer im Genitiv erscheint, muss nämlich gleichzeitig der besessene (oder zugehörige) Gegenstand mit der besitzanzeigenden Nachsilbe **-(s)i / -(s)ı / -(s)u / -(s)ü** versehen werden:

Ali'nin araba-sı
Ali-Gen Auto-sein
Alis Auto

Hier kommen noch zwei wichtige Ausnahmen bei der Bildung der Zugehörigkeitsformen:

su-yu	**cami-i**
Wasser-sein	*Moschee-sein*
...-Wasser	...-Moschee

Bevor Sie sich jetzt auf das nächste Kapitel stürzen können, müssen Sie noch eines wissen: Auch die Pronomen werden dekliniert. Dies allerdings nur, wenn sie anstelle eines Substantives stehen.

Faustregel zur Ableitung der Beugungsformen vom Nominativ (Grundform): Man hänge ein **-n-** an die Nominativform, anschließend füge man die normale Deklinationsendung an.

Hinweisende Pronomen			
Nom.	**o**	**bu**	**şu**
Gen.	**onun**	**bunun**	**şunun**
Dat.	**ona**	**buna**	**şuna**
Akk.	**onu**	**bunu**	**şunu**
Abl.	**ondan**	**bundan**	**şundan**
Lok.	**onda**	**bunda**	**şunda**

Personalpronomen						
Nom.	**ben**	**sen**	**o**	**biz**	**siz**	**onlar**
Gen.	**benim**	**senin**	**onun**	**bizim**	**sizin**	**onların**
Dat.	**bana**	**sana**	**ona**	**bize**	**size**	**onlara**
Akk.	**beni**	**seni**	**onu**	**bizi**	**sizi**	**onları**
Abl.	**benden**	**senden**	**ondan**	**bizden**	**sizden**	**onlardan**
Lok.	**bende**	**sende**	**onda**	**bizde**	**sizde**	**onlarda**

Eigenschaftswörter

Adjektive werden nicht dekliniert. Sie können genauso wie im Deutschen gebraucht werden.

Türkiye güzel.
Türkei schön
Die Türkei ist schön.

Şehir pis
Stadt dreckig
Die Stadt ist schmutzig.

Hava kötü, değil mi?
Wetter schlecht nicht ?
Das Wetter ist schlecht, nicht wahr?

Adjektiv als Attribut (nähere Bestimmung)

güzel Türkiye die schöne Türkei
pis şehir die schmutzige Stadt
kötü hava das schlechte Wetter

In beiden Fällen ist die Reihenfolge dieselbe wie im Deutschen, so dass die Unterscheidung zwischen den beiden Adjektiv-Funktionen sicher keine großen Schwierigkeiten bereiten wird.

Der einzige Unterschied zum Deutschen besteht in der Stellung des unbestimmten Artikels (**bir** „ein, eine"). Dieser steht nämlich **nach** dem Adjektiv, also zwischen Adjektiv und Substantiv:

İstanbul güzel bir şehir
Istanbul schön eine Stadt
Istanbul ist eine schöne Stadt.

aptal bir adam
dumm ein Mann
ein Dummkopf

iyi bir insan
gut ein Mensch
ein guter Mensch

Aber: Wenn **bir** als echtes Zahlwort gebraucht wird, steht es wie alle anderen Zahlwörter vor dem Adjektiv:

Bir (tane) soğuk bira, lütfen!
ein (Stück) kalt Bier bitte
Ein kaltes Bier, bitte!

Steigerung

Es gibt im Türkischen keine Steigerungsform der Adjektive, d. h. das Adjektiv wird für die Steigerung nicht – wie im Deutschen – gebeugt und somit in der Form verändert. Statt dessen werden einfach die Worte **daha** (mehr) und **en** (am meisten) davor gesetzt:

güzel	schön
daha güzel	schöner
en güzel	am schönsten, der/die/das schönste

Fragewörter

Sie haben schon eine Möglichkeit, Fragen zu bilden, kennengelernt:

Yemek yap-ıyor mu-sun?
Essen machen-Ggw ?-du
Machst du Essen?

Diese Art von Fragen, die mit Hilfe der Fragesilbe **-mi, -mı, -mu, -mü** gebildet werden, kann man normalerweise nur mit „ja" oder „nein" beantworten. Was passiert nun, wenn man eine genauere Antwort haben möchte? Zum Beispiel:

Yemek için ne yap-ıyor-sun?
Essen für was machen-Ggw-du
Was machst du zu essen?

Man benötigt also konkrete Fragewörter (wie, wer, was, wo usw.). Dazu gibt es dann eigentlich auch nichts weiter zu erklären - außer, dass die Fragewörter meistens direkt vor dem Verb stehen (das ist nämlich im türkischen Satz die wichtigste Stelle, so wie bei uns meist das erste Wort im Satz). Wenn kein Verb vorkommt - wie in Zuordnungssätzen - steht das Fragewort ganz am Satzende.

Ne yap-ıyor-sun?
was machen-Ggw-du
Was machst du?

Nereye gid-iyor-sun?
wohin gehen-Ggw-du
Wohin gehst du?

Kim o?
wer der/die/das
Wer ist das?

Ne var?
was es=gibt
Was gibt es? Was ist?

Nasıl-sınız?
wie-ihr=seid
Wie geht es Ihnen?

Pazar nerede?
Markt wo
Wo ist der Basar?

Wie Sie sicher schon festgestellt haben, ist eines der wichtigsten Fragewörter das Wörtchen **ne** (was), von dem dann viele weitere Frageausdrücke abgeleitet werden – und zwar mit Hilfe einer eingeschobenen Silbe **-re-** (die selbst keine Bedeutung hat) und eine angehängte Beugungsendung wie **-de** (in), **-den** (aus ... her) und **-(y)e** (in ... hinein, nach). Auf diese Weise haben wir schon drei Fragewörter:

nerede	wo?
nereye	wohin?
nereden	woher?

Wird das Fragewort nicht durch die Silbe **-re-** verlängert, bekommt das Fragewort eine mehr übertragene Bedeutung:

ne-den	warum?
ni-ye	weshalb, wieso?
niçin	warum, wozu?
ne için	wofür, für was?
nasıl	wie
nasıl bir	was für ein ...?
neyle	womit?
ne kadar	wieviel? wie teuer ?

Andere Fragewörter werden von **kim** (wer) abgeleitet:

kim	wer? (nur für Personen!)
kimin	wessen? (Gen.)
kime	wem, für wen, zu wem ? (Dat.)
kimi	wen? (Akk.)
kimin için	für wen?
kimde	bei wem? (Lok.)
kimden	von wem? (Abl.)

Weitere Fragewörter:

kaç kişi	wieviele ? (Personen)
kaç (tane)	wieviel(e) (Dinge) ?
kaça	wie teuer?
hangi	welche(-r, -s)?
efendim	wie bitte?

tane *heißt „Stück“ und wird immer bei Mengenangaben als zwischengeschaltetes Zählwort gebraucht.*

ne zaman-dan beri
was Zeit-von seit
Seit wann? Wie lange schon?

zaman
Zeit

Und denken Sie daran: wenn ein konkretes Fragewort vorkommt, wird die Fragesilbe **-mi / -mı / -mu / -mü** nicht verwendet!

Straßenschilder in Istanbul

Wünsche, Aufforderungen

Ein brenzliges Kapitel im Bereich interkultureller Kontakte, denn solche Satztypen sind – in erster Linie – Ausdruck von Bedürfnissen. Diese wiederum sind nicht – wie wir es oft in unserer naiven Befangenheit im individualistischen Denken des europäischen Westens unterstellen – subjektive, individuelle Gegebenheiten, sondern sie sind zum größten Teil Produkte einer bestimmten soziokulturellen Organisation des gemeinsamen Lebens. Deswegen kann man nicht davon ausgehen, dass es selbstverständlich ist, bestimmte Bedürfnisse als Individuum zu haben – vielmehr würde dieser Gedanke, sofern er überhaupt von Menschen aus anderen kulturellen Welten verstanden werden kann, denselben auch völlig absurd und abwegig erscheinen. Darüber hinaus sind bestimmte, selbst elementare Bedürfnisse, die es in jeder Kultur gibt (Sexualität und ihre Symbole!), oft weitgehend tabuisiert. Zumindest würde es Anstoß erregen, sich über sie – womöglich noch in größerem Kreise – zu äußern.

Natürlich kann man nicht in allen Einzelheiten wissen, wie die entsprechenden „Bräuche" in einem Land sind, das man gerade bereist – der Zweck der Reise besteht ja auch gerade darin, fremde Kulturen erst kennen zu lernen. Und der Reihe nach halbwegs vollständig auflisten lassen sie sich schon gar nicht. Man sollte sich vor allem dieser Tatsache bewusst sein und dementsprechend vorsichtig auftreten.

Besonders wenn man eingeladen wird, ist Zurückhaltung mit eigenen Wünschen geboten: Das Gesetz der Gastfreundschaft verlangt von einem Türken sowieso schon, dass er alles gibt, was er geben kann. Wenn man ständig noch mit eigenen Wünschen kommt, muss er das Gefühl bekommen, Sie nicht zufriedenzustellen. Womöglich kann er Ihre Wünsche nur schwer erfüllen (beispielsweise auf dem Land nach Wasser zum Waschen, das er selbst nicht hat und vielleicht erst mühsam beschaffen muss). Doch nun zum sprachlichen Teil:

Folgende Formen braucht man, um Wünsche und Aufforderungen auszudrücken:

1. Befehlsform
2. Wunschform
3. das Verb **istemek** = wollen
4. die kann-Form (s. das Kapitel „können“)

Während wir im Deutschen nur zwei Befehlsformen kennen (Einzahl „nimm“, Mehrzahl „nehmt“), gibt es im Türkischen gleich fünf.

al-mak	nehmen
al	nimm
al-ın	nehmt, nehmen Sie
al-ın-ız	nehmt, nehmen Sie
al-sana	nimm (doch)
al-san-ıza	nehmt (doch), nehmen Sie (doch)

Da die Bedeutungsnuancen, die zwischen den Formen mit ungefähr gleicher Bedeutung bestehen, kaum nachzuvollziehen sind, merkt man sich am besten die erste und die dritte Form – sie sind die, die am häufigsten gebraucht werden. Wie Sie inzwischen sicherlich aus dem Beispiel selbst ableiten können, heißen die Nachsilben für die Befehlsform, die direkt an den Wortstamm angehängt werden:

Einzahl (informell):
keine Nachsilbe (also nur der Verbstamm)

Mehrzahl (und formelle Einzahl):
-(y)iniz, -(y)ınız, -(y)unuz, -(y)ünüz

„Informell" sind die Formen, die im Deutschen mit „Du" übersetzt werden, „formell" die „Sie"-Formen. Der Unterschied wird in der Türkei ähnlich gehandhabt wie bei uns. Auf dem Land und bei der einfachen Stadtbevölkerung wird allerdings fast nur geduzt.

Noch ein paar Beispiele:

gel	komm
it-iniz	drücken Sie (Aufschrift auf Klapptüren)

bitte

Dieses Wörtchen hat im Deutschen mehrere Funktionen:

1. als höflicher Zusatz zur Äußerung einer Bitte, eines Wunsches etc.
   „Könnten Sie bitte...", „Bitte Anschnallen" usw.;

2. im Sinne von „wie bitte?":
   „Bitte? Was haben Sie gesagt?";

3. als einladende Geste, oft in Form einer zustimmenden Antwort auf eine Bitte oder einen Wunsch:
   „Darf ich mal ...?" „Bitte sehr!";

4. als Antwort auf „danke", bzw. begleitend zur Erfüllung einer Bitte.

Im Türkischen gibt es kein einheitliches Wort für diese verschiedenen Funktionen. Eindeutige

Übersetzungen gibt es im Grunde nur für die ersten beiden Bedeutungen:

Lütfen, sigara iç-me-yiniz *bitte Zigarette trinken-nicht-Befehl=ihr*	Bitte nicht rauchen.	**1.**
Efendim?	Wie bitte?	**2.**
tabii	natürlich, selbstverständlich	**3.**
buyurun	bitte	**4.**
bir şey değil *ein(e) Sache nicht*	keine Ursache, bitte sehr	

Natürlich ist es in vielen Fällen höflicher, die Befehlsform zu vermeiden. Man kann ebensogut die „kann"-Form benutzen, um Wünsche und Befehle höflich zu umschreiben. Man findet sie in einem späteren Abschnitt dieses Kapitels („können").

Wunschform (sollen)

Mit der Befehlsform richtet man immer Wünsche oder Aufforderungen direkt an den Gesprächspartner, der sie dann erfüllt oder eben nicht. Richten sich aber die Wünsche nicht direkt auf den Gesprächspartner, sondern auf irgendwelche Dritten bzw. auf den Sprecher selbst, so benutzt man die Wunschform (den Optativ):

gid-eyim	ich will / werde dann mal gehen
kalk-ayım	ich will dann mal aufstehen / aufbrechen
konuş-sun	er soll sprechen, lass(t) ihn ...
kal-sın	er soll bleiben, lass(t) ihn ....
gid-elim	wir wollen gehen, lass(t) uns gehen

Die entsprechenden Nachsilben lauten also:

-eyim / -ayım	ich will/lass(t) mich
	er soll/lass(t) ihn
-sin / -sın / -sun / -sün	sie soll/lass(t) sie
	es soll/lass(t) es
-elim / -alım	wir wollen / lass(t) uns
-sin(ler) / -sın(lar) /	sie sollen / lass(t) sie
-sun(lar) / -sün(ler)	

Olsun.	so sei es, so soll es sein (o.k.)
Geçmiş olsun.	Es soll vergangen sein. = Alles Gute, gute Besserung (sagt man, wenn jemand krank geworden oder ihm ein Unglück zugestoßen ist)

„wollen"

Dies heißt auf Türkisch **istemek.** Es deckt gleichzeitig das etwas moderatere Wort „möchte" ab, lässt sich also ziemlich universal verwenden.

Ankara'ya git-mek ist-iyor-um.
Ankara-nach gehen-Infinitiv wollen-Ggw-ich
Ich möchte nach Ankara fahren.

Iki tane elma ist-iyor-um.
zwei Stück Apfel wollen-Ggw-ich
Ich möchte zwei Äpfel (haben).

„können"

Dieses vielgebrauchte Wort gibt es im Türkischen nicht. Was nun? Sehen wir uns die Sache genauer an und beginnen wir wie immer mit einem Beispiel:

Bunu yaz-abilir mi-siniz?
das-Akk schreiben-können ?-ihr
Können Sie das aufschreiben?

Auch hier hilft also wieder mal eine „Nachsilbe" (die diesmal aus zwei Silben besteht):

-(y)abil-, **-(y)ebil-** können

Jetzt braucht man nur noch die Personenendungen der Gegenwartsform anzuhängen, und fertig ist die ganze Form.

„Kann sein" ist ein Ausdruck, den manche Dutzende Male am Tag gebrauchen. Auf gut Türkisch:

Olabilir.	**Bu da olabilir.**
Kann sein.	Das könnte auch sein. Das geht auch.

Die Endungen, die in dieser Form verwendet werden, gehören übrigens zum **r**-Präsens.

„müssen"

Auch für diese Modalfunktion gibt es eine eigene „Nachsilbe" im Türkischen:

-malı-, **-meli-** müssen

Git-meli-yim.
gehen-müssen-ich
Ich muss gehen.

Tren hemen hareket et-meli.
Zug sofort Abfahrt machen-müssen=er
Der Zug müsste sofort abfahren.

Yarın çok erken kalk-malı-yız.
morgen sehr früh aufstehen-müssen-wir
Wir müssen morgen sehr früh aufstehen.

Zahlen

Vielleicht erübrigt sich hier jeder Kommentar: Das Zahlensystem ist – wie so vieles in der türkischen Grammatik – logisch und erstaunlich konsequent aufgebaut. Man braucht sich eigentlich nur die Bezeichnungen für die Grundziffern und die Zehnerstellen („zehn, zwanzig, dreißig,...") zu merken und kann dann den Rest ganz einfach nach folgendem Prinzip konstruieren: Man gibt einfach von links nach rechts erst die Zahl der Hunderter, dann die Zahl der Zehner und schließlich die Zahl der Einer an – ohne irgendeinen Einschub, Zusatz oder Bindeglied. Und damit hat es sich dann schon.

1	bir	11	on bir
2	iki	12	on iki
3	üç	13	on üç
4	dört	14	on dört
5	beş	15	on beş
6	altı	16	on altı
7	yedi	17	on yedi
8	sekiz	18	on sekiz
9	dokuz	19	on dokuz
10	on	20	yirmi

21	yirmi bir	30	otuz
22	yirmi iki	40	kırk
23	yirmi üç	50	elli
24	yirmi dört	60	altmış
25	yirmi bes	70	yetmiş
26	yirmi altı	80	seksen
27	yirmi yedi	90	doksan
28	yirmi sekiz		
29	yirmi dokuz	0	sıfır

100	yüz
1000	bin
10 000	on bin
100 000	yüz bin
1 000 000	bir milyon

Ordinalzahlen

Diese werden von den Kardinalzahlen abgeleitet, indem man daran die Nachsilbe **-(i)nci / -(ı)ncı / -(u)ncu / -(ü)ncü** anfügt. Der eingeklammerte Vokal wird weggelassen, wenn die vorhergehende Silbe schon auf einen Vokal endet.

bir-inci	der / die / das erste
iki-nci	der / die / das zweite
üç-üncü	der / die / das dritte
dörd-üncü	usw.
beş-inci	
altı-ncı	

Halbe

Es gibt gleich zwei unterschiedliche Ausdrücke:

yarım wird immer dann gebraucht, wenn es sich lediglich um eine einzige Hälfte handelt:

Und „Viertel" heißt auf Türkisch **çeyrek.**

yarım kilo domates
ein halbes Kilo Tomaten

buçuk wird dagegen verwendet, wenn es sich um eine volle Zahl plus einer Hälfte handelt:

bir buçuk kilo domates
eineinhalb Kilo Tomaten

Präpositionen

Präpositionen gibt es im Türkischen überhaupt nicht, weil das Türkische nämlich nur Postpositionen kennt - oder man sowieso alles ganz anders macht. Postpositionen heißen sie deswegen, weil sie nicht vor dem Bezugswort (prä-) sondern danach stehen (post-).

Wie im Deutschen stehen einige mit dem Genitiv, andere mit dem Dativ, wieder andere mit dem Akkusativ usw., d. h. die von der Postposition „regierten" Bezugswörter müssen in dem entsprechenden Fall erscheinen.

Postpositionen mit dem Dativ
-(y)e / -(y)a

kadar bis (zu / nach)

Otobüs Ankara'ya kadar gid-iyor.
Bus Ankara-Dat bis gehen-Ggw
Der Bus fährt bis Ankara.

Şimdi-ye kadar gel-me-di.
jetzt-Dat bis kommen-nicht-Verg
Bis jetzt ist er nicht gekommen.

Yarın-a kadar kal-ıyor-um
morgen-Dat bis bleiben-Ggw-ich
Ich bleibe bis morgen.

Postpositionen mit dem Ablativ
-den / -dan / -ten / -tan

başka außer

Bun-dan başka bir şey iste-m-iyor mu-sun?
dies-von außer ein Ding wollen-nicht-Ggw ?-du
Willst du außerdem nichts mehr?

Hasan'dan başka kimse gel-m-iyor mu?
Hasan'von außer jemand kommen-nicht-Ggw ?
Kommt außer Hasan niemand (mehr)?

beri seit

saat iki-den beri
Stunde zwei-von seit
seit zwei Uhr

Çarşamba-dan beri burada kal-ıyor-uz.
Mittwoch-von seit hier bleiben-Ggw-wir
Seit Mittwoch halten wir uns hier auf.

İki yıl-dan beri mi türkçe öğren-iyor-sun?
zwei Jahr-von seit ? Türkisch lernen-Ggw-du
Seit zwei Jahren lernst du Türkisch?

önce	vor (zeitl.)
ondan önce	davor
çarşambadan önce	vor Mittwoch
sonra	nach (zeitl.)
ondan sonra	danach
öğleden sonra	nachmittag(s)

Postpositionen mit Nominativ / Genitiv

Einige der Postpositionen verlangen ein Substantiv in den unveränderten Grundform (Nominativ). „Regieren" jedoch dieselben Präpositionen ein Pronomen, muss dieses in der Genitiv-Form stehen.

gibi wie

Hüseyin gibi wie Hüseyin

Deli gibi çalış-ıyor.
verrückt wie arbeiten-Ggw
Er arbeitet wie ein Verrückter.

Paşa gibi davran-ıyor-sun
Pascha wie verhalten-Ggw-du
Du verhältst dich wie ein Pascha.

onun gibi	wie dieser hier

benim gibi bir insan
ich-Gen wie ein Mensch
ein Mensch wie ich

için	für, wegen
onun için	für ihn, seinetwegen, deswegen
Mehmet için	für / wegen Mehmet

Anne-si için bir hediye ar-ıyor-um.
Mutter-seine für ein Geschenk suchen-Ggw-ich
Ich suche ein Geschenk für seine Mutter.

hakkında	betreffs, über, in bezug auf

Politika hakkında konuş-ma-yalım!
Politik über sprechen-nicht-WUNSCH=wir
Lass(t) uns nicht über Politik sprechen!

Onun hakkında bir şey bil-m-iyor-um
dies-Akk über ein Sache wissen-nicht-Ggw-ich
Darüber weiß ich nichts.

Leider ist die Auswahl an Postpositionen im Türkischen recht bescheiden, und gerade die, die man oft bräuchte, existieren überhaupt nicht. Vielmehr müssen ihre Bedeutungen durch etwas kompliziertere Konstruktionen wiedergegeben werden. Dafür gleich ein paar Beispiele:

ev-in iç-in-e	**masa-nın alt-ın-da**
Haus-Gen Inneres-sein-Dat	*Tisch-Gen Unteres-sein-in*
ins Haus hinein	unter dem Tisch

Wie kommen diese Ausdrücke zustande? Zunächst mal gibt es im Türkischen eine Reihe von Substantiven, die irgendeine räumliche Beziehung ausdrücken. Diese sind:

iç	Inneres
dış	Äußeres
üst	Oberes, Oberseite
alt	Unteres, Unterseite
ön	Vorderes, Vorderseite
arka	Hinteres, Hinterseite, Rücken
orta	Mitte
ara	Zwischenraum
karşı	Gegenüber, gegenüberliegende Seite
yan	Seite, Flanke

Nun kann man ja auch im Deutschen sagen: „in der Mitte des Raumes“ oder: „im Innern des Hauses“. Wenn man diese Ausdrücke direkt übersetzt, kommen genau die Konstruktionen dabei heraus, die man oben in den Beispielen findet.

„im Haus drinnen“	**ev-in için-de**
„ins Haus“	**ev-in için-e**

Und schließlich können auch die einfachen Fallendungen einer deutschen Präposition entsprechen:
ev-de *(Lokativ)*
„im Haus“

Ilhan Balta@Fotolia.com

Alter Mann an der Sultan-Ahmet-Moschee, Istanbul

Wortbildung

Für den unaufgeklärten Anfänger ist es meist reichlich verwirrend, dass viele ähnlich klingende türkische Wörter unterschiedliche Bedeutungen haben, die aber oft auch wieder inhaltlich miteinander zusammenhängen. Die Schwierigkeit liegt dabei unter anderem darin, die Prinzipien zu erkennen, nach denen solche Wörter aufgebaut bzw. voneinander abgeleitet sind.

Sehen wir uns unsere eigene Sprache an: Aus dem Wort „Ahn" sind eine ganze Reihe anderer Wörter abgeleitet, z. B. „ähneln", „ähn-lich", „Ähn-lich-keit". Im Deutschen und in den meisten indoeuropäischen Sprachen kann man allerdings nicht ohne weiteres mit jedem beliebigen Wort solche Ableitungen vornehmen.

Das ist im Türkischen anders: Erstens gibt es eine viel größere Anzahl solcher Wortbildungsregeln, und zweitens sind viele davon auf alle oder fast alle Wörter anwendbar. Das hat natürlich den Vorteil, dass man dementsprechend weniger Vokabeln lernen muss, weil man sich teilweise seine Wörter selbst „machen" kann.

Natürlich haben sich mit der Zeit die Bedeutungen einiger solcher häufig vorkommender neugebildeter Wörter auch verändert, so dass nicht alles so ganz nach „Schema F" abläuft. Trotzdem können einige dieser Regeln ein gutes Stückchen weiterhelfen, wenn es Ihnen nichts ausmacht, auch mal danebenzutreffen – wenigstens wird es so eher gelingen, sich verständlich zu machen.

Wie Sie sich sicher schon gedacht haben, werden die Wortveränderungen durch Nachsilben bewerkstelligt. Hier sollen nur ein paar vorgestellt werden, die man dafür fast ohne Einschränkungen benutzen kann.

-ci / -cı / -cu / -cü / -çi / -çı / -çu / -çü

iş	Arbeit
işçi	Arbeiter
ekmek	Brot
ekmekçi	(Brot-)Bäcker
süt	Milch
sütçü	Milchmann
yol	Weg
yolcu	Reisender
yumurta	Ei
yumurtacı	Eierverkäufer
su	Wasser
sucu	Wasserverkäufer
simit	Sesamkringel
simitçi	Sesamkringelverkäufer

Diese Endung kann man also an Substantive anhängen. Das neue Wort bezeichnet dann jemanden, der mit der jeweiligen Sache gewöhnlich oder professionell (oft als Hersteller bzw. Verkäufer) zu tun hat.

-ce / -ca / -çe / -ça

Türk	Türke, türkisch
Türkçe	Türkisch (Sprache)
Alman	Deutscher, deutsch
Almanca	Deutsch (Sprache)
İngiliz	Engländer, englisch
İngilizce	Englisch (Sprache)
Fransız	Franzose, französisch
Fransızca	Französisch (Sprache)
İspanyol	Spanier, spanisch
İspanyolca	Spanisch (Sprache)
Yunan	Grieche, griechisch
Yunanca	Griechisch (Sprache)

Angehängt an Völkernamen erhält man die Bezeichnung für die Sprache des betreffenden Volkes.
Achtung: Die einfachen Nationalitätenbezeichnungen können niemals für die Sprache stehen!

tarzan	Tarzan (Dschungelvolk, bisher erst ein einziges bekanntes Exemplar)
tarzanca	Tarzanisch (So nennen die Türken die grammatisch gebrochene Sprechweise, derer sich wohl auch Sie zunächst bedienen werden.)

-lik / -lık / -luk / -lük

güzel	schön	**güzellik**	Schönheit
bir	ein	**birlik**	Einheit
hasta	krank	**hastalık**	Krankheit
pis	schmutzig	**pislik**	Schmutz
zor	schwierig	**zorluk**	Schwierigkeit
insan	Mensch	**insanlık**	Menschlichkeit
asker	Soldat	**askerlik**	Militärdienst
yolcu	Reisender	**yolculuk**	Reise
göz	Auge	**gözlük**	Brille
söz	Wort	**sözlük**	Wörterbuch

Felsengräber in Demre (Myra), Provinz Antalya

Diese Endung wird also – ähnlich wie „-heit, -keit" im Deutschen – gebraucht, um aus Adjektiven und konkreten Substantiven abstrakte Substantive zu bilden. „Abstrakt" darf dabei allerdings nicht allzu wörtlich genommen werden (s. „Brille", „Wörterbuch"). Doch überlassen wir solche eher spitzfindigen Definitionsfragen anderen – das Grundprinzip ist sicherlich einigermaßen klar geworden, und auf mehr soll es hier ja nicht ankommen.

Übrigens wird diese Nachsilbe auch oft zur Bildung allgemeiner Berufsbezeichnungen gebraucht:

şoförlük	Beruf des Chauffeurs
öğretmenlik	Beruf des Lehrers

-li / -lı / -lu / -lü

Dies bedeutet soviel wie „(ausgestattet) mit..."

akıl	Verstand
akıllı	verständig, klug
ev	Haus
evli	verheiratet
renk	Farbe
renkli	farbig, bunt
resim	Zeichnung, Bild
resimli	mit Zeichnungen/Bildern, illustriert
yaş	Alter
yaşlı	alt
fark	Unterschied
farklı	anders, unterschiedlich
çeşit	Art, Sorte
çeşitli	verschieden(artig)
güç	Kraft, Stärke
güçlü	kräftig, stark
tuz	Salz
tuzlu	salzig

Das Gegenteil davon („ohne“, „un-“) wird ausgedrückt mit der folgenden Nachsilbe:

-siz / -sız /-suz / -süz

akılsız	unverständig, unklug
farksız	ohne Unterschied, gleich
resimsiz	ohne Bilder
renksiz	farblos
tuzsuz	ohne Salz, ungesalzen

Zusammengesetzte Substantive

Sehen wir uns zunächst ein paar Beispiele an:

çöp kutu-su
Müll Kasten-sein
Mülleimer

at araba-sı
Pferd Wagen-sein
Pferdewagen

kül tabağ-ı
Asche Teller-ihre
Aschenbecher

ev kadı-nı
Haus Frau-sein
Hausfrau

Nach diesem Prinzip kann man also beliebig Wortzusammensetzungen bilden: Man nimmt die beiden Wörter, stellt sie in der richtigen Reihenfolge hintereinander und versieht das zweite mit der Zugehörigkeits-Nachsilbe. Noch ein paar Beispiele? Werfen wir einfach einen Blick auf die türkische Speisekarte:

patlıcan kızartma-sı
Aubergine Gebratenes-ihr
Brataubergínen

biber dolma-sı
Paprika Gefülltes-ihr
gefüllte Paprika

fıçı bira-sı
Fass Bier-sein
Bier vom Fass

peynir böreğ-i
Käse Pastete-sein
Käse-Blätterteig-Pastete

Genug davon! Wer Appetit bekommen hat, möge sich im Kapitel „Essen und Trinken“ weitere Anregungen holen.

Zeitangaben

Jahreszeiten

ilkbahar	Frühling
ilkbaharda	im Frühling
yaz	Sommer
yazın	im Sommer
sonbahar	Herbst
sonbaharda	im Herbst
kış	Winter
kışın	im Winter

Monate

ocak	Januar
şubat	Februar
mart	März
nisan	April
mayıs	Mai
haziran	Juni
temmuz	Juli
ağustos	August
eylül	September
ekim	Oktober
kasım	November
aralık	Dezember
ay	Monat
haziranda	im Juni
ekimde	im Oktober

Zeitangaben

Die einfachste Form, ein genaues Datum anzugeben, ist die folgende:

Tag des Monats + Monatsname + Jahreszahl

bir ocak iki bin on bir
eins Januar zwei tausend zehn eins
1. Januar 2011

gün *heißt „Tag", -***ü** *ist wiederum die Zugehörigkeits-Silbe, da wir es hier mit Wortzusammensetzungen zu tun haben.*

Wochentage

pazar (günü)	Sonntag
pazartesi (günü)	Montag
salı (günü)	Dienstag
çarşamba (günü)	Mittwoch
perşembe (günü)	Donnerstag
cuma (günü)	Freitag
cumartesi (günü)	Sonnabend

Tageszeiten

sabah	Morgen
öğle	Mittag
akşam	Abend
gece	Nacht
sabahta	am Morgen
sabahleyin	morgens
akşamda	am Abend
akşamleyin	abends
gecede, geceleyin	in der Nacht, nachts
öğlede, öğleyin	am Mittag, mittags

Obwohl es im Türkischen keine eigenen Wörter für „Vormittag" und „Nachmittag" gibt, lassen sich entsprechende adverbiale Bestimmungen dennoch bilden, nämlich so:

öğle-den sonra
Mittag-von nachher
nachmittags, am Nachmittag

öğle-den önce
Mittag-von vorher
vormittags, am Vormittag

Historische Straßenbahn in Istanbul

Touristenboote am Strand von Antalya

Außer den festen Redewendungen werden Sie in diesem Teil vor allem eine Reihe von Vokabeln finden, die – im Unterschied zum Wörterbuch im zweiten Teil – nach Situationen bzw. Themen geordnet sind, so dass man im Bedarfsfall nicht erst alles mühsam zusammensuchen muss, sondern gleich das Wichtigste auf einen Blick parat hat.

Zustimmung & Verständigung

Zustimmung

Mit einem Smartphone können Sie sich die mit einem gekennzeichneten Sätze dieses Kapitels anhören. Scannen Sie einfach den QR-Code mit Hilfe einer kostenlosen App (z. B. „Barcoo" oder „Scanlife").

Wie im Deutschen gibt es auch im Türkischen eine ganze Reihe von Ausdrücken und Wörtern, mit denen man Aussagen und Vorschlägen zustimmt, etwas bekräftigt oder sein Einverständnis gibt. Sie lassen sich eigentlich nicht richtig übersetzen – allerdings sind sie auch nicht immer gegenseitig austauschbar.

Tamam.
Einverstanden. In Ordnung. Okay.

Ol-ur.
werden-Ggw=es
In Ordnung. Abgemacht.

Ol-du.
werden-Verg=es
Gut. Okay. Alles klar, also.
(wenn man ein Thema bzw. ein Gespräch beenden will)

Ol-sun.
werden-WUNSCH=es
So soll es sein. (Na) gut, meinetwegen.

Tabii.
Natürlich. Klar. Selbstverständlich.

Emin-im
sicher-ich
(Ich bin) sicher.

Verständigung

Achtung: es gibt eine gleichlautende Anrede!

Efendim?
Wie bitte?

Anla-m-ıyor-um.
verstehen-nicht-Ggw-ich
Ich verstehe nicht.

Tekrar et!
Wiederholung machen=BEFEHL=du
(Mach / Sag das) noch einmal!

(Daha) yavaş konuş, lütfen!
mehr langsam sprechen=BEFEHL=du bitte
Sprich bitte langsam(er).

... ne demek?
was sagen ...
Was heißt ... ? Wie sagt man ... ?

anderes

Fark et-mez.
Unterschied machen-Ggw=nicht=es
Das ist egal. Das macht nichts.

Boş ver!
frei geben=Befehl=du
Lass gut sein! Schon gut!
Mach dir nichts draus!

Önem-li değil.
Wichtigkeit-mit nicht
Das ist nicht wichtig.

Dikkat (et)!
Vorsicht machen=BEFEHL=du
Achtung! Vorsicht! Gib acht!

Bana ne?
mir was
Was geht mich das an?

Ne ol-du?
was werden-Verg=es
Was ist los?
Was ist passiert?

Sana ne?
dir was
Was geht dich das an?

Bak-alım.
sehen-WUNSCH=wir
Wollen (wir) mal sehen!
Mal sehen!

... nerede?
Wo ist ...?

Bil-m-iyor-um.
wissen-nicht-Ggw-ich
Ich weiß nicht.

Etwas verbieten **(yasaklamak)** *können nur Autoritäten wie der Staat, die Polizei oder Respektspersonen.* **Ayıp** *ist dagegen alles, was die allgemeine Moral verletzt und damit jeden Türken (oder Moslem) potentiell beleidigt.*

Burada (bir) ... var mı?
hier ein es=gibt ?
Gibt es hier (ein) ...?

Ne ist-iyor-sun?
was wollen-Ggw-du
Was willst du?
Was möchtest du?

Yorgun-um.
müde-ich
Ich bin müde.

... ist-iyor-um
wollen-Ggw-ich
Ich möchte / will ...

... yasak.
... ist verboten

... ayıp.
... ist schändlich

Höflichkeit

Mit einem Smartphone können Sie sich die mit einem gekennzeichneten Sätze dieses Kapitels anhören.

Sie hat einen hohen Stellenwert in der Türkei. Nicht zu verwechseln mit Freundlichkeit, besteht sie in der Einhaltung ganz bestimmter, festgelegter Umgangsformen. Wer höflich ist, bezeugt damit seine Achtung und seinen Respekt vor anderen Personen. Jede Nicht-Erfüllung von Regeln der Höflichkeit hat genau den gegenteiligen Effekt der beabsichtigten Wirkung. Wenn man sich also nicht von vornherein unbeliebt machen will, sollte man darauf achten, dass man sich besonders die Höflichkeitsrituale abguckt, einprägt und mitmacht –

damit wird man sich Anerkennung und ein gutes Verhältnis zu seiner Umgebung sichern.

Besonders gegenüber Leuten mit höherem Status und von seiten der Männer gegenüber Frauen ist unbedingte Höflichkeit angebracht: im ersten Fall, um niemanden zu beleidigen, im zweiten Fall, um die nötige Distanz zum anderen Geschlecht aufrecht zu erhalten. Gerade letzteres wird in der Türkei sehr ernstgenommen: Ungebührliche Nähe zu einer weiblichen Person beschmutzt nicht nur deren Ehre, sondern ebenfalls die ihrer ganzen Familie, und hat dementsprechend schroffe Reaktionen zur Folge. Ein Mann, der sich einer Frau in irgendeiner Form unsittlich nähert, ist womöglich seines Lebens nicht mehr sicher, und zwar durchaus im wörtlichen Sinn.

Das hat sich natürlich in den Städten sehr stark verändert. Auch in der Türkei beklagen sich Alte und Landbevölkerung über den Verfall von Sitten und Moral - nicht ohne Grund. Genaueres dazu findet man noch in dem Abschnitt zur Einführung in die Kultur der Türkei. Kommen wir erstmal zur sprachlichen Seite der Höflichkeit:

Entschuldigung

Affed-er-siniz.
entschuldigen-Ggw-ihr
Entschuldigen Sie.
(als Einleitung einer Bitte, z. B. um Auskunft)

Özür dil-er-im.
Entschuldigung bitten-Ggw-ich
Ich bitte um Verzeihung.

Pardon.
Pardon (gilt als schick, weil französisch
- auf dem Land ungebräuchlich).

Kusur-a bak-ma-yın(ız)!
Fehler-Dat sehen-nicht-BEFEHL=ihr
Nehmen Sie es mir nicht übel!

Isteyerek ol-ma-dı.
wollend werden-nicht-Verg=es
Das wollte ich nicht!

Antworten

Önem-i yok.
Wichtigkeit-seine es=gibt=nicht
Ist nicht wichtig. Macht nichts.

Mühim değil.
wichtig nicht
Ist nicht wichtig. Macht nichts.

Fark et-mez.
Unterschied machen-nicht=Ggw=es
Ist egal. Macht nichts.

Glückwunsch / Beileid

Göz-ün aydın.
Auge-dein leuchtend
(sagt man, wenn man jemandem ein ihn betreffendes glückliches Ereignis mitteilen will, wird aber auch ironisch verwendet!)

Tebrik ed-er-im.
Glückwunsch machen-Ggw-ich
Ich gratuliere!

Tebrikler!
Glückwünsche!

... -(y)e / -(y)a kutl-ar-ım.
-Dat beglückwünschen-Ggw-ich
Herzlichen Glückwunsch / Alles Gute zu(m)...

(Yeni yıl-ınız) kutlu ol-sun!
neu Jahr-euer Heil werden-WUNSCH
Alles Gute zum neuen Jahr.

Çok üzgün-üm.
sehr traurig-ich
Das tut mit aber leid.

Çok üzül-dü-m.
sehr traurig-Verg-ich
Das tut mir leid.

Geçmiş ol-sun!
vergangen werden-WUNSCH=es
„Möge es vorbeigehen!“

Sagt man, wenn man hört, dass einer der Anwesenden oder ein Bekannter krank geworden ist oder ihm ein Unglück zugestoßen ist.

Freude / Bedauern

(Çok) memnun ol-du-m.
sehr zufrieden werden-Verg-ich
Es hat mich sehr gefreut.
Ich bin sehr zufrieden.

El-iniz-e sağlık.*
Hand-eure-Dat Heil

**Sagt man, wenn man bei jemandem zu Gast ist und das angebotene Essen loben will.*

Çok güzel ol-muş.
sehr schön werden-Verg=es
Es ist sehr schön gewesen.

Ne yazık.
was schade
Wie schade.

Bitte / Dank

Sigara iç-me-yin, lütfen.
Zigarette rauchen-nicht-BEFEHL=ihr bitte
Bitte rauchen Sie nicht.

Bana bir tane ekmek ver-ebil-ir mi-siniz?
mir ein Stück Brot geben-können-Ggw ?-ihr
Können Sie mir einen Laib Brot geben?

Oda-lar-ınız-ı bana göster-ebil-ir mi-siniz?
Zimmer-PL-eure-Akk mir zeigen-können-Ggw ?-ihr
Können Sie mir Ihre Zimmer zeigen?

Sağ ol.
gesund werden-BEFEHL=du
Danke (informell)

Teşekkür ed-er-im.
Dank machen-Ggw-ich
Ich danke.

Sağ ol-un.
gesund werden-BEFEHL=ihr
(formell, bei Anrede mit „Sie“)

Teşekkür-ler.
Dank-PL
Danke.

Sağ ol-unuz.
gesund werden-BEFEHL=ihr
(besonders formell)

Ausdrücke, die das Wort **Allah** *enthalten, entstammen der religiösen Tradition. Sie werden deswegen häufig von jüngeren, säkularen Türken vermieden. Auf dem Lande, in der älteren Generation und generell in religiös-konservativen Kreisen sind sie jedoch sehr gebräuchlich.*

Allah gönlü-n-ün murad-ın-ı ver-sin.
Gott Herz-dein-Gen Wunsch-sein-Akk geben-WUNSCH=er
Gott möge deinen Herzenswunsch erfüllen.

Allah razı ol-sun.
Gott zufrieden werden-WUNSCH=er
Gott möge zufrieden sein.

Mersi.
Danke. (französisch; wird gerne von der jüngeren Stadtbevölkerung verwendet.)

Bir şey değil.
ein Ding nicht
Nicht der Rede wert. Keine Ursache.
(Erwiderung auf „danke“)

Begrüßen & Verabschieden

Begrüßungen sind gewissermaßen Rituale des Alltags. Sie bestehen nicht nur aus den eigentlichen Grußworten, sondern gleichzeitig aus deren Erwiderung – die im Türkischen in manchen Fällen anders lautet als die Begrüßung selbst. Und schließlich sollen sie in den meisten Fällen auch ein Gespräch einleiten: man fragt nach dem Befinden, nach Neuigkeiten usw. Wer sich der Floskeln nicht bedient, gilt schnell als unhöflich und stößt auf Ablehnung.

Zuerst die eigentlichen Grußworte; einige von ihnen sind reine Begrüßungs-, andere reine Abschiedsfloskeln, wieder andere können in beiden Fällen benutzt werden:

Günaydın.
Tag=hell
Guten Morgen (bis zum Vormittag).

Merhaba.
Hallo! (Allerweltsbegrüßung)

İyi gün-ler.
gut Tag-PL
Guten Tag
(vom Vormittag bis zum späten Nachmittag, wird zur Begrüßung und zum Abschied verwendet).

İyi akşam-lar.
gut Abend-PL
Guten Abend.
(vom frühen Abend bis zum Einbruch der Dunkelheit, Begrüßung und Abschied).

İyi gece-ler.
gut Nacht-PL
Gute Nacht
(Abschiedsgruß am späten Abend).

Gilt in rechtsnationalistischen Kreisen manchmal als typisch linker Gruß!

Selam.
Hallo.

Die traditionelle islamische Begrüßungsformel ist:

Ankommender:	**Selâmünaleyküm.**
Anwesender:	**Aleykümselâm.**

Die Verwendung dieser Grußformel zeigt, dass der Sprecher sich an den islamischen Glauben und seine Formen gebunden fühlt. Sie wird viel von älteren Männern und auf dem Lande benutzt, neuerdings aber im Zuge der religiösen Erneuerungsbewegung auch vermehrt unter streng gläubigen Moslems jeglichen Alters.

Es gibt mehrere solcher Grußformeln, die aus Paaren bestehen. Ist ein Bestandteil des Paares geäußert worden, muss der Gesprächspartner mit dem zweiten Teil antworten. Wer von beiden Gesprächspartnern nun welchen „Part" übernimmt, hängt davon ab, wer neu hinzukommt, bzw. wer schon anwesend ist. Ein weiteres solches Paar ist:

Anwesender:	**Hoş gel-di-n / -niz!** *wohl kommen-Verg-du (-ihr)* Sei / seien Sie willkommen!

Ankommender: **Hoş bul-du-k!**
wohl finden-Verg-wir
Wir sind gut angekommen!

Diese Begrüßung wird nur benutzt, wenn man als Gast in ein Haus kommt.

Gute Freunde (gleichen Geschlechts!) oder Verwandte, die sich lange Zeit nicht gesehen haben, begrüßen sich mit Umarmungen und – je nach Vertrautheit – angedeuteten oder auch echten Küssen auf beide Wangen.

Ältere (Respekts-)Personen werden, wenigstens nach längerem Nicht-Sehen oder bei formellen Festlichkeiten (Feiertage usw.), von den Jüngeren mit Handkuss begrüßt, wobei man die geküsste Hand des anderen an die eigene Stirn führt.

Nach der Begrüßung folgt fast obligatorisch die Frage nach dem Befinden – zumindest, wenn man sich nicht schon einmal am selben Tag gesehen hat. Sie lautet:

Nasıl-sın / -sınız?
wie-du / -ihr
Wie geht es dir / Ihnen?

Kötü!
Schlecht!

Sağ ol, iyi-yim.
Segen sei gut-ich
Danke, (mir geht es) gut.

Hiç sor-ma!
jemals fragen-nicht=BEFEHL=du
Frag bloß nicht!

Pek iyi değil-im
sehr gut nicht-bin=ich
Nicht so gut. Nicht sehr gut

Die Frage **nasılsın?** ist relativ förmlich und wird unter guten Bekannten häufig ersetzt durch z. B. folgende Fragen:

Ne haber?
was Nachricht
(ungefähr: Na, wie sieht's aus?)

Antworten darauf: (Wem es besonders gut geht, der sagt gleich alles auf einmal.)

Sağlık.	Gesundheit.
İyilik.	Wohlbefinden.
Güzellik.	Schönheit.

Zum Abschied sagt man (zusätzlich zu den oben schon aufgeführten Ausdrücken):

Gehender:	
Allahaısmarladık!	Gott befohlen! (sprich: **allasmarladık**)

Bleibender:	
güle güle (git)	(Geh) lachend!

Anstelle des religiös motivierten **Allahaısmarladık** kann man auch sagen:

Hoşça kal!
wohl bleiben=BEFEHL=du
Leb wohl!
(wenn man sich für längere Zeit trennt).

Eyvallah!
Tschüss!

Görüş-ür-üz!
sehen=sich-Ggw-wir
Wir sehen uns!

Anrede

In der Türkei redet man sich selten mit dem Namen an. Allenfalls benutzt man diese Form der Anrede unter Gleichaltrigen. Ansonsten bevorzugt man förmliche Anreden.

efendi(m)	(mein) Herr
hanımefendi	(meine) Dame,
beyefendi	(mein) Herr (noch förmlicher als **efendi**)

Diese Anreden drücken Unterwürfigkeit aus und werden vor allem gegenüber Respektspersonen wie Beamten, Polizisten, Offizieren, usw. gebraucht. Aber auch offensichtliche Statusunterschiede verlangen vom Niedrigstehenden, dass er sich dieser Anrede bedient. „Noble" Dienstleistungsunternehmen verlangen von ihren Angestellten, alle Kunden so zu titulieren. Gegenüber Frauen ist die förmliche Anrede häufiger üblich. Meist dienen aber folgende Verwandtschaftsbezeichnungen als Anrede:

ağabey	(großer) Bruder
abla	(große) Schwester

sagt man zu älteren Angehörigen der eigenen Generation.

amca	Onkel
teyze	Tante

sagt man zu Angehörigen der älteren Generation.

nine	Oma
dede	Opa

sagt man zu Leuten, die bereits ein „ehrwürdiges" Alter erreicht haben.

Oft werden diese Anredeformen dem Vornamen der betreffenden Person nachgestellt, zumindest bei der Anrede älterer Personen. Die Anrede mit dem einfachen Namen ist dagegen nur zwischen Gleichaltrigen üblich. Aber auch dort sagt man oft:
arkadaş(ım)
„(mein) Freund", auch wenn man ihn gar nicht kennt.

kardeş	(kleine) Schwester, (kleiner) Bruder

sagt man zu jüngeren Angehörigen der gleichen Generation.

kızım	mein Mädchen, Tochter
oğlum	mein Junge, Sohn
çocuğum	mein Kind
yavrum	mein Kleines

benutzt man zur Anrede von sehr viel Jüngeren.

Der jeweils Ältere ist auch immer der, dem nach dem türkischen Sittenkodex mehr Ehrerbietung und Respekt gebührt. Die Anrede ist also ebenso wie die Höflichkeitsformeln Ausdruck von sittlicher Haltung und Achtung der Würde des Anderen. An der Vielfalt der türkischen Anredeformen zeigt sich darüberhinaus eine wesentliche Eigenart der türkischen Sozialstruktur: Neben den Klassenunterschieden, die in den formellen Anredeformen Ausdruck finden, ist jede Lebensgemeinschaft (auch jede Familie!) stark bestimmt von einer festen Rangordnung, in der Geschlecht und Alter die Größen sind, die einen hohen Rang verschaffen.

Alte Männer stehen ganz oben auf dieser Skala, während alte Frauen selten mehr Respekt genießen als jeder andere junge, unverheiratete Mann. Unverheiratete Mädchen und Kinder haben schließlich überhaupt nichts „zu melden". (Was allerdings gar nichts über die gefühlsmäßigen Beziehungen zwischen Angehörigen auch unterschiedlicher Generationen aussagt!)

Man wird Schwierigkeiten damit haben, immer das Alter der Gesprächspartner einschätzen zu müssen. Im Zweifelsfall benutzt man die Anrede, die ihn zum Älteren macht. Seien Sie aber darauf gefasst, dass ein 40-jähriger, den man mit **dede** (Opa) anredet, mit verletzter Eitelkeit reagieren wird!

Die bei uns häufigste Anrede mit „Herr ....“ ist in der Türkei vollkommen unüblich. Sie wird schon deswegen wenig gebraucht, weil sie zusammen mit den festen Familiennamen erst in den 1920er Jahren gesetzlich eingeführt wurde. Sie wird im Grunde nur wichtig im Zusammenhang mit amtlichen Vorgängen; im Alltagsleben spielt sie kaum eine Rolle. Sie lautet:

bay ...	Herr ...
bayan ...	Frau ...

Ayasofya Camii Müzesi (Hagia Sophia Museum), Istanbul

Ausrufe & Gesten

Was ein richtiger Türke ist, der versteht es, ganze Gespräche zu führen, ohne einen einzigen Ton von sich zu geben. Die Mimik und Gestik wird aber auch in „richtigen" Gesprächen zur lebendigen Unterstützung des Gesagten gebraucht. Leider sind diese Ausdrucksformen nur sehr umständlich zu beschreiben. Ich will es dennoch bei einigen fast unentbehrlichen probieren:

1. kurzes Hochziehen der Augenbrauen (manchmal begleitet von einem leichten Schnalzen „th") = Nein.
2. leichtes, schnelles Schütteln des Kopfes (manchmal begleitet von einem fragenden „hee" oder „haa") = Wie? Was? Versteh ich nicht. Was meinst Du?
3. kreisende Bewegung mit der nach oben offenen, gespreizten Hand (oft mit einem lang gezogenen „oohoo") = Mein lieber Mann! Oft auch eine Geste der Anerkennung, Bewunderung.
4. Aneinanderreiben der nach vorne ausgestreckten Zeigefinger drückt eine enge Beziehung zwischen irgendwelchen Dingen aus.
5. leichtes Winken mit der ausgestreckten Hand, wobei der Handrücken nach oben zeigt = Komm her!

Neben diesen (und weiteren) Gesten sind folgende Ausrufe besonders wichtig:

Maşallah!	(arab.: mit Gott) Lob, Segenswunsch
Allah Allah!	mein Gott! meine Güte !
Vallahi (billahi)!	Doch! Und ob! Glaub mir!

ouffff	O je! Au weia! Aua!
th (geschnalzt)	Nein!
th ... th ... th ...	Also nein! Nun sieh dir das an!
öfff ... th ... th ... th	Meine Güte! Das gibt's doch gar nicht!
hadi	Los! Auf!
hadi be	Ach geh! Los, los

Beschimpfungen

Es ist wohl nicht nötig, darauf hinzuweisen, dass man mit Beschimpfungen und Flüchen nicht vorsichtig genug sein kann. Vor allem darf man nicht den Fehler machen, von der deutschen Übersetzung auszugehen, um zu beurteilen, wie gravierend ein Schimpfwort ist. Um die gröbsten Fehler zu vermeiden, finden sich hier zwei Listen: eine mit Ausdrücken, die man bei passender Gelegenheit schon einmal verwenden kann, und eine zweite, die nur dazu da ist, damit man im Notfall weiß, was sie heißen, die man aber niemals verwenden sollte, und wenn sie noch so angebracht erscheinen. Jeder, dem sie entgegengebracht werden, ist zu Recht ernsthaft beleidigt, und man ist vor nichts mehr sicher. Lassen Sie sich auf keinen Fall in einen ernsthaften Streit ein, wenn Sie Handgreiflichkeiten vermeiden wollen. Seien Sie sich darüber im Klaren, dass Ihr Gegner sich immer aus der Schlinge wird ziehen können, auch wenn die nicht gerade zimperliche Polizei oder Militär eingeschaltet wird. Jeder andere in seiner Situation würde das Blaue vom Himmel herunterlügen, um Ihnen die Schuld in die Schuhe zu schieben, und Sie können nichts dagegen machen. Falls Sie jemand wirklich belästigt, beschimpfen Sie ihn einfach lauthals auf deutsch. Er wird zwar nichts verstehen, aber er wird mitkriegen, dass Sie sich nicht einfach alles gefallen lassen. Meist werden Sie damit Erfolg haben, zumal wenn andere Leute in der Nähe sind.

Schimpfworte, die man gebrauchen kann

sapık	Verrückte(r), Psycho
manyak	Idiot, Blödmann
namuzsuz	Ehrloser
eşek	Esel
eşoğlu eşek	Eselskind Esel
eşek herif	Eselskerl

Can-ın cehennem-e!
Seele-dein Hölle-Dat
Zur Hölle mit deiner Seele!

Rahat bırak beni!
ruhig lassen=BEFEHL-du mich
Lass mich in Ruhe!

Allah iki göz-ün-ü kor et-sin!
Gott zwei Auge-dein-Akk
blind machen-WUNSCH=er
Gott soll dich auf beiden Augen erblinden lassen!

Allah ceza-sın-ı ver-sin!
Gott Strafe-seine-Akk geben-WUNSCH=er
Gott soll ihn bestrafen!

Allah bela-nı ver-sin!
Gott Unglück-Akk geben-WUNSCH=er
Gott möge Unglück über dich bringen!

Allah kahret-sin!
Gott verfluchen-WUNSCH=er
Gott soll (dich, ihn, ...) verfluchen!

Defol!	Hau ab!
Sus!	Schweig!

Ağz-ın-ı kapat!
Mund-dein-Akk schließen-BEFEHL=du
Halt deinen Mund!

Çık buradan!
hinausgehen-=BEFEHL=du von=hier
Mach, dass du wegkommst!

ayıp Schande!
ist die Bezeichnung für alles, was ungehörig, sittenwidrig und schändlich ist. Der Ausdruck ist immer mit einer gewissen moralischen Entrüstung verbunden.

Lan ist ein unübersetzbarer Kraftausdruck, der im **argo,** dem türkischen „Slang", häufig gebraucht, aber von „anständigen" Leuten nicht gern gehört wird. Obwohl er eher Füll- als Schimpfwort ist, gilt er als vulgär.

Schimpfworte, die man nicht benutzen sollte

köpek	Hund
it	Köter
domuz	Schwein
ibne	Schwuler
piç	Bastard
bok herif	Scheißkerl
pis herif	Dreckskerl
pis adam	Dreckskerl
pis karı	Drecksweib
pezevenk	Zuhälter
orospu	Hure
kahpe	Nutte
orospu çocuğu	Hurenbalg

Die meisten orientalischen Sitten und Gebräuche findet man in der Türkei nicht mehr in reiner Form wieder. Seit Atatürks Zeiten, dem Staatsgründer der modernen Türkei und deren ersten Präsidenten, wurde von Seiten der Regierung immer wieder versucht, die Türkei zu einem „präsentablen", „zivilisierten" westlichen Staat zu machen.

Egal, wie man zu dieser West- und Modernisierungseuphorie steht – man muss zugeben, dass diese Politik anfänglich durchaus vielversprechend erschien und für viele Türken bessere Lebensverhältnisse brachte. (Allerdings muss man da gleich eine ganze Reihe von Einschränkungen machen, besonders was armenische, kurdische und aramäische Minderheiten betrifft, die teils massakriert wurden, teils schwere Repressionen erfuhren und noch immer erfahren, nicht ohne zum Teil mit Gegengewalt zu reagieren.)

Da die Modernisierungsbemühungen insbesondere auch tief verwurzelte religiöse und kulturelle Normen betrafen, mussten sie oft mit massivem Druck und z. T. gewaltsam durchgesetzt werden. Das Ergebnis ist ein verwirrendes Nebeneinander von teils aggressiv reaktionärem, teils simpel instinktivem Traditionsbewusstsein einerseits, und blinder Negation der eigenen Tradition, gepaart mit naiver West- und Fortschrittsgläubigkeit, oder einfach vollkommenem Traditionsverlust und Orientierungslosigkeit andererseits.

In solchen Bevölkerungsteilen ist die Gefahr besonders groß, dass die übermächtige westeuropäisch-amerikanische „Massenkultur" ungehindert in die Gesellschaft einbricht. Es sind nur Kuriositäten, wenn der „Muezzin" vom Minarett der Moschee das im benachbarten Freilichtkino die neuesten Hollywood-Filme schauende Publikum vergeblich zum Abendgebet ruft. Oder wenn die nach islamischem Brauch beschnittenen kleinen Jungen im offenen amerikanischen Straßenkreuzer durch die Stadt jagen, gefolgt von einem zweiten Wagen, in dem paukend und pfeifend zwei „Zigeuner"-Musikanten den uralten Beschneidungsmarsch ertönen lassen.

Einerseits zerbricht die traditionelle Kultur zusehends, andererseits beweist sie doch immer wieder erstaunliche Zähigkeit und sucht sich ihre Nischen, in denen sie neben allem Neuen weiterlebt. So auch bei einem der Markenzeichen des Orients, beim Feilschen.

Kaufen & Handeln

Natürlich gibt es auch in der Türkei längst Supermärkte, moderne Einkaufszentren, Boutiquen und feste Preise. An vielen Stellen ist es mittlerweile üblich, mit Kreditkarte zu zahlen.

(Bu) kredi kart-ı-yla öde-yebilir mi-yim?
(diese) Kredit Karte-seine-mit zahlen-können ?-ich
Kann ich mit (dieser) Kreditkarte bezahlen?

(Bu) kredi kart-ı geç-iyor mu?
(diese) Kredit Karte-seine gehen-Ggw=sie ?
Kann ich mit (dieser) Kreditkarte bezahlen?

Doch es gibt es nach wie vor auch Basare, fliegende Händler und kleine Nachbarschaftsläden. Und da wird gehandelt. Wer das nicht tut, zahlt schnell das Doppelte oder Dreifache des angemessenen Preises.

Wo und wann darf bzw. muss nun gehandelt werden, wo nicht? Feste Regeln gibt es dafür nicht. Aber auch hier gilt: Je weiter auf dem Land und je weiter im Osten, desto mehr. Dort wo die Ware mit Preisschildern versehen ist oder Preislisten existieren, wo Marken- und Serienprodukte verkauft werden, in Warenhäusern, bei Lebensmitteln (außer Obst, Gemüse,

Getreideprodukte und Gewürze auf dem Markt in kleinen Orten), überall dort wird im allgemeinen nicht gehandelt.

Gehandelt wird dagegen auf dem Bazar, bei Alt- und Gebrauchtwaren, handwerklichen und kunstgewerblichen Erzeugnissen. Ist man sich unsicher, ob man handeln muss, versuche man es einfach. Man wird schon darauf hingewiesen, dass hier die Devise gilt:

pazarlık yok	kein Handeln

Ein paar Regeln fürs Handeln:

1. Von einem Touristen wird jeder Händler ein Vielfaches dessen verlangen, was er einem Landsmann abnehmen könnte, der sich besser mit den Preisen auskennt. Wer solch einen Preis annimmt, schadet nicht nur sich selbst, sondern provoziert die Händler dazu, die typische **Touristenwucher-Strategie** auf die Spitze zu treiben – was sich dann irgendwann auch auf die Preise für Landsleute auswirkt, die im Vergleich zu den Touristen meist arme Kirchenmäuse sind.

2. Als **Faustregel** kann man davon ausgehen, dass die Ware ungefähr die Hälfte dessen wert ist, was zunächst verlangt wird.

3. Um **Preisnachlass** zu erwirken, ist kein Argument zu weit hergeholt. Man lasse die Phantasie spielen, demonstriere, dass man nur noch soundsoviel Geld bei sich hat, dass man die Ware woanders billiger kriegen könnte, obwohl das im Moment etwas weit zu laufen wäre. Man beklage sich über die finanzielle Misere des Studenten-Daseins oder darüber, dass einem just gestern viel Geld gestohlen wurde und man nun abreisen muss, aber von dem wenigen verbliebenen Geld wenigstens noch ein paar Geschenke für seine Eltern erwerben will. Hauptsache, man versteht es, durch immer wieder neue Einwände und Argumente, den Handel lebendig zu gestalten – es soll nicht nur Ihnen, sondern auch dem Händler Spaß machen!

4. Durch **Kombinationskäufe** lassen sich Preisnachlässe erwirken: Für die dreifache Warenmenge nur den doppelten Preis, usw.

5. Man zeige sich ernstlich interessiert, überlege hin und her, ob man sich den horrenden Preis leisten kann, sehe sich zwischendurch andere Dinge an, komme aber immer wieder auf das Wunschobjekt zurück. Verbringen Sie viel Zeit und machen Sie immer wieder deutlich, dass Ihnen der geforderte Preis wirklich zu teuer ist. Werfen Sie möglichst viele Brocken Türkisch ein, desto eher wird man Sie für kompetent halten.

6. Bleiben Sie **geduldig, freundlich, höflich,** aber bestimmt. Ärgern Sie sich nicht über überhöhte Preisforderungen; sie gehören zum Spiel dazu. Zeigen Sie sich kooperativ und handeln Sie nie, wenn Sie nicht wirklich bereit sind, zu einem fairen Preis zu kaufen (d. h. einem Preis, der zwischen der Forderung und Ihrem Gegenangebot liegt). Man biete also zunächst einiges weniger, als man wirklich zu zahlen bereit ist, damit man noch Spielraum nach oben hat. Ein Preisnachlass ist immer mit einem höheren Angebot zu vergelten. Ein einmal ausgesprochenes Angebot darf man niemals unterschreiten!

7. Wenn kein anderes Mittel mehr hilft, machen Sie Anstalten, sich schweren Herzens ohne Erfolg zu entfernen, wenden Sie sich um, gehen Sie wirklich. In den meisten Fällen wird man zurückgerufen - und bekommt Preisnachlass! Sollte auch das nicht gelingen, komme man einfach bei Gelegenheit wieder. Man hätte dann durch nichts in der Welt etwas erreicht. Ohne weiteres kann man ein paar Stunden oder einen Tag später wiederkommen. Das ganze Spiel beginnt dann von vorne. Wenn Sie immer noch erfolglos bleiben, überlegen Sie sich ernsthaft, ob Sie den geforderten Preis zahlen wollen.

8. Bei **wertvolleren Objekten** kaufe man nie ohne einen kompetenten (einheimischen) Berater!

Nun ein paar Satzbeispiele:

... var mı?
Gibt es ... / Haben Sie ...?

Nerede ... al-abilir-im?
wo kaufen-können-ich
Wo kann ich ... kaufen?

Nerede ... bul-abilir-im?
wo ... finden-können-ich
Wo kann ich ... finden?

İki tane yumurta (almak) ist-iyor-um.
zwei Stück Ei (nehmen) wollen-Ggw-ich
Ich möchte zwei Eier (kaufen).

Bana bir şişe şarap ver-ebilir mi-siniz?
mir eine Flasche Wein geben-können ?-ihr
Können Sie mir eine Flasche Wein geben?

Bana kumaş-lar-ınız-ı göster-ebilir mi-siniz?
mir Stoff-PL-eure-Akk zeigen-können ?-ihr
Können Sie mir Ihre Stoffe zeigen?

Maalesef daha para-m yok.
leider mehr Geld-mein es=gibt=nicht
Ich habe leider nicht mehr Geld.

Şunu al-ayım.
dies nehmen-WUNSCH=ich
Das da nehme ich.

Kilo-su kaç para?
Kilo-sein wieviel Geld?
Wie teuer ist das Kilo (davon)?

On-u iste-m-iyor-um.
das-Akk wollen-nicht-Ggw-ich
Das da will ich nicht.

Tane-si kaç para?
Stück-sein wieviel Geld?
Wie teuer ist das Stück (davon)?

Bu çok pahalı!
dies sehr teuer
Das ist sehr / zu teuer!

Başka-sı yok mu?
anderes-sein es=gibt=nicht ?
Haben Sie kein anderes (davon)?

Bu çok güzel.
dies sehr schön
Dies ist sehr schön.

Bu güzel değil, hoş-um-a git-m-iyor.
dies schön nicht Gefallen-mein-Dat gehen-nicht-Ggw.=es
Dies ist nicht schön, es gefällt mir nicht.

Başka bir ... var mı?
anderes ein es=gibt ?
Haben Sie ein anderes ...?

Bu kaça? Wie teuer ist das?
Bu kaç lira?

İndirim yap-ıyor mu-sunuz?
Ermäßigung machen-Ggw ?-ihr
Geben Sie es mir billiger?

(satın) almak
gekauft nehmen
Kaufen

satmak	verkaufen
ekmekçi	Bäcker
fırın	Bäckerei (= Backofen)
kitabevi	Buchladen
kırtasiye	Schreibwaren (-handlung)
dükkân	Laden
mağaza	Kaufhaus
bakkal	Lebensmittel-geschäft
kasap	Fleischer
manav	Obsthandlung
eczane	Apotheke
balıkçı	Fischhändler
pastane	Konditorei
terzi	Schneider
ayakkabıcı	Schuster

Wenn man ein Geschäft sucht, dessen Bezeichnung man nicht kennt, nimmt man einfach das Wort für den Artikel, den man sucht bzw. einen Artikel, der typisch ist für die Art von Geschäft, und hänge daran folgende Nachsilbe:

-cı / -ci / -cü / -cu / -çı / -çi / -çü / -çu

Dadurch erhält man zwar nicht immer die übliche Bezeichnung, aber jeder wird verstehen, was man sucht. Beispiel:=

balık (Fisch) + **-çı** = **balıkçı**
ayakkabı (Schuh) + **-cı** = **ayakkabıcı**

Essen & Trinken

Frühstück

Das türkische Frühstück **(kahvaltı)** ist die einzige nicht warme Mahlzeit des Tages. Es sei denn, man nimmt – wie oft auch üblich – eine der vielen Suppen (mit Weißbrot) zu sich. Ansonsten kann es sich aus folgenden Bestandteilen zusammensetzen:

Mit einem Smartphone können Sie sich die mit einem 👂 gekennzeichneten Sätze dieses Kapitels anhören.

ekmek	(Weiß-)Brot
bal	Honig
tereyağı	Butter
reçel	Marmelade
zeytin	Oliven
peynir	Käse
yumurta	Ei
çay	Tee
beyaz peynir	weißer Käse (Schafskäse)
kaşar peyniri	gelber Hartkäse (Kuhkäse)

küçuk oder **ufak çay**
kleiner Tee (in den typischen Bauchgläsern)

büyük oder **duble çay**
großer Tee (im Wasserglas)

Kaffee **(kahve)** wird in der Türkei – entgegen allen Vorurteilen – viel weniger getrunken als Tee. Während man überall und bei jeder Gelegenheit ein Glas Tee schlürft, ist Kaffee aufgrund seines viel höheren Preises fast eine Delikatesse.

Seit nämlich die Türkei im ersten Weltkrieg ihre arabischen Kaffeeanbaugebiete verlor, muss Kaffee importiert werden. Das hat nicht immer reibungslos geklappt, so dass er zeitweise sehr knapp war – je nach dem Stand der Handelsbeziehungen. Auf diese Weise ist aus dem sprichwörtlichen Kaffeeland ein Land notorischer und begeisterter Teetrinker geworden. Da beim türkischen Mokka der Zucker mitgekocht wird, muss man bei der Bestellung dazusagen, wie man ihn gerne hätte, nämlich:

şeker-siz
Zucker-ohne
ohne Zucker

orta şeker-li
mittel Zucker-mit
mittelsüß

az şeker-li
wenig Zucker-mit
leicht gezuckert

çok şeker-li
viel Zucker-mit
stark gesüßt

Wer nicht zu Hause frühstückt, kann in einen der speziellen „Frühstücksalons" **(kahvaltı salonu)** gehen. Außerdem gibt es in einigen Kleinrestaurants **(lokanta)** ebenfalls Frühstück. Man kann aber auch selbst einkaufen, was man braucht, und sich dazu im **çayhane** bzw. **çayevi** (Teehaus) einen Tee bestellen.

Mittag- und Abendessen

Diese unterscheiden sich nicht prinzipiell, obwohl es üblich ist, erst abends eine große Mahlzeit zu verzehren. Mittags begnügt man sich meist (schon aus Zeitgründen) mit einem kleinen Imbiss.

Im türkischen **lokanta** bekommt man warme Speisen verschiedenster Art. Die kleineren Betriebe haben allerdings nur eine recht begrenzte Auswahl. Es gibt sogar solche, die nur auf

Vorbestellung ihre Küche in Gang setzen (besonders in kleineren Orten).

Die Mahlzeiten werden nur zweimal am Tag jeweils zu den Essenszeiten neu zubereitet und dann in einer Glasvitrine vor der Küche aufgestellt, so dass man sich dort - zur Not mit Fingerzeigen - ein „Menü" aus kleinen Portiönchen zusammenstellen kann. Mit der Zeit werden die Speisen natürlich kalt, lediglich Fleisch wird direkt auf Bestellung hin gegrillt und ist daher immer warm. Die Preise sind festgelegt; in jedem Lokal muss eine Preisliste aushängen.

In Städten findet sich neben dem einfachen **lokanta** auch das sogenannte **restoran.** Mit dem Namen verbindet sich zwar eigentlich auch ein höherer Anspruch, der jedoch nicht immer in der Qualität des Essens und des Service, eher jedoch in der Höhe der Preise eingelöst wird.

Ausgesprochene Trinklokale heißen **çayhane** oder **çayevi** (Teehäuser), **kahvehane** oder **kıraathane** (Kaffeehäuser), und **meyhane** (Kneipe). Dazu muss man folgendes wissen:

1. Das eigentlich strikte islamische Alkoholverbot wird nur von einer Minderheit konsequent befolgt. Gibt es in vielen Dörfern überhaupt keinen Alkohol (oft auf gemeinsamen Beschluss des Dorfrates), so ist in den Städten und an vielen Orten der Alkoholkonsum etwas ganz Normales geworden. Dennoch ist das alte Tabu insofern noch lebendig, als es zwei Sorten von Lokalen gibt: solche, die Alkohol ausschenken dürfen, und solche, die es nicht dürfen (**içkisiz** - alkoholfrei). Wer also seinen **rakı** (türkische Variante des Ouzo) zum Essen nicht entbehren möchte, informiere sich vorher! Ein Bier **(bira)** ist schon eher auch mal im **içkisiz lokanta** zu haben.

Dort, wo Alkohol ausgeschenkt wird, gibt es

In kleinen Städten und auf dem Lande wird man außer allem bisher genannten nicht viele attraktive Möglichkeiten finden, sich abends bzw. nachts die Zeit zu vertreiben. Besonders in Istanbul jedoch, ebenso in anderen größeren Städten besonders der Westtürkei hat sich in den letzten Jahrzehnten ein reges, durchaus modernes Nachtleben entwickelt, das dem mancher westeuropäischen Metropole in nichts nachsteht. Man findet z. B. neben einer – bescheidenen – Homosexuellen- und Transvestiten-Szene vor allem einfach eine Unmenge von Bars, Clubs usw., also Lokalen, in denen man trinken und tanzen kann, und zwar zu durchaus genießbarer Musik.

oft eine besondere Abteilung, in der wiederum kein Alkohol getrunken werden soll. Da nämlich Alkoholgenuss moralisch immerhin doch suspekt ist, müssen besonders Frauen und Kinder davor geschützt werden. Mit anderen Worten: Wo Alkohol getrunken wird, ist die Anwesenheit von Frauen und Kindern unerwünscht (und umgekehrt!). Und damit wären wir schon beim zweiten Punkt:

2. Familienleben und öffentliches Leben sind in der Türkei traditionell strikt voneinander getrennt. Der Mann findet sein Hauptwirkungsfeld in der Öffentlichkeit. Alle das Gemeinwesen betreffenden Angelegenheiten werden von den Versammlungen der Männer beraten und besprochen. Teilweise geschieht das in ungezwungener Form bei gegenseitigen Besuchen an der Arbeitsstelle oder während der Arbeitspausen im Teehaus, Lokanta usw., oder auch nach der Arbeit, wenn sich die Männer im größeren Kreise versammeln. Man tauscht wichtige (und weniger wichtige) Neuigkeiten aus, berät anstehende Probleme, trifft Entscheidungen usw. Diese quasi-politische Funktion haben die häufigen Zusammenkünfte der Männer in vielen Dorfgemeinschaften auch heute noch, wobei dem Mann die Aufgabe zufällt, seine Familie nach außen hin zu repräsentieren.

Genauso aber wie die Trennung zwischen Arbeit und Freizeit traditionell viel weniger scharf ist als bei uns, lässt sich auch bei solchen Männertreffen keine direkte Grenze zwischen lockerer Unterhaltung und notwendigem Informations- und Meinungsaustausch ziehen. Zunehmend wandelt sich natürlich dort, wo sich die Lebens- und Arbeitsbedingungen verändern, auch der Charakter dieser Versammlungen: Mehr und mehr degenerieren sie zum rein Unterhaltsamen. Manche verbringen inzwischen ganze Tage mit Spielen wie **okey, elli bir** und **tavla,** nicht selten um Geld. Alkoholgenuss wird oft schon am Vormittag zur Regel. Seit einiger Zeit gerät selbst das soziale Element in den Hintergrund, indem nämlich in vielen Teehäusern nicht nur Fernsehapparate, sondern auch Videoanlagen installiert werden, von denen sich die Besucher „berieseln" lassen. Frauen und Kindern ist nun der Zutritt zu diesen Männertreffen seit jeher verwehrt gewesen. Mittlerweile gibt es allerdings den Familien-Teegarten **(aile çay bahçesi),** in denen bestimmte Abteilungen für Familien, d. h. für Frauen und Kinder (oft aber immer noch in männlicher Begleitung) zugänglich sind. In diesen Abteilungen ist, wie gesagt, Alkoholgenuss untersagt.

Frauen, die einen hervorgehobenen Status haben (z.B. Lehrerinnen) und die in entsprechender Angelegenheit anwesend sein müssen, bilden eine Ausnahme. In den Regionen, die unter stärkerem westlichen Einfluss stehen, werden die traditionellen Regeln von mehr und mehr Frauen durchbrochen. Dies fällt zwar immer noch auf und ruft Verwunderung und Neugierde hervor, wird aber nur sehr selten als anstößig aufgefasst. Allerdings gibt es heutzutage auch eine konservativ-islamische Gegenbewegung, bedingt vor allem durch Zuwanderung vom Land auch in den Städten.

Von ausländischen Frauen wird in den Städten dennoch – im Gegensatz zu den ländlichen Gebieten, besonders im Osten – die Einhaltung der Regeln nicht unbedingt erwartet. Dennoch sollte man vorsichtig sein: Ein zu offensichtlich

„ignorantes" Verhalten gegenüber traditionellen Geboten der Sittlichkeit kann doch immer wieder dazu führen, dass eine Frau als „unanständig" gesehen wird, was entweder zu schroffer Ablehnung oder aber zu unerwünschten Annäherungsversuchen führen kann. Die Filmkultur Hollywoods trägt das Ihrige zum Klischee der „leichten" westlichen Frau bei.

yemek	1. essen 2. Essen, Mahlzeit, Speise
yemek yapmak	Essen machen
yemek yemek	Essen zu sich nehmen
içmek	1. trinken (auch Suppen werden getrunken!)
(sigara) içmek	2. rauchen
aç	hungrig
tok	satt
susamak	durstig sein
kahvaltı	Frühstück
kahvaltı yapmak	Frühstück machen (zubereiten)
kahvaltı etmek	frühstücken
öğle yemeği	Mittagessen
akşam yemeği	Abendessen
çayhane, çayevi	Teehaus
(aile) çay bahçesi	(Familien-)Teegarten
meyhane	Kneipe
kıraathane, kahvehane	Kaffeehaus
kahvaltı salonu	Frühstücksstube
köfteci	Köfte-Stube
köfte	Hackfleischbällchen
pastahane, pastane	Konditorei (meist mit Sitzplätzen)
pide salonu	Pide-Stube
pide	längliche Fladenbrote, die mit Käse, Hackfleisch und anderer Auflage gebacken werden („türkische Pizza")

taze	frisch	**tabak**	Teller
yağlı	fett	**tencere**	Topf
yağsız	mager, fettarm	**bardak**	Glas
zayıf	mager, leicht	**fincan**	Tasse
tatlı	süß	**bıçak**	Messer
tuz	Salz	**çatal**	Gabel
tuzlu	salzig	**kaşık**	Löffel
tuzsuz	ungesalzen	**temiz**	sauber
acı	scharf, bitter	**pis**	schmutzig
acısız	nicht scharf, mild	**gazoz**	Brause
ekşi	sauer	**bira**	Bier
şeker	Zucker	**fiçi birası**	Bier vom Fass
şekerli	gesüßt	**şarap**	Wein
yumuşak	weich, mürbe, zart		
sert	zäh, trocken, hart		

mantı	gefüllte Nudeln mit Yoghurt und Ei
lahmacun	Mehlfladen, in die man Hackfleisch, Zwiebeln, Petersilie einrollt
güveç	Rindfleischeintopf mit Gemüse
imam bayıldı	(„der Imam fiel in Ohnmacht") gefüllte Auberginen mit viel Knoblauch
börek	Blätterteigrolle
etli börek	Blätterteigrolle mit Fleisch gefüllt
peynirli börek	Blätterteigrolle mit Schafskäse gefüllt
sigara böreği	(„Zigarettenbörek") kl. gefüllte Blätterteigröllchen
turşu	sauer Eingelegtes (Gurken, aber auch anderes Gemüse; wird von fliegenden Händlern auf der Straße verkauft)
sütlaç	Milchreis

Karn-ım aç.
Bauch-mein hungrig
Ich habe Hunger.

Yakında bir lokanta var mı?
in=der=Nähe ein Lokal es=gibt ?
Gibt es in der Nähe ein Lokal?

Yemek-ler-iniz-e bak-abilir mi-yim?
Essen-PL-eure-Dat sehen-können ?-ich
Darf ich mal Ihre Speisen sehen?

Bundan bir porsiyon bana getir-ebilir mi-siniz?
das-von eine Portion mir bringen-können ?-ihr
Bringen Sie mir eine Portion davon?

Su da getir-ebilir mi-siniz?
Wasser auch bringen-können ?-ihr
Können Sie mir auch Wasser bringen?

Afiyet ol-sun!
Gesundheit werden-WUNSCH
Guten Appetit! Wohl bekomm's!

Hesap, lütfen!	Die Rechnung, bitte!
Garson!	Ober! (nur in vornehmen Restaurants)
Usta!	Meister! (klingt gegenüber Jüngeren ironisch)
Şef!	Chef! (etwas salopp)
Arkadaş!	Freund! (sollte man nur zu Gleichaltrigen oder Jüngeren sagen)

mattmatt73@Fotolia.com

Fischmarkt in Istanbul

In einem türkischen Haushalt

Normalerweise sind nur Frauen mit der Zubereitung des Essens beschäftigt, wie überhaupt alles, was auch bei uns zu den typischen Hausfrauentätigkeiten gehört, ausnahmslos von Frauen erledigt wird. In Dingen, die die Haushaltsführung betreffen, ist die Frau allerdings nicht nur „Arbeitstier". Sie selbst bestimmt, wie, wann, in welcher Reihenfolge, von wem usw. die anfallenden Arbeiten zu verrichten sind. Gleichzeitig ist sie auch die entscheidende Person, der es obliegt, wie das private Familienleben abläuft. Letztlich ist sie diejenige, die hier für die „menschliche Komponente" sorgt.

Der Mann hat nur dann Grund einzugreifen, wenn irgendwelche äußeren Belange betroffen sind. Er ist dafür verantwortlich, dass der Ruf der Familie, der sich auf die äußere Einhaltung der moralischen und sittlichen Normen gründet, erhalten bleibt. Insofern ist er wiederum davon abhängig, dass sich seine Familienmitglieder entsprechend verhalten. Schwerwiegende Verstöße gegen Sittlichkeitsgebote, die von einem der Familienmitglieder begangen werden, gehen gewissermaßen „auf sein Konto": Er ist derjenige, der dabei ebenso ein Stück von seiner Ehre verliert.

Da nun der Mann für alles verantwortlich ist, was irgendwelche Berührungspunkte der Familie mit Personen nach außen hin betrifft, tritt er oft auch in Aktion, wenn besondere Gäste im Hause sind. Bei einem richtigen Gastmahl kann es sogar sein, dass die Männer der Familie die Speisen zubereiten und auftragen.

Gegessen wird in einfachen Landhaushalten so gut wie immer auf dem Fußboden. An einer besonders dafür hergerichteten Stelle wird das **sofra** aufgebaut, ein Tischersatz, der manchmal nur aus einem besonderen Tuch, manchmal aus einem erhöhten Tablett, manchmal auch aus einem Holzgerüst besteht. Um das **sofra** herum setzt man sich auf den mit Teppichen, Kelims und Tüchern ausgelegten Fußboden und isst oft gemeinsam aus einem Topf (manchmal mit den Händen).

Der Gast wird zuerst bedient (abgesehen von ganz kleinen Kindern, die von solchen Regeln noch ausgenommen sind). Als nächstes bedienen sich die Männer in der Reihenfolge ihres Ranges innerhalb der Familie. Zum Schluss kommen die Frauen und Kinder, die bei feierlichen Anlässen oft sogar später und getrennt von den Gästen die Reste der Mahlzeiten zu sich nehmen oder sogar ganz etwas anderes (nämlich weniger Aufwendiges) essen.

Vom Gast wird erwartet, dass er verbal durch nicht zu sparsames Lob und durch den Verzehr einer angemessenen Menge die Freigiebigkeit des Gastgebers honoriert. Gleichzeitig sollte er aber – ohne darüber ein Wort zu verlieren – darauf achten, dass für die anderen Familienmitglieder genug bleibt, auch wenn ihm dabei immer noch der größere Anteil zusteht.

Man wird als Gast immer wieder aufgefordert, mehr zu nehmen – das verlangt die Gastfreundschaft. Selbst wenn man im Grunde satt ist, sollte man den Aufforderungen nachgeben, solange man weniger verzehrt hat als die anderen. Nehmen Sie daher niemals eine Einladung zum Essen an, wenn Sie keinen Appetit haben. Bedanken Sie sich überschwenglich für die Einladung, bedauern Sie, dass Sie sie nicht wahrnehmen können, da Sie bereits gegessen haben. Und bitten Sie darum, die Einladung auf den nächsten Tag zu verschieben.

El-iniz-e sağlık!
Hand-eure-Dat Heil
Segen über Ihre Hände!

Lob des Gastes für die Hausfrau nach der Mahlzeit.

Während des islamischen Fastenmonats **ramazan** darf nur vor Sonnenauf- und nach Sonnenuntergang gegessen werden (dafür dann aber um so mehr). Passen Sie sich dieser Regel an und essen Sie nicht in Gegenwart anderer. Dasselbe gilt in dieser Zeit fürs Rauchen. Alkoholgenuss, der eigentlich sowieso nicht gestattet ist, wird in der Zeit des **ramazan** besonders ungerne gesehen.

Das türkische Badehaus

Noch immer gibt es in fast allen Kleinstädten jeglicher Größe die traditionellen türkischen Badehäuser **(hamam).** Sie werden allerdings von jungen Leuten kaum noch frequentiert. Trotzdem: Zum einen können sie für den Reisenden durchaus eine kulturelle Attraktion an sich sein, zum anderen bieten sie Gelegenheit, dort, wo es im Sommer an Wasser mangelt oder sonst keine Möglichkeit zu ausgiebiger Körperhygiene besteht, sich für relativ wenig Geld einmal recht gründlich mit heißem Wasser zu waschen.

Der wichtigste Teil eines **hamam** ist ein runder Kuppelraum, in dem ständig heißer Wasserdampf aufsteigt. Der ganze Raum ist meistens mit Marmor ausgefliest. An den Seiten befinden sich Marmorbänke, auf die man sich zum Waschen setzt. Am Ende einer jeden Bank ist ein kleines Wasserbecken angebracht, in das man heißes oder kaltes Wasser einlaufen lassen kann. Mit einer flachen Metall- oder Plastikschale schöpft man das Wasser aus dem Becken und übergießt sich. In der Mitte des Raumes steht ein großer Marmortisch, auf den man sich vor Beginn der Waschprozedur legen kann, um erst einmal richtig ins Schwitzen zu kommen, denn man geht nicht nur ins **hamam**, um sich zu säubern, sondern vor allem auch, um sich auszuruhen und zu entspannen. Wer das ganz ausgiebig tun will, kann sich nicht nur von einem Bediensteten waschen lassen (das geschieht mit einem besonders harten Lappen, der einem mit Sicherheit auch den größten Dreck von der Haut kratzt!), sondern er wird sich hinterher nach allen Regeln der Kunst auch noch massieren lassen. Beide „Programme" sind natürlich mit einem Aufpreis verbunden, außerdem erwartet der Masseur selbstverständlich ein kleines Trinkgeld.

In Einzel- oder Sammelkabinen zieht man sich um und hüllt sich in ein Baumwolltuch, das man sich um die Lenden wickelt. Männer dürfen dieses selbst beim Waschen nicht abnehmen bzw. müssen darauf achten, dass wenigstens die Genitalien ständig bedeckt sind. Bei Frauen soll es dagegen üblich sein, dass man sich auch gegenseitig beim Waschen hilft – hier ist es dann auch offenbar kein Tabu, sich gegenseitig nackt zu sehen.

Oft bekommt man vor dem Eintreten in den Kuppelraum schon ein Handtuch, so dass man dieses nach dem Waschen gegen das durchnässte eintauscht. In anderen Badehäusern ist es üblich, dass ein Helfer einem am Ausgang des Wasch-raumes das nasse Tuch abnimmt und gegen ein trockenes austauscht. Ein weiteres Tuch wird um den Kopf gebunden, und noch eines über die Schultern gelegt. So eingewickelt begibt man sich in seine Umkleidekabine, legt sich dort auf die Bank und ruht sich erstmal – auf Wunsch bei einem Glas Tee oder Limonade – von der anstrengenden Prozedur aus und gewöhnt sich wieder an normale Temperaturen. Erst danach beginnt man, sich abzutrocknen und anzuziehen.

Natürlich herrscht im **hamam** strikte Geschlechtertrennung! In Orten mit mehreren Badehäusern gibt es welche für Frauen und andere für Männer. Wo es nur ein **hamam** gibt, sind für die Geschlechter bestimmte Zeiten reserviert.

Der Besuch des **hamam** gilt bei einigen Landleuten als sittlich suspekt, da davon ausgegangen wird, dass man sich beim Waschen voreinander „entblößt", was nach traditionellen Geboten der Sittlichkeit strenggenommen nicht zugelassen werden kann. Oft suchen diese Leute statt dessen das sogenannte **banyo** auf, wo man Einzelkabinen mit Dusche **(duş)** oder Badewanne **(kuvet)** für sich allein mieten kann.

... und noch ein paar Spezialitäten:

kese	harter Frotteewaschlappen (mit dem man gewaschen wird)
masaj	Massage
havlu	Handtuch
sabun	Seife (kann man sich gegen Abrechnung geben lassen)

Kendi kendi-m-e yıkanmak ist-iyor-um.
selbst selbst-mein-Dat waschen=sich wollen-Ggw-ich
Ich möchte mich selbst waschen.

Toiletten

Die traditionellen türkischen Toiletten sind Hockklos (umgangssprachlich **alaturka tuvalet**). Man stellt sich in Hockstellung mit den Füßen auf einen - eventuell vorhandenen - speziellen Toilettenstein, von dem das Wasserloch eingefasst ist. Toilettenpapier ist nicht vorhanden, statt dessen wird man einen Wasserbehälter oder sogar fließendes Wasser finden, mit dem man sich unter ausschließlicher Zuhilfenahme der linken Hand säubert. Daran liegt es auch, dass man mit der linken Hand keine Speisen berühren oder andere Leute begrüßen sollte.

In den globalisierten Lebenswelten der modernen Großstädte, insbesondere im Tourismussektor, findet man natürlich mittlerweile auch die westlichen Sitztoiletten mit Wasserspülung (umgangssprachlich **alafranga tuvalet**).

bayanlar	Damen	**kadınlar**	Frauen
baylar	Herren	**erkekler**	Männer

Tuvalet nerede?
Toilette wo
Wo ist eine Toilette?

Burada tuvalet var mı?
hier Toilette es=gibt ?
Gibt es hier eine Toilette?

Unterwegs

Die Türkei hat zwar ein sehr schlecht ausgebautes und umständlich und langsam funktionierendes Schienennetz, dafür aber ein recht gutes Straßennetz, so dass die meisten größeren Strecken bequemer mit den häufig verkehrenden Reisebussen zurückgelegt werden können. Auf kleineren Strecken werden oft Klein- und Minibusse eingesetzt. In jedem größeren Ort, der angefahren wird, gibt es mehrere Reisebüros verschiedener privater Reisegesellschaften, die aber zu festgelegten Preisen fahren, so dass es bis auf minimale Unterschiede im Service eigentlich gleichgültig ist, mit wem man fährt.

Mit einem Smartphone können Sie sich die mit einem 👂 gekennzeichneten Sätze dieses Kapitels anhören.

Auf kurzen Strecken und auf bestimmten festgelegten Routen innerhalb der Städte verkehren Minibusse oder große PKW nach dem **dolmuş**-Prinzip. Wörtlich heißen diese Verkehrsmittel „gefüllt", denn sie fahren erst dann los, wenn sie – manchmal zum Platzen – voll sind.

Ein „richtiges" Taxi **(taksi)** ist natürlich um einiges teurer. Taxameter sind gesetzlich vorgeschrieben; es empfiehlt sich jedoch, ein Auge darauf zu haben, dass er auch tatsächlich eingeschaltet ist. Außerdem versuchen manche Taxifahrer, durch das Fahren von Umwegen zusätzlich Geld zu verdienen. Benutzen Sie möglichst nur die offiziellen (gelbfarbenenen) Taxis, um schlimmere Überraschungen zu vermeiden. Man kann Busse anhalten (das ist allgemein üblich), wenn man das Gefühl hat, anders nicht mehr weiter zu kommen. Allerdings muss man natürlich einen angemessenen Anteil der Fahrtkosten zahlen. Allerdings nehmen nicht alle Fahrer Anhalter mit.

Saat on-da gitmek ist-iyor-um.
Stunde zehn-in gehen wollen-Ggw-ich
Ich möchte um zehn Uhr fahren.

Ankara'ya kadar bir bilet kaç para?
Ankara'Dat bis ein Fahrkarte wieviel Geld
Was kostet eine Fahrkarte bis Ankara?

Otobüs Ankara'ya ne zaman var-ıyor?
Bus Ankara'Dat wann ankommen-Ggw=er
Wann kommt der Bus in Ankara an?

Seyahat büro-su nerede?
Reise Büro-ihr wo
Wo ist ein Reisebüro?

Tren hangi peron-dan hareket ed-iyor?
Zug welcher Bahnsteig-von Bewegung machen-Ggw=er
Von welchem Bahnsteig fährt der Zug ab?

Ankara'ya gitmek ist-iyor-um
Ankara'Dat gehen wollen-Gg.-ich
Ich möchte nach Ankara fahren.

Ne zaman kalk-ıyor?
wann abfahren-Ggw=er
Wann fährt er ab?

Ankara'ya otobüs gid-iyor mu?
Ankara-Dat Bus gehen-Ggw ?
Fahren Busse nach Ankara?

Daha boş yer var mı?
noch frei Platz es=gibt ?
Gibt es noch freie Plätze?

Man unterscheidet im Türkischen sprachlich nicht zwischen Schülern und Studenten.

Öğrenci bilet-i var mi?
Schüler Karte-ihre es=gibt ?
Gibt es Schülerkarten?

otobüs	Autobus
minibüs	Minibus
araba	Wagen, Auto
tren	Zug
uçak	Flugzeug
gemi, vapur	Schiff
feribot	Fähre
hava alanı	Flugplatz
hava limanı	Flughafen
liman	Hafen
iskele	Anleger
durak	Haltestelle
istasyon	Bahnhof
garaj, otogaraj	Busbahnhof
kalkmak	aufstehen, abfahren
hareket etmek	losgehen, losfahren
gelmek	(an)kommen
binmek	einsteigen
inmek	aussteigen
bagaj	Gepäck
gişe	Schalter
bilet	Fahrkarte,
gidiş dönüş bileti	Rückfahrkarte
peron	Bahnsteig, Bussteig
yolcu	Reisender
yolculuk, seyahat	Reise
gitmek	gehen, fahren
...-le/-la gitmek	mit ... fahren (mit dem Zug, dem Auto usw.)
dönmek	zurückkehren
dolu	voll
meşgul	besetzt
boş	frei

... mit dem eigenem Auto

En yakın benzinci nerede?
am=meisten nah Tankwart wo
Wo ist die nächste Tankstelle?

Doldur-un, lütfen!
füllen-BEFEHL=ihr bitte
Volltanken bitte

Yirmi beş litre normal benzin, lütfen!
zwanzig fünf Liter Normal Benzin bitte
Fünfundzwanzig Liter Normal, bitte!

Bir arıza var.
ein Panne es=gibt
Ich habe eine Panne.

Bana yardım ed-ebilir mi-siniz?
mir Hilfe machen-können ?-ihr
Können Sie mir helfen?

Bir kaza ol-du.
ein Unfall werden-Verg
Es ist ein Unfall passiert.

Motor çalış-m-ıyor.
Motor arbeiten-nicht-Ggw=er
Der Motor springt nicht an.

İki kişi yaralan-dı.
zwei Personen verletzt=werden-Verg
Zwei Personen sind verletzt.

Übersetzungen von wichtigen Hinweisschildern:

ölüm tehlike-si
Tod Gefahr-sein
Lebensgefahr

yasak bölge
verboten Zone
Sperrzone

yavaş gid-iniz
langsam gehen-BEFEHL=ihr
Langsam fahren!

yol yapımı
Weg Herstellung
Straßenbau

tamirat Baustelle
tek yön Einbahnstraße
park yapılmaz Parken verboten

kurşunuz benzin	bleifreies Benzin
normal benzin	Normalbenzin
süper	Super
mazot	Diesel
yağ	Fett, Öl
eksoz	Auspuff
fren	Bremse
lastik	Reifen
motor	Motor (oft auch Bezeichnung für jedes Motorfahrzeug)
lamba	Lampe, Licht
dişliler	Getriebe
kayış, kolan	Keilriemen
radyatör	Kühler
radyatör suyu	Kühlwasser
şanziman, kuplaj	Kupplung
tekerlek	Rad
karbüratör	Vergaser
buji	Zündkerze
kontak	Zündung
... çalışmıyor.	... funktioniert nicht.
benzin	Benzin
benzinci	Tankstelle, Tankwart
(araba) tamirhane(si)	(Kfz-)Werkstatt
... bozuk.	... ist kaputt.

Unterkunft

Mit einem Smartphone können Sie sich die mit einem 👂 gekennzeichneten Sätze dieses Kapitels anhören.

Wildes Campen ist in der Türkei offiziell verboten. Dennoch wird man mit der Zeit einen Blick für Stellen bekommen, an denen es dennoch relativ gefahrlos möglich ist. Trotzdem ist davon im allgemeinen abzuraten. Das Problem sind dabei gar nicht so sehr die Gefahren durch Kriminelle, sondern auch das Interesse der türkischen Ordnungs- und Sicherheitskräfte, das man auf diese Weise wecken könnte.

Es gibt in der Türkei verschiedene Möglichkeiten, für unsere Verhältnisse sehr billig Unterkunft zu finden. Neben dem **otel** (was dem Komfort und der Einrichtung nach nicht immer den Namen „Hotel" verdient), gibt es die **pansiyon.** Sie ist meist in touristisch interessanten Orten zu finden. Der einzige Unterschied zum **otel:** Sie ist eigentlich für den Wochenend- oder Urlaubsaufenthalt von Familien gedacht. Dementsprechend steht den Gästen eine Küche mit Herd und ein Kühlschrank zur Verfügung.

In ländlichen Orten, wo sich weder das eine noch das andere findet, sollte man einen Dorfbewohner ansprechen und fragen, wo man übernachten kann. Oft wird man Sie gastfreundlich aufnehmen, doch legen Sie es nicht darauf an: Die meisten haben sowieso nicht mehr, als sie selbst zum Leben brauchen, oft noch nicht einmal das.

Wenn man keine private Übernachtungsmöglichkeit findet, sollte man Kontakt mit dem **muhtar** (dem von den Dorfbewohnern bestimmten Dorfvorsteher) aufnehmen. Er ist für alle Ortsangelegenheiten der erste Zuständige. Überall, wo Polizei oder Gendarmerie **(jandarma)** stationiert ist, kann es passieren, dass diese sich mehr für einen interessieren, als einem lieb ist. Es kommt sogar vor, dass einem dann der weitere Aufenthalt am Ort verboten wird, weil man sich unbeabsichtigt verdächtig gemacht hat. Allerdings sind solche Vorfälle mittlerweile seltener als noch in den vergangenen Jahrzehnten.

otel	Hotel
pansiyon	Pension
kamp yeri	Zeltplatz
yatak	Bett
oda	Zimmer
duş	Dusche
sıcak	heiß, warm
soğuk	kalt
su	Wasser
tuvalet	Toilette
boş (oda)	frei(es Zimmer)
banyo	Bad
anahtar	Schlüssel
yorgan	(Bett-)Decke
çarşaf	Laken
yastık	Kissen
mutfak	Küche
buz dolabı	Kühlschrank
karavan	Wohnwagen
çadır	Zelt
yer	Platz, Ort
kurmak	aufstellen

tek yatak-lı oda
einzeln Bett-mit Zimmer
Einzelzimmer

çift yatak-lı oda
Paar Bett-mit Zimmer
Doppelzimmer

üç yatak-lı oda
drei Bett-mit Zimmer
Drei-Bett-Zimmer

Banyo nerede?
Bad wo
Wo ist das Bad?

Sıcak su var mı?
heiß Wasser es=gibt ?
Gibt es heißes Wasser?

Boş bir oda-nız var mı?
frei ein Zimmer-euer es=gibt ?
Haben Sie einZimmer frei?

Oda-lar-a bak-abilir mi-yim?
Zimmer-PL-Dat sehen-können ?-ich
Darf ich die Zimmer sehen?

Bank, Post & Telefon

Türkische Geldscheine & Münzen

cenk unver@Fotolia.com

Bank (banka)

para	Geld
para birimi, birim	Währung
bozuk para	Kleingeld
para bozmak	Geld wechseln
Geld kaputtmachen	(in Kleingeld)
para değiştirmek	Geld wechseln (von einer Währung in eine andere)
nakit	Bargeld
çek	Scheck
seyahat çeki	Reisescheck
çek bozdurmak	Scheck einlösen
kredi kartı	Kreditkarte
imza	Unterschrift

imza atmak *Unterschrift werfen*	unterschreiben
kasa, vezne	Kasse
bankamatik	Geldautomat
Euro (Avro)	Euro (sprich: „yuro“)
Türk Lirası	Türkische Lira
İsviçre frangı	Schweizer Franken

Euro-yu Lira-yla değiştir-ebilir mi-siniz?
Euro-Akk Lira-mit wechseln-können ?-ihr
Können Sie mir Euro in Lira wechseln?

Post (postane)

mektup	Brief
kartpostal	Postkarte
paket	Paket
pul	Briefmarke
adres	Adresse
gönderen	Absender
alıcı	Empfänger
göndermek	schicken
posta kutusu	Briefkasten
postacı	Briefträger
ekspres mektup	Eilbrief
uçak postası(yla)	(per) Luftpost
ekspres mektup olarak	als Eilbrief
ücret	Gebühr

elli liralık pul
fünfzig Lira=heit Briefmarke
Fünfzig-Lira-Briefmarke

Telefon & Handy

Telefonzellen gibt es vornehmlich in zwei Versionen. Da gibt es zum einen die mittlerweile selten gewordenen alten Münztelefone, die aber nicht mit Geld, sondern mit Spezialchips **(jeton)** gefüttert werden müssen. Die Chips bekommt man auf dem Postamt in drei Größen: kleine **(küçük jeton),** mittelgroße **(normal jeton)** und große **(büyük jeton).** Auch für ein kurzes Auslandsgespräch sollte man sich schon mit einem Dutzend großer Chips eindecken. Praktischer sind da natürlich die inzwischen häufig anzutreffenden Kartentelefone. Die Telefonkarten **(telefon kartı)** gibt es ebenfalls auf dem Postamt. Schließlich findet man besonders an touristischen Zentren und Verkehrsknotenpunkten auch Kreditkarten-Telefonzellen.

telefon	Telefon
telefon etmek	telefonieren
telefon konuşması	Telefongespräch
jeton	Chip, Münze (für Fernsprech-automaten)
telefon kartı	Telefon-Karte
cep telefonu	Mobiltelefon, Handy
sim kart	SIM-Karte
hazır kart	Prepaid-Karte

Hazır kart-ı nereden al-abilir-im?
fertig Karte-Akk woher nehmen-können-Ggw=ich
Wo kann ich eine Prepaid-Karte bekommen?

Sim kart-ı nereden al-abilir-im?
SIM Karte-Akk woher nehmen-können-Ggw=ich
Wo kann ich eine SIM-Karte bekommen?

Computer & Internet

Wie in vielen anderen Bereichen ist die Türkei auch hinsichtlich der Verbreitung der sogenannten neuen Medien ein Land, in dem alles zugleich vorkommt: modernste apparative Ausstattung und fortschrittlichste Formen des Einsatzes einerseits, und das fast völlige Fehlen jedes Hinweises darauf, dass so etwas wie Computer überhaupt existiert. Für den Reisenden kann folgende Faustregel gelten: In mittleren bis großen Städten wird er in der gesamten Türkei auf eine mehr oder weniger brauchbare Infrastruktur stoßen, also ohne allzu große Schwierigkeiten ein Internetcafé (auch in der Türkei: **internet kafe**), von dem aus er seine Mails abrufen und abschicken, Internet-Recherchen durchführen und in der Regel auch chatten kann. Schwierig kann es allerdings auf dem Lande werden, und da – ganz grob gesagt – je weiter man in den Osten und Südosten kommt, desto schwieriger.

Für den Chatter vielleicht wichtig: MSN und Yahoo-Messenger sind neben dem speziell in der Türkei auch recht populären ICC-Messenger viel benutzte Chat-Programme. Man wird sie also auf vielen PCs – auch in Internet-Cafés – schon vorinstalliert finden.

Die Ausstattung ist in der Regel ausreichend gut. Breitband-Internetanschlüsse wird man allerdings zur Zeit oft noch vergeblich suchen: Telefon-Modem ist gegenwärtig noch Standard. Die Software entspricht den internationalen Standards, die meisten Programme arbeiten mit englischsprachiger Oberfläche, so dass kaum sprachliche Probleme anfallen dürften.

En yakın internet kafe nerede?
am=meisten nah Internet Café wo
Wo ist das nächste Internetcafè?

İnternet-i kullanmak ist-iyor-um.
Internet-Akk benutzen wollen-Ggw-ich.
Ich möchte das Internet benutzen?

Die Nutzungszeit wird informell gemessen, abgerechnet wird überwiegend einfach nach angebrochenen Stunden.

İnternet-in saatlik ücret-i kaç?
Internet-Gen stündlich Gebühr-sein wieviel?
Wie teuer ist die Internetbenutzung pro Stunde?

Şu konu-da bir problem-im var.
das=da Sache-in ein Problem-mein es=gibt.
Ich habe bei der Sache da ein Problem.

Bu program-ı nasıl aç-abilir-im?
dies Programm-Akk wie öffnen-können-Ggw=ich
Wie kann ich dieses Programm öffnen?

internet bağlantısı	Internetanschluss
interneti kullanmak	das Internet benutzen
bilgisayar	Computer
e-mail	E-Mail
bakmak	ansehen
yazmak	schreiben
göndermek	(ab)schicken
saat	Stunde
yazıcı, printer	Drucker
kâğit	Papier
dosya(yı) açmak	(die) Datei öffnen
dosya(yı) basmak	(die) Datei ausdrucken

Krank sein

Falls man ernsthaft krank werden sollte, verlasse man sich lieber nicht auf die Heilkünste von Laien und zweifelhaften Privatdoktoren. Sehen Sie zu, dass Sie in die nächste möglichst große Stadt kommen – am besten gleich ins Krankenhaus. Dort werden Sie sich mit Sicherheit dann auch auf Englisch oder Französisch verständigen können.

Da es sich in der Türkei noch immer viele ärmere Menschen, vor allem auf dem Land, nicht leisten können, einen Arzt aufzusuchen, bleiben oft auch schwere Krankheiten und Verletzungen unbehandelt, bzw. man versucht ihnen mit „Naturheilverfahren“ oder ganz einfach mit Gebeten und Beschwörungen beizukommen. Es könnte daher sein, dass niemand versteht, warum Sie unbedingt einen teuren Arzt aufsuchen wollen. Falls man Schwierigkeiten bekommt, scheue man sich nicht, die Schmerzen gehörig zu übertreiben.

Mit einem Smartphone können Sie sich die mit einem gekennzeichneten Sätze dieses Kapitels anhören.

Kendi-m-i iyi hisset-m-iyor-um.
selbst-mein-Akk gut fühlen-nicht-Ggw-ich
Ich fühle mich nicht wohl.

Hasta-yım.
krank-ich
Ich bin krank.

Karn-ım ağr-ıyor.
Bauch-mein wehtun-Ggw=er
Mein Bauch tut weh.

Gerçek-ten çok kötü-yüm.
wahr-von sehr schlecht-ich
Es geht mir wirklich sehr schlecht.

Ateş-im var.
Feuer-mein es=gibt
Ich habe Fieber.

Doktor-a git-meli-yim.
Arzt-Dat gehen-müssen-ich
Ich muss zum Arzt gehen.

Hastane-ye git-meli-yim.
Krankenhaus-Dat gehen-müssen-ich
Ich muss ins Krankenhaus gehen.

Baş ağr-ım var.
Kopf Schmerz-mein es=gibt
Ich habe Kopfschmerzen.

En yakın doktor nerede?
am=meisten nah Arzt wo
Wo ist der nächste Arzt?

En yakın hastane nerede?
am=meisten nah Krankenhaus wo
Wo ist das nächste Krankenhaus?

İshal ol-dum.
Durchfall werden-Verg=ich
Ich habe Durchfall.
(„Ich bin durchfällig geworden.")

baş	Kopf
göz	Auge
kulak	Ohr
burun	Nase
boyun	Hals
göğüs	Brust
karın	Bauch
kol	Arm
el	Hand
omuz	Schulter
ateş	Fieber
bacak	Bein
ishal	Durchfall
diz	Knie
ilaç	Medikament
ayak	Fuß
kusmak	erbrechen

Verhaltenstipps

Die Türkei ist bekanntermaßen ein islamisch geprägtes Land. Obwohl Kemal Atatürk, Staatsgründer und erster Präsident der Türkischen Republik, durch eine recht weitgehende Trennung von Staat und Religion (Laizismus) und eine deutliche Westorientierung des gesellschaftspolitischen Kurses dafür gesorgt hat, dass sich westlich-moderne Institutionen etablieren konnten und viele Sitten und Traditionen zurückgedrängt wurden, die man aus westlicher Perspektive als rückständig, feudalistisch oder auch inhuman betrachten würde, leben viele davon fort – besonders in den ärmeren Gegenden, hier vor allem in der Osttürkei. Es ist also dem Reisenden durchaus anzuraten, sich eher ein wenig zu vorsichtig zu verhalten und darauf gefasst zu sein, dass Freizügigkeiten, die in bestimmten Milieus in den modernen Städten der Westtürkei kaum Anstoß erregen, in anderen Gegenden, ja sogar in ärmeren Stadtvierteln derselben Stadt, auf recht unfreundliche Aufnahme stoßen können.

Ein paar allgemeine Verhaltensregeln und -tipps mögen dazu dienen, die gröbsten Patzer zu vermeiden:

Kleidung: Kleiden Sie sich unauffällig und „sittsam“, d. h. bei Frauen keine freien Schultern, keine tiefen Ausschnitte, lange Röcke (weite Hosen gehen auch); bei Männern bedeckter Oberkörper, keine kurzen Hosen. Badekleidung ist nur in Badeorten mit viel Tourismus – und dann im Allgemeinen auch nur im Strandbereich selbst– akzeptabel.

Geschlechtertrennung: Frauen sollten vorsichtig sein im Umgang mit männlichen Personen, ausgenommen es handelt sich um offizielle, geschäftliche u. ä. begründete Kontakte. In männlicher Begleitung muss auf solche Beschränkungen nicht geachtet werden. Frauen, die sich ohne Notwendigkeit allein mit Männern treffen oder auch nur längere Zeit unterhalten, können leicht als moralisch suspekt angesehen werden – u. U. auch gerade vom betreffenden Gesprächspartner, für den solch ein Verhalten geradezu eine Provokation darstellen kann.

Umgekehrt hält sich ein „gesitteter" Mann nicht ohne weiteres in Frauengesellschaft auf oder spricht gar fremde Frauen an. Gegenüber ausländischen Frauen nehmen sich allerdings – besonders in den Städten und in touristischen Hochburgen – gewisse Männer einiges heraus. Das muss nicht immer mit Hintergedanken verbunden sein. Dennoch ist Vorsicht angebracht, vor allem ist deutlich Distanz zu wahren. Selbst auf kleinste Zudringlichkeiten sollte sofort und entschieden abwehrend reagiert werden, zur Not lautstark, um andere aufmerksam zu machen.

Rahat-sız et-me beni!
Ruhe-ohne machen-nicht=BEFEHL=du mich
Lass mich in Ruhe!

Bırak beni!
lassen=BEFEHL=du mich
Lass mich!

Ne yap-ıyor-sun, be?
was machen-Ggw-du he
He, was soll das?

Ne ist-iyor-sun ben-den?
was wollen-Ggw-du mir-von
Was willst du von mir?

Kötü, pis adam! Çok ayıp ya!
schlecht dreckig Mann sehr schändlich oh
Übler, dreckiger Kerl! Welche Schande!

Pärchen sollten sich in der Öffentlichkeit nicht an der Hand halten, umarmen, küssen, usw.

Polizei, Militär: Vermeiden Sie, wenn möglich, jeden Kontakt. Dies gilt insbesondere in politischen Unruhegebieten und im grenznahen Bereich. Zwar ist die Türkei nicht mehr der ausgesprochene Polizeistaat wie in den 1980er Jahren, und man hat sich an Touristen im Land wahrlich gewöhnt, aber autoritäre Strukturen und Mentalitäten wirken noch nach. Als Fremder erweckt man immer noch leicht Misstrauen.

Gastfreundschaft: Gewöhnen Sie sich daran, dass man oft bevorzugt behandelt wird. Trotzdem sollte man dies nicht als selbstverständlich betrachten. Geben Sie immer wieder deutlich Ihre Zufriedenheit zu erkennen und seien Sie mit Ihrem eigenen Besitz ebenfalls großzügig. Allerdings würde es sich für einen Gastgeber nicht schicken, regelrechte Gegenleistungen anzunehmen.

Nicht alles, was nach Gastfreundschaft und Hilfe aussieht, ist allerdings wirklich so gemeint: Viele haben gelernt, dass sich die Überraschung und das schlechte Gewissen des Gastes sehr gut für vorteilhafte Geschäfte nutzen lassen. Bekommt man diesen Eindruck, scheue man sich nicht, eventuelle Bitten oder Versuche, einen auf irgendetwas zu verpflichten, eindeutig abzulehnen. Der Betreffende wird dann schon wissen, warum.

Dennoch: Machen Sie das Misstrauen nicht wegen solcher (leider immer häufiger anzutreffenden) schwarzen Schafe zum Prinzip!

Rauchen ist für erwachsene Männer eigentlich kein Problem. Bei Frauen wird das Rauchen in aller Regel auch akzeptiert, jedoch sollten sie das Rauchen auf der Straße vermeiden. In öffentlichen Lokalen gilt seit 2009 ein gesetzliches Rauchverbot.

Der Autor

Marcus Stein (Jahrgang 1958) hat in Bielefeld Sprachwissenschaft studiert. Kontakte mit türkischen und kurdischen Kommilitonen weckten sein Interesse an deren Sprache. Er besuchte die Türkei mehrere Male und eignete sich dort erste Sprachkenntnisse an, die er später vertiefte. Auch durch die Bekanntschaft mit „Deutschtürken" lernte er viel über das Leben und die Kultur der Türkei.

Durch Sprachkurse für Ausländer, andere Tätigkeiten in der Ausländerarbeit, und durch die vielen Bekannten und Freunde aus und in der Türkei gibt es immer wieder neue Berührungspunkte, auch wenn die Türkei nicht immer das erste Reiseziel bleibt.

Wörterbuch
Türkisch – Deutsch
Deutsch – Türkisch

Ein gutes Wörterbuch ist in der
Fremde mehr wert als ein Schwert.
(arabische Redensart)

Das türkische Alphabet

A, B, C, Ç, D, E, F, G, H, I, İ, J, K, L,
M, N, O, Ö, P, R, S, Ş, T, U, Ü, V, Y, Z

Abkürzungen im Wörterbuch

j. = jemand
j-m = jemandem
j-n = jemanden
j-s = jemandes
etw. = etwas
Ez = Einzahl (Singular)
Mz = Mehrzahl (Plural)
m = männlich (Maskulinum)
s = sächlich (Neutrum)
w = weiblich (Femininum)
Nom = Nominativ
Akk = Akkusativ
Dat = Dativ
Gen = Genitiv
Inf = Grundform (Infinitiv)
abbr = Abkürzung
adj = Eigenschaftswort (Adjektiv)
adv = Umstandswort (Adverb)
conj = Bindewort (Konjunktion)
interj = Ausruf (Interjektion)
n = Hauptwort (Nomen)
num = Zahlwort (Numerale)
part = Partikel
phr = Phrase
prep = Verhältniswort (Präposition)
pron = Fürwort (Pronomen)
v = Tätigkeitswort (Verb)
NoD = norddeutsch
ÖrD = österreichisches Deutsch
SüD = süddeutsch
SwD = schweizerdeutsch
ugs. = umgangssprachlich

Zeichenerklärung

1, 2, 3, ...	Die Zahlen listen unterschiedliche Bedeutungen eines Stichwortes auf.
~	Das Tildensymbol dient als Platzhalter für das Stichwort in festen Redewendungen.
A + ~	Großbuchstabe + Tilde: Platzhalter, aber das Stichwort beginnt in der Redewendung mit einem Großbuchstaben.
▸	Beginn der Auflistung von festen Redewendungen und Beispielsätzen.
♦	Die Raute zeigt einen Wechsel der Wortklasse an.

A

abajur *n* Schirm *m* (einer Lampe usw.), Lampenschirm *m*

abartılı *adj* übertrieben, überhöht

abartmak *v* übertreiben *etw. Akk* (aufbauschen), übertreiben (im Erzählen usw.)

abone **~ olmak/yapmak** abonnieren *etw. Akk*

abonelik *n* Abonnement *s etw. Gen*

abonman **~ kartı** Dauerkarte *w* (Fahrkarte usw.)

acele *adj* sofortig, überstürzt, übereilt, eilig durchgeführt ♦ *adv* in Eile, schnell ♦ *n* Eile *w*, Verlauf *m*, Ablauf *m* (eines Ereignisses usw.) ► **~ etmek** eilen; **~ etmek** *bir yere* sich beeilen *mit etw.*; **A~m var.** Ich habe es eilig.; **bir yere ~yle, fırtına gibi girmek/dalmak** hineinstürzen *in etw. Akk*

acı *adj* bitter (Getränk usw.), herb (Geschmack), pikant, würzig ♦ *n* Elend *s*, Kummer *m*, Plagen *w Mz*, Schmerz *m* (seelisch) ► **~ çekmek** *bir şeyden* erleiden *etw. Akk* (Niederlage usw.), leiden *an/unter etw. Dat*; **~ vermek** *birine* bekümmern *j-n*

acımak *v* bedauern *j-n*, brennen (weh tun), sich erbarmen *j-s*

acıtmak *v* verletzen *j-n* (physisch), wehtun *j-m* (absichtlich usw.)

acil *adj* beharrlich, dringend, unaufschiebbar, akut (Fall usw.) ♦ *n* Notaufnahme *w*, Notdienst *m* ► **~ çıkış** Notausgang *m*; **~ durum** Notfall *m*; **~ iniş** Notlandung *w*

acilen *adv* dringend, eindringlich, sofort ♦ *v* benötigen *etw. Akk*, dringend brauchen *etw. Akk*

aciz *adj* machtlos, unfähig *zu etw.* (nicht imstande)

aç *adj* hungrig; **A~ım.** Ich habe Hunger., Ich bin hungrig.

açacak *n* Büchsenöffner *m*, Dosenöffner *m*, Flaschenöffner *m*, Öffner *m*

açgözlü *adj* gierig (Blick usw.), habgierig, habsüchtig

açı *n* Winkel *m* (geometrisch)

açık *adj* **1** eindeutig (absolut klar), klar (Bedeutung usw.), offensichtlich, greifbar **2** klar (Himmel usw.) **3** offen (Tür usw.), geöffnet (Fenster usw.) **4** offen (ohne Dach usw.) **5** markant **6** befahrbar **7** offen (unverhohlen) **8** ausdrücklich **9** eingeschaltet ♦ *n* Defizit *s*, Manko *s*, Fehlbetrag *m* ► **~ büfe** kaltes Büfett; **~ renk** hell (Farbe usw.); **kamuya ~** für die Öffentlichkeit zugänglich

açıkça *adv* ausdrücklich (betonen usw.), deutlich (hören usw.), offen (aufrichtig), offenbar

açıklama *n* **1** Erklärung *w* (Mitteilung) **2** Erklärung *w*, Klarstellung *w*, Klärung *w* (eines Problems usw.) **3** Erläuterung *w* **4** Konstatierung *w*, Feststellung *w* **5** Begründung *w etw. Gen* (Angeben des Grundes)

açıklamak *v* **1** ausführen *etw. Akk* (in Einzelheiten), erklären *etw. Akk j-m* (Problematik usw.), klarmachen *j-m etw. Akk* **2** sich klarmachen *etw. Akk* **3** interpretieren *etw. Akk* **4** durchnehmen *etw. Akk* (in der Schule usw.) **5** bekanntgeben *etw. Akk*, erklären *etw. Akk*, promulgieren (öffentlich bekanntgeben) **6** zugänglich machen *etw. Akk* (Informationen usw.)

açıklık *n* Lichtung *w*, Öffnung *w*; **açıklığa kavuşturmak** *bir şeyi* sich klar werden *über etw. Akk*; **~ kazandırmak** klären *etw. Akk*, erläutern *etw. Akk*

açılış *adj* Öffnungs- ♦ *n* Initiierung *w* (Start, Anfang)

açısal *adj* eckig

açısından *prep* angesichts *etw. Gen*

açlık *n* Hunger *m*, Hungern *s*, Hungersnot *w*

açma *n* Eröffnung *w* (einer Sitzung usw.), Beginn *m* (eines Konzerts usw.)

açmak *v* **1** anstellen (Gerät usw.), einschalten, anschalten **2** (Licht) einschalten, (Licht) anmachen **3** aufschließen *etw. Akk*, öffnen *etw. Akk* (Tür usw.) **4** eröffnen *etw. Akk* (Ausstellung usw.) **5** aufbinden *etw. Akk* (Schleife usw.), aufmachen *etw. Akk* (Gürtel usw.), öffnen *etw. Akk* (Bluse usw.), aufknöpfen *etw. Akk* **6** aufmachen *etw. Akk* (Packung usw.), hochklappen, öffnen **7** ausbreiten *etw. Akk* (Arme usw.), ausbreiten (Gefaltetes usw.), ausrollen (Zusammengerolltes) **8** enthüllen *etw. Akk* (zeigen usw.) **9** frei machen (Weg usw.) **10** lauter stellen *etw. Akk* (Radio usw.), aufdrehen *etw. Akk* (Heizung) **11** lösen *etw. Akk* (Haar)

ad *n* **1** Name *m* **2** Vorname *m* ► **~ koymak** nennen *j-n irgendwie* (bezeichnen); **A~ım...** Ich heiße...; **A~ın ne?** Wie heißt du?

ada *n* Insel *w*

adalet *n* Gerechtigkeit *w*, Justiz *w*

adaletli *adj* gerecht (fair)

adaletsizce *adv* ungerecht, ungerechterweise

adamak *v* sich widmen *etw. Dat*, sich hingeben *etw. Dat* (Tätigkeit usw.)

adaptör *n* Adapter *m*, Netzteil *s*

aday *n* Bewerber *m für etw.*, Anwärter *m auf etw. Akk*, Kandidat *m für etw.*, Kandidat *für etw.*

adet *n* Brauch *m*, Konvention *w* (Verhaltensregeln), Sitte *w* (Gewohnheit), Menstruation *w*

adım *n* Gang *m* (Art des Gehens), Schritt *m* (beim Tanzen)
adil *adj* gerecht, fair (Verhalten usw.) ♦ *adv* fair, gerecht, mit Recht
adlandırmak *v* nennen *j-n/etw. irgendwie* (einen Namen geben), benennen *j-n irgendwie* (Kind usw.)
adres *n* Adresse *w*, Anschrift *w*
afet *n* eine tolle Braut, Element *s* (Naturkraft), Katastrophe *w*, Kalamität *w*
affetmek *v* entschuldigen *j-n*, erlassen *j-m etw. Akk* (Pflicht usw.), verzeihen *j-m etw. Akk*; **Affedersiniz!** Entschuldigen Sie!, Entschuldigung!, Verzeihung!
afiş *n* Plakat *s*
afiyet **A~ olsun!** Guten Appetit!, Mahlzeit!
afiyette *adv* gut (arbeiten usw.)
ağ *n* Netz *s*
ağaç *n* Baum *m*; **~ kabuğu** Rinde *w*; **~ tepesi** Baumkrone *w*
ağır *adj* **1** schwer (Gewicht) **2** schwierig (Zeit usw.), anstrengend **3** saumselig, säumig
ağırbaşlı *adj* ernst (Gesicht usw.), seriös (Mensch usw.), solide, würdig (Person usw.)
ağırlık *n* **1** Gewicht *s etw. Gen* (Schwere), Schwere *w* (Gewicht) **2** Gewicht *s etw. Gen* (Bedeutung) **3** Gewicht *s* (Gegenstand) **4** Belastung *w* (Gewicht usw.), Last *w* (in Kilogramm usw.)
ağız *n* **1** Mund *m* **2** Maul *s*, Schnauze *w* **3** Mündung *w* **4** Düse *w* **5** Luke *w*
ağlama *n* Wehklage *w*, Weinen *s*
ağlamak *v* weinen
ağrı *n* Schmerz *m* (körperlich), Schmerzen *m Mz*
ağrımak *v* wehtun
ağustos *n* August *m*
ahbap *n* Bekanntschaft *w*, Partner *m* (Begleiter)
ahır *n* Kuhstall *m*, Stall *m*
ahize *n* Hörer *m* (eines Telefons usw.)
ahududu *n* Himbeere *w* (Frucht)
aile *n* Familie *w*, Geschlecht *s* (Familie), Verwandtschaft *w*
ailevi *adj* familiär (Schwierigkeit)
ajanda *n* Tagesordnung *w*
ajans *n* Agentur *w*
akıcı *adj* dünnflüssig, fließend, flüssig (Rede usw.)
akıcılık *n* Flüssigkeit *w* (Sprachgewandtheit)
akıl *n* Intellekt *m*, Verstand *m*, Weisheit *w*
akıllı *adj* weise
akılsız *adj* töricht, albern, unvernünftig ♦ *n* Idiot *m*, Trottel *m*
akım *n* Flut *w von etw.*, Schwall *m von etw.* (von Geld usw.), Strom *m* (Meeresstrom usw.), Strömung *w* (des Wassers usw.) *von etw.*; **elektrik ~ı** (elektrischer) Strom
akış *n* Abfluss *m*, Ablauf *m*, Durchfluss *m* (Menge), Fluss *m* (des Verkehrs usw.)
akıtmak *v* abgießen, leiten (Wasser usw.)
akmak *v* **1** fließen (Wasser, Tränen usw.), herabfließen, herunterlaufen *etw. Akk* (Tränen usw.) **2** entspringen (Fluss usw.) **3** gießen *etw. Akk in etw. Akk* (Wasser in die Tasse usw.) **4** einfließen *in etw. Akk*, hineinlaufen *in etw. Akk* (fließen) **5** vergehen
akraba *adj* verwandt *mit j-m* (Familienmitglied), verwandtschaftlich, Verwandtschafts-
akrabalık *adj* verwandtschaftlich, Verwandtschafts- ♦ *n* Verwandtschaft *w* (Verwandte)
aks *n* Achse *w* (eines Fahrzeugs)
aksesuar *n* Accessoires *s Mz*, Beiwerk *s* (modisches usw.)
aksilik *n* Schlamassel *m,s*
akşam *adv* abends ♦ *n* Abend *m* ► **~ kahvaltısı** Pausenbrot *s* (am Nachmittag, gewöhnlich mit Tee); **~ yemeği** Abendessen *s*, Abendbrot *s*; **İyi ~lar.** Guten Abend.
akşamüstü *adv* gegen Abend, abends
aktarma *n* Umsteigen *s*; **~ yapmak** umsteigen *in etw. Akk*
aktif *adj* aktiv, tätig
aktivite *n* Veranstaltung *w*
aktör *n* Schauspieler *m*
akü *n* Batterie *w* (elektrische)
alabalık *n* Forelle *w*
alacak *n* Forderung *w* (finanzieller Anspruch)
alacakaranlık *n* Abenddämmerung *w*, Dämmerung *w* (am Abend), Dämmerlicht *s*
alageyik *n* Damhirsch *m*, Hirsch *m*, Hirschkuh *w*
alaka *n* Bindung *w zwischen etw.* (Beziehung), Zusammenhang *m*
alan *n* Bereich *m*, Domäne *w*, Fachgebiet *s*, Fläche *w* (Arbeitsfläche usw.); **çim ~** Rasen *m*; **ekim ~ı** Obstgarten *m*; **inşaat ~ı** Baustelle *w*; **koruma ~ı** Reservat *s*
alarm *n* Alarm *m*, Alarmanlage *w*
alay *n* Regiment *s*, Spott *m*, Umzug *m* (Gang)
alçak *adj* beleidigend (Wort), Schimpf-, engstirnig (Meinung usw.), niederträchtig ♦ *adv* niedrig ♦ *n* Aas *s* (Person), Arschloch *s* (böser Mensch), Halunke *m*, Gauner *m* ► **~ gönüllü** bescheiden
alçalmak *v* **1** sinken (Flugzeug usw.) **2** hinuntergehen (nach unten), hinabsteigen, sinken (Wert usw.), fallen (Preise usw.) **3** sinken (Wasser usw.)
aldatıcı *adj* trügerisch, tückisch ♦ *n* Betrüger *m*
aldatma *n* Betrug *m*, Ehebruch *m*, Falschmeldung *w* (absichtlich), Untreue *w*

aldatmak *v* **1** belügen *j-n*, erwischen *j-n* (betrügen usw.), anschmieren *j-n*, hereinlegen *j-n* **2** betrügen, täuschen *j-n* (irreführen) **3** betrügen *j-n* (Ehemann usw.) **4** täuschen (Augen), trügen **5** betrügen *j-n um etw.*, zu viel berechnen *j-m*
aldırmamak *v* ignorieren, missachten (nicht berücksichtigen), pfeifen *etw. Akk*
alenen *adv* öffentlich
alerji *n* Allergie *w gegen etw.*
alerjik *adj* allergisch *gegen etw.*
alet *n* Gadget *s* (Sondervorrichtung), Gerät *s* (Messgerät usw.), Werkzeug *s*, Instrument *s*; **şarj ~i** Ladegerät *s*
aletler *n* Werkzeug *s* (Gesamtheit von Werkzeugen), Werkzeuge *s Mz*
alev *n* Flamme *w*; **~ almak** brennen (heiß sein)
alfabe *n* Alphabet *s*
algılamak *v* wahrnehmen
alıcı *n* **1** Käufer *m* **2** Empfänger *m* (eines Briefes usw.), Leistungsempfänger *m* **3** Empfänger *m* (Gerät)
alım *n* **1** Abnahme *w* (von Waren usw.) **2** Empfang *m* (Signal usw.) **3** Aufkauf *m*
alın *n* **1** Stirn *w* **2** Spitze *w etw. Gen* (Vorderteil)
alıngan *adj* empfindlich (leicht beleidigt), irritabel, gereizt (Laune usw.)
alışık *adj* gewöhnt *an etw. Akk*
alışılagelmiş *adj* gewohnheitsmäßig, gewohnheitsgemäß, gewohnt, gewöhnlich (Zeit usw.)
alışılmamış *adj* ungewohnt, ungewöhnlich, unkonventionell
alışkanlık *n* Gewohnheit *w*, Ritual *s*, Sitte *w* (Gewohnheit), Usus *m*
alışmak *v* sich akklimatisieren, sich gewöhnen *an etw. Akk*, sich gewöhnen *an j-n/etw.*, sich zusammenleben *mit j-m/etw.*
alıştırma *n* Übung *w* (Kräftigung usw.)
alışveriş *adj* Einkaufs- ♦ *n* Einkaufen *s* ► **~ yapma** Einkaufen *s*, Einkauf *m* (Tätigkeit); **~ yapmak** einkaufen
alkış *n* Applaus *m*, Beifall *m*, Ovationen *w Mz*
alkışlamak *v* applaudieren *j-m*, klatschen (in die Hände usw.)
alkol *n* Alkohol *m*
alkollü *adj* alkoholisch
alkolsüz *adj* alkoholfrei
allahtan *part* zum Glück, glücklicherweise
almak *v* **1** bekommen, erhalten (Brief usw.) **2** abkaufen *j-m etw. Akk*, nehmen *etw. Akk*, nehmen (in die Hand), schöpfen (mit einer Kelle usw.) **3** abstellen *etw. Akk* (Topf), abwerfen (Jacke usw.) **4** abholen *j-n/etw.*, holen *j-n/etw.*, mitnehmen *j-n/etw.* irgendwohin (mit dem Auto usw.) **5** einstellen *j-n* (Arbeiter usw.), aufnehmen *j-n* (Mitglied usw.), hereinnehmen *j-n* (neue Mitglieder usw.) **6** einnehmen (Raum) **7** in Anspruch nehmen (Zeit) **8** beziehen (Gehalt usw.) ► **göz önüne ~** berücksichtigen *etw. Akk*, rechnen *mit etw.* (Risiko usw.); **hafife ~** unterschätzen; **işe ~** anstellen *j-n*; **nefes ~** atmen; **satın ~** kaufen *etw. Akk*; **üstüne ~** nehmen (Risiko usw.), übernehmen (Pflicht usw.)
Alman *adj* deutsch ♦ *n* Deutsche *m*
Almanca *adv* deutsch, auf Deutsch ♦ *n* Deutsch(e) *s*
Almanya *n* Deutschland *s*
alt *adj* unter(er,e,es); **~ geçit** Unterführung *w*; **~ını çizmek** unterstreichen (Strich ziehen); **~ını değiştirmek** ein Kind wickeln
altı *num* sechs
altın *adj* golden ♦ *n* Gold *s*
altına *prep* (unmittelbar) unter *etw. Dat*
altıncı *num* sechst(er,e,es)
altında *adv* unten ♦ *prep* (unmittelbar) unter *etw. Dat*, unter *etw. Dat* (dem Tisch usw.) ► **sıfırın ~** Temperaturen unter Null; **yerin ~** unterirdisch
altmış *num* sechzig
altüst *adj* aufgeregt; **~ etmek** *birini* aufregen *j-n*
alüminiyum *n* Aluminium *s*
ama *adv* dafür (aber) ♦ *conj* aber, sondern ♦ *n* Blinde *m*
amaçsız *adj* unsinnig, sinnlos, zwecklos
ambar *n* Muschel *w* (Tier)
ambulans *n* **1** Ambulanz *w* (Abteilung) **2** Krankenwagen *m*, Ambulanz *w* (Wagen), Rettungswagen *m*
amca *n* Onkel *m*
Amerika *adj* amerikanisch ♦ *n* Amerika *s*
Amerikalı *adj* amerikanisch ♦ *n* Amerikaner *m*
amma *conj* jedoch, aber
ampul *n* Glühbirne *w*, Birne *w* (mattierte usw.)
an *n* Moment *m*, Augenblick *m*, Weile *w*, Zeitpunkt *m*
ana *abbr* Hpt. ♦ *adj* essenziell, tragend (Thema usw.), Grund-, hervorragend ♦ *n* Fundament *s etw. Gen* (Grundlage)
anadil *n* Muttersprache *w*; **~e sahip kişi** Muttersprachler *m*
anahtar *n* **1** Schlüssel *m* (zum Schließen) **2** Schlüssel *m zu etw.* (Lösung) **3** Schraubenschlüssel *m* **4** Umschalter *m* (Gerät)
anakara *n* Festland *s* (Kontinent)
ananas *n* Ananas *w*
anane *n* Tradition *w*
anapara *n* Kapital *s* (verfügbare Geldsumme)
anavatan *n* Heimat *w*
anayol *n* Fernstraße *w*, Magistrale *w*

ancak *adv* dafür (aber) ♦ *conj* jedoch ♦ *part* erst (vor kürzer Zeit)
andaç *n* Andenken *s* (Souvenir)
anestezi *n* Betäubung *w* (örtliche usw.)
anı *n* Andenken *s* (Gedenken), Erinnerung *w*
anında *adv* sofort
anıt *n* Andenken *s* (Erinnerung), Monument *s*
ani *adj* abrupt, plötzlich, unerwartet
aniden *adj* abrupt (unerwartet) ♦ *adv* plötzlich, auf einmal, unversehens
anket *n* Fragebogen *m*, Umfrage *w*
anlam *n* Bedeutung *w*; **~ vermek** Sinn ergeben
anlamak *v* **1** begreifen *etw. Akk*, verstehen *etw. Akk* **2** verstehen *j-n/etw.* **3** erfahren *etw. Akk, über etw. Akk*, feststellen *etw. Akk* ► **Anlamıyorum.** Ich verstehe nicht.; **yanlış ~** *bir şey* missverstehen *etw. Akk*
anlamsız *adj* sinnlos, unsinnig; **Bu ~.** Es hat keinen Zweck.
anlaşılır *adj* begreiflich, verständlich, fassbar, plausibel (Erklärung usw.)
anlaşma *n* Konvention *w* (internationale), Pakt *m*, Übereinstimmung *w*, Vereinbarung *w*
anlaşmazlık *n* Meinungsverschiedenheit *w*, Differenz *w* (persönliche usw.), Widerspruch *m gegen etw.* (Widerrede), Zwiespalt *m*
anlatım *n* Ausdruck *m* (im Gesicht usw.)
anlatmak *v* nacherzählen (Geschichte usw.), sagen *j-m etw. Akk* (mitteilen), schildern *etw. Akk*, sich klarmachen *etw. Akk*
anmak *v* erwähnen *etw. Akk* (Quelle usw.), gedenken, sich erinnern *an j-n/etw.*
anne *n* Mama *w*, Mutter *w* (Frau), Mutti *w*
ansızın *adv* in dem Augenblick, unerwartet; **~ bulmak** überraschen *j-n* (ertappen)
anten *n* Antenne *w*, Fühler *m*
antepfıstığı *n* Pistazie *w* (Kern)
antibiyotik *n* Antibiotikum *s*
antik *adj* altertümlich, antik (Möbel usw.)
antika *adj* antik (zu Antike gehörend) ♦ *n* Antiquität *w*
antlaşma *n* Konvention *w* (internationale), Vertrag *m* (Staatsvertrag), Abkommen *s* (internationales usw.)
antreman **~ giysisi** Trainingsanzug *m*
antrenör *n* Coach *m*, Trainer *m*
apaçık *adv* deutlich (verständlich usw.), naheliegen (Lösung usw.), offenkundig, evident
apandis *n* Blinddarm *m*
apandisit **~ hastalığı** Blinddarmentzündung *w*
aperatif *n* **1** Vorspeise *w* **2** Imbiss *m* (Gericht), Pausenbrot *s* (in der Schule usw.)
aptal *adj* dumm, stupid, töricht, albern ♦ *n* Dummkopf *m*, Idiot *m*
aptalca *adv* blöd, dumm, stupid ♦ *n* Blödsinn *m*
aptallık *n* Dummheit *w*, Stupidität *w*
ara *n* Abstand *m* (räumlicher, zeitlicher); **~ sokak** Gasse *w*; **~ vermek** *bir şeye* stilllegen *etw. Akk*; **~ya girmek** eingreifen; **bir ~** irgendwann; **Hadi ~ verelim.** Machen wir eine Pause.
araba *n* Auto *s*, Wagen *m* (Kraftwagen), Pkw *m*; **atlı yük ~** Karre *w*; **bebek ~sı** Kinderwagen *m*; **market ~sı** Einkaufswagen *m*
aracılığıyla *prep* mithilfe *etw. Gen*
araç *n* Anlage *w*, Vorrichtung *w* (technische usw.), Fahrzeug *s*, Instrument *s*; **nakliye aracı** Lastwagen *m*, Lkw *m*
aralık *n* **1** Lücke *w* (Stelle usw.), Spalte *w* (Riss) **2** Leerzeichen *s*, Leere *w* **3** Zwischenzeit *w* (Zwischenraum) **4** Dezember *m*
aramak *v* **1** suchen *j-n/etw.*, suchen *nach j-m/etw.* (Täter usw.) **2** aufsuchen *j-n/etw.* **3** sich melden *bei j-m* (anrufen, schreiben usw.) **4** anrufen *j-n*, telefonieren *mit j-m* **5** durchsuchen *j-n/etw.*, durchwühlen, durchkramen **6** vermissen *j-n/etw.*, vermisst sein *j./etw.* ► **Arasın beni.** Er soll mich anrufen!; **telefonla ~** anrufen *j-n* (telefonieren)
arasında *prep* unter, zwischen
araştırma *n* Erkundung *w* (eines Gebiets usw.), Aufklärung *w* (eines Geländes usw.), Forschung *w*
araştırmak *v* durchforschen, durchforschen *etw. Akk* (Gegend usw.), durchsuchen *j-n/etw.*, erforschen *etw. Akk*
arı *n* Biene *w*
arıza *n* Ausfall *m* (von Gedächtnis usw.), Defekt *m*, Störung *w* (technische), Panne *w* (Fahrzeug)
arka *adj* hinter(er,e,es) ♦ *n* Rückseite *w* (eines Gebäudes), Hinterseite *w* ► **~ plan** Hintergrund *m*
arkada *adv* hinten
arkadaş *n* Freund *m* (Bekannter), Kumpan *m*; **erkek ~** Freund *m*; **kız ~** Freundin *w*; **sınıf ~ı** Mitschüler *m*
arkadaşça *adj* freundschaftlich ♦ *adv* warm (empfangen usw.), herzlich
arkadaşlık *n* Freundschaft *w*; **~ etmek** *biriyle* befreundet sein *mit j-m*
arkasında *adv* hinten ♦ *prep* hinter *etw. Dat* (einem Fluss usw.)
arkasından *adv* von hinten
arma *n* Wappen *s*
armağan *n* Geschenk *s*
armut *n* Birne *w*
arpa *n* Gerste *w*
arpacık *n* Korn *s* (einer Waffe)
arsız *adj* frech, schamlos (Lüge usw.), unverschämt

arsızca *adv* frech, dreist
artan *adj* überflüssig, wachsend
artı *adv* plus ♦ *n* Pluszeichen *s*
artık *adv* **1** endlich **2** jetzt ♦ *adj* übrig, restlich ♦ *n* Rest *m*
artırmak *v* erhöhen, steigern (Spannung usw.), vergrößern, zulegen (sich anstrengen)
artış *n* Anstieg *m etw. Gen*, Aufstieg *m etw. Gen* (Anzahl usw.), Anstieg *m* (der Temperatur usw.), Aufschwung *m* (Entwicklung)
artmak *v* anschwellen (wachsen), anwachsen (Menge usw.), erhöhen *etw. Akk*, sich erhöhen
arttırmak *v* vergrößern (vermehren), vermehren *etw. Akk* (Eigentum usw.)
as *n* Ass *s*
asansör *n* Aufzug *m*, Fahrstuhl *m*, Lift *m*
asfalt *n* Asphalt *m*, teergebundener Makadam
asıl *adj* relevant, unverfälscht, echt, wesentlich
asılmak *v* hängen
asil *adj* adelig, adlig, Adels-, edel
asistan *n* Assistent *m*
asit *adj* sauer (Säure) ♦ *n* Säure *w* (Substanz)
asitli *adj* sauer (Gärung usw.)
asker *n* Gardist *m*, Soldat *m*
askeri *adj* militärisch, Militär-
askı *n* Kleiderbügel *m*, Kleiderhaken *m*, Haken *m* (Hängeisen)
askılık *n* Verbindlichkeiten *Mz* (Schulden usw.)
asla *adv* nie, niemals ♦ *part* gar nicht, überhaupt nicht, nicht (ein)mal
aslan *n* Löwe *m* (Tier)
Aslan *n* Löwe *m* (Sternzeichen)
aslında *adv* praktisch (quasi), ursprünglich ♦ *part* im Grunde genommen, überhaupt (eigentlich) ► **~ değil** eigentlich nicht
asmak *v* aufhängen *etw. Akk*, hängen *etw. Akk*, hängen *j-n* (hinrichten), schwänzen *etw. Akk*
astar *n* Futter *s* (Stoff)
astım *n* Asthma *s*
Asya *adj* asiatisch ♦ *n* Asien *s* ► **~'ya özgü** asiatisch
Asyalı *n* Asiat *m*, Asiate *m*
aşağı *adj* minderwertig, niedrig; **~ yukarı** ungefähr, etwa, mehr oder minder; **~dan** von unten; **~ya** herunter (zum Sprecher), hinunter (von Sprecher), nach unten, abwärts
aşağıda *adv* niedrig
aşçı *n* Koch *m*
aşık *adj* verliebt *in j-n* (Mensch) ♦ *n* Bewerber *m* (Freier)
aşılamak *v* impfen
aşırı *adj* extremistisch, exzentrisch, extravagant, horrend ♦ *adv* allzu viel, zu viel
aşikar *adj* augenscheinlich, offenkundig, offensichtlich, greifbar
aşk *n* Liebe *w*; **~ ilişkisi** Verhältnis *s mit j-m* (Liebschaft)
aşmak *v* ausstechen *j-n/etw.* (in der Leistung usw.), hinwegkommen *über etw. Akk*, überwinden *etw. Akk* (Verlust usw.), überklettern *etw. Akk*
at *n* Pferd *s*; **~ yarışı** Pferderennen *s*; **~a binmek** reiten
ata *n* Stammvater *m*, Vorfahr(e) *m*
atamak *v* **1** vergeben *j-m etw. Akk*, aufgeben *j-m etw. Akk*, zuteilen *j-m etw. Akk* (vergeben) **2** einsetzen *j-n in etw. Akk*, *j-n zu j-m* (in Amt usw.), ernennen *j-n zu j-m* **3** zuordnen *etw. Akk etw. Dat*
ateş *n* **1** Feuer *s* (Flammen) **2** Fieber *s* **3** Schuss *m* **4** Geschoss *s* (Kugel usw.) **5** Schießen *s*, Beschuss *m* **6** Feuer *s*, Lagerfeuer *s* ► **~ etmek** schießen (Schüsse abgeben); **~i katıştırmak** nachlegen; **A~!** Es brennt!
ateşli *adj* begeistert *für etw.* (engagiert), feurig, Feuer-, fieberhaft (Krankheit usw.)
atık *n* Abfluss *m*, Ablauf *m*
atıştırmalık *n* Erfrischung *w* (Getränk usw.)
atlama *n* Absprung *m* (eines Springers usw.), Aufsprung *m* (nach oben), Auslassung *w* (Unterlassung), Überspringen *s etw. Gen*
atlamak *v* **1** springen (einen Sprung machen) **2** hüpfen, springen (ins Wasser usw.) **3** aufspringen *auf etw. Akk* (auf Fahrzeug) **4** absteigen *von etw.* (von Pferd usw.) **5** abspringen (Sportler) **6** überspringen *etw. Akk* (auslassen)
atlet *n* Athlet *m*, Nachthemd *s*, Unterhemd *s*
atlıkarınca *n* Karussell *s*
atma *n* Stoß *m* (Schwimmstoß usw.), Wurf *m* (Werfen)
atmak *v* **1** schmeißen, werfen, werfen *etw. Akk irgendwohin*, schleudern *etw. Akk irgendwohin* **2** wegwerfen (Kippe usw.) **3** wegwerfen (zum Abfall tun) **4** hinauswerfen *j-n aus etw.* **5** abwerfen *etw. Akk* (Bombe usw.) **6** anspülen *j-n/etw.*, ans Ufer werfen *etw. Akk* **7** schlagen (Herz) **8** durchgebrannt werden
atom *n* Atom *s*
atölye *n* Atelier *s*, Betriebsstätte *w*, Werkstatt *w*
av *n* Beute *w* (Fang), Fang *m*, Jagd *w* (auf Hasen usw.)
avans *n* Anzahlung *w* (auf den Preis), Vorschuss *m*
avantaj *n* Vorgabe *w* (im Sport), Vorsprung *m* (Abstand), Vorteil *m*
avantajlı *adj* günstig
avcı *n* Jäger *m*

avlama *n* Jagd *w*
avlamak *v* erjagen
avokado *n* Avocado *w*
avro *n* Euro *m*
Avrupa *adj* europäisch ♦ *n* Europa *s*
Avrupalı *n* Europäer *m*
avuç *n* Handfläche *w*, Handvoll *w*
avukat *n* Anwalt *m*, Rechtsanwalt *m*, Verteidiger *m* (Anwalt)
Avustralya *adj* australisch ♦ *n* Australien *s*
Avustralyalı *n* Australier *m*
Avusturya *adj* österreichisch ♦ *n* Österreich *s*
Avusturyalı *n* Österreicher *m*
avutmak *v* trösten *j-n*
ay *n* Monat *m*, Mond *m*
ayak *n* Fuß *m*, Sockel *m*, Ständer *m* (Gestell); **~ bileği** Fußknöchel *m*, Knöchel *m*
ayakkabı *n* Schuh *m*
ayarlama *n* Satz *m von etw.*, Garnitur *w etw. Gen* (Geschirr usw.), Timing *s* (Timen)
ayarlamak *v* **1** einstellen (Maschine usw.), regeln *etw. Akk* (durch Gesetz usw.) **2** stellen (Werte usw.) **3** stellen (Wecker usw.) **4** setzen *etw. Akk in etw. Akk* (außer Betrieb usw.) **5** korrigieren (ändern) **6** korrigieren, verbessern (Fehler usw.) **7** verabreden *etw. Akk* (Treffen usw.)
ayartma *n* Versuchung *w*
ayaz *adj* frostig, eisig (Wetter usw.)
aybaşı *n* Menstruation *w*, Monatsblutung *w*
ayçiçeği *n* Sonnenblume *w*
aydınlanmak *v* aufleuchten, sich klären
aydınlatmak *v* aufklären (über einen Sachverhalt usw.), beleuchten (anleuchten), bestrahlen (Sonne usw.), erhellen *etw. Akk*
aydınlık *n* greller Schein
aygıt *n* Apparat *m*, Gerät *s* (elektrisches usw.)
ayı *n* Bär *m*, Teddy *m*
ayık *adj* nüchtern
ayılmak *v* ausnüchtern, erwachen (aufwachen), zum Leben erwachen
ayırılmış *adj* freistehend, alleinstehend (Gebäude usw.), getrennt, separat
ayırmak *v* **1** isolieren *j-n/etw. von j-m/etw.*, trennen *j-n/etw.*, abtrennen *j-n/etw.*, trennen (zerlegen usw.) **2** unterscheiden *j-n/etw. von j-m/etw.* (anders machen) **3** abkuppeln, abkoppeln, abhängen **4** widmen *etw. Akk j-m/etw.* (Aufmerksamkeit usw.) **5** beiseitelegen (Geld usw.), abzweigen **6** ausersehen *j-n/etw. für etw.*, weihen *etw. Akk etw. Dat* (Leben der Wissenschaft usw.)
ayin *n* Gottesdienst *m*, Messe *w* (Gottesdienst), Ritual *s*, Sakrament *s*
aykırılık *n* Gegensatz *m zu etw.*
aylık *adj* monatlich (Zahlung usw.), Monats- ♦ *adv* monatlich ♦ *n* Monatsgehalt *s*
ayna *n* **1** Spiegel *m* (Glas) **2** Rückspiegel *m*
aynen *adv* ebenso, genauso
aynı *adj* analog, entsprechend *etw. Dat*, gleich (mit denselben Eigenschaften), gleichmäßig ♦ *pron* dasselbe, dieselbe, dieselben ► **~ anda** dabei, zugleich; **~ zamanda** auf einmal, gleichzeitig; **~sı** derselbe
ayraç *n* Klammer *w* (Schriftzeichen)
ayrı *adj* freistehend, alleinstehend (Gebäude usw.), getrennt, separat ♦ *adv* separat, extra (eingepackt usw.) ♦ *prep* auseinander, voneinander
ayrıca *adv* auch, außerdem, überhin, eventuell (als Alternative) ♦ *prep* neben *etw. Dat* (zusätzlich), außer *etw. Dat* (auch noch)
ayrıcalık *n* Prärogativ *s*, Vorrecht *s*, Privileg *s*, Vergünstigung *w*
ayrılış *n* Abschied *m*, Trennung *w* (eines Paares usw.), Weggehen *s von j-m*
ayrılma *n* Abspaltung *w* (einer Gruppe usw.), Separation *w*, Trennung *w* (eines Paares usw.)
ayrılmak *v* **1** abreisen *aus etw. nach etw.* **2** auschecken (Hotel), sich abmelden (Verein usw.) **3** sich auflösen (ein Band usw.) **4** austreten *aus etw. Dat* (aus Partei usw.) **5** sich absondern
ayrıntı *n* Detail *s*, Einzelheit *w*
ayrıntılı *adj* ausführlich, eingehend, detailliert, Detail- ♦ *adv* ausführlich
az *adj* gering, geringfügig (Menge usw.), belanglos ♦ *adv* ein bisschen, nicht lange, kurz (danach usw.), selten ► **~ görülür** selten; **daha ~** weniger (Maß usw.); **en ~** minimal (Wert usw.)
azalmak *v* nachlassen, sich verringern (Vorräte usw.), verringern (Menge usw.), senken (Summe usw.)
azaltmak *v* dämpfen (Stoß usw.), kürzen *etw. Akk* (Geld), mildern (Folgen usw.), mindern *etw. Akk*
azıcık *adv* ein wenig, etwas
azınlık *n* Minderheit *w*, Minorität *w*
aziz *abbr* St. (Sankt) ♦ *adj* heilig (Person) ♦ *n* Heilige *m*

B

baba *n* Papa *m*, Vater *m* (Elternteil), Vati *m*
baca *n* Fabrikschornstein *m*, Schornstein *m*
bacak *n* **1** Bein *s* **2** Keule *w* (bei Schlachtvieh)
badana *n* Gips *m*, Putz *m*, Verputz *m*
badem *n* Mandel *w* (Samen)
bademcikler *n* Tonsillen *w Mz*, Mandeln *w Mz*
bagaj *n* **1** Gepäck *s* **2** Kofferraum *m* ► **~ almak** Gepäck abholen; **~a vermek** Gepäck einchecken; **el ~ı** Handgepäck *s*
baget *n* Baguette *w*, Stock *m* (Zweig)
bağ *n* Band *s* (Verbindung), Weinberg *m*, Zusammenhang *m zwischen etw. Dat*
bağımlı *adj* abhängig *von etw.* (Drogen usw.)
bağımlılık *n* schlechte Gewohnheit *w*, Sucht *w nach etw.* (Abhängigkeit)
bağımsız *adj* autonom, eigenständig, freiberuflich (Reporter usw.), freischaffend (Künstler usw.) *von j-m/etw.*
bağırış *n* Gebrüll *s* (menschlich), Geschrei *s*
bağırma *n* Geschrei *s*, Schreien *s*
bağırmak *v* anbrüllen *j-n*, anschreien *j-n*, anfahren *j-n* (ausschelten), schreien *j-m*
bağırsak *n* Darm *m*
bağış *n* Spende *w* (Zuwendung); **bağışta bulunmak** beisteuern *zu etw.*
bağışlamak *v* bewilligen *j-m etw. Akk*, gewähren *j-m etw. Akk*, erteilen *j-m etw. Akk* (Genehmigung usw.), spenden *etw. Akk*
bağlamak *v* **1** binden, verbinden *etw. Akk* (Schnüre usw.) **2** binden (Krawatte), zubinden **3** anschließen *etw. Akk an etw. Akk*, verbinden *etw. Akk mit etw.* (Ganzes bilden), fesseln *j-n/etw. (an etw. Akk)*, festbinden *etw. Akk an etw. Dat* **4** fesseln *j-n* (mit Seil usw.) **5** schließen *etw. Akk* (Schnalle usw.), zumachen *etw. Akk* **6** stricken **7** verbinden *j-n* (Telefonverbindung) **8** verbinden (miteinander, zusammenschalten)
bağlanmak *v* **1** sich anschließen *an etw. Akk* **2** sich einlassen *auf etw. Akk*, Anteil *an etw. Dat* nehmen **3** sich binden **4** sich verbinden *mit etw.* (in Zusammenhang stehen)
bağlantı *n* Anschluss *m* (zu einem Leitungsnetz), Befestigung *w etw. Akk zu etw.*, Bindeglied *s*, Bindung *w zwischen etw.* (Beziehung); **~ kurmak** verbinden *j-n mit j-m* (Telefonverbindung); **internet ~sı** Internetanschluss *m*
bağlayıcı *adj* verbindlich (verpflichtend), Verbindungs-, Binde-
bağlı *adj* **1** verbunden *mit etw.*, vereinigt **2** abhängig *von j-m/etw.* (von Umständen usw.) **3** untergeordnet *etw. Dat*, unterstellt *etw. Dat* **4** zutreffend **5** verwandt ► **~ olmak** abhängen *von j-m/etw.*, ankommen *auf j-n/etw.*, liegen *an j-m/etw.* (an Umständen usw.); **~ olmak** *bir şeye* zusammenhängen *mit etw.*
bahane *n* Ausrede *w für etw.*, Vorwand *m für etw.*
baharat *n* Gewürz *s*
bahçe *n* Garten *m*
bahis *n* Wette *w*; **bahse girmek** wetten *um etw.*
bahriyeli *n* Seemann *m*
bahsetme *n* Erwähnung *w etw. Gen*
bahsetmek *v* erwähnen *j-n/etw.*
bahşiş *n* Trinkgeld *s*; **~ vermek** Trinkgeld geben *j-m*
bakan *n* Minister *m*
bakanlık *n* Amt *s*, Behörde *w* (staatliche usw.), Dienststelle *w*, Ministerium *s*
bakıcı *n* Kinderfrau *w*, Kindermädchen *s*, Pfleger *m* (für Kranke); **bebek ~sı** Babysitter *m*
bakım *n* **1** Pflege *w j-s*, Sorge *w für j-n* **2** Instandhaltung *w*, Wartung *w* **3** Betrachtungsweise *w*, Blickwinkel *m* (Ansicht) **4** Sorgerecht *s* (für Kind) ► **~ elemanı** Instandhalter *m*
bakınmak *v* sich umsehen *irgendwo* (ringsumher), sich umsehen *nach j-m/etw.*
bakır *n* Kupfer *s*
bakış *n* Blick *m auf etw. Akk*
baki *adj* ewig
bakire *n* Jungfrau *w*
bakiye *n* Debet *s*, Kontostand *m*, Rückstand *m* (Summe), Saldo *m*
bakkal *n* Lebensmittelgeschäft *s*; **~ ürünü** Lebensmittel *Mz*
bakla *n* Bohne *w* (Sojabohne usw.)
bakmak *v* **1** aufpassen *auf j-n/etw.*, betreuen *j-n/etw.*, sorgen *für etw.*, sorgen *für j-n/etw.* **2** angucken *etw. Akk*, gucken *auf etw. Akk*, ansehen *j-n/etw.*, anschauen *j-n/etw.* **3** behalten *etw. Akk* (Qualität usw.), behalten (Zustand usw.), halten **4** bedienen *j-n* (einen Kunden usw.)
bal *n* Honig *m*
balçık *n* Lehm *m*
baldır *n* Schienbein *s*, Unterschenkel *m*, Wade *w*
balık *n* Fisch *m*; **~ avlamak** angeln; **morina balığı** Kabeljau *m*; **turna balığı** Hecht *m*
Balık **~ burcu** Fische *Mz*
balıkçı *n* Angler *m*, Fischer *m*, Fischhändler *m*
balkon *n* Balkon *m*
balmumu *n* Wachs *s*
balon *n* Ballon *m*, Luftballon *m* (für Kinder usw.)
balta *n* Axt *w*

bana *pron* mir
band *n* Band *s* (Förderband usw.), Riemen *m* (Treibriemen usw.)
bandaj *n* Verband *m* (Bandage)
bandana *n* Tuch *s*
bando *n* Band *w*, Kapelle *w* (Band)
bank *n* Bank *w* (zum Sitzen)
banka *n* Bank *w* (Institution)
bankamatik *n* Bankautomat *m*, Geldautomat *m*
banknot *n* Banknote *w*, Schein *m* (Geld)
banmak *v* tauchen *etw. Akk in etw. Akk* (in den Saft usw.), eintauchen *etw. Akk in etw. Akk* (in Soße usw.)
bant *n* **1** Band *s* (magnetisches usw.), Tonband *s* **2** Klebeband *s*
bantlamak *v* mit Klebeband zukleben *etw. Akk*
banyo *n* Bad *s*, Badezimmer *s*
bar *n* Ausschank *m* (Raum), Bar *w* (Lokal), Büfett *s* (im Restaurant usw.), Barraum *m*
baraj *n* Stausee *m*
bardak **cam ~** Glas *s* (Gefäß); **dondurma bardağı** Eisbecher *m*
barınak *n* Heim *s* (für Obdachlose usw.), Zufluchtsort *m*
barındırmak *v* unterbringen *j-n*
barış *n* Frieden *m* (nicht Krieg)
bariyer *n* Bande *w* (im Eishockey), Schranke *w*
basım *n* Presse *w* (Zeitung usw.); **~ evi** Druckerei *w*
basınç *n* Belastung *w* (Arbeit usw.), Druck *m* (Kraft), Zwang *m* (rücksichtsloser usw.)
basit *adj* einfach (unkompliziert), simpel (Erklärung usw.), elementar, nicht schwierig
basitçe *adv* einfach
basitleştirmek *v* vereinfachen *etw. Akk*
baskı *n* **1** Druck *m etw. Gen* (Prozess), Edition *w* (Herausgeben) **2** Ausgabe *w* (broschierte usw.), Edition *w* (gebundene usw.) **3** Ausdruck *m* (von Daten usw.) **4** Andrang *m*, Belastung *w etw. Gen* (Arbeit usw.) **5** Erzwingung *w*, Repression *w*, Unterdrückung *w* ► **~ altında olmak** *bir şey yapmaya* gezwungen sein *zu etw.*
basmak *v* abdrucken, aufdrucken (Stempel usw.), drucken, drucken *etw. Akk*
bastırmak *v* abdrucken, drücken *etw. Akk* (Knopf usw.), drücken *j-n/etw. in/an etw. Akk*, unterdrücken (Aufstand usw.)
baston *n* Stock *m*
baş *n* **1** Kopf *m* **2** Führer *m* (Leiter), Chef *m*, Leiter *m* (Person) **3** Beginn *m*, Eintritt *m* (der Dunkelheit usw.) ♦ *adj* **1** Grund-, hervorragend, hervorstehend, vorrangig **2** Erz- **3** höchst(er,e,es) (Autorität usw.) **4** Anfangs-, anfänglich ► **~ dönmesi** Schwindel *m* (Kopf); **~ında** am Anfang; **B~ım dönüyor.** Mir schwindelt.
Başak **~ burcu** Jungfrau *w* (Sternzeichen)
başarı *n* Erfolg *m*, Errungenschaft *w*, Gelingen *s etw. Gen*, Leistung *w* (Erfolg); **~ elde etmek** durchbrechen (Hindernis usw.), sich durchsetzen; **~ yakalama** *bir şeyde* Erfolg haben *bei etw.*; **~ yakalamak** *bir şeyde* Erfolg haben *bei etw.*
başarılı *adj* erfolgreich, gelungen, geglückt, geschickt
başarısızlık *n* Durchfall *m* (Film usw.), Misserfolg *m*
başarıyla *adv* erfolgreich, gedeihlich
başarmak *v* **1** Erfolg haben *bei etw.* **2** erlangen *etw. Akk* **3** zurechtkommen *mit etw.* **4** klappen *irgendwie* (Sache usw.) **5** schaffen *etw. Akk* (bewältigen)
başbakan *n* Ministerpräsident *m*
başka *adj* ein anderer ♦ *prep* außer *j-m/etw.*, ausgenommen *j-n/etw.*, neben *etw. Dat* (zusätzlich), außer *etw. Dat* (auch noch) ► **~ bir yerde** woanders, anderswo; **~ biri** jemand anders; **~ türlü** anders; **~ yere** woandershin
başkan *n* **1** Präsident *m* **2** Vorsitzende *m*, Vorsteher *m*, Leiter *m* (Person) **3** Führer *m* (Chef), Leiter *m* (Vorsteher) ► **belediye ~ı** Bürgermeister *m*
başkent *n* Hauptstadt *w*
başlama *n* Start *m* (Wettlauf)
başlamak *v* **1** beginnen, anfangen, starten **2** beginnen *mit etw.* (mit Lernen usw.), anfangen *mit etw.* (mit Tätigkeit usw.), beginnen *etw. Akk, mit etw.* (eine Tätigkeit usw.), anfangen *etw. Akk* **3** antreten *etw. Akk* (Arbeitsstelle usw.) **4** sich stürzen *in etw. Akk* (anfangen) **5** ausbrechen (Panik usw.)
başlangıç *n* Anfang *m*, Beginn *m*, Antritt *m*, Eintritt *m* (der Dunkelheit usw.) *etw. Gen*
başlangıçta *adv* am Anfang, anfangs, anfänglich ♦ *prep* anfangs *etw. Gen*, Anfang *etw. Gen*, zu Beginn *etw. Gen*, am Anfang *etw. Gen*
başlatmak *v* abschießen (Rakete usw.), anlassen *etw. Akk* (Maschine usw.), in Gang setzen *etw. Akk*, betätigen *etw. Akk* (Anlage usw.)
başlıbaşına *adj* einzeln
başlıca *adj* bedeutend (wichtig), essenziell, essential, tragend (Thema usw.)
başlık *n* **1** Titel *m* (Werk) **2** Schlagzeile *w*, Überschrift *w* **3** Briefkopf *m*, Kopf *m* (einer Zeitung usw.) **4** Haube *w* (zum Schweißen usw.), Strickhaube *w*
başparmak *n* **1** Daumen *m* **2** große Zehe
başta *adv* anfangs, am Anfang, anfänglich
baştanbaşa *adj* gründlich
başvurma *n* Anmeldung *w*, Anmeldeformular *s*

başvurmak *v* konsultieren *j-n über etw. Akk*, sich besprechen *mit j-m über etw. Akk*, sich bewerben *um etw.*, sich wenden *an j-n/etw.*

başvuru *n* Antrag *m auf etw. Akk*; **~ dilekçesi vermek** den Antrag stellen *auf etw. Akk*

bataklık *n* Sumpf *m*, Moor *s*

batı *adj* westlich ♦ *n* Westen *m* ► **~da** im Westen

batırmak *v* **1** spritzen *j-m etw. Akk*, injizieren *j-m etw. Akk* (Medikament usw.) **2** durchstechen *mit etw. durch etw.* **3** nageln *etw. Akk an etw. Akk* **4** ertränken *j-n/etw.* **5** versenken *etw. Akk* (Boot durch Löcher usw.)

batmak *v* **1** untergehen (Sonne) **2** sinken (Boot), untergehen (Schiff), versinken (im Meer usw.) **3** einsinken *in etw. Dat*

battaniye *n* Decke *w* (im Bett)

bavul **~a koymak** zusammenpacken

bay *n* Herr *m*

bayağı *adj* gewöhnlich, alltäglich, minderwertig ♦ *adv* ordentlich, richtig (viel)

bayan *n* Dame *w*, Frau *w*, Fräulein *s*; **~lar tuvaleti** Damentoilette *w*, Damen *w Mz*

baykuş *n* Eule *w*

bayrak *n* Bataillon *s*, Fahne *w*, Flagge *w*

bayramlık *adj* festlich

bazen *adv* ab und zu, gelegentlich, manchmal

bazı *pron* **1** einig(er,e,es) **2** irgendwelch, irgendein

bebek *n* Baby *s*, Krabbelkind *s*, Säugling *m*; **~ arabası** Kinderwagen *m*; **~ bakıcısı** Babysitter *m*; **oyuncak ~** Puppe *w* (Spielpuppe)

beceri *n* Beschlagenheit *w*, Fertigkeit *w*, Geschicklichkeit *w*, Kunst *w* (Geschick)

becerikli *adj* erfinderisch, findig, geschickt, anstellig ♦ *n* Kanone *w in etw. Dat* (Könner)

beceriksiz *adj* unbeholfen, ungeschickt

becermek *v* **1** erreichen *etw. Akk* (realisieren) **2** leiten *etw. Akk* (Firma usw.)

bedava *adj* kostenlos, kostenfrei, frei (umsonst) ♦ *adv* kostenlos, gratis, umsonst ► **giriş ~** Eintritt frei

beden *n* **1** Körper *m* (menschlich) **2** Größe *w* (von Kleider usw.)

beğeni *n* Geschmack *m* (Vorliebe)

beğenmemek **ile ~** missbilligen *etw. Akk*

bekar *adj* ledig ♦ *n* Jungfrau *w*, Jungfer *w*, Magd *w*

bekleme *n* Warten *s* (langes usw.); **~ odası** Wartezimmer *s*, Warteraum *m*

beklemek *v* **1** warten *auf j-n/etw.* **2** erwarten *etw. Akk* (voraussetzen usw.), erwarten *j-n/etw.* (Besuch usw.)

beklenmeyen *adj* unerwartet, unvorhergesehen

bekleyiş *n* Erwartung *w*

bel *n* Lenden *w Mz*, Taille *w*

belediye *n* Stadtverwaltung *w* (Behörde); **~ başkanı** Bürgermeister *m*; **~ binası** Rathaus *s*

belge *n* Dokument *s*, Urkunde *w*, Zertifikat *s*, Zeugnis *s* (vom Arzt usw.)

belirgin *adj* deutlich (klar erkennbar), markant, übersichtlich, überschaubar

belirlemek *v* bestimmen *etw. Akk* (Anzahl usw.), festlegen *etw. Akk* (Termin usw.), bezeichnen (mit einem Namen usw.), spezifizieren *etw. Akk*

belirleyici *adj* entscheidend, maßgebend (entscheidend usw.)

belirli *adj* entschlossen *zu etw.*, gewiss

belirsiz *adj* unbestimmt (nicht genau bestimmt), ungewiss, unsicher (Situation usw.), instabil (Lage usw.)

belirti *n* Indiz *s*, Spur *w etw. Gen* (Zeichen)

belirtme *n* Bestimmung *w*

belirtmek *v* anführen *etw. Akk* (sagen usw.), aufweisen (Gewinn usw.), bemerken, deuten *auf etw. Akk* (Beweise usw.)

belkemiği *n* Wirbelsäule *w*

belki *adv* beziehungsweise, eventuell, möglicherweise ♦ *conj* beziehungsweise ♦ *part* möglicherweise, vielleicht

bellek *n* Gedächtnis *s*, Platte *w* (Festplatte), Speicher *m* (Computer)

belli *adj* auffällig, augenscheinlich, offenkundig, offensichtlich

ben *n* **1** Ich *s* (Ego usw.) **2** Muttermal *s* ♦ *pron* ich ► **B~ de değil.** Ich auch nicht.

benek *n* Flecken *m*, Punkt *m* (Tupfen)

beni *pron* mich

benim *pron* mein, meine

benimsemek *v* sich aneignen (Kenntnisse usw.), übernehmen (Methode usw.)

bent *n* Damm *m* (Hindernis usw.), Deich *m*, Strophe *w*

benzemek *v* ähnlich sein *j-m/etw.*, geraten *nach j-m*, ähneln *j-m*

benzer *adj* analog, ähnlich, ähnlich *etw. Gen* ♦ *adv* gleichfalls ♦ *n* Doppelgänger *m*

benzerlik *n* Analogie *w zu etw.*, Ähnlichkeit *w* (Abbild)

benzetme *n* Vergleich *m* (Benennung usw.)

benzetmek *v* dreschen, vergleichen *j-n/etw. mit j-m/etw.* (angleichen)

benzin *n* Benzin *s*; **B~im bitti.** Ich habe kein Benzin mehr.

beraber *adv* beisammen, zusammen (arbeiten usw.), einheitlich (vorgehen usw.), gemeinsam ♦ *prep* zusammen mit, gemeinsam mit

beraberlik *n* Einstand *m*

berber *n* **1** Friseur *m* **2** Herrenfriseur *m* ► **~ salonu** Friseursalon *m*
bere *n* Barett *s*, ein blauer Fleck, Prellung *w*, Quetschung *w* (Wunde)
bereketli *adj* ergiebig (Regen usw.), ausgiebig (Schlaf usw.), fruchtbar (Feld usw.)
berraklık *n* Klarheit *w* (einer Beschreibung usw.), Transparenz *w*, Durchsichtigkeit *w*
besin *n* Nahrung *w*
beslemek *v* ernähren (künstlich usw.), füttern *j-n mit etw.*
beslenme *n* Ernährung *w*; **~ biçimi** Ernährung *w* (Regime)
beste *n* Komposition *w* (musikalisch)
besteci *n* Komponist *m*
beş *n* Fünf *w* (Ziffer) ♦ *num* fünf ► **on ~** fünfzehn
beşer *num* fünft(er,e,es)
beşeriyet *n* Menschheit *w*
betimleme *n* Beschreibung *w*
betimlemek *v* beschreiben *j-n/etw.* (Person usw.), darstellen (abbilden usw.)
beton *n* Beton *m*
beyan *n* Auszug *m* (Urkunde)
beyaz *adj* weiß
beyin *n* Gehirn *s*, Hirn *s* (Speise)
bez *n* Drüse *w*, Geschirrtuch *s*, Leinenschuhe *m Mz*; **bebek ~i** Windel *w*; **branda ~i** Plane *w*
bezelye *n* Erbsen *w Mz*
bezemek *v* schmücken
bıçak *n* Messer *s*; **~ ağzı** Klinge *w* (eines Messers usw.); **çatal ~ takımı** Besteck *s*
bıçaklamak *v* stechen *j-n mit etw.* (mit Messer usw.)
bırakmak *v* **1** loslassen *j-n/etw.* (nicht festhalten) **2** loslassen *etw. Akk* (nicht festhalten) **3** einlassen *j-n irgendwohin* (hineinlassen usw.) **4** verlassen *j-n/etw.* **5** aufgeben *etw. Akk*, einstellen *etw. Akk* (Tätigkeit usw.), aufhören *mit etw.* (mit Arbeit usw.) **6** durchlassen *etw. Akk* (Wasser usw.) **7** überlassen *j-m etw. Akk* (in Obhut geben) **8** zurücktreten (abdanken) **9** behalten *etw. Akk* (nicht zurückgeben) **10** sich lassen *etw. Akk tun* (veranlassen) **11** fahren *j-n/etw. irgendwohin*, bringen *j-n irgendwohin* (mit dem Auto) **12** lassen *etw. Akk* (nicht ändern) ► **not ~** *bir şey ile ilgili* aushängen *etw. Akk* (Anzeige usw.); **serbest ~** freilassen *j-n*
bıyık *n* Schnurrbart *m*, Schnurrhaar *s*
biber *n* **1** Pfeffer *m* **2** Paprika *m* (Schote) **3** Paprika *m* (Gewürz)
biberon *n* Milchflasche *w*, Babyflasche *w*
biçim *n* Art *w* (einer Tätigkeit usw.), Weise *w* (Methode usw.)
biftek *n* Beefsteak *s*, Steak *s*
bigudi *n* Lockenwickler *m*
bikini *n* Bikini *m*, zweiteiliger Badeanzug, Zweiteiler *m* (zum Sonnen)
bildirme *n* Bescheid *m*
bildirmek *v* ankündigen *j-m etw. Akk*, benachrichtigen *j-n von etw.*, verständigen *j-n von etw.*, Bescheid sagen *j-m*
bilek *n* Handgelenk *s*
bilemek *v* schärfen, schärfen *etw. Akk* (Sense usw.), schleifen *etw. Akk* (Messer usw.), schleifen *j-m etw. Akk*
bileşen *n* Element *s* (Bestandteil), Komponente *w*
bileşim *n* Verbindung *w* (chemische)
bilet *n* Fahrkarte *w*, Fahrschein *m*, Karte *w* (für Kino usw.), Eintrittskarte *w*; **~ gişesi** Kasse *w* (im Kino usw.); **gidiş-dönüş ~** Rückfahrkarte *w*; **piyango ~i** Los *s* (Lotterieschein), Lotterielos *s*
biletçi *n* Schaffner *m*
bilezik *n* Armband *s*, Armring *m*
bilgi *n* Daten *Mz*, Erkenntnis *w* (Einsicht), Information *w*, Info *s*; **~ vermek** informieren *j-n über etw. Akk*; **kişisel ~** Personaldaten *w Mz*
bilgilendirmek *v* bekannt machen *j-n mit etw.*, belehren *j-n über etw. Akk* (informieren)
bilgisayar *n* Computer *m*
bilim *n* Lehre *w* (christliche usw.), Wissenschaft *w*; **~ adamı** Wissenschaftler *m*
bilimsel *adj* wissenschaftlich
bilinç *n* Bewusstsein *s etw. Gen* (Wissen); **bilincinde olmak** bei Bewusstsein sein
bilinçli *adj* bewusst *etw. Gen* (einer Tatsache usw.), bewusst (Mensch usw.)
bilinçlice *adv* bewusst (mit Bewusstsein)
bilinçlilik *n* Bewusstsein *s*
bilinçsiz *n* Bewusstlosigkeit *w*; **~ olmak** bewusstlos sein
bilinen *adj* bekannt (Variable usw.)
bilinmeden *adv* unwissentlich
bilinmez *adj* unbekannt
bilmece *n* Rätsel *s*, Rebus *m,s*
bilmek *v* wissen *etw. Akk, von etw.*
bin *num* tausend
binmek *v* **1** an Bord gehen (Schiff), sich einschiffen, besteigen *etw. Akk*, an Bord *etw. Gen* gehen **2** zusteigen *in etw. Akk* **3** aufsteigen *auf etw. Akk* (Fahrrad, Pferd usw.) ► **arabaya ~** in ein Auto einsteigen
bir *adv* einmal, eines Tages ♦ *n* Eins *w* (Ziffer), Fünf *w* (Schulnote) ♦ *num* ein ♦ *pron* ein, eine, ein (Artikel), irgendein ► **~ ara** irgendwann; **~ kere** einmal; **~ şey** etwas, irgendetwas; **~ yerde** irgendwo; **~ yere** irgendwohin; **(herhangi) ~ şey** was (auch) immer; **herhangi ~ yer** wo (auch) immer; **hiç ~ şekilde** keineswegs; **hiç ~ yere** nirgendwohin; **hiç ~i bile** kein (von beiden); **kötü ~ şekilde** falsch (antworten usw.),

schlecht (körperlich unwohl), übel (körperlich); **on ~** elf
bira *n* Bier *s*; **kutu ~** Dosenbier *s*
birahane *n* Bierstube *w*, Kneipe *w*
biraz *adv* einigermaßen, ein wenig, sanft, leicht ♦ *n* ein wenig *etw. Gen*, ein bisschen *etw. Gen*
birazcık *adv* ein wenig, etwas
birbiri *pron* einander
birbirine *adv* einander, untereinander, gegenseitig
bireysel *adj* individualistisch, separat, getrennt
biriktirmek *v* **1** anhäufen (Vorräte usw.), ansammeln, aufhäufen, häufen *etw. Akk* (sammeln usw.) **2** sparen, sparen *auf etw. Akk* **3** beiseitelegen *etw. Akk*
birim *n* Einheit *w* (Meter usw.), Maßeinheit *w*
birimsel *adj* einheitlich (Einheit bildend)
birincil *adj* primär, Primär-, Ur-, ursprünglich
birisi *pron* irgendjemand, jemand
birkaç *adv* wenige ♦ *num* ein paar, einige ► **~ kere** einige Male, mehrmals
birleşik *adj* einheitlich (Einheit bildend), einig
birleşme *n* Fusion *w*, Integration *w*, Eingliederung *w*, Konjugation *w mit etw.*
birleşmiş *adj* verbunden *mit etw.* (innere Kohärenz)
birleştirmek *v* einigen (Volk usw.), vereinheitlichen (Gesetze usw.), kombinieren *etw. Akk*, kombinieren (zusammenstellen) *etw. Akk mit etw.*
birlik *n* Einheit *w* (Verbundenheit), Gemeinschaft *w* (von Menschen), Gruppe *w* (Rettungsgruppe usw.), Union *w*
birlikte *adv* **1** beisammen, zusammen (arbeiten usw.), einheitlich (vorgehen usw.), gemeinsam **2** zusammen (verbinden usw.) ► **bununla ~** trotzdem, dennoch; **hep ~** insgesamt, zusammen (betragen usw.)
bisiklet *n* Fahrrad *s*
bisküvi *n* Keks *m*, Oblate *w*, Zwieback *m*
bit *n* Floh *m*, Laus *w*
bitim *n* Ende *s* (Zeitpunkt)
bitirme *n* Beendigung *w*, Beendigung *w etw. Gen*, Erschöpfung *w* (Ausschöpfung)
bitirmek *v* **1** abwickeln (Unternehmen usw.), beenden *etw. Akk* (stoppen), beenden *etw. Akk* **2** beenden, beenden *etw. Akk* (Arbeit usw.), zu Ende bringen *etw. Akk*, vollenden *etw. Akk* **3** aufhören *mit etw.* **4** Ende machen *etw. Dat* **5** durchstehen ► **ilişkiyi ~** auseinandergehen *von j-m*, sich trennen *von j-m*; **yiyip ~** konsumieren *etw. Akk* (Lebensmittel)
bitiş *n* Ablauf *m* (einer Frist usw.), Ziel *s* (eines Rennens)
bitki *n* Kraut *s* (Heilpflanze usw.), Pflanze *w*; **~ yetiştirmek** züchten *etw. Akk* (Pflanzen usw.)
bitkin *adj* entkräftet, erschöpft, matt (schwach usw.), schlaff (Müde usw.)
bitmek *v* ausgehen *irgendwie*, enden (zu Ende gehen); **Bitti.** Es ist aus.
biz *pron* wir
bizi *pron* uns
bizim *pron* unser(e)
blok *n* Block *m*, Notizblock *m*, Papierblock *m*
bloke **~ etmek** blockieren *etw. Akk*
bluz *n* Bluse *w*
Boğa **~ burcu** Stier *m* (Sternzeichen)
boğaz *n* Meerenge *w*, Pass *m* (im Gebirge)
boğmak *v* erdrosseln (an den Hals drücken), ersticken *j-n*, würgen *j-n* (Opfer usw.)
boğuk *adj* heiser (Stimme)
boğulmak *v* am Ertrinken sein, ersticken, würgen *an etw. Dat* (an Essen); **suda ~** ertrinken
boğulmuş *adj* ertrunken (Person usw.) ♦ *v* verstopfen *durch/von etw.* (unpassierbar werden)
bok *n* Scheiße *w*
bol *adj* ergiebig (Regen usw.), ausgiebig (Schlaf usw.), herzhaft (Abendessen usw.), kräftig (Essen usw.)
bomba *n* Bombe *w*; **~ atmak** eine Bombe abwerfen
boncuk *n* Perle *w* (aus Glas usw.)
bonus *n* Bonus *m*
borazan *n* Trompete *w*
borç *n* Anleihe *w*, Leihgabe *w*, Ausleihe *w* (Ausleihen), Schuld *w* (Betrag)
borçlu *adj* schuldig (Summe), verschuldet ♦ *n* Schuldner *m* ► **~ olmak** schulden *j-m etw. Akk*
bornoz *n* Bademantel *m*, Schlafrock *m*
boru *n* Röhre *w*, Schlauch *m* (Röhre)
boş *adj* frei, leer, unbeladen, unbesetzt (Platz usw.) ♦ *adv* frei (nicht besetzt) ♦ *n* Leerlauf *m* ► **~ zaman** frei, Freizeit *w*, Feierabend *m* (nach der Arbeit)
boşaltmak *v* **1** auspacken *etw. Akk* (Geschenk usw.) **2** auspacken (Koffer usw.) **3** entladen (Ladung usw.) **4** räumen (Zimmer usw.) **5** ausgießen *etw. Akk* (Inhalt), ausschütten *etw. Akk* (Wasser usw.) **6** abpumpen, abzapfen (Wasser usw.), Wasser ableiten *aus etw.* (aus festem Zustand), entwässern *etw. Akk* (Wiese usw.) **7** evakuieren
boşanma *n* Scheidung *w*
boşanmak *v* **1** schießen (Tränen in die Augen) **2** sich scheiden lassen *von j-m*
boşanmış *adj* geschieden
boşlamak *v* vernachlässigen *etw. Akk* (Pflicht usw.)

boşluk *n* **1** Raum *m* (Gebiet) **2** Platz *m* (Kapazität usw.), Raum *m* (leerer usw.) **3** Leerzeichen *s*, Leere *w*
boşuna *adj* nutzlos, vergeblich (Bemühungen usw.) ♦ *adv* nutzlos, unnötigerweise, vergebens, umsonst
bot *n* **1** Stiefel *m* **2** Boot *s*
boy *n* Figur *w* (Körper)
boya *n* **1** Farbe *w* (Farbstoff usw.) **2** Farbe *w* (aufgetragene), Anstrich *m* (bunter usw.) **3** Farbstoff *m*
boyamak *v* **1** malen **2** streichen (Wände usw.) **3** anstreichen *etw. Akk* (Haus usw.) **4** ausmalen *etw. Akk* (Bild usw.), färben (farbig machen)
boyun *n* Hals *m*
boyunca *prep* entlang *etw. Dat*, über (auf der Oberfläche), während, im Laufe *etw. Gen*
bozdurmak *v* wechseln *etw. Akk* (Kleingeld), wechseln (Geld usw.), umtauschen (in EUR usw.)
bozmak *v* **1** verderben *etw. Akk*, verderben (Freude usw.) **2** kaputtmachen *etw. Akk* (Maschine usw.) **3** durcheinanderbringen **4** brechen *etw. Akk* (Zweig usw.) **5** stören *etw. Akk* (beeinträchtigen), vereiteln, vereiteln *etw. Akk* (Pläne usw.) **6** ruinieren *j-n/etw.* (finanziell) ► **mideyi ~** sich den Magen verderben
bozuk *adj* defekt, kaputt, verzerrt (Bild usw.); **~ para** Kleingeld *s*
bozulmak *v* **1** kaputtgehen **2** verderben, schlecht werden **3** sich verschlechtern (Wetter usw.) **4** einen Nervenzusammenbruch haben
bozulmamak *v* halten (frisch bleiben usw.)
bozulmuş *adj* defekt, kaputt, verdorben (Lebensmittel)
böbrek *n* Niere *w*
böcek *n* **1** Insekt *s* **2** Käfer *m*
böğürmek *v* brüllen, muhen
böğürtlen *n* Brombeere *w*
bölge *n* Bereich *m*, Bezirk *m*, Gebiet *s* (Region), Örtlichkeit *w*; **kırsal ~** Land *s* (ländliches Gebiet)
bölgesel *adj* regional, Regional-, territorial, gebietsmäßig
bölme *n* **1** Dividieren *s* **2** Saal *m*
bölmek *v* **1** aufgliedern *etw. Akk in etw. Akk*, unterteilen *etw. Akk in etw. Akk*, gliedern *etw. Akk in etw. Akk* **2** spalten (Atomkerne usw.)
bölüm *n* **1** Abteilung *w*, Teil *m* (organisatorischer usw.) **2** Abteil *s* (abgegrenzter Teil), Abteilung *w* (einer Organisation usw.), Sektor *m* (Bereich) **3** Abteil *s* (abgeteilter Raum), Box *w* (im Restaurant usw.), Fach *s* (im Schrank usw.) **4** Band *m* (Buch), Fortsetzung *w von etw.*, Folge *w von etw.* (Film usw.) **5** Kapitel *s* **6** Lehrstuhl *m* **7** Partie *w* (des Körpers)
bölünmek *v* **1** sich gliedern *in etw. Akk*, sich teilen *in etw. Akk* **2** sich auflösen (in Stücke) **3** spalten *etw. Akk* (Atomkerne usw.)
bölünmez *adj* ungerade, untrennbar
bölüşmek *v* teilen *etw. Akk mit j-m*
bölüştürmek *v* **1** teilen *etw. Akk in etw. Akk* (in Teile) **2** dividieren *etw. Akk durch etw.* (Zahlen)
böyle *pron* **1** solch(er,e,es), derartig **2** wie (zum Beispiel) ♦ *adv* **1** so (auf diese Weise) **2** (und) daher, (und) dadurch
branş *n* Branche *w*, Fachgebiet *s*, Zweig *m* (Abteilung usw.)
brokoli *n* Brokkoli *w*, Broccoli *w*
bronz *n* Bronze *w*
broşür *n* Broschüre *w*, Flugblatt *s*, Prospekt *m*
bu *pron* der, die, das, dieser, diese, dieses, dieses; **~ sefer** diesmal; **~ yıl** dieses Jahr, in diesem Jahr; **~ yoldan** hier (durch)
buçuk *adj* halb; **dört buçukta** um halb fünf
bugün *adv* heute ♦ *n* Heute *s*
bugünkü *adj* heutig
buğday *n* Weizen *m*
buhar *n* Dampf *m*, Dämpfe *m Mz*, Dünste *m Mz*, Abgase *s Mz*
buji *n* Zündkerze *w*
buket *n* Strauß *m* (Blumen), Blumenstrauß *m*
bukle *n* Locke *w*
bulanık *adj* **1** trüb (Wasser usw.) **2** unscharf (Foto usw.)
bulantı *n* Unwohlsein *s*, Übelkeit *w*
bulaşıcı *adj* ansteckend, epidemisch, seuchenhaft, infektiös
bulaştırmak *v* anstecken *j-n (mit etw.)*, infizieren *j-n (mit etw.)*, infizieren *j-n/etw. mit etw.*, kontaminieren
bulma *n* Detektion *w* (Feststellung), Fund *m*
bulmak *v* **1** finden **2** herausfinden *etw. Akk* (Fakten usw.) **3** zurückgewinnen ► **kalacak yer ~** unterkommen
bulunmak *v* sich aufhalten, verweilen
bulunmamak *v* fehlen *irgendwo* (nicht teilnehmen), fehlen *j-m an etw. Dat*, mangeln *j-m an etw. Dat*
buluş *n* Detektion *w* (Feststellung), Durchbruch *m* (Veränderung), Erfindung *w* (Erdichtung), Feststellung *w* (Wahrnehmung)
buluşma *n* Begegnung *w*, Meeting *s*, Verabredung *w*, Date *s*
buluşmak *v* sich treffen *mit j-m*, zusammentreffen *mit j-m*, begegnen *j-m*, sich verabreden *j-n*
bulut *n* Wolke *w*
bulutlanmak *v* sich bewölken, sich verfinstern

bulutlu *adj* bedeckt (Himmel usw.), bezogen (mit Wolken usw.), bewölkt, trüb (Himmel) ♦ *adv* wolkig
bulutsuz *adj* wolkenlos (Himmel)
bulvar *n* Boulevard *m*, Straße *w* (Avenue), Avenue *w*
bunlar *pron* die, diese
burada *adv* hier
buraya *adv* her, hierher
burç *n* Sternzeichen *s*
burun *n* **1** Nase *w* **2** Schnauze *w* **3** Schnauze *w*, Rüssel *m* (eines Schweines) **4** Spitze *w etw. Gen* (Messer usw.) **5** Kap *s*, Landzunge *w*
buruşmak *v* ausdörren, eintrocknen, sich zusammenziehen schrumpfen (kleiner werden)
but *n* Oberschenkel *m*, Schenkel *m*
Buyurun! *interj* da hast du, Ja bitte?, Hallo!
buz *adj* Eis- ♦ *n* Eis *s* (Wasser) ► **~ gibi** Frost-, frostig (Wetter usw.); **~ tutmak** gefrieren; **gizli ~** Glatteis *s*
buzdolabı *n* Kühlschrank *m*
buzlu *adj* eiskalt, eisig (Wasser usw.), Eis-
buzul *n* Gletscher *m*
büfe *n* Bistro *s*, Imbiss *m* (Bahnhof), Café *s* (Hotel), Kiosk *m*; **açık ~** kaltes Büfett; **soğuk ~** kaltes Büfett
bükmek *v* anziehen (Beine usw.), beugen (Knie usw.), biegen *etw. Akk*, drehen *etw. Akk* (formen)
bünye *n* Apparat *m* (von Organen)
büro *n* Büro *s*, Geschäftsräume *m Mz*
büsbütün *adv* ganz (allein usw.), durchaus (möglich usw.)
bütün *adj* ganz, heil (unversehrt), Gesamt-, allgemein ♦ *adv* durch, durch und durch ♦ *n* Ganze *s* ♦ *pron* alle (von einer Gruppe), gesamt, sämtlich, ganz ► **~ gün** ganztägig, Ganztags-
bütünleyici *adj* ergänzend, Ergänzungs-, ganz (komplett)
bütünlük *n* Einheit *w* (organisatorisch), Gesamtheit *w etw. Gen*, Integrität *w*
büyü *n* Zauber *m* (Zauberkraft), Zauberspruch *m*
büyük *adj* **1** groß (Maß, Menge) **2** größer **3** alt (bejahrt) **4** groß (erwachsen) **5** beträchtlich, erheblich (ziemlich groß) ► **~ çoğunluk** Mehrheit *w j-s/etw.*, Majorität *w j-s/etw.*
büyükanne *n* Großmutter *w*
büyükçe *adj* beträchtlich, erheblich (ziemlich groß)
büyükelçi *n* Botschafter *m*
büyüklük *n* Ausmaß *s*, Größe *w*, Wuchs *m* (Gestalt)
büyülemek *v* bezaubern *j-n durch etw.*, bezaubern *j-n*, entzücken *j-n*, faszinieren *j-n/etw.*
büyüme *n* **1** Wachstum *s* **2** Zunahme *w*, Zuwachs *m* **3** Anstieg *m etw. Akk*
büyümek *v* **1** wachsen **2** anwachsen (Menge usw.) **3** expandieren (Stadt usw.)
büyüteç *n* Lupe *w*
büyütmek *v* heranzoomen, ranzoomen, vergrößern (Foto usw.)
büzük *n* Arsch *m*

C

cadde *n* Straße *w* (in Stadt)
cadı *n* Hexe *w*, Luder *s*
cam *n* Fensterscheibe *w*, Glasscheibe *w*, Glas *s* (Material); **~ bardak** Glas *s* (Gefäß); **~dan** gläsern
cami *n* Moschee *w*
can *n* **1** Seele *w* **2** Leben *s* **3** Person *w* (Mensch) ► **~ sıkıntısı** Langeweile *w*
candan *adv* herzlich
canım *adj* lieb (geliebt)
cankurtaran *n* **1** Krankenwagen *m*, Ambulanz *w* (Wagen), Rettungswagen *m* **2** Rettungsschwimmer *m*, Bademeister *m*
canlı *adj* **1** lebend, lebendig **2** lebhaft (Erinnerung usw.) **3** lebhaft (Mensch), munter, temperamentvoll **4** belebt (Substantiv usw.) **5** live (übertragen usw.)
canlılık *n* Begeisterung *w* (Verve usw.), Vitalität *w*
cazibe *n* Attraktion *w*, Charme *m*, Zauber *m* (Reiz), Zugkraft *w*
cebire *n* Schiene *w* (für Frakturen)
cehennem *n* Hölle *w*, Inferno *s* (auch Brand usw.)
ceket *n* Blazer *m*, Sportjacke *w*, Sakko *m,s*; **kürk ~** Pelzmantel *m*
cemaat *n* Besprechung *w*, Gemeinschaft *w* (von Staaten usw.)
cemiyet *n* **1** Verein *m* **2** Orden *m* (Gemeinschaft)
cenaze *n* Begräbnis *s*
cenin *n* Frucht *w* (ungeboren), Fetus *m*, Keim *m* (Embryo)
cennet *n* Himmel *m* (Paradies), Paradies *s*
cep *n* Tasche *w* (in Kleidungsstücken); **~ telefonu** Handy *s*
cephane *n* **1** Waffen *w Mz* (Schusswaffen usw.) **2** Bewaffnung *w* (Waffen) **3** Munition *w*
cephe *n* **1** Fassade *w* **2** Wand *w* (Felswand usw.)
cerahat *n* Eiter *m*

cerrah *n* Chirurg *m*
cerrahlık *n* Chirurgie *w*
cesaret *n* Courage *w*, Mut *m*, Tapferkeit *w*; **~ini kırmak** abraten *j-m von etw.*, abbringen *j-n von etw.*
ceset *n* Leiche *w*
cesur *adj* dreist, verwegen, kühn, mutig
cevap *n* **1** Antwort *w auf etw. Akk* **2** Reaktion *w* **3** Replik *w* (Erwiderung)
cevher *n* Edelstein *m*, Erz *s*, Juwel *s* (Person, Sache)
ceza *n* **1** Strafe *w* (Bestrafung) **2** Geldstrafe *w*, Bußgeld *s* **3** Strafe *w* (Geldbuße)
cezalandırılabilir *adj* strafbar (Tat usw.)
cezalandırmak *v* bestrafen *j-n für etw.*, mit einer Geldstrafe belegen *j-n*
cezbetmek *v* anlocken, fesseln (bezaubern), gefallen *j-m*, *j-s* Aufmerksamkeit fesseln
cezir *n* Ebbe *w*
cezve *n* Wasserkocher *m*
cımbız *n* Pinzette *w*
cıngıl *n* Melodie *w* (eines Werbespots usw.)
cızırdamak *v* spritzen (Fett usw.), zischen (heißes Öl usw.)
ciddi *adj* ernst, ernsthaft, seriös (Gründe usw.), solide ♦ *part* wirklich (in der Tat) ► **C~ mi?** Im Ernst?, Ehrlich?, Wirklich?; **C~ misiniz?** Ist das Ihr Ernst?, Meinen Sie das ernst?
ciddilik *n* Ernst *m* (der Lage usw.)
ciddiyet *n* Ernst *m* (der Lage usw.)
ciddiyetle *adv* ernst (gemeint usw.), ernstlich (verwundet usw.), ernsthaft (krank usw.)
cihaz *n* **1** Apparat *m* (Gerät usw.) **2** Haushaltsgerät *s*
cilt *n* Band *m* (Buch), Fortsetzung *w von etw.*, Folge *w von etw.* (Film usw.), Haut *w* (Körpergewebe)
cinayet *n* Mord *m*, Totschlag *m*, Tötung *w*
cins *adj* reinrassig, rasserein ♦ *n* Rasse *w* (Tier)
cinsi *adj* geschlechtlich, Geschlechts-
cinsiyet *n* Geschlecht *s* (sexuell)
coşkulu *adj* begeistert *für etw.* (engagiert)
coşkuyla *adv* heftig (sehr energisch usw.), stürmisch
cömert *adj* freigebig
Cuma *n* Freitag *m*
Cumartesi *n* Samstag *m*, (NoD) Sonnabend *m*
cumhuriyet *n* Republik *w*
cümle *n* Satz *m* (Aussage)
cüzdan *n* Brieftasche *w*, Geldtasche *w*, Portemonnaie *s*, Geldbörse *w*; **nüfus ~ı** Ausweis *m*, Personalausweis *m*, (ugs.) Perso *m*

Ç

çaba *n* Bestrebung *w um etw.*, Bemühung *w um etw.*, Mühe *w*
çabalamak *v* **1** sich bemühen *um etw.*, versuchen *etw. Akk* **2** sich bewerben *um etw.* **3** sich anstrengen
çabuk *adj* schnell (Erledigung usw.), rasch (Genesung usw.) ♦ *adv* in Eile, schnell ► **olabildiğince ~** so bald wie möglich, baldmöglichst
çabuklaştırmak *v* beschleunigen, vorantreiben
çadır *n* Zelt *s*
çağ *n* Ära *w*, Epoche *w*, Zeit *w* (Ära)
çağdaş *adj* zeitgenössisch, derzeitig
çağırış *n* Ruf *m* (Ausruf usw.)
çağırmak *v* **1** auffordern *j-n zu etw.* **2** aufrufen *j-n*, ausrufen *j-n* (durch Lautsprecher) **3** rufen *j-n* (Arzt usw.) **4** rufen (Polizei, vor Gericht usw.)
çağrı *n* Aufforderung *w* (zur Zahlung usw.), Vorladung *w*
çakı *n* Klappmesser *s*, Taschenmesser *s*
çakılmak *v* abstürzen (Flugzeug usw.)
çakmak *n* Feuerzeug *s* ♦ *v* einschlagen *etw. Akk in etw. Dat*
çalı *n* Gestrüpp *s*, Reisig *s*, Strauch *m*
çalılık *n* Gebüsch *s*
çalıntı *adj* gestohlen ♦ *n* Beute *w* (Diebesgut)
çalışan *adj* arbeitend, Arbeiter-, wirksam, funktionsfähig (im Betrieb) ♦ *n* Angestellte *m*, Arbeitnehmer *m*
çalışkan *adj* fleißig, arbeitswillig
çalışma *n* Arbeit *w* (schwierige, anstrengende), Betrieb *m etw. Gen* (einer Organisation usw.), Lauf *m etw. Gen* (einer Maschine usw.), Tätigkeit *w* (Funktionieren)
çalışmak *v* **1** arbeiten **2** funktionieren **3** sich einschalten ► **biri yerine ~** einspringen *für j-n*; **üzerinde ~** *bir şey* erarbeiten *etw. Akk* (Plan usw.)
çalıştırıcı *n* Trainer *m*
çalıştırmak *v* starten (Motor usw.)
çalkalamak *v* **1** schütteln *etw. Akk*, schütteln *j-n/etw.* **2** abschütteln *etw. Akk* (Schnee usw.) **3** ausspülen **4** wegspülen (abschwemmen)
çalmak *v* **1** entwenden *j-m etw. Akk*, rauben, stehlen, stehlen *j-m etw. Akk* **2** bestehlen *j-n um etw.* **3** spielen *etw. Akk* (Instrument) **4** spielen *etw. Akk auf etw. Dat*, vortragen *etw. Akk* (ein Lied usw.) **5** klingeln (an der Tür) **6** schlagen (Uhr usw.) ► **ıslık ~** pfeifen (mit dem Mund)
çamaşır *n* **1** Wäsche *w* (schmutzige), Schmutzwäsche *w* **2** Unterwäsche *w*,

Unterkleidung *w* ► ~ **makinesi** Waschmaschine *w*; ~ **odası** Waschraum *m*; ~ **tozu** Waschpulver *s*
çamaşırhane *n* Waschküche *w*, Waschsalon *m*, Wäscherei *w*
çamur *n* Schlamm *m*, Schneematsch *m*
çan *n* Glocke *w*
çanta *n* **1** Handtasche *w* **2** Tasche *w* (Behälter) **3** Gepäckstück *s* ► **ilk yardım ~sı** Verbandkasten *m*, Erste-Hilfe-Kasten *m*; **sırt ~sı** Rucksack *m*
çap *n* Durchmesser *m etw. Dat*, Kaliber *s*
çapa *n* Anker *m* (Schiffsanker)
çapalamak *v* hacken (ein Beet usw.)
çapraz *adj* diagonal, quer, Quer-, schräg ♦ *adv* über Kreuz, kreuzweise ♦ *n* Kreuz *s*
çaput *n* Fetzen *m*, Lappen *m* (zum Abwischen usw.)
çarpık *adj* schief, schräg, Zickzack-
çarpım *n* Produkt *s* (einer Multiplikation)
çarpışma *n* Kollision *w*, Zusammenstoß *m*, Plänkelei *w*
çarpışmak *v* **1** stoßen *gegen/an etw.* (mit Kopf usw.) **2** zusammenstoßen **3** einen Autounfall haben, einen Unfall haben **4** aneinandergeraten
çarpmak *v* **1** anstoßen *an/gegen etw.*, prallen *gegen etw.* (Wagen usw.), stoßen *an etw. Dat*, stoßen *an etw.* (beschädigen usw.) **2** einen Unfall haben (Auto) **3** hämmern (in Schläfen usw.), pochen (Herz) **4** multiplizieren *etw. Akk mit etw.* **5** knallen *etw. Akk* (in die Ecke usw.) **6** sich anschlagen *etw. Akk* (verletzen) ► **güm diye** ~ schlagen *an etw. Akk* (an den Tisch usw.)
çarşaf *n* Bettlaken *s*, Laken *s*, Bettwäsche *w*
Çarşamba *n* Mittwoch *m*
çarşı *n* Basar *m*, Markt *m* (Platz), Marktplatz *m*, Stadtzentrum *s*
çat *n* Knall *m*
çatal *n* gefederte Gabel, Gabel *w*; ~ **bıçak takımı** Besteck *s*
çatı *n* **1** Rahmen *m* (Konstruktion) **2** Dach *s*
çatışma *n* Plänkelei *w*, Scharmützel *s*, Zusammenstoß *m* (Auseinandersetzung), Konflikt *m*
çatlak *n* **1** Riss *m* **2** Schlitz *m* (Öffnung), Spalte *w* (Riss) **3** Ruptur *w*, Bruch *m* (eines Organs usw.)
çatlaklık *n* Riss *m*
çatlamak *v* anbrechen (entzweigehen), aufplatzen, einbrechen (Eis usw.), einsinken
çavdar *n* Roggen *m*
çay *n* Tee *m*
çaydanlık *n* Kanne *w* (für Tee usw.), Teekanne *w*
çayır *n* Wiese *w*
çayüzümü *n* Heidelbeere *w*, Blaubeere *w*
çek *n* Scheck *m*
Çek *adj* böhmisch, tschechisch ♦ *n* Tscheche *m* ► ~ **Cumhuriyeti** Tschechien *s*, Tschechische Republik *w*
Çekçe *adv* tschechisch ♦ *n* Tschechisch(e) *s*
çekici *adj* bezaubernd, zauberhaft, einladend, verlockend; **ilgi** ~ interessant
çekiç *n* Hammer *m*
çekilme *n* Ebbe *w*
çekilmek *v* ebben, zurücktreten
çekilmez *adj* untragbar, unerträglich
çekim *n* Aufnahme *w* (Film usw.), Schwerkraft *w*, Gravitation *w*
çekingen *adj* reserviert (Mensch usw.), scheu, schüchtern, steif
çekinmek *v* nicht wollen *etw. Akk zu tun*, sich enthalten *etw. Akk*
çekirdek *n* Atomkern *m*, Kern *m*
çekme ~ **kurtarma** Abschleppdienst *m*
çekmece *n* Schublade *w*
çekmek *v* **1** ziehen *etw. irgendwohin* (Handwagen usw.) **2** ziehen *an etw. Dat* (Bremse usw.), ziehen *an etw.* **3** anziehen *j-n* (attraktiv sein) **4** anlocken *j-n irgendwohin* **5** reißen *etw. Akk von etw.* **6** zurückziehen *j-n/etw.* (Produkt usw.) **7** sich zurückziehen (Armee usw.) **8** abheben (Geld usw.) **9** pumpen **10** hineinziehen *j-n in etw. Akk* (in einen Streit usw.) **11** anziehen *etw. Akk* (Magnet usw.) **12** schnupfen *etw. Akk* **13** abschleppen *etw. Akk* (Auto usw.), abschöpfen (Geld usw.), abziehen (Energie usw.), drehen (Szene usw.) *etw. Akk* ► **acı** ~ *bir şeyden* erleiden *etw. Akk* (Niederlage usw.), leiden *an/unter etw. Dat*; **dikkat** ~ aufpassen *auf etw. Akk*; **film** ~ drehen (Film); **fişten** ~ den Stecker herausziehen; **fotoğraf** ~ fotografieren *etw. Akk*; **fotoğraf** ~ *bir şeyi* eine Aufnahme *von etw.* machen; **gümrükten** ~ abfertigen (zollamtlich); **ilgi** ~ aufmerksam machen *j-n auf etw. Akk*; **kenara** ~ ausfahren *aus/von etw.*, hinausfahren *aus/von etw.* (mit dem Auto usw.); **kenara** ~ *bir şeyi* herausreißen *etw. Akk* (Zahn usw.), ausreißen *etw. Akk* (Haar usw.)
çelik *n* Stahl *m*
çelişki *n* Paradox *s*, Widerspruch *m* (Gegensatz)
çelişmek *v* widersprechen *j-m/etw.* (Behauptung usw.)
çember *n* **1** Umkreis *m* **2** Umgehungsstraße *w* **3** Kreislinie *w* **4** Reifen *m* (aus Metall)
çene *n* Kiefer *m*, Kinn *s*; **Sus! Kapa ~ni!** Halt die Klappe!

çengel *n* Bergsteigerhaken *m*, Haken *m* (zum Aufhängen), Hakennagel *m*
çerçeve *n* Fassung *w* (einer Brille usw.), Rahmen *m* (Einrahmung)
çerçevesinde *prep* im Rahmen *etw. Gen*
çeşit *n* Sorte *w* (von Frucht usw.), Sortiment *s*
çeşitli *adj* bunt (abwechslungsreich), verschieden, verschiedenartig, divers ♦ *pron* verschiedenerlei, mancherlei, allerlei
çeşme *n* Brunnen *m*, Rinnsal *s* (von Wasser usw.)
çeviri *n* Übersetzung *w*
çevirmek *v* **1** umdrehen *etw. Akk* (herumdrehen) **2** invertieren (Reihenfolge), umkehren (Richtung usw.) **3** umgeben *etw. Akk mit etw.* **4** umkippen *etw. Akk* (eine Kiste usw.) **5** umschalten *etw. Akk auf etw. Akk* (Kamera usw.), wechseln (Schalter) **6** dolmetschen *etw. Akk in etw. Akk* **7** übersetzen (in andere Sprache)
çevre *n* **1** Milieu *s* **2** Umwelt *w* **3** Umfeld *s* (soziales usw.), Umgebung *w etw. Gen* **4** Habitat *s*, Lebensraum *m* ► **~ yolu** Umgehungsstraße *w*
çevreci *adj* umweltfreundlich ♦ *n* Umweltschützer *m*, Naturschützer *m*
çevreleyen *adj* umliegend
çevresel *adj* Umwelt-, ökologisch
çevrili *adj* umgeben, umfasst, umzäunt
çevrinti *n* Wirbel *m* (von Wasser usw.)
çeyrek *n* Viertel *s* (vierter Teil), Viertelstunde *w*
çığ *n* Lawine *w*
çığlık *n* Ausruf *m*, Gebrüll *s* (menschlich), Geschrei *s*, Schrei *m* (kreischender)
çıkarma *n* Ausgabe *w* (Austeilung), Emission *w* (von Stoffen), Entlassung *w*, Kündigung *w*
çıkarmak *v* **1** hinausfahren *j-n/etw. von/aus etw.*, hinaustragen, hinausbringen **2** ausstellen *etw. Akk* (Urkunde usw.) **3** auslassen, auslassen *etw. Akk* **4** abbauen *etw. Akk*, fördern *etw. Akk*, gewinnen **5** abzählen (wegnehmen), abziehen *etw. Akk von etw.*, abrechnen *etw. Akk von etw.*, subtrahieren *etw. Akk von etw.* **6** abnehmen (Deckel usw.) **7** abgeben (Geräusch, Licht usw.) **8** (sich) ausziehen *etw. Akk* (Schuhe) ► **işten ~** entlassen *j-n* (Arbeiter usw.); **üstünü ~** ausziehen *etw. Akk* (Hose usw.); **yerinden ~** sich verrenken *etw. Akk*
çıkartı *n* Kot *m*
çıkış *adj* Ausgangs- ♦ *n* Ausfahrt *w*, Ausgang *m*, Auslass *m* ► **acil ~** Flucht-; **~ yapmak** sich ausloggen
çıkıvermek *v* schießen *von etw.* (sich bewegen)
çıkmak *v* **1** hinauffahren **2** losgehen (aufbrechen), treten *aus etw.* **3** hervorragen *aus etw.* **4** auftreten *in etw. Dat* **5** sich bieten (Gelegenheit usw.) **6** ausbrechen (Krieg usw.) **7** vorstehen **8** ausschlüpfen (Vogel usw.) ► **dışarı ~** *bir şeyden* klettern *aus etw.* (herauskommen usw.); **dışarı ~** *bir yerden* ausgehen *aus etw. Akk*, herauskommen *aus etw. Akk*; **ortaya ~** entstehen; **sıradan ~** ausfallen (Zahn usw.); **yola ~** aufbrechen *irgendwohin*, weggehen, gehen (weg); **yukarı ~** steigen (Preise usw.)
çıktı *n* Ausdruck *m* (von Daten usw.)
çılgın *adj* außer sich *vor etw. Dat* (vor Angst usw.), bekloppt, plemplem, närrisch ♦ *n* Irre *m*, Verrückte *m*, Wahnsinnige *m*
çılgınca *adv* verrückt, wild
çıplak *adj* nackt (Körper) ♦ *n* Nudist *m*, FKKler *m*
çırak *n* Lehrling *m*, Auszubildende *m*
çırpmak *v* schlagen, verquirlen
çıta *n* Latte *w*, Leiste *w* (einer Applikation), Trennwand *w*
çiçek *n* Blume *w*; **~ açmak** blühen (Rosen usw.)
çiçekçi *n* Blumengeschäft *s*
çiçeklenme *n* Blüte *w* (wirtschaftliche usw.), Aufschwung *m*
çiçeklik *n* Beet *s*, Blumenkasten *m*
çift *adj* **1** doppelt, zweifach **2** gerade (Zahl) ♦ *n* **1** Paar *s* (Personen) **2** Paar *s* (Schuhe usw.) ► **~ oda** Zweibettzimmer *s*; **evli ~** Eheleute *w*, Ehepaar *s*
çiftçi *n* Bauer *m*, Landwirt *m*
çiftlik *n* Bauernhof *m*, Hof *m* (landwirtschaftlicher), Farm *w*, Ranch *w*
çiğ *adj* **1** roh (Gemüse usw.) **2** knallig, grell (Farbe usw.)
çiğnemek *v* austreten (einen Pfad usw.), kauen *etw. Akk* (Nahrung usw.), kauen *etw. Akk*, zerkauen *etw. Akk*
çikolata *n* Schokolade *w*; **sıcak ~** heiße Schokolade
çilek *n* Erdbeere *w* (Frucht)
çim *n* Gras *s* (Pflanze); **~ alan** Rasen *m*
çimdiklemek *v* kneifen *j-n*
çimen *n* Grasnarbe *w*, Rasen *m*, Sode *w*
çirkin *adj* hässlich, unansehnlich, unschön, unhübsch
çit *n* Zaun *m*
çivi *n* Nagel *m* (Metallstift), Spike *m*
çizgi *n* Linie *w* (Strich), Rille *w*, Furche *w* (Kratzer), Streifen *m*
çizim *n* Riss *m* (Zeichnung), Zeichnung *w*
çizmek *v* **1** zerkratzen **2** abkratzen (Farbe usw.), kratzen (Eis usw.) **3** sich aufscheuern *etw. Akk* (Knie usw.) **4** zeichnen **5** zeichnen *etw. Akk*, zeichnen (Dreieck usw.)

6 streichen *etw. Akk* (Wort usw.) ► **altını ~** unterstreichen (Strich ziehen)
çoban *n* Hirt *m*, Schäfer *m*
çocuk *n* 1 Kind *s* 2 Typ *m* (Mensch), Kerl *m* ♦ *adj* minderjährig ► **~lar** Kinder *s Mz*; **oğlan çocuğu** Junge *m*
çocukluk *n* Kindheit *w*
çoğalmak *v* sich vermehren, sich fortpflanzen, zunehmen (mehr werden), ansteigen (Menge usw.)
çoğaltmak *v* vermehren (Pflanzen usw.), vervielfachen (Angebot usw.)
çoğunluk *n* Großteil *m etw. Gen*; **büyük ~** Mehrheit *w j-s/etw.*, Majorität *w j-s/etw.*
çoğunlukla *adv* gewöhnlich, größtenteils, überwiegend, vorwiegend
çok *adv* schrecklich, sehr, sehr (viel), viel *etw. Gen*; **~ geçmeden** in Kürze; **~ kere** vielmals; **~ olmak** *bir şeyden* eine Menge von *etw.*; **~ önemli** Schlüssel-; **en ~** am meisten, hauptsächlich, vor allem, höchstens, meist, meistens; **kadar ~** so viel
çorap *n* Socke *w*; **külotlu ~** Strumpfhose *w*; **naylon ~** Strumpf *m*
çorba *n* Suppe *w*
çökelti *n* Satz *m* (Bodensatz)
çökmek *v* 1 zusammenbrechen (Mensch) 2 einbrechen (Decke usw.) ► **diz ~** knien, sich (nieder)knien
çöl *n* Öde *w* (Land), Wüste *w*
çömelme *n* Sitz *m* (Haltung)
çömez *n* Neuling *m*
çöp *n* Abfall *m*, Müll *m*, Abfälle *m Mz*, Halm *m*; **~ kutusu** Mülleimer *m*, Abfalleimer *m*; **~ yığını** Deponie *w*
çörek *n* Brötchen *s*; **zencefilli ~** Pfefferkuchen *m*
çözelti *n* Lösung *w* (Flüssigkeit)
çözgü *n* Kette *w* (im Gewebe usw.)
çözmek *v* 1 aufbinden *etw. Akk* (Schleife usw.) 2 losbinden *j-n/etw.* 3 abschnallen 4 abwickeln (abspulen) 5 entziffern, lösen *etw. Akk* (Problem usw.)
çözüm *n* Auflösung *w etw. Gen*, Lösung *w etw. Gen* (einer Aufgabe), Lösung *w*, Lösungswort *s*
çubuk *n* Stab *m* (aus Holz usw.), Stange *w* (aus Metall usw.), Stäbchen *s* (kleiner Stab), Stock *m* (als Waffe)
çukur *n* Grube *w* (Vertiefung), kleines Loch, Vertiefung *w*; **yol ~u** Schlagloch *s*
çuval *n* Sack *m*
çünkü *conj* denn, nämlich, weil
çürük *adj* faul (Obst usw.), verfault ♦ *n* Prellung *w*, Quetschung *w* (Wunde)

D

da *adv* sogar ♦ *conj* auch ♦ *prep* auf, in (der Wüste usw.), an (Ort) ► **ya ~** oder
dağ *n* Berg *m*; **~ sırası** Kamm *m* (Gebirge usw.); **~ın doruğu** Berggipfel *m*; **~lar** Berge *w Mz*, Gebirge *s*; **~larda** im Gebirge
dağarcık *n* Schlauch *m* (Weinschlauch usw.); **sözcük dağarcığı** Wortschatz *m*
dağcı *n* Bergsteiger *m*
dağılmak *v* sich lümmeln, sich zerlegen, zerfallen, sich zerstreuen (verschwinden)
dağınıklık *n* Saustall *m* (Unordnung), Unordnung *w*
dağıtmak *v* 1 verschenken *etw. Akk an j-n*, verteilen *etw. Akk an/unter j-n* (an mehrere Personen) 2 verstreuen *etw. Akk* (Sachen usw.), verteilen *etw. Akk irgendwohin* (über eine Fläche) 3 austragen *etw. Akk an j-n* (Post usw.) 4 auseinandergehen (Menge usw.) 5 auseinandernehmen, zerlegen *etw. Akk*, auseinandernehmen *etw. Akk* (Maschine usw.) 6 verlegen *etw. Akk irgendwohin* 7 auseinandertreiben *j-n/etw.*, zerstreuen (Demonstranten usw.) 8 verschicken (versenden) 9 verteilen (Ware usw.), distribuieren 10 ablenken *j-n* (Aufmerksamkeit) 11 zerstreuen (Zweifel usw.)
daha *adv* 1 mehr 2 noch (ein Bier usw.), mehr (brauchen usw.) ♦ *part* eher ► **bir ~** noch einmal, nochmals; **Ben ~ çok isterim...** Ich möchte lieber...; **çok ~** viel *irgendwie* (schlimmer usw.), weitaus *irgendwie*; **~ az** weniger; **~ erken** früher (vorzeitig); **~ iyi** besser; **~ kötü** *bir şeyden/birinden* schlechter *als j./etw.*, schlimmer *als j./etw.*; **~ önce** früher (als geplant), eher; **Daha fazla dayanamayacağım.** Ich halte es nicht mehr aus.
dahi *adv* auch, ebenfalls
dahil *abbr* inkl. (inklusive) ♦ *adj* einbezogen, eingeschlossen ♦ *adv* inklusive *etw. Gen* (Steuer usw.), einschließlich *etw. Gen* (USt. usw.) ♦ *prep* einschließlich *etw. Gen* ► **~ etmek** *bir şeyi bir şeye* einbeziehen *etw. Akk in etw. Akk*; **~ olmak** *bir şeye* sich beteiligen *an etw. Dat*; **herşey ~** kompletter Service
daimi *adj* permanent, ständig (dauernd) ♦ *adv* 1 für immer 2 unaufhörlich, ständig
dair *prep* bezüglich, hinsichtlich
daire *n* Appartement *s*; **apartman ~si** Wohnung *w*
dakik *adj* exakt, pünktlich
dakika *n* Minute *w*
dal *n* Branche *w*, Fachgebiet *s*, Rute *w*, Zweig *m*; **ince ~** Rute *w*
dalak *n* Milz *w*

dalga *n* Anfall *m*, Welle *w* (Wasser); **~ geçmek** Scherze machen

dalgalanmak *v* schweben (über Wasserspiegel), sich wellen, wehen, winken *mit etw.* (Fahne usw.)

dalgıçlık *n* Tauchen *s*

dalış **~ maskesi** Taucherbrille *w*

dalmak *v* **1** tauchen *in etw. Akk*, tauchen (als Taucher) **2** eintauchen *etw. Akk in etw. Akk*, tauchen *etw. Akk in etw. Akk*

damak *n* Gaumen *m*

damar *n* **1** Gefäß *s* (Ader usw.) **2** Vene *w*, Ader *w*

damat *n* Bräutigam *m*, Schwiegersohn *m*

damga *n* **1** Stempel *m* **2** Brandzeichen *s* **3** Punze *w* (Zeichen)

damıtmak *v* destillieren, brennen (Alkohol)

damla *n* Tropfen *m*; **göz ~sı** Augentropfen *Mz*

damlamak *v* abtropfen, tropfen (Wasser usw.)

damlatmak *v* fallen lassen *etw. Akk*

dana *n* Kalb *s*; **~ eti** Kalbfleisch *s*

danışma *n* **1** Information *w* **2** Beratung *w* (Besprechung)

danışmak *v* konsultieren *j-n über etw. Akk*, sich besprechen *mit j-m über etw. Akk*, sich beraten *mit j-m über etw. Akk*

danışman *n* Berater *m*, Konsultant *m*, Ratgeber *m* (Person)

danışmanlık *n* **1** Beratung *w* (Beratertätigkeit) **2** (fachliche) Leitung

dans *n* Tanz *m*; **~ etmek** tanzen

dantel *n* Spitze *w* (Gewebe)

dar *adj* beengt (Raum usw.), beschränkt, dicht, eng

daraltmak *v* enger machen, enger werden

darp *n* Schlag *m* (mit Faust usw.)

dava *n* Rechtsfall *m*, Rechtsstreit *m*; **~ açmak** Klage erheben *gegen j-n*; **~ etmek** prozessieren *gegen j-n*

davar *n* Vieh *s*

davet *n* Einladung *w*; **~ etmek** *birini bir yere* einladen *j-n irgendwohin*

davetiye *n* Einladung *w* (Karte), Einladungskarte *w*

davranış *n* Auftreten *s* (Benehmen), Einstellung *w* (Meinung), Verhalten *s*, Benehmen *s*

davranmak *v* **1** handeln (tun), sich benehmen, sich verhalten **2** behandeln *j-n irgendwie* (respektvoll usw.) **3** vorgehen

davul *n* Trommel *w*

dayanıklı *adj* belastbar, durabel, haltbar (Material usw.), widerstandsfähig (Pflanze usw.)

dayanılmaz *adj* unerträglich, untragbar, unwiderstehlich

dayanmak *v* dulden (zulassen) *etw. Akk*, leiden *etw. Akk* (Beleidigung usw.), ertragen, aushalten (Beschwerden usw.)

dazlak *adj* haarlos, unbehaart, kahl, kahlköpfig ◆ *n* Glatze *w*

de *adv* sogar ◆ *conj* auch ◆ *prep* auf, in (der Wüste usw.), an (Ort) ► **hem ~** auch

debriyaj *n* Kupplung *w* (im Fahrzeug)

dede *n* Großvater *m*

defalarca *adv* unzählige Mal(e), unendlichmal ◆ *num* mehrmals, mehrmalig, öfters

defetmek *v* befreien *von j-m/etw.*

defolmak *v* **1** verschwinden **2** loswerden *j-n/etw.* ► **Defol!** Verschwinde!

defter *n* Heft *s* (Schulheft usw.)

değer *n* Wert *m etw. Gen* (finanzieller), Wert *m* (Bedeutung); **~ biçme** Bewertung *w*; **~ biçmek** bewerten, einschätzen

değerlendirme *n* Abschätzung *w*, Anerkennung *w* (Lob usw.), Auszeichnung *w*, Bewertung *w*

değerlendirmek *v* **1** schätzen *etw. Akk* (taxieren) **2** auswerten, die Bilanz *etw. Gen* ziehen **3** begünstigen *etw. Akk*, günstig(er) machen *etw. Akk*

değerli *adj* kostbar, wertvoll, Wert-

değil **Ben de ~.** Ich auch nicht.; **Bir şey ~!** Nichts zu danken.; **net ~** unklar (Bedeutung usw.)

değirmen *n* Mühle *w*; **yel ~i** Windmühle *w*

değiş **~ tokuş** tauschen (Blick usw.); **~ tokuş yapmak** tauschen *etw. Akk gegen etw.*, austauschen *etw. Akk gegen etw.* (gegenseitig); **elbiselerini ~mek** sich umziehen

değişiklik *n* **1** Änderung *w*, Veränderung *w* **2** Verwandlung *w* **3** Wechsel *m* (Änderung), Austausch *m* **4** Wandel *m* (der Ansichten usw.) **5** Novelle *w* (Gesetz)

değişim *n* Änderung *w*, Veränderung *w*, Umwandlung *w*, Wandel *m* (der Ansichten usw.)

değişmek *v* sich ändern

değiştirme *n* Austausch *m*, Modifikation *w*, Umwandlung *w*

değiştirmek *v* **1** abändern, abwandeln *etw. Akk*, variieren *etw. Akk*, ändern *etw. Akk* **2** wechseln *etw. Akk für etw.* (ersetzen), auswechseln *etw. Akk gegen etw.*, austauschen *etw. Akk gegen etw.* (Ersatzteil usw.) **3** wechseln (Berufe usw.) **4** übergehen *zu etw.* (Thema usw.) **5** schalten (Gang) **6** tauschen (gegenseitig) **7** transformieren, umgestalten, umwandeln *etw. Akk* **8** wechseln (Schalter) **9** verwechseln *j-n/etw. mit j-m/etw.* **10** revidieren (korrigieren) ► **altını ~** ein Kind wickeln; **Yerlerimizi değiştirelim mi?** Wollen wir tauschen?

değmek *v* streifen *etw. Akk mit etw.* (leicht berühren), wert sein *etw. Gen* (verdienen)
değnek *n* Krückstock *m*
dehşet *n* Entsetzen *s*, Schrecken *m*
deklare ~ **etmek** deklarieren (Ware)
dekorasyon *n* Dekoration *w* (Ausschmückung), Schmuck *m* (Zierde), Verzierung *w* (Gegenstand usw.)
dekoratör *n* Maler *m* (Handwerker)
dekore ~ **etmek** ausschmücken *etw. Akk mit etw.* (Zimmer), dekorieren *etw. Akk mit etw.* (Saal usw.)
delik *n* Loch *s*, Schlitz *m* (zum Einwerfen usw.)
delmek *v* **1** durchstoßen *etw. Akk* **2** bohren (Loch usw.) **3** herumbasteln *an etw. Dat*, herumstochern *in etw. Dat* **4** stechen *j-n mit etw.* (mit Messer usw.) **5** durchgraben *etw. Akk*, durchlöchern **6** durchbrechen (Absperrung usw.)
demek *v* bedeuten
demir *n* Eisen *s*; ~ **atmak** ankern; ~ **çubuk** Stange *w* (aus Metall usw.)
demirlemek *v* ankern (vor Anker liegen), verankern *etw. Akk* (im Boden usw.)
demiryolu *n* Eisenbahn *w*, Bahn *w* (Schienenverkehrsmittel); ~ **bariyeri** Bahnschranken *w Mz*
demokrasi *n* Demokratie *w*
deneme *n* Abhandlung *w über etw. Akk* (Aufsatz), Essay *m,s*, Probe *w* (Probieren)
denemek *v* **1** probieren *etw. Akk* (ausprobieren) **2** ausprobieren (Qualität usw.), prüfen, prüfen *etw. Akk* (Qualität) **3** versuchen *etw. Akk* (sich bemühen) **4** prüfen *j-n in etw. Dat* **5** experimentieren *mit etw.*
denetçi *n* Kontrolleur *m* (in der Straßenbahn usw.)
denetleme *n* Inspektion *w* (Inspizieren), Rechnungsprüfung *w*, Revision *w* (Kontrolle), Überprüfung *w*
denetlemek *v* beaufsichtigen *etw. Akk*, nachprüfen (überprüfen), überwachen *j-n/etw.*
deney *n* Experiment *s*
deneyim *n* Erfahrung *w*, Erlebnis *s*
deneyimli *adj* erfahren, Routine-, routinemäßig
denge *n* Gleichgewicht *s*
dengelemek *v* ausgleichen, ebnen, eben machen
dengeli *adj* ausgeglichen (Mensch usw.), ausgewogen, sanftmütig (Mensch)
deniz *adj* Meer(es)- ♦ *n* Meer *s*, See *w* (Meer) ▶ ~**de** an der See, am Meer; ~**de sürme** Seeschifffahrt *w*, Schifffahrt *w* (Segeln usw.); ~**in kenarında** an der See, am Meer; ~**in yükselmesi** Flut *w*
denizci *n* Marinesoldat *m*, Seefahrer *m*, Seemann *m*, Matrose *m*
denizcilik *adj* See-
denli *adj* diskret (taktvoll)
denmek *v* heißen *irgendwie*
deodorant *n* Antiperspirant *s*, Deodorant *s*, Deo *s*
depo *n* Lager *s* (für Vorräte usw.), Lagerraum *m*, Zisterne *w*
depolamak *v* **1** einlagern *etw. Akk irgendwo*, lagern *etw. Akk irgendwohin*, speichern *etw. Akk irgendwohin* (Vorräte usw.) **2** einlagern *etw. Akk* (in einem Lager usw.)
depozit *n* **1** Einlage *w* **2** Anzahlung *w*, Pfand *s* ▶ ~ **olarak vermek** anlegen *etw. Akk irgendwo* (in einer Bank usw.), einlegen *etw. Akk irgendwo* (Geld), einzahlen *etw. Akk auf etw. Akk*
deprem *n* Erdbeben *s*
dere *n* Bach *m*
derece *n* Grad *m* (Temperatur usw.), Titel *m* (von Universität); ~ ~ allmählich
dereceli *adj* allmählich
dergi *n* Journal *s*, Magazin *s* (Zeitschrift), Illustrierte *w*, Zeitschrift *w*
derhal *adj* unmittelbar (Reaktion usw.) ♦ *adv* gleich (sofort), rasch, schnell, eilig
deri *adj* Leder- ♦ *n* Leder *s*
derin *adj* tief, Tief(en)- ♦ *adv* tief
derinleştirmek *v* ausheben (Loch usw.), vertiefen *etw. Akk* (einen Graben usw.)
derinlik *n* Tiefe *w*
derişmek *v* sich konzentrieren *auf etw. Akk* (sich nicht stören lassen)
dernek *n* Verein *m*
ders *n* **1** Lektion *w* (Lehrstunde) **2** Stunde *w* (Unterricht), Vortrag *m* (wissenschaftlicher), Vorlesung *w* (an der Uni usw.) **3** Unterrichten *s* **4** Lehre *w* (Erfahrung) ▶ ~ **kitabı** Lehrbuch *s*
dert *n* Ärger *m* (Problem), Kummer *m*, Schwierigkeit *w* (Problem), Trübsal *w*
destek *n* Sicherung *w*, Unterstützung *w*, Verstärkung *w* (Hilfe), Verstrebung *w*; ~ **olmak** *bir şeye bir şeyle* sich abfinden *mit etw.* (sich zufriedengeben); **yaşamasına ~ olmak** *birinin* ernähren *j-n*, unterhalten *j-n* (Verwandte usw.)
desteklemek *v* abstützen *etw. Akk mit etw.*, beipflichten *etw. Dat* (einem Vorschlag usw.), beistehen *j-m*, eintreten *für j-n/etw.*
detaylı *adv* ausführlich ♦ *n* genaue Untersuchung
deterjan *n* Reinigungsmittel *s*
dev *adj* gigantisch, Riesen-, riesig ♦ *n* Gigant *m*, Koloss *m* (Gebilde), Riese *m* (Wesen)
devam *adv* weiter (fortsetzen) ♦ *n* Wiederaufnahme *w* ▶ ~ **etmek** fortsetzen *etw. Akk*, fortfahren *in etw. Dat*; ~ **etmek**

bir şey yapmaya weitermachen *etw. Akk;* **~ etmemek** abbrechen *etw. Akk* (beenden); **D~ et!** Bitte! (Einwilligung usw.)
devamlı *adj* andauernd, anhaltend, dauernd, ständig ♦ *adv* auf Dauer, dauernd (für immer), dauerhaft
devekuşu *n* Strauß *m* (Vogel)
devir *n* Ära *w*, Epoche *w*, Drehzahlen *w Mz* (eines Motors usw.), Jahreszahl *w*
devirmek *v* hinunterstürzen (stoßen), kippen *etw. Akk* (ausschütten), stürzen (Regierung usw.), umkippen *etw. Akk* (eine Kiste usw.) (Glas usw.)
devretmek *v* kreisen *um etw.*, übergeben *j-m etw. Akk* (abgeben), übertragen *etw. auf j-n* (Befugnis usw.)
devrilmek *v* kippen *etw. Akk* (ausschütten), stürzen (fallen), umfallen, umkippen (ein Boot usw.)
dezavantaj *n* Nachteil *m*
dezenfeksiyon *n* Desinfektion *w*
dezenfektan *n* Desinfektionsmittel *s*
dış *adj* **1** Außen-, äußer(er,e,es) **2** ausländisch, Auslands- **3** extern **4** Rand- ► **~ ülkeler** Ausland *s*; **servis ~ı** außer Betrieb; **yurt ~ında** im Ausland
dışarı *adv* heraus (vom Sprecher), hinaus (zum Sprecher), nach draußen; **~ çıkmak** *bir yerden* herausbekommen *etw. Akk aus etw.*; **~da** *bir şeyden* heraus *aus etw.*; **~dan** von außen; **~sı** draußen
dışı *prep* über *etw. Akk* (hinaus), jenseits *etw. Gen* (der Grenze usw.)
dışında *prep* abseits *von etw.*, außer *j-m/etw.* (ausgenommen), mit Ausnahme *von j-m/etw.*, außerhalb *etw. Gen*; **~ tutmak** ausschließen *j-n/etw. aus etw.*
dışkı *n* Exkremente *s Mz*, Kot *m*, Stuhl *m* (Kot)
dibinde *prep* unterhalb
diğer *adj* **1** noch einer **2** ander(er,e,es) (Seite usw.)
diğerleri *n* die anderen
dik *adj* aufgerichtet, aufrecht (Stellung usw.), steil, abschüssig ♦ *adv* gerade, aufrecht (sitzen usw.)
diken *n* Dorn *m*, Stachel *m* (des Igels usw.)
dikim *n* Ausschnitt *m* (eines Kleides usw.), Nähen *s*
dikiş *n* Naht *w*, Stich *m* (beim Nähen)
dikkat *n* **1** Hinweis *m* (Warnung usw.) **2** Acht *w*, Aufmerksamkeit *w* **3** Wachsamkeit *w* ► **~ çekmek** aufpassen *auf etw. Akk*; **~ etmek** *bir şeyi* aufpassen *auf etw. Akk* (Acht geben); **~ etmek** *birine/bir şeye* achten *auf j-n/etw.*, beachten *etw. Akk* (Aufmerksamkeit widmen), bemerken *j-n/etw.* (sehen usw.), merken *j-n/etw.*, beobachten *j-n/etw.* (um zu lernen usw.); **~e almak** berücksichtigen *etw. Akk*; **~e almak** *birini/bir şeyi* registrieren *j-n/etw.* (bemerken); **~ini dağıtmak** *j-s* Aufmerksamkeit ablenken; **~ini vermek** *birine/bir şeye* Aufmerksamkeit widmen *j-m/etw.*; **~tinden kaçmak** *birinin* übersehen *etw. Akk* (nicht bemerken); **D~!** Vorsicht!, Achtung!
dikkatle *adv* aufmerksam, sorgfältig, schonend
dikkatli *adj* aufmerksam, wachsam, bedächtig, besonnen *etw. Gen*
dikkatlice *adv* vorsichtig
dikkatlilik *n* Vorsichtigkeit *w*
dikkatsiz *adj* unaufmerksam, unvorsichtig
dikkatsizlik *n* Nachlässigkeit *w*, Unaufmerksamkeit *w*, Übersehen *s* (Auslassung), Versehen *s*
dikmek *v* **1** stellen *etw. Akk irgendwohin* (auf den Tisch usw.) **2** auspflanzen, pflanzen, pflanzen *etw. Akk*, einpflanzen *etw. Akk* **3** nähen (Kleid usw.) **4** annähen *etw. Akk an etw. Akk*, nähen *etw. Akk* (befestigen) **5** zunähen, vernähen (Hose usw.) **6** implantieren **7** zusammennähen *etw. Akk* **8** vernähen *etw. Akk*, zunähen *etw. Akk* (Wunde usw.)
dil *n* Sprache *w* (Deutsch usw.), Zunge *w* (Organ)
dilek *n* Wunsch *m*
dilekçe *n* Verlangen *s* (geäußerter Wunsch)
dilemek *v* hoffen *auf etw. Akk*, sich wünschen *etw. Akk*, wünschen *j-m etw. Akk* (guten Appetit usw.); **özür ~** sich entschuldigen *bei j-m für etw.*
dilenci *n* Bettler *m*
dilenmek *v* betteln *um etw.* (um Almosen), (sich) erbetteln *etw. Akk von j-m*
dilim *n* Scheibe *w etw. Gen* (Brot usw.)
dilimlemek *v* aufschneiden *etw. Akk* (in Scheiben), schneiden, zerschneiden *etw. Akk* (mit Messer zerteilen)
dilsiz *adj* stumm
din *n* Religion *w*
dingil *n* Achse *w* (Drehachse usw.)
dini *adj* Religions-, religiös (Religion betreffend)
dinlemek *v* anhören *j-n*, erhören *etw. Akk*, zuhören *j-m/etw.*
dinlememek *v* unartig sein
dinlenme *n* Atempause *w*, Rast *w*, Entspannung *w*, Relaxation *w*
dinlenmek *v* aussetzen (ausruhen), sich ausruhen, sich erholen (ausruhen), Urlaub machen
dip *n* Boden *m* (von einem Gefäß usw.), Fuß *m* (Sockel), Sockel *m*
diploma *n* Diplom *s*, Schein *m* (Urkunde)
direk *n* **1** Stange *w* (Stütze usw.) **2** Mast *m* (Telefonmast usw.) **3** Mast *m* (auf dem Schiff)

4 Balken *m* (Bauholz) 5 Pfeiler *m* 6 Säule *w* (Rauchsäule usw.)
direksiyon *n* 1 Steuerung *w* (Steuergerät), Lenkung *w* (Lenkeinrichtung) 2 Lenkrad *s* 3 Lenkstange *w*
direkt *n* Gerade *w* (Schlag) ♦ *part* geradezu, beinahe
direktör *n* Direktor *m*
direktörlük *n* Regie *w*
dirençli *adj* widerstandsfähig *gegen etw.*
direniş *n* Widerstand *m*
direnme *n* Widerstand *m gegen j-n/etw.* (Trotz), Widerstandsfähigkeit *w gegen etw.*
direnmek *v* 1 vertragen *etw. Akk* (widerstehen), widerstehen *etw. Dat* (Angriff, Anprall usw.) 2 ausstehen *j-n*
dirsek *n* Ellbogen *m*
disk *n* Bandscheibe *w*, Scheibe *w* (Gegenstand)
disko *n* Disco *w*, Diskothek *w* (Club)
dispepsi *n* Verdauungsstörung *w*
diş *n* Zahn *m*, Zehe *w* (von Knoblauch); **azı ~i** Backenzahn *m*; **~ fırçası** Zahnbürste *w*; **~ macunu** Zahnpasta *w*; **~ teli** Zahnspange *w*
dişçi *n* Stomatologe *m*, Zahnarzt *m*
dişi *adj* weiblich ♦ *n* Weibchen *s* ► **~ geyik** Rehgeiß *w*
dişler *n* Gebiss *s*
divan *n* Liegesofa *s*, Sofa *s*, Couch *w*
diyapozitif *n* Diapositiv *s*, Dia *s*
diyet *n* Diät *w*
diz *n* Knie *s*; **~ çökmek** knien, sich (nieder)knien
dizayn *n* 1 Design *s* 2 Entwurf *m* (einer Konstruktion usw.)
dizge *n* System *s*
dizi *n* Reihenfolge *w*, Serie *w* (TV usw.), Skala *w* (Stufenleiter usw.)
doğa *n* Natur *w* (Tiere, Pflanzen usw.), Veranlagung *w* (eines Menschen); **~ dostu** umweltfreundlich
doğal *adj* gesetzmäßig (Entwicklung usw.), naturgemäß, logisch, Natur-; **~ olarak** natürlich
doğmak *v* 1 geboren sein 2 aufgehen (Sonne usw.) 3 entstehen
doğramak *v* sägen *etw. Akk* (Baumstamm usw.), zersägen *etw. Akk*, schneiden (mit Messer), zerbröckeln *etw. Akk* (Brot usw.)
doğru[1] *n* Wahrheit *w* (Tatbestand); **Bu ~ değil.** Das ist nicht wahr.
doğru[2] *adj* 1 gerade (Linie usw.) 2 richtig (nicht falsch), korrekt 3 genau, exakt ♦ *adv* gerade, aufrecht (sitzen usw.) ♦ *prep* gegenüber *j-m/etw.* (Verhalten usw.) ♦ *n* Gerade *w* (Linie) ► **~ olarak** richtig (korrekt); **~ olmayan** ungenau; **~dan** direkt (Verbindung usw.); **~dan ~ya** direkt (ohne Umstände)
doğrudan *adj* unmittelbar (bevorstehend) (Risiko usw.)
doğrulamak *v* bekräftigen, bestätigen (Wahrhaftigkeit usw.), rechtfertigen *etw. Akk* (entschuldigen)
doğrulu *adj* direkt, geradlinig (Mensch usw.)
doğu *adj* orientalisch, östlich ♦ *n* Osten *m* ► **~da** im Osten
doğum *n* Geburt *w* ► **~ günü** Geburtstag *m*; **~ kontrol hapı** Verhütungsmittel *s*; **~ yapmak** gebären *etw. Akk*
doğurgan *adj* fruchtbar (Frau usw.)
doğuş *adj* Geburts- ♦ *n* Entstehung *w etw. Gen*, Entstehung *w* (Aufkommen) ► **gün ~u** Sonnenaufgang *m*
doğuştan *adj* angeboren, kongenital, geboren (Erfinder usw.), unbedingt (Reflex usw.)
doksan *num* neunzig
doktor *n* Arzt *m*, Doktor *m*
dokunmak *v* berühren *j-n/etw.*, anrühren *j-n/etw.*, kränken *j-n*, rühren (innerlich)
dokunuş *n* Berührung *w*
dokuz *num* neun; **on ~** neunzehn
dokuzuncu *num* neunt(er,e,es)
doküman *n* Charta *w*, Dokument *s*, Urkunde *w*
dolandırıcı *n* Betrüger *m*
dolandırıcılık *n* Betrug *m*, Finanzbetrug *m*, Schwindel *m* (Betrug)
dolanım *n* Kreislauf *m* (des Lebens usw.)
dolanmak *v* sich verwickeln *in etw. Akk*, sich wellen, umkreisen *etw. Akk*
dolap *n* Kleiderschrank *m*, Schließfach *s*, Schrank *m*, Schränkchen *s*
dolar *n* Dollar *m*
dolaşma *v* wandern (ziellos usw.)
dolaşmak *v* durchwandern, herumfahren *um etw.*, herumlungern, sich herumtreiben
dolayı *adj* resultierend, End- ♦ *prep* auf Grund *m etw. Gen*, wegen *j-s/etw.* ► **kötü havadan ~** wegen des schlechten Wetters…
doldurma *n* Füllen *s*, Füllung *w* (Tätigkeit); **~ya devam etmek** nachfüllen
doldurmak *v* 1 füllen, füllen *etw. Akk mit etw.* 2 ausfüllen 3 besetzen (Platz usw.) 4 zuschütten, zuschütten *etw. Akk mit etw.* 5 hineinstopfen *etw. Akk in etw. Akk* 6 ausfüllen *etw. Akk mit etw.* 7 ausstopfen *etw. Akk mit etw.*
dolgu *n* 1 Zahnfüllung *w* 2 Füllung *w* (eines Bonbons usw.)
dolma *adj* gefüllt, sättigend
dolu *adj* 1 voll *etw. Gen* (gefüllt) 2 besetzt 3 geladen (Waffe usw.) 4 geladen (Batterie usw.) 5 übersät *mit etw.* (Blumen usw.)

♦ *adv* viel *etw. Gen*, eine (ganze) Menge *etw. Gen*
doluşmak *v* sich drängen *irgendwo* (auf engem Raum usw.)
domates *n* Tomate *w*
domuz *n* Sau *w* (Schimpfwort), Schwein *s*, Schweinefleisch *s*; **~ etinden** Schweine-; **~ pastırması** Speck *m*
don *n* Frost *m*, Unterhose *w*
donanım *n* Ausrüstung *w*, Ausstattung *w*, Hardware *w*
donatı *n* Zubehör *s*
donatım *n* Ausrüstung *w*
dondurma *n* Eis *s* (Speiseeis)
dondurmak *v* einfrieren
dondurucu *adj* frostig, eisig (Wetter usw.) ♦ *n* Gefrierschrank *m*
dondurulmuş *adj* gekühlt (Lebensmittel usw.), Gefrier-, tiefgekühlt, tiefgefroren
donmak *v* **1** frieren (Wetter) **2** einfrieren (zu Eis werden), frieren (Wasser usw.) **3** erfrieren
donmuş *adj* vereist, verfroren (Füße usw.)
donuk *adj* gefroren, matt (ohne Glanz), Matt- (glanzlos), steif (Glieder usw.)
doruk *n* Gipfel *m* (Wert usw.), Höhepunkt *m* (Phase), Kulmination *w*, Zenit *m* (von Karriere usw.)
dosya *n* **1** Akte *w* **2** Datei *w* **3** Mappe *w* (Hülle)
doz *n* Charge *w* (Serie usw.), Ladung *w* (Warenmenge usw.), Dosis *w*
dökmek *v* **1** schütten *etw. irgendwohin*, streuen *etw. irgendwohin* **2** ausgießen *etw. Akk* (Flasche usw.), ausschütten *etw. Akk* (Glas usw.), ausschütten (Sand usw.) **3** verschütten, verstreuen (versehentlich) **4** abgießen (Form usw.), beschütten *etw. Akk mit etw.* **5** ausschlagen *etw. Akk* **6** vergießen (Träne usw.)
dökülmek *v* ausfallen, münden *in etw. Akk*
döl *n* Samen *m* (Sperma)
döndürmek *v* **1** drehen *etw. Akk*, herumdrehen *etw. Akk*, umdrehen *etw. Akk* (herumdrehen) **2** umdrehen *etw. Akk* (herumdrehen), wenden *etw. Akk* (in andere Richtung), umwenden *etw. Akk* **3** wickeln *etw. Akk auf etw. Akk* (Wolle usw.) **4** umkippen *etw. Akk* (eine Kiste usw.) **5** invertieren (Reihenfolge), umkehren (Richtung usw.)
dönem *n* Amtszeit *w*, Periode *w*, Stadium *s*, Zeitabschnitt *m*
döner *adj* drehbar, Dreh-; **~ kavşak** Kreisverkehr *m*
dönme *n* Abzweig *m* (Straße), Abbiegung *w* (Stelle usw.), Abzweigung *w*, Drehung *w* (Kehrtwendung usw.); **baş ~si** Schwindel *m* (Kopf)
dönmek *v* **1** umwenden, wenden, umdrehen *etw. Akk* (Seite usw.) **2** sich drehen **3** sich drehen, sich umdrehen (im Kreis) **4** sich wenden *an j-n/etw.* **5** zurückkommen, wiederkommen **6** umkehren (ins Gegenteil) **7** sich *um etw.* drehen **8** sich abwenden **9** zurückrufen, abrufen ► **Başım dönüyor.** Mir schwindelt.; **geri ~** wenden (Auto, Schwimmer usw.), drehen (Schiff, Wind usw.)
dönüm *n* Acre *m*
dönüş *n* Abzweig *m* (Straße), Abbiegung *w* (Stelle usw.), Abzweigung *w*, Comeback *s*; **gidiş-~ bilet** Rückfahrkarte *w*
dönüştürmek *v* transformieren, umrechnen *etw. Akk in etw. Akk*, konvertieren *etw. Akk in etw. Akk* (Währung usw.), umwandeln *etw. Akk*
dördüncü *num* viert(er,e,es)
dört *n* Vier *w*, Zwei *w* ♦ *num* vier ► **~ buçukta** um halb fünf; **on ~** vierzehn
dörtyol ağzı *n* Knotenpunkt *m* (im Verkehr usw.), Kreuzung *w* (Straßen usw.)
döşemek *v* belegen *etw. Akk mit etw.* (bedecken), verkleiden *etw. Akk mit etw.* (Fassade usw.), einrichten *etw. Akk* (Wohnung usw.), installieren *etw. Akk irgendwo* (Leitung usw.) (Straße)
döviz *n* Devise *w*, Valuten *w Mz* (Währung); **~ bürosu** Wechselstube *w*; **~ kuru** Kurs *m* (einer Währung), Wechselkurs *m*
dövmek *v* **1** dreschen, schlagen *j-n*, prügeln *j-n*, verprügeln *j-n* **2** schlagen *auf/an etw. Akk* (an die Tür usw.), hämmern *gegen etw.* **3** schmieden
dövüş *n* Kampf *m*
dramatik *adj* dramatisch
dua *n* Gebet *s*; **~ etmek** beten *zu j-m für etw.*
dudak *n* Lippe *w*
dul *n* Witwe *w*, Witwer *m*
duman *n* Dunst *m*, Dünste *m Mz*, Abgase *s Mz*, Rauch *m*
durak *n* Haltestelle *w*
duraklama *n* Pause *w* (während Tätigkeit)
duraksamak *v* schwanken (in einer Tätigkeit usw.), zaudern, zögern
durdurma *n* Anhalten *s*, Einstellung *w* (von Tätigkeit usw.), Halt *m*, Stillegung *w* (eines Betriebs usw.)
durdurmak *v* abschalten *etw. Akk* (Reaktor usw.), anhalten *etw. Akk*, stoppen *etw. Akk* (Auto usw.), ausschalten *etw. Akk*
durgun *adj* stagnierend, steif (Glieder usw.)
durmadan *adv* bis ins Unendliche, unendlich, dauernd, ständig
durmak *v* **1** stehen (bewegungslos) **2** halten *irgendwo* (Zug usw.) **3** aufhören (Regen

usw.) 4 aussetzen (Maschine usw.) 5 liegen *irgendwo* (Sache) 6 anhalten (stehen bleiben), stehen (Gegenstände) ► **ayakta ~** stehen (auf den Füßen); **Dur!** Halt!

durulamak *v* abschwemmen, abspülen *etw. Akk* (Geschirr usw.), spülen (Wäsche), durchspülen

durum *n* Situation *w*, Status *m* (Situation), Umstand *m*, Zustand *m j-s/etw.*; **çalışır ~** *bir şeyde* Betrieb *m etw. Gen* (Tätigkeit usw.); **zor bir ~** Not *w*, Notlage *w*, Notfall *m*

duruşma *n* Prozess *m* (Rechtsstreit), Verhandlung *w* (vor Gericht)

duş *n* Dusche *w*; **~ almak** eine Dusche nehmen, (sich) duschen

duvar *n* 1 Wand *w* (im Zimmer usw.) 2 Mauer *w*, Schutzmauer *w*

duvarcı *n* Maurer *m*

duyarlı *adj* 1 empfindlich (emotional) 2 empfindlich *gegen etw.* (gegen Kälte usw.) 3 einfühlsam, aufmerksam ♦ *n* Sensitive *m*

duygulandırmak *v* rühren (innerlich)

duymak *v* anhören, ertönen, fühlen *etw. Akk*, spüren *etw. Akk* (Kälte usw.); **gerek ~** brauchen *etw. Akk*; **saygı ~** *bir şeye* respektieren *etw. Akk* (Gesetze usw.)

duyu *n* 1 Sinn *m* (Sehkraft usw.) 2 Sinn *m etw. Gen* (Zweck), Sinn *m* (Bedeutung) 3 Sinn *m für etw.* (Gerechtigkeit usw.)

duyulmak *v* ertönen, klingen (hörbar sein)

duyurmak *v* bekannt machen *etw. Akk*, melden *etw. Akk* (öffentlich usw.)

duyuru *n* Anzeige *w* (in einer Zeitung), Annonce *w*, Bekanntgabe *w*, Bekanntmachung *w*

duyusal *adj* sinnlich (Wahrnehmung usw.), Sinnes-

düdük *n* Pfeife *w*

düğme *n* 1 Knopf *m* (an Kleidungsstücken) 2 Druckknopf *m* (Maschinenteil usw.), Knopf *m* (Schalter usw.) ► **elektrik ~si** Schalter *m* (elektrischer)

düğmelemek *v* zuknöpfen

düğüm *n* Knoten *m*, Nodus *m*, Knotenpunkt *m* (Verknüpfung)

düğün *n* Hochzeit *w*

dükkan *n* Geschäft *s* (Raum), Laden *m*

dümen *n* Ruder *s* (Steuerruder), Steuer *s*

dün *adv* gestern ♦ *n* der gestrige Tag ► **~ gece** gestern Abend; **~den önce** vorgestern

dünkü *adj* gestrig

dünya *adj* säkular, weltlich ♦ *n* Welt *w*

Dünya *n* Erde *w* (Planet), Erdkugel *w*

dürmek *v* ausrollen (Teig usw.), zusammenrollen

dürtmek *v* 1 dringen *auf j-n mit etw.* 2 provozieren *j-n* 3 anstoßen *j-n/etw.*, anstupsen (leicht anstoßen), stupsen (mit einem Knüppel usw.)

dürüst *adj* ehrlich, ehrenhaft, Ehren-, geradlinig (Mensch usw.)

dürüstçe *adv* ehrlich

düş *n* Traum *m*; **~ kırıklığı** Enttäuschung *w*

düşman *n* Feind *m*

düşmanca *adj* feindlich

düşmek *v* abfallen (Knopf usw.), absinken, stürzen (stark zurückgehen), dumpf aufschlagen *durch etw.*; **hesaptan ~** abziehen (Summe usw.)

düşük **~ yapmak** Fehlgeburt *w*

düşünce *n* Denken *s*, Gedanke *m*, Idee *w* (Leitbild), Meinung *w von etw.*

düşünmek *v* 1 ausdenken *etw. Akk*, erfinden (ausdenken) 2 denken *von j-m/etw.* (Eindruck gewinnen), meinen, glauben (Ansicht haben), denken (Meinung haben) 3 denken *an etw. Akk* (im Kopf haben), meinen *etw. Akk irgendwie* 4 sich (anders) überlegen 5 bedenken *etw. Akk* (durchdenken) 6 abwägen, denken *an j-n/etw.* (sich erinnern) 7 denken *an etw. Akk* (vorhaben), nachdenken *über etw. Akk* ► **üzerinde ~** erwägen *etw. Akk*, bedenken *etw. Akk* (durchdenken)

düşünmemek *v* ablehnen *etw. Akk* (Einfall usw.), abweisen *etw. Akk* (Idee usw.)

düşürmek *v* 1 fallen (Preise usw.) 2 umstoßen *j-n*, umwerfen *j-n* 3 stürzen (Regierung usw.) 4 anschlagen (Teller usw.)

düşüş *n* Abwertung *w*, Fall *m* (das Fallen), Sturz *m* (in die Tiefe usw.), Rückgang *m an etw. Dat*

düz *adj* flach, gleichmäßig, platt ♦ *adv* geradeaus

düzelmek *v* aufklaren

düzeltme *n* Korrektion *w*, Korrektur *w* (Fahnenkorrektur usw.), Korrekturlesen *s*, Verbesserung *w* (eines Fehlers usw.)

düzeltmek *v* gerade machen, gutmachen *etw. Akk* (Fehler usw.), korrigieren, verbessern (Fehler usw.) *etw. Akk*; **üstünü başını ~** *kendi* sich zurechtmachen

düzen *n* Layout *s* (Lageplan), Ordnung *w* (Tagesordnung usw.), Regime *s*; **~e sokmak** *bir şeyi* veranstalten *etw. Akk*

düzenlemek *v* 1 ordnen *etw. Akk*, anordnen *etw. Akk* 2 arrangieren *etw. Akk* (erledigen), organisieren (sorgfältig) 3 arrangieren (Blumen usw.), ausfertigen (Urkunde usw.), verfassen (Vertrag usw.) 4 ausschreiben, ausstellen (einen Scheck usw.) 5 anlegen (planvoll erstellen)

düzenlenmek *v* stattfinden

düzenleyici *n* Regler *m*, Regulator *m*, Veranstalter *m*
düzenli *adj* geordnet, gleichmäßig, ebenmäßig, ordentlich (Leben usw.)
düzey *n* Niveau *s*
düzgün *adj* glatt, gleichmäßig, ebenmäßig, ordentlich (Leben usw.)
düzine *n* Dutzend *s*
düzlem *n* Ebene *w* (geometrische usw.)
düzlük *n* Ebene *w* (Land), Prärie *w*
düzmece *adj* unecht (Zuneigung usw.), vorgetäuscht ♦ *n* Fälschung *w* (Gegenstand)
düzyazı *n* Prosa *w*

E

ebat *n* Ausmaß *s*, Format *s*
ebedi *adj* ewig (Schwierigkeiten usw.), andauernd (Probleme usw.)
ebediyen *adv* ewig, immerdar, für immer (und immer)
ebeveynler *Mz* Eltern *Mz*
eczacı *n* Apotheker *m*
eczane *n* Apotheke *w*
edebiyat *n* Belletristik *w*, Literatur *w*
edememek **Devam edemem.** Ich kann nicht mehr.
edepsiz *adj* unanständig (Bemerkung usw.), unbescheiden, unsittlich (derb usw.)
efervesan *adj* Brause-, sprudelnd
efor *n* Anspannung *w*, Bestrebung *w um etw.*, Bemühung *w um etw.*; **~ sarfetmek** *bir şey için* sich bemühen *um etw.*
efsane *n* Mythos *m*, Sage *w*
egzersiz *n* **1** Bewegung *w* **2** Übung *w* **3** Ausbildung *w*, Training *s* ► **~ yapmak** ausbilden *j-n*, trainieren (vorbereiten), turnen, üben *etw. Akk*
eğe *n* Feile *w*
eğer *conj* **1** wenn, falls **2** ob
eğilim *n* Hang *m* (Tendenz) *zu etw.*, Neigung *w zu etw.*, Tendenz *w* (der Entwicklung usw.), Trend *m*
eğilmek *v* neigen *etw. Akk* (senken), Rücken krümmen, sich beugen, sich biegen (sich krümmen) *vor j-m*
eğitim *n* Ausbildung *w*, Bildung *w*, Schulwesen *s*, Training *s*
eğitimli *adj* gebildet (Bildung besitzend)
eğitmek *v* ausbilden, erziehen *j-n*, schulen
eğlence *n* **1** Ablenkung *w* (Unterhaltung usw.), Spaß *m*, Vergnügen *s* (Amüsement usw.), Unterhaltung *w* (Zeitvertreib) **2** Attraktionen *w Mz* (auf Jahrmärkten usw.) **3** Aktivitäten *w Mz*
eğlenceli *adj* lustig (amüsant)
eğlendirici *adj* unterhaltsam
eğlendirmek *v* amüsieren *j-n*, belustigen *j-n*, Spaß machen *j-m etw. Nom*, unterhalten *j-n mit etw.* (mit Erzählungen usw.)
eğlenmek *v* herumtoben (tollen), sich amüsieren, sich austoben, sich vergnügen
eğmek *v* anziehen (Beine usw.), biegen *etw. Akk*, kippen *etw. Akk* (einen Schrank usw.), neigen *etw. Akk* (Kopf usw.)
eğri *adj* krumm, schief, schräg ♦ *n* Kurve *w* (Linie)
ehil *n* Meister *m in etw. Dat* (Könner)
ek *n* **1** Anhang *m*, Anlage *w* (eines Dokumentes) **2** Beilage *w* (Zeitung usw.) **3** Zuschlag *m*, Aufschlag *m* (Preis), Aufpreis *m* **4** Endung *w*, Suffix *s*, Nachsilbe *w* **5** Zusatz *m* ♦ *adj* ergänzend, Ergänzungs-, zusätzlich (als Zusatz usw.), Zusatz-
ekim *n* Oktober *m*
ekip *n* Aufstellung *w* (einer Mannschaft usw.), Mannschaft *w*, Rudel *s* (Wölfe usw.), Meute *w* (Hunde)
eklem *n* Fingerknöchel *m Mz*, Gelenk *s*
eklemek *v* angliedern *etw. Akk an etw. Dat*, auffüllen (Bestände, Vorräte usw.), dazugeben, hinzufügen *etw. Akk* (sagen)
ekmek *n* **1** Brot *s* **2** Brötchen *s*, Hörnchen *s* **3** Backwaren *w Mz* (salzige) ♦ *v* aussäen, säen
ekmekçi *n* Bäcker *m*
ekolojik *adj* ökologisch, Umwelt-
ekonomi *adj* ökonomisch (Lage usw.), wirtschaftlich ♦ *n* Ökonomie *w* (Wissenschaft), Wirtschaft *w*, Wirtschaftlichkeit *w* ► **~ yapmak** sparen *etw. Akk* (Wasser usw.)
ekonomik *adj* ökonomisch, sparsam (Wagen usw.)
ekran *n* Bildschirm *m*, Monitor *m*, Display *s* (Gerät); **~a getirmek** anzeigen (auf Monitor usw.)
eksi *adv* minus ♦ *n* Minuszeichen *s*, Nachteil *m*, Negativum *s*
eksik *adj* lückenhaft, unvollkommen, unvollständig, zu gering ♦ *n* Manko *s*, Fehlbetrag *m* ► **~ çıkmak** fehlen (verschwunden sein); **~ olmak** *bir şeye* mangeln *j-m an etw. Dat*; **~ olmak** *bir şeye/birine* fehlen *j-m an etw. Dat*, mangeln *j-m an etw. Dat*
eksiklik *n* Fehler *m*, Mangel *m*, Knappheit *w an etw.*, Nachteil *m* (Mangel usw.)
eksiksiz *adj* vollständig, voll (komplett)
ekspres *adv* eilig (schicken usw.) ♦ *n* D-Zug *m*, Schnellzug *m*
ekstra *adv* zusätzlich (übrig), extra (noch dazu); **~ yatak** Aufbettung *w*
ekstrakt *n* **1** Extrakt *m* (Saft usw.) **2** Auszug *m* (aus Text usw.)
ekşi *adj* sauer (Geschmack)

el *adj* handbedient ◆ *n* Hand *w* ► ~ **bagajı** Handgepäck *s*; ~ **koymak** beschlagnahmen *j-m etw. Akk*, konfiszieren *j-m etw. Akk*; ~ **sallamak** winken *j-m*, zuwinken *j-m* (grüßen); ~ **yazısı** Handschrift *w* (schön usw.), Schrift *w* (lesbar usw.); ~**de etmek** gewinnen
elbette *part* gewiss, sicherlich, natürlich (Zustimmung), selbstverständlich
elbise *n* Bekleidung *w*, Gewand *s*, Robe *w*, Outfit *s*; **takım** ~ Anzug *m*
elbiseler *n* Kleidung *w* (Artikel)
elçi *n* Gesandte *m*
elçilik *n* Botschaft *w* (Vertretung), Gesandtschaft *w*
eldiven *n* Handschuh *m*
elektrik *n* Elektrizität *w*; **elektriği kapamak** ausschalten *etw. Akk* (Maschine usw.); ~ **düğmesi** Schalter *m* (elektrischer); ~ **istasyonu** Kraftwerk *s*; ~ **kesintisi** Stromausfall *m*; ~ **süpürgesi** Staubsauger *m*; **E~ kesildi.** Der Strom ist ausgefallen.
elektrikçi *n* Elektriker *m*
elektrikli *adj* elektrisch
elenmek *v* ausscheiden (aus einem Spiel usw.), durchfallen *in etw. Dat*
eleştiri *n* Kritik *w* (kritische Beurteilung), Rezension *w*
eleştirmek *v* kritisieren
ellemek *v* anfassen *etw. Akk*, befühlen, abtasten
elli *num* fünfzig
elma *n* Apfel *m*; ~ **suyu** Apfelsaft *m*
elmas *n* Diamant *m*
elverişli *adj* günstig (Bedingungen usw.)
emanet *n* Aufbewahrung *w*, Gepäckaufbewahrung *w* (Stelle)
emeklemek *v* **1** kriechen (auf allen vieren usw.) **2** hineinkriechen *irgendwohin*
emekli *n* Rentner *m*; ~ **maaşı** Rente *w*, Ruhestand *m*; ~ **olmak** im Ruhestand sein, in den Ruhestand treten
emeklilik *n* Pension *w* (Verpflegung), Pensionierung *w*, Ruhestand *m*
emin *adj* überzeugt *von etw.*; ~ **olmak** *bir şey hakkında* sich *etw. Gen* sicher sein
emir *n* Anordnung *w* (amtliche usw.), Verordnung *w*, Anweisung *w* (Befehl), Befehl *m* (militärischer usw.); ~ **vermek** *birine* befehlen *j-m etw. Akk*
emmek *v* **1** lutschen *an etw. Dat* (Daumen usw.) **2** aussaugen *etw. Akk aus/von etw.*, lutschen *etw. Akk* (Bonbon usw.) **3** absorbieren *etw. Akk*, aufsaugen (Wasser usw.)
emretmek *v* anordnen *j-m etw. Akk* (befehlen), befehlen *j-m etw. Akk*
emzik *n* Schnuller *m*, Sauger *m*
en ~ **az** am wenigsten, mindestens, minimal (Wert usw.); ~ **azından** wenigstens; ~ **iyi** best(er,e,es); ~ **severek sahibi olmak** *birinin/bir şeyin* am liebsten mögen *j-n/etw.*; ~ **ufak** geringst(er,e,es) (Wert usw.)
endişe *n* **1** Spannung *w* (Erwartung usw.) **2** Angst *w* (Sorge usw.), Beunruhigung *w*
endüstri *n* Industrie *w*
endüstriyel *adj* industriell
enerji *n* Energie *w*
enfeksiyon *n* Ansteckung *w*, Infektion *w*
engel *n* **1** Barriere *w*, Hindernis *s für etw.* **2** Behinderung *w in etw. Dat* (in der Entwicklung usw.), Hindernis *s in etw. Dat*, Schwierigkeit *w* (Problem) **3** Versperrung *w* (Gegenstand usw.) **4** Handicap *s* **5** Hürde *w*, Hindernis *s* (in Athletik usw.) **6** Barrieren *w Mz*
engellemek *v* durchkreuzen (Pläne usw.), hemmen *etw. Akk* (Umstände usw.), hindern *j-n* (im Wege stehen), hindern *j-n an etw. Dat*
engelli *adj* invalide ◆ *n* Behinderte *m*
engelsiz *adj* barrierefrei, behindertengerecht, glatt
enginar *n* Artischocke *w*
enişte *n* Schwager *m*
enkaz *n* **1** Wrack *s* (Auto usw.) **2** Schiffswrack *s*, Wrack *s* (Schiff) **3** Schutt *m*, Trümmer *Mz* **4** Strandung *w*
enlem *n* Breite *w* (geografische)
ense *n* Genick *s*, Nacken *m*
enstitü *n* Institut *s*
envanter *n* Inventar *s*
epeyce *adv* beträchtlich, markant, sehr, deutlich (in hohem Maße)
e posta *n* E-Mail *w*; ~ **göndermek** E-Mail schicken *j-m*
ergen *n* Adoleszent *m*, Jugendliche *m*, Teenager *m*
ergitmek *v* schmelzen
erik *n* Pflaume *w*
erimek *v* auftauen (von Eis frei werden), dahinsiechen, tauen, schmelzen (zergehen)
erişilebilir *adj* erreichbar, zugänglich (betretbar)
erişilmez *adj* unerreichbar (Ziel usw.), unzugänglich (Haus usw.)
erişim *n* Zutritt *m zu etw.*; ~ **sağlamak** Zutritt *zu etw.* bekommen
erişmek *v* **1** erreichen *etw. Akk* **2** gelangen *irgendwohin* (zu Fuß)
eritmek *v* auflösen *etw. Akk in etw. Dat* (im Wasser usw.), auftauen *etw. Akk* (zum Tauen bringen), schmelzen (zergehen lassen), sich auflösen (im Wasser usw.)
eriyik *n* Lösung *w* (Flüssigkeit)
erkek *adj* **1** männlich **2** Herren- ◆ *n* **1** Mann *m* **2** Herr *m* (Besitzer) **3** Männchen *s* ► ~ **arkadaş** Freund *m*; ~ **kardeş** Bruder *m*; ~ **polis** Polizist *m*; ~ **torun** Enkel *m*

erkekçe *adj* männlich (Eigenschaft usw.), Mannes-
erkeksi *adj* männlich (Eigenschaft usw.), Mannes-
erken *adj* **1** baldig, früh (am Morgen usw.) **2** vorzeitig **3** früh (Gemüse usw.), Früh- **4** früh (Anfang usw.) **5** beschleunigt ♦ *adv* früh ► **en ~** frühestens
erteleme *n* Aufschub *m*
ertelemek *v* aufschieben *etw. Akk*, verlegen *etw. Akk* (auf später), verschieben *etw. Akk* (zeitlich), verlegen (aufschieben) *etw. Akk*
erzak *n* Vorräte *m Mz*
esas *adj* essenziell, tragend (Thema usw.), fundamental, Fundamental- ♦ *n* Base *w* (Verbindung), Basis *w*, Basis *w etw. Gen*, Grundlage *w etw. Gen*
esasen *adv* wesentlich, erheblich
esaslı *adj* ordentlich (vorschriftsmäßig)
eser *n* Artefakt *s*, Prunkstück *s*, Paradestück *s*, Schöpfung *w*
esirgemek *v* schonen *j-n/etw.*, verschonen *j-n mit etw.*
eski *adj* **1** alt (historisch) **2** ehemalig **3** (lang) vergangen ► **çok ~** einst, einmal (in Vergangenheit); **~ koca** Exmann *m*
eskimiş *adj* abgetragen, abgewetzt (dünn), veraltet, überholt
eskiz *n* Skizze *w* (grobe)
esmek *v* blasen, wehen
esmer *adj* dunkel (mit dunkler Haut), dunkelhäutig, schwarzhaarig
esnaf *n* **1** Geschäftsmann *m* **2** Unternehmer *m*
esnek *adj* biegsam, dehnbar, elastisch, flexibel
esnemek *v* gähnen
esrarengiz *adj* geheimnisvoll, rätselhaft
eş *n* **1** Ehemann *m* **2** Ehefrau *w*, Frau *w* (Gattin), Ehegatte *m*
eşarp *n* Schal *m*
eşek *n* Esel *m*
eşekarısı *n* Wespe *w*; **büyük ~** Hornisse *w*
eşit *adj* **1** eben (Fläche usw.), gleich (Niveau) **2** gleich (Chancen usw.) **3** gleichberechtigt
eşitlemek *v* **1** gleich (sein) *etw. Nom* **2** gleichkommen *j-m/etw.* **3** ausgleichen (Score usw.)
eşlik **~ etmek** begleiten *j-n irgendwohin*, Gesellschaft *w* leisten *j-m*
eşofman *n* Trainingshose *w*
eşsiz *adj* einzigartig, einmalig, ohnegleichen sein
eşya *n* **1** Einrichtung *w* (Möbel usw.) **2** Gepäck *s* ► **değerli ~** Wertsachen *w Mz*; **kırılacak ~** Aussichtsturm *m*
et *n* Fleisch *s*; **av ~i** Wildbret *s*, Wild *s* (Fleisch); **çiğ ~** blutiges Steak; **dana ~i** Kalbfleisch *s*; **kuzu ~i** Hammelfleisch *s*; **sığır ~i** Rindfleisch *s*
etek *n* Rock *m*
etiket *n* Anhänger *m* (mit einer Adresse usw.), Aufkleber *m*, Etikett *s*, Schildchen *s*
etki *n* Effekt *m*, Einfluss *m*, Wirkung *w*, Auswirkung *w*; **~ bırakmak** *birinde* beeindrucken *j-n*; **~ etmek** zu wirken beginnen; **etkili olmak** wirken (Wirkung haben)
etkilemek *v* **1** beeinflussen *j-n/etw.*, einwirken *auf j-n/etw. irgendwie*, wirken *auf j-n/etw.* (Wirkung haben) **2** bedrängen *j-n/etw.* (belasten) **3** dicht schließen
etkilenmek *v* wirken (Medikament usw.)
etkili *adj* beeindruckend, effektvoll, einflussreich, suggestiv
etkin *adj* effektiv (Methode usw.), leistungsfähig, tatkräftig, tätig
etkinlik *n* Effektivität *w*, Tätigkeit *w* (Sichbeschäftigen), Aktivität *w* (Handlung usw.), Verwaltungstätigkeit *w*
etmek *v* handeln, machen *etw. Akk zu etw.* (eine Veränderung bewirken), tun, machen (durchführen); **cüret ~** wagen *etw. Akk zu tun*, sich trauen *etw. Akk zu tun*; **davet ~** *birini bir yere* einladen *j-n irgendwohin*; **devam ~** vorgehen (geschehen); **finanse ~** finanzieren *etw. Akk*; **garanti ~** garantieren, verbürgen; **hak ~** verdienen *etw. Akk* (als Belohnung); **hizmet ~** *bir şey gibi* dienen *als etw. Nom, zu etw.* (Zweck haben); **ısrar ~** bestehen *auf etw. Dat* (beharren); **idam ~** hinrichten *j-n*; **ifade ~** sich ausdrücken; **iflas ~** Bankrott machen; **ihanet ~** verraten *j-n/etw.* (Verrat begehen); **inşa ~** aufbauen *etw. Akk* (Haus usw.), erbauen *etw. Akk*, errichten *etw. Akk*, bauen *etw. Akk*; **itiraf ~** eingestehen *etw. Akk*, zugeben, zugestehen, einsehen; **kabul ~** annehmen (Plan usw.); **ödemeli telefon ~** R-Gespräch führen; **rezerve ~** *bir şey* reservieren *etw. Akk* (Tisch usw.), buchen *etw. Akk* (Reise usw.); **şarj ~** aufladen (Batterie usw.); **şikayet ~** reklamieren *etw. Akk*, beanstanden *etw. Akk*; **takas ~** tauschen *etw. Akk* (Kabel usw.); **tavsiye ~** *birini/birine bir şeyi* empfehlen *j-n/etw. j-m*; **tehdit ~** *biribi bir şeyle* drohen *j-m mit etw.*, androhen *j-m etw. Akk*; **tercüme ~** *bir şeyi* übersetzen (in andere Sprache); **teslim ~** zustellen *j-m etw. Akk*; **teslim ~** *birine bir şeyi* liefern *j-m etw. Akk*; **teşekkür ~** danken *j-m für etw.*, sich bedanken *bei j-m für etw.*; **yardım ~** helfen *j-m mit etw.* (bei einer Arbeit usw.); **ziyaret ~** *birini* besuchen *j-n*, vorbeischauen *bei j-m*
etobur *adj* fleischfressend, karnivor ♦ *n* Raubtier *s*

etrafında *adv* rings, ringsherum ♦ *prep* um *etw. Akk* (räumlich), überall herum, vorbei *an etw. Dat* (weiter usw.) ► **~n gitmek** *bir şeyin* herumgehen *um etw.*
ev *n* **1** Haus *s* **2** Residenz *w* ► **~ döşeme** Einrichtung *w* (Möbel usw.); **~ yapımı** hausgemacht; **~de** zu Hause, (SwD, SüD) daheim; **~e** nach Haus(e), heim; **kır ~i** Bauernhaus *s*
evet *part* ja (Zustimmung)
evlat *n* Kinder *s Mz*; **kız ~** Tochter *w*
evlendirmek *v* trauen *j-n* (ehelich verbinden), verheiraten *j-n mit j-m, an j-n* (eine Tochter)
evlenmek *v* heiraten *j-n*, heiraten (Ehe schließen), sich ausgeben *als j.*
evli *adj* verheiratet; **~ çift** Eheleute *w*, Ehepaar *s*
evlilik *n* Ehe *w*
evrak **~lar** Dokumente *s Mz*, Papiere *s Mz*
evre *n* Phase *w*
evren *n* Weltraum *m*, Universum *s*, Weltall *s*, All *s*
evsiz *n* Obdachlose *m*; **~ olmak** obdachlos sein
evvel *prep* vor (bevor)
evvelde *adv* früher (einst)
evvelki *adj* ehemalig, vormalig, früher, vorvorig
eylem *n* Akt *m* (Tat), Handlung *w*, Schritt *m* (Handlung), Tat *w*
eylül *n* September *m*
ezme *n* Mark *s* (aus Tomaten usw.), Pastete *w*
ezmek *v* beschweren *j-n*, überfahren *j-n/etw.* (Fußgänger usw.), zerdrücken, zerdrücken *etw. Akk*

F

faaliyet *n* Aktion *w* (Tätigkeit usw.), Schritt *m* (Handlung)
fabrika *n* Betrieb *m* (Fabrik usw.), Fabrik *w*
facia *n* Tragödie *w*
fahişe *n* Hure *w*, Dirne *w*, Prostituierte *w*
faiz *n* Zins *m*
fakat *adv* dafür (aber) ♦ *conj* aber, jedoch
fakir *adj* arm (ohne Geld usw.) ♦ *n* Arme *m* (ohne Geld usw.)
fakirleşme *n* Not *w*, Armut *w*
faks *n* Fax *s,m*, Faxgerät *s*
fakslamak *v* faxen, faxen *etw. Akk j-m*
fantastik *adj* surreal, unwirklich, toll, hinreißend (fantastisch)
fantazi *n* Fantasie *w* (Vorstellung)
far *n* Scheinwerfer *m* (eines Autos); **sis ~ları** Nebelscheinwerfer *m Mz*
faraş *n* Kehrichtschaufel *w*
fare *n* Maus *w*
fark *n* Unterschied *m*, Unterschiedlichkeit *w*
farketmek *v* bemerken *etw. Akk*, bemerken (sehen usw.), erblicken *j-n/etw.*
farkında *adj* bewusst *etw. Gen* (einer Tatsache usw.)
farklı *adj* anders *als j./etw.*, unterschiedlich *von etw.*, verschieden, vielerlei ♦ *adv* unterschiedlich, anders
farklılık *n* Diskrepanz *w*
farzedilmiş *adj* angeblich, vermutet
farzetmek *v* voraussetzen
fasulye *n* Bohne *w* (Frucht)
fatura *n* Rechnung *w*
favori *adj* beliebt (Lieblings-) ♦ *n* Koteletten *Mz*, Liebling *m* (Favorit)
fayans *n* Fliese *w*, Kachel *w*
fayda *n* Beitrag *m für etw.* (Mitwirkung), Mitarbeitervergünstigungen *w Mz*, Nützlichkeit *w* ♦ *v* Nutzen haben *von etw.* ► **~ sağlamak** *bir şeye* sich bedienen
faydalı *adj* gesund (Nahrung usw.), nützlich *für j-n/etw.*, wohltuend (Wirkung usw.)
fazla *adj* überflüssig, überzählig ♦ *adv* übrig, viel (große Menge), zu viel, allzu viel ♦ *n* Rest *m* ♦ *prep* über *wie viel* (mehr als) ► **çok ~** so viel
fazlalık *n* Rest *m* (gering), Überfluss *m von etw.*, Überangebot *s an etw.*, Übermaß *s an etw. Dat*
felaket *n* Geißel *w* (der Menschheit usw.), Katastrophe *w*, Unglück *s* (Tragödie usw.), Missgeschick *s*
felç *n* Lähmung *w*, Schlaganfall *m*
fener *n* Lampe *w*, Laterne *w*, Leuchtturm *m*, Taschenlampe *w*
ferdi *adj* individualistisch, separat
feribot *n* Fähre *w*
fermuar *n* Reißverschluss *m*; **~ veya düğme ile kapatılabilen kısım** Hosenschlitz *m*
feshetmek *n* Untergang *m* (einer Tradition usw.) ♦ *v* abschaffen *etw. Akk*
fesleğen *n* Basilikum *s*
fethetmek *v* erkämpfen *etw. Akk*, erobern, gewinnen *j-n*, unterwerfen *j-n/etw.* (Nation usw.)
fıçı *adj* vom Fass, gezapft ♦ *n* Fass *s*, Fässchen *s* ► **~ bira** Bier vom Fass
fındık *n* Haselnuss *w*
fırça *n* Bürste *w*, (kleine) Bürste *w*; **boya ~sı** Pinsel *m*; **diş ~sı** Zahnbürste *w*
fırçalamak *v* bürsten *etw. Akk*, bürsten (Kleidung usw.), ausbürsten, scheuern (säubern)
fırın *n* Bäckerei *w*, Brennofen *m*, Herd *m*, Kochherd *m*; **~da kızartmak** braten (an der

Oberfläche); **~da pişirmek** backen (Kuchen usw.)
fırıncı *n* Bäcker *m*
fırlamak *v* aufspringen (vor Freude usw.), stürmen *irgendwohin* (rennen)
fırlatmak *v* abfeuern (Rakete usw.), schmeißen, werfen, werfen *etw. Akk irgendwohin*
fırsat *n* **1** Gelegenheit *w* (Anlass) **2** Chance *w* (Möglichkeit), Gelegenheit *w etw. Akk zu tun*
fırtına *n* Gewitter *s*, Zyklon *m*; **bir yere aceleyle, ~ gibi girmek/dalmak** hineinstürzen *in etw. Akk*; **gök gürültülü ~** Gewitter *s*
fısıldamak *v* andeuten *j-m* (Lösung von Rätsel usw.), flüstern, wispern
fıstık *n* Nuss *w*; **yer fıstığı** Erdnuss *w* (Frucht)
fışkırma *v* spritzen (sprudeln)
fışkırtmak *v* spritzen (Wasser usw.)
fiil *n* Verb *s*
fikir *n* **1** Idee *w* (Gedanke) **2** Meinung *w*, Meinung *w über etw. Akk*, Ansicht *w von etw., über etw. Akk* **3** Idee *w* (Leitbild), Konzeption *w* **4** Thema *s*, Stoff *m* (für ein Buch usw.) **5** Vorstellung *w von etw.* (Ahnung) **6** Urteil *s* (Stellungnahme) **7** Ahnung *w*, Idee *w* (Vorstellung usw.) ► **aynı ~de olmamak** nicht zustimmen *j-m/etw.*; **~ vermek** *birine* nahebringen *j-m etw. Akk*, sich äußern *zu etw.*
fileto *n* Filet *s*
film *adj* Film- ♦ *n* Film *m* (Spielfilm)
filtre *n* Filter *m*
final *adj* endgültig, End- ♦ *n* Finale *s*
finans *n* Finanzen *Mz*
fincan *n* Tasse *w*
firma *n* Firma *w*
fiş *n* Abschnitt *m* (eines Formulars usw.), Kassenzettel *m*, Stecker *m*; **~ten çekmek** den Stecker herausziehen
fiyat *n* **1** Preis *m* (Betrag) **2** Einstiegsgebühr *w*
flaş *n* **1** Aufblitzen *s* **2** Blitzlicht *s*
flaşör *n* Blinker *m*, Blinkleuchte *w*; **~ yapmak** *birine* anblinken *j-n* (Fahrer)
flüt *n* Flöte *w*
folklor *n* Folklore *w*, Überlieferung *w*
fonksiyon *n* Funktion *w etw. Gen* (Zweck)
form *n* Form *w*, Gestalt *w*, Formular *s*, Tauglichkeit *w zu etw.*
forma *n* Dress *m*, Trikot *s*, Uniform *w*
fotoğraf *n* Aufnahme *w* (Foto), Fotografie *w*, Foto *s*; **~ çekmek** fotografieren *etw. Akk*; **~ makinesi** Kamera *w* (fotografisch), Fotoapparat *m*
fotoğrafçılık *n* Fotografie *w* (Hobby, Bereich usw.)
fotokopi *n* Fotokopie *w*, Kopierer *m*, Kopiergerät *s*, Xerokopie *w*
Fransa *n* Frankreich *s*
Fransız *adj* französisch ♦ *n* Franzose *m*
Fransızca *adv* französisch, auf Französisch ♦ *n* Französisch(e) *s*
fren *n* Bremse *w* (Vorrichtung)
frenlemek *v* abbremsen, bremsen
fuar *n* Festplatz *m*, Messe *w* (Ausstellung)
futbol *n* Fußball *m*
futbolcu *n* Fußballspieler *m*
füme *adj* geräuchert ♦ *n* Wurstwaren *w Mz*
füze *n* Rakete *w*, Raketengeschoss *s*

G

gaddar *adj* grausam, grob (gewalttätig) ♦ *n* Tyrann *m*
gaga *n* Schnabel *m* (eines Vogels)
gaita *n* Stuhl *m* (Kot)
galeri *n* Galerie *w*, Gebrauchtwagenhandlung *w*
ganimet *n* Beute *w* (Diebesgut)
garaj *n* **1** Garage *w* **2** Depot *s* (für Fahrzeuge) **3** Bahnhof *m*
garanti *n* Garantie *w*, Gewährung *w von etw.*, Versorgung *w mit etw.*; **~ etmek** garantieren, verbürgen
garantilemek *v* garantieren, verbürgen
garantili *adj* garantiert
gard *n* Wache *w* (Person)
gargara *n* Gurgelmittel *s*, Mundwasser *s*
garnitür *n* Beilage *w*, Garnierung *w* (Gemüse usw.)
garson *n* Kellner *m*, Kellnerin *w*
gaspetmek *v* erpressen *etw. Akk von j-m*
gayda *n* Dudelsack *m*
gaz *n* Dunst *m*, Gas *s*; **~ pedalı** Gas *s* (Pedal usw.), Gashebel *s*
gazete *n* Zeitung *w*; **günlük ~** Tageszeitung *w*
gazeteci *n* Journalist *m*, Publizist *m*, Zeitungsverkäufer *m*
gebe *adj* schwanger, gravid
gece *adj* Nacht-, nächtlich ♦ *n* Nacht *w* ► **bir ~ içinde** über Nacht; **dün ~** gestern Abend; **~ kelebeği** Nachtfalter *m*; **İyi ~ler!** Gute Nacht!
geceleme *n* Übernachtung *w*
gecelemek *v* übernachten *irgendwo*
geceyarısı *n* Mitternacht *w*
gecikme *n* Rückstand *m* (zeitlicher), Verspätung *w*, Verzug *m*, Verzögerung *w*
geciktirmek *v* verzögern *j-n/etw.*
geç *adj* verspätet, Spät- ♦ *adv* spät ► **~ kalmak** sich verspäten, sich verzögern, sich verspäten
geçen *adj* vorig; **~ yıl** voriges Jahr; **~de** letztens, das letzte Mal

geçenlerde *adv* vor kurzem, kürzlich, neulich
geçer *adj* ziemlich gut
geçerli *adj* gültig, leidlich, passabel (Qualität usw.); **~ olmak** gelten (Anordnung usw.)
geçersiz *adj* ungültig, nichtig
geçici *adj* einstweilig, vorübergehend, flüchtig (nur vorübergehend), provisorisch (noch nicht fest)
geçilmez *adj* nicht passierbar, unpassierbar, unbegehbar, unbefahrbar
geçinmek *v* sich ernähren *durch etw.*; **iyi ~** *biriyle* auskommen *mit j-m*
geçirme *v* abdrehen *etw. Akk* (Knopf usw.), leiten *etw. Akk durch etw.* (durchziehen usw.)
geçirmek *v* **1** führen *j-n über etw. Akk* (auf die andere Seite usw.) **2** übertragen *etw. Akk auf j-n* (Krankheit usw.) **3** umschreiben (ändern) **4** anstecken *etw. Akk an etw. Akk* (Ring usw.) **5** vergraben *etw. Akk in etw. Akk* (Gesicht in Händen usw.) ► **gözden ~** überprüfen *etw. Akk* (nochmals prüfen); **harekete ~** erwecken *etw. Akk* (Interesse usw.)
geçiş *n* **1** Übergang *m* **2** Gang *m* (zwischen den Sitzen usw.) ► **~ dönemi** Übergangs-
geçit *n* Durchgang *m*, Furt *w*, Luke *w*, Parade *w* (militärische usw.); **alt ~** Unterführung *w* (für Verkehrsmittel); **üst ~** Durchfahrt *w durch etw.* (Durchfahren), Durchreise *w durch etw.* (durch Stadt usw.), Durchfahrt *w* (Stelle)
geçmek *v* **1** vorbeifahren *an etw. Dat*, vorbeigehen *an j-m/etw.*, vorbeifahren *an j-m/etw.* (mit Auto usw.) **2** durchfahren *durch etw.* (durch Tunnel usw.) **3** durchgehen *durch etw.* **4** vergehen (Empfindung) **5** absolvieren (Training usw.) **6** durchgehen *etw. Akk* (lesen usw.) **7** sich vordrängen **8** überschreiten *etw. Akk* (Grenze usw.) **9** übertreffen *j-n* (an Fleiß usw.) **10** sich abspielen **11** überschreiten (Schwelle usw.) ► **dalga ~** *biriyle* sich *über j-n/etw.* lustig machen; **etrafından ~** vorbeifahren *an j-m/etw.*; **karşıya ~** überqueren *etw. Akk* (fahrend); **koşarak ~** laufen *über etw. Akk* (hinüberlaufen); **pas ~** umgehen *etw. Akk* (herumgehen); **yanından ~** umfahren *etw. Akk* (ausweichen)
geçmiş *adj* vergangen, abgelaufen (Periode usw.) ♦ *n* Vergangenheit *w* (Zeit) ► **~ zaman** Vergangenheit *w* (Zeitform)
gelecek *adj* folgend, nächst(er,e,es), nachfolgend, zukünftig ♦ *adv* das nächste Mal ♦ *n* Zukunft *w*
gelenek *n* Brauch *m*, Konvention *w* (Verhaltensregeln), Sitte *w* (Gewohnheit), Tradition *w*
gelenekler *n* Bräuche *w Mz*
gelgit *n* **1** Hochwasser *s* (der Flut) **2** Gezeiten *w Mz*
gelin *n* Braut *w*, Schwiegertochter *w*
gelince *conj* was *j-n/etw.* betrifft, was *j-n/etw.* angeht
gelir *n* Einkommen *s*, Erlös *m*
gelişme *n* **1** Aufschwung *m* (Boom usw.), Aufstieg *m* (Aufwärtsentwicklung), Entwicklung *w* **2** Verbesserung *w* ♦ *adj* fortgeschritten (Technik usw.)
gelişmek *v* boomen, blühen, entwickeln *etw. Akk* (entstehen lassen), entwickeln (verbessern)
geliştirmek *v* entwickeln *etw. Akk*, verbessern *etw. Akk* (Leistung usw.), aufbessern *etw. Akk*
gelmek *v* **1** anreisen, gelangen *irgendwohin* (zu Fuß), kommen *irgendwohin*, ankommen *irgendwohin* **2** eintreten (geschehen), kommen (Zeit) **3** herkommen *aus etw.* (aus China usw.), stammen *aus etw.* ► **aklına ~** *birinin* einfallen *j-m* (Idee usw.); **bir araya ~** zusammenkommen, sich versammeln; **her gün işi ile evi arasında gidip ~** pendeln (zur Arbeit); **üstesinden ~** *bir şeyin* überwinden *etw. Akk* (Schwierigkeiten usw.), bezwingen *etw. Akk* (Probleme usw.)
gemi *n* Fahrzeug *s* (Schiff, Boot usw.), Schiff *s* (Wasserfahrzeug); **~ gezisi** Kreuzfahrt *w* (Ausflug); **~ kazası geçirmek** stranden; **~yle yolculuk etmek** mit einem Schiff fahren
genç *adj* jugendlich, Teenager-, jung, minderjährig ♦ *n* Junior *m* ► **daha ~** jünger; **~ adam** junger Mann *m*
gençlik *n* Jugend *w*
genel *adj* **1** allgemein **2** üblich **3** General-, generell ♦ *part* überhaupt (insgesamt)
genellikle *adv* gewöhnlich, in der Regel, meistens, üblich
general *n* General *m*
geniş *adj* ausführlich (Beschreibung usw.), ausgedehnt, geräumig, breit; **~ kapsamlı** generell (Maßnahme usw.)
genişletmek *v* erweitern *etw. Akk* (Kenntnisse usw.), sich erweitern, verbreitern *etw. Akk*, erweitern *etw. Akk* (Weg usw.)
genişlik *n* Breite *w etw. Gen*, Fläche *w* (sehr große usw.)
gerçek *adj* real (tatsächlich), wirklich ♦ *adv* wirklich (in Wirklichkeit) ♦ *n* Fakt *m,s*, Tatsache *w*, Realien *Mz* (Tatsachen) ► **~ olmayan** unreal
gerçekçi *adj* real, realistisch; **~ olmayan** unrealistisch
gerçekleşmek *v* stattfinden, verlaufen (ablaufen)
gerçekleştirmek *v* **1** durchführen *etw. Akk*, ausführen *etw. Akk*, durchführen *etw. Akk*, realisieren *etw. Akk* (ein Vorhaben usw.) **2** sich verwirklichen, wahr werden
gerçeklik *n* Realität *w*, Wirklichkeit *w*

gerçekten *adv* (im) Ernst, echt, wirklich (in der Tat), tatsächlich ♦ *part* eigentlich, wirklich (in der Tat), echt
gerçi *conj* zwar
gerek *adv* nötig sein; **Buna ~ yok.** Das ist nicht nötig.; **~ duymak** brauchen *etw. Akk*; **~irse** wenn notwendig
gerekçe *n* Begründung *w*, Gründe *m Mz*, Begründung *w etw. Gen*
gerekçeli *adj* begründet, berechtigt (Sorge usw.)
gerekli *adj* erforderlich, notwendig, nötig, nötig sein
gereklilik *n* Erfordernis *s*, Voraussetzung *w*, Notwendigkeit *w*
gerekmek *v* notwendig sein
gereksiz *adj* unbrauchbar, unnütz, unnötig ♦ *adv* es ist nicht nötig *etw. Akk zu tun*
gerektirmek *v* erfordern (notwendig machen), fordern *etw. Akk* (viel Zeit usw.), verlangen *etw. Akk* (Konzentration usw.)
gergin *adj* eskaliert (Situation usw.), frustriert, gespannt (Atmosphäre usw.)
gerginlik *n* Spannung *w* (Anspannung)
geri *adj* Rück- ♦ *adv* nach hinten, rückwärts, zurück (gehen usw.), zurück(-) ♦ *n* Rückwärtsgang *m* ► **~ dönmek** zurückgeben *j-m etw. Akk*; **~ dönüş** Rückkehr *w*; **~ gitmek** zurückfahren (Wagen usw.), rückwärtsfahren (Auto usw.), zurücktreten (nach hinten); **~ye** nach hinten
gerileme *n* Rezidiv *s*, Rückfall *m* (einer Krankheit), Rückschlag *m*, Schlappe *w*
gerisinde *adv* zurück (zurückgeblieben)
gerizekalı *adj* blöd(e), dumm, doof
germek *v* **1** spannen *etw. Akk*, ausspannen *etw. Akk* **2** zusammenziehen (Schlinge usw.), festziehen, zuziehen (Schlinge usw.), anziehen (Schraube) **3** anspannen (Muskeln) **4** ausweiten (Schuhe usw.) **5** eskalieren *etw. Akk*, verschärfen (Konflikte usw.)
getiri *n* Ertrag *m* (finanziell)
getirmek *v* **1** bringen, bringen *j-m etw. Akk* (ein Buch usw.), mitbringen *etw. Akk irgendwohin/j-m* **2** bringen *j-n/etw. irgendwohin* (mit dem Auto usw.) **3** holen *j-n/etw.* (Brot usw.) **4** bringen (in Verlegenheit usw.) **5** einbringen *etw. Akk* (eintragen) **6** einschleppen *etw. Akk irgendwohin* (Krankheit usw.), übertragen (Krankheiten usw.) ► **beraberinde ~** mitbringen *j-n*; **bir araya ~** montieren (zusammenbauen); **~ birinci/ikinci vites** den ersten/zweiten Gang schalten
gevrek *adj* knusprig, mürbe ♦ *n* Flocken *w Mz*
gevşek *adj* locker, lose
gevşemek *v* sich entspannen, sich freimachen, sich lockern (Schraube usw.)
gevşemiş *adj* ausgeleiert, lose, locker (Schraube usw.)
gevşetmek *v* lockern (Spannung usw.)
geyik *n* Hirsch *m*; **dişi ~** Rehgeiß *w*; **kanada geyiği** Elch *m*
gezegen *n* Planet *m*
gezi *n* Ausflug *m*, Exkursion *w*, Treck *m*; **keşif ~si** Expedition *w*
gezinmek *v* ausfahren (mit Freunden usw.), eine Ausfahrt machen, herumlungern, sich herumtreiben
gezinti *n* Besichtigungsfahrt *w*, Spazierfahrt *w*, Spaziergang *m*, Treck *m*; **biraz ~ yapma** die Sehenswürdigkeiten besuchen
gezme *n* Besichtigung von Sehenswürdigkeiten, Sightseeing *s*, Spaziergang *m*
gıda *n* Lebensmittel *s*, Nahrungsmittel *s*, Nahrung *w*
gıdıklamak *v* kitzeln *j-n*
gırtlak *n* Kehle *w*, Kehlkopf *m*, Pharynx *m*, Speiseröhre *w*
gibi *adv* wie (Vergleich) ♦ *conj* als (arbeiten als usw.), wie (Ähnlichkeit)
gider *n* Ausgabe *w* (Kosten), Kosten *Mz*
gidermek *v* beseitigen *etw. Akk* (tilgen usw.), stillen (Durst)
gidiş **~-dönüş bilet** Rückfahrkarte *w*
girdap *n* Wirbel *m* (von Wasser usw.)
giriş *n* **1** Einfahrt *w* (Stelle), Eingang *m* **2** Einfahrt *w* (Einfahren), Eintritt *m* (Eintreten) **3** Zutritt *m* (Erlaubnis usw.) **4** Vestibül *s* **5** Einleitung *w* ♦ *adj* Eingangs- ► **~ kağıdı** Dauerkarte *w* (Eintrittskarte usw.); **~ ücreti** Eintrittsgeld *s*, Eintritt *m* (Geld); **~ vizesi** Einreisevisum *s*; **~ yapmak** einchecken *j-n*, sich einloggen
girişim *n* Initiative *w*, Versuch *m um etw.* (Bemühung); **~de bulunmak** versuchen *etw. Akk*
girişmek *v* beginnen *mit etw.* (mit einer Tätigkeit usw.), ergreifen *etw. Akk* (anfangen), greifen *zu etw.* (Maßnahmen usw.); **tekme tokat ~** verprügeln
girme **zorla ~** Einbruch *m*
girmek *v* **1** eintreten *in etw. Akk*, betreten *etw. Akk*, hereinkommen *in etw. Akk*, treten *in etw. Akk* **2** beitreten *etw. Dat* **3** sich anschließen *j-m/etw.* **4** eingeben *etw. Akk* (Passwort usw.) ♦ *n* Eingabe *w* ► **altına ~** fallen *in etw. Akk* (in eine Kategorie); **Girin!** Herein!; **zorla ~** einbrechen *in etw. Akk* (Dieb usw.)
gişe *n* Kasse *w* (im Kino usw.), Schalter *m* (zur Abfertigung)
gitar *n* Gitarre *w*
gitmek *v* **1** gehen *irgendwohin* (sich bewegen) **2** laufen **3** fahren *irgendwohin* (sich bewegen), gehen (weg) **4** fahren *mit etw.* (transportiert werden), fahren *mit j-m*, mitfahren *bei j-m* **5** gehen *in etw. Akk* (in die

Schule usw.), besuchen *etw. Akk* (Kurs usw.) **6** abfahren (Zug usw.) **7** gehen *mit j-m*, vorbeikommen *bei j-m* (besuchen) ► **birini almaya ~** *biri/bir şeyi* abholen *j-n/etw.* (mit Wagen), holen *j-n/etw.*; **geri ~** zurücktreten (nach hinten); **Gitti artık.** Er ist schon weg.; **temyize ~** eine Berufung *gegen etw.* einlegen; **Taksiyle gidelim.** Wir nehmen ein Taxi.

giydirmek *v* anziehen *j-n* (bekleiden)

giyinmek *v* anziehen *etw. Akk* (Kleidung)

giymek *v* anziehen (Schuhe), sich anziehen, tragen (Kleider)

giysi *n* Bekleidung *w*, Kleid *s*, Kleider *Mz* (Anzug), Outfit *s*; **~ler** Kleider *s Mz*, Kleidung *w*

gizem *n* Mysterium *s* (Rätsel)

gizemli *adj* geheimnisvoll, rätselhaft, mystisch

gizleme *n* Vertuschung *w* ♦ *v* geheim halten *etw. Akk vor j-m*

gizlemek *v* Geheimnis machen *aus etw.*, verbergen *j-n* (einen Flüchtling usw.), verheimlichen *j-m etw. Akk*, verheimlichen (nicht sagen usw.) *j-n/etw.*

gizli *adj* geheim, heimlich, Hinter-, implizit; **~ buz** Glatteis *s*; **~ oylama** geheime Abstimmung

gizlice *adv* geheim, heimlich, insgeheim

gocunmak *v* sich beleidigt fühlen *wegen etw.*

gol *n* Tor *s* (Treffer), Ziel *s* (Absicht)

göbek *n* Bauch *m*, Nabel *m*, Wanst *m* (Bauch)

göçmek *v* durchs Land ziehen, nomadisieren, wandern

göçmen *n* Auswanderer *m*, Exilant *m*, Einwanderer *m*, Zuwanderer *m*

göğüs *n* Brust *w* (Körperteil), Busen *m*

gök *n* Himmel *m*; **~ gürültülü fırtına** Gewitter *s*; **~ gürültüsü** Donner *m*

gökdelen *n* Wolkenkratzer *m*

gökkuşağı *n* Regenbogen *m*

göl *n* See *m* (Binnengewässer), Teich *m*

gölcük *n* Teich *m*

gölge *n* Schatten *m etw. Gen* (eines Körpers)

gömlek *n* Hemd *s*

gömmek *v* beerdigen *j-n*, begraben *j-n*

gönderen *n* Absender *m*

gönderi *n* Sendung *w* (Ware)

göndermek *v* abschicken *etw. Akk*, absenden *etw. Akk*, versenden *etw. Akk*, entsenden *j-n irgendwohin*

gönül *n* Herz *s* (Organ)

gönüllü *adj* freiwillig ♦ *n* Freiwillige *m* ► **alçak ~** bescheiden

göre *prep* nach *etw.* (Vorbild), gemäß *etw. Dat*

göreli *adj* relativ, verhältnismäßig, Verhältnis-

görev *n* Aufgabe *w* (Pflicht usw.), Funktion *w* (Posten), Mission *w* (Aufgabe), Pflicht *w*

görevlendirmek *v* anvertrauen (Führung usw.), beauftragen *j-n mit etw.*, delegieren, nominieren

görevli *n* Bedienung *w* (Personal)

görme *n* Sehen *s*, Sehkraft *w*

görmek *v* flüchtig erblicken *j-n/etw.*, sehen *j-n/etw.*

görünmek *v* **1** vorkommen **2** erscheinen **3** scheinen *j-m irgendwie* (vorkommen) **4** aussehen *irgendwie* **5** schauen *irgendwie* (dreinblicken)

görünmeyen *adj* unsichtbar

görünmez *adj* unsichtbar

görünür *adj* **1** sichtbar **2** scheinbar ► **~ olma** in Sichtweite sein

görünürde *adv* äußerlich, scheinbar

görünüş *n* Aspekt *m* (eines Verbs), Aussehen *s*, Aussicht *w* (ins Weite usw.)

görüş *n* Aussicht *w* (ins Weite usw.), Ausblick *m* (schöner usw.), Meinung *w*, Sichtweite *w*

görüşme *n* Besprechung *w*, Interview *s*, Rendezvous *s* (Verabredung), Verhandlung *w* (Besprechung)

görüşmek *v* **1** sich treffen *mit j-m* **2** debattieren *etw. Akk* **3** verhandeln (Verhandlungen führen) **4** verkehren *mit j-m* (Kontakt pflegen) **5** sehen *j-n/etw.* ► **görüşüyor olmak** *biriyle* in Kontakt stehen *mit j-m*

görüşmeler *n* Verhandlung *w* (Besprechung)

gösterge *n* Anzeiger *m etw. Gen*, Kontrolllampe *w*, Zeiger *m* (an Messgeräten)

gösteri *n* Demonstration *w* (Protest), Manifestation *w*, Vorführung *w* (Veranschaulichung), Vorstellung *w* (Aufführung); **~ yapmak** vorführen

göstermek *v* **1** äußern *etw. Akk*, zeigen *etw. Akk*, ausdrücken *etw. Akk*, zeigen *j-m etw. Akk* (vorzeigen) **2** zeigen *etw. Akk* (vorzeigen) **3** zeigen *auf j-n/etw.* (in einer Richtung) **4** nachweisen *etw. Akk* **5** sich beweisen *als* **6** sich bewähren *als etw. Nom*, sich bewähren (Gerät usw.) **7** deuten *auf etw. Akk*, hindeuten *auf etw. Akk* (Beweise usw.), Anzeichen *s für/von etw.* sein, zeugen *von etw.* (zeigen) **8** hinweisen *auf etw.* **9** aufweisen (Gewinn usw.) ► **kendini ~** sich auszeichnen *vor j-m/etw.*; **kendini ~** *bir şeyde* sich erweisen, zeigen *etw. Akk* (ausdrücken); **yol ~** *bir yere doğru* führen *irgendwohin/durch etw.* (Weg); **yol ~** *birine* führen *j-n irgendwohin* (begleiten), leiten *j-n irgendwohin*

götürmek *v* **1** fahren *j-n/etw. irgendwohin*, mitnehmen *j-n irgendwohin* (mit dem Auto), führen *j-n irgendwohin* **2** durchführen *j-n durch etw.* (durch Stadt usw.) **3** mitnehmen *etw. Akk* **4** führen *j-n irgendwohin*, bringen **5** übertragen (Gegenstände usw.) **6** wegnehmen *j-m etw. Akk* (entziehen) ► **araba ile ~** treiben *j-n/etw. irgendwohin*

gövde *n* Rumpf *m*

göz *n* Auge *s*; **~ atmak** *bir şeye/birine* sich ansehen *etw. Akk*; **~ damlası** Augentropfen *Mz*; **~ kamaştırmak** blenden *j-n* (mit Licht); **~ kapağı** Lid *s*; **~ kırpmak** *birine* zuzwinkern *j-m*, anblinzeln *j-n*; **~ önünde bulundurmak** in Erwägung ziehen *etw. Akk*, erwägen *etw. Akk*; **~den kaçırmak** übersehen *etw. Akk* (nicht bemerken); **~ünü dikmek** schauen *auf j-n/etw.*, ansehen *j-n/etw.*

gözaltı *n* Haft *w* (Haftstrafe); **~na almak** festnehmen *j-n*

gözcü *n* Aufklärer *m* (Soldat), Monitor *m*

gözde *n* Favorit *m* (im Rennen usw.), Liebling *m* (Favorit)

gözetlemek *v* **1** (sich) ansehen *j-n/etw.* (Film usw.), beobachten *j-n/etw.* **2** hüten *j-n* (Kinder usw.), aufpassen *auf j-n* **3** patrouillieren *in etw. Dat* **4** beobachten (bemerken) **5** ausschauen *nach j-m/etw.*, Ausschau halten *nach j-m/etw.* **6** lauern, schnüffeln *irgendwo* (spionieren)

gözlem *n* Beobachtung *w* (Beobachten)

gözlemek *v* aufpassen *auf j-n/etw.*, überwachen (Prozess usw.), beobachten (Entwicklung usw.), verfolgen *j-n* (beschatten)

gözlük *n* Brille *w*

gözlükçü *n* **1** Optiker *m* **2** Optikergeschäft *s*

gözükmek *v* sich zeigen (sich sehen lassen)

gözyaşı *n* Träne *w*

gram *n* Gramm *s*

gramer *n* Grammatik *w*

gramofon *n* Plattenspieler *m*

grev *n* Streik *m für etw.*; **~ yapmak** *bir şey için* streiken *für/gegen etw.*

greyfurt *n* Grapefruit *w*

gri *adj* grau

grip *n* Grippe *w*

grup *n* **1** Gruppe *w* **2** Reihe *w* (Schlange usw.) **3** Team *s*, Gruppe *w* (von Fachleuten usw.) **4** Clique *w* (Freundeskreis), Bande *w* (Jugendlicher usw.) **5** Band *w*, Kapelle *w* (Band) **6** Stab *m* (Experten) **7** Gebilde *s* (Fels usw.) ► **sözcük grubu** Phrase *w*

gurur *n* Stolz *m*

gururlu *adj* eitel, eingebildet, stolz *auf j-n/etw.* (mit Recht)

güç *adj* anspruchsvoll (Aufgabe usw.), anstrengend (Tag usw.), schwierig ♦ *n* Anspannung *w*, Kraft *w* (körperlich), Stärke *w* (eines Menschen), Leistung *w* (einer Maschine usw.)

güçbela *adv* kaum, mit Mühe

güçlendirmek *v* intensivieren *etw. Akk*, steigern *etw. Akk* (vergrößern), verstärken (Intensität usw.), stärken *j-n/etw.*

güçlenmek *v* sich stärken, stark werden (Wind usw.), stärker werden

güçlü *adj* heftig, mächtig (Herrscher usw.), stark (Effekt usw.), kräftig (Wirkung usw.)

güçlük *n* Komplikation *w*, Schwierigkeit *w* (Problem)

güçlükle *adv* kaum, mit Mühe, schwierig, mit Schwierigkeiten

güçsüzlük *n* Schwäche *w* (Gefühl usw.)

güğüm *n* Kanne *w* (Milchkanne usw.), Kessel *m* (zum Wasserkochen)

gül *n* Rose *w*

gülle *n* Kugel *w*, Kurzhantel *w*, Langhantel *w*

gülmek *v* auslachen *j-n/etw.*, lachen *über j-n/etw.*, sich lustig machen *über j-n/etw.*, sich lustig machen *über j-n*; **kahkahayla ~** lachen *über j-n/etw.*

gülümseme *n* Lächeln *s*

gülümsemek *v* anlächeln *j-n*, lächeln

gülünç *adj* amüsant (Geschichte usw.), witzig, lächerlich

gülüş *n* Lachen *s*

gümrük *n* **1** Zoll *m* **2** Zollamt *s* ► **~ memuru** Zollbeamte *m*

gümüş *n* Silber *s* (Metall)

gün *n* Tag *m*; **doğum ~ü** Geburtstag *m*; **~ batımı** Sonnenuntergang *m*; **~ doğuşu** Sonnenaufgang *m*; **~de iki/ üç kere** zweimal/dreimal täglich; **gündüzleyin** tags, während des Tages; **her ~** täglich (jeden Tag); **İyi ~ler.** Guten Tag.; **yarından sonraki ~** übermorgen

günah *n* Sünde *w*

Günaydın. *interj* Guten Morgen.

güncel *adj* aktuell

gündüz *adv* tagsüber ♦ *n* Tag *m* (Gegenteil von Nacht)

güneş *n* Sonne *w*, Sonnenschein *m*

güneş çarpması *n* Hitzschlag *m*

güneşli *adj* sonnig, Sonnen-

güney *adj* südlich, Süd- ♦ *n* Süden *m*

günlük *adj* täglich, Tages-

güreş *n* Ringkampf *m*

gürültü *n* **1** Krach *m*, Lärm *m* **2** Betrieb *m* (Treiben), Getriebe *s* (Betriebsamkeit) ► **gök gürültülü fırtına** Gewitter *s*; **gök ~sü** Donner *m*; **~ yapmak** krachen

gürültülü *adj* laut

güven *n* Vertrauen *s*; **~de olmak** in Sicherheit *w* sein; **kendine ~** Selbstbewusstsein *s*, Selbstvertrauen *s*

güvence **~ altına almak** *birini bir şeyi* verschaffen *j-m etw. Akk*; **~ vermek** zusichern *j-m etw. Akk*

güvenilir *adj* glaubwürdig, glaubhaft, seriös (Mensch usw.), solide

güvenli *adj* sicher ♦ *n* Sicherheit *w*
güvenlik *n* **1** Sicherheit *w etw. Gen* (von Betrieb usw.) **2** Sicherung *w* (Schutz) **3** Bewachung *w* (Bewachen) **4** Pförtnerhaus *s* ► **güvenliğini sağlamak** *bir yerin* sichern *etw. Akk irgendwohin* (Wagen, Waffe usw.)
güvenmek *v* rechnen *mit etw.*, zählen *auf etw. Akk*, sich verlassen *auf j-n/etw.*, vertrauen *j-m/etw.*
güvensiz *adj* misstrauisch, unsicher (Mensch)
güvensizlik *n* Misstrauen *s*
güvercin *n* Taube *w*
güverte *n* Bord *m*, Deck *s*
güzel *adj* schön, wunderschön ♦ *adv* schön (angenehm, gehörig) ♦ *n* ein fesches Mädchen ► **~ hava** schönes Wetter; **~ sanatlar** bildende Kunst; **Hava ~.** Das Wetter ist schön.
güzellik *n* Pracht *w*, Schönheit *w*
güzergah *n* Pfad *m*, Wanderweg *m*, Reiseplan *m*, Route *w*

H

haber *n* Botschaft *w* (Nachricht), Nachricht *w*, Neuigkeit *w* (Auskunft usw.); **~ler** Nachrichten *w Mz*
haberleşme *adj* Nachrichten-
hacim *n* große Menge, Volumen *s*
hadise *n* **1** Vorfall *m*, Ereignis *s* **2** Angelegenheit *w*
hafıza *n* Gedächtnis *s*
hafif *adj* leicht; **~ rüzgar** Brise *w*; **~ yokuş** ein leichter Hang; **~e almak** unterschätzen
hafifçe *adv* leicht, sanft
hafta *n* Woche *w*; **~ sonu** Wochenende *s*
hak *n* **1** Recht *s* (Rechtsordnung) **2** Anspruch *m auf etw. Akk* (Recht), Recht *s zu etw.* (Berechtigung) **3** Wahrheit *w* (Tatbestand) ► **~ etmek** verdienen *etw. Akk*
hakaret *n* Beleidigung *w*
hakem *n* Schiedsrichter *m* (im Sport)
hakikat *adj* wahr, wirklich (wie es sein soll) ♦ *n* Wahrheit *w* (Gesagtes)
hakikaten *part* wirklich (in der Tat), echt
hakiki *adj* authentisch, echt, unverfälscht
hakketmek *v* gravieren
hakkında *prep* über *etw. Akk* (sprechen usw.), von *etw.* (reden, hören usw.), um *etw.* (sich handeln usw.)
haklı *adj* begründet, berechtigt (Sorge usw.); **~ çıkarmak** rechtfertigen *etw. Akk* (entschuldigen); **Haklısınız.** Sie haben Recht.
haksız *adj* ungerecht, ungerechtfertigt, unsachgemäß (unzulässig)
haksızca *adv* unrechtmäßig, zu Unrecht
hala *adj* ruhig (bewegungslos)
halef *n* Nachfolger *m j-s*; **~i olmak** *j-s* Nachfolger sein
halı *n* Teppich *m*
halinde *prep* bei (Angelegenheit)
halis *adj* rein, pur (Silber usw.)
halk *n* **1** Leute *Mz* (mehrere Menschen), Volk *s* (Bevölkerung) **2** Öffentlichkeit *w* ♦ *adj* **1** öffentlich **2** volkstümlich (volksnah), Volks- **3** volkstümlich (verbreitet), Volks- ► **hane ~ı** Haushalt *m*
halka *n* Kreis *m* (kreisförmige Gruppierung), Ring *m*
halletmek *v* besorgen *etw. Akk*, erledigen (Bestellung usw.), verschaffen *etw. Akk* (besorgen)
ham *adj* roh (Material), Roh-, unreif (Frucht)
hamal *n* Gepäckträger *m* (Person)
hamburger *n* Hamburger *m*
hamil *n* Besitzer *m*, Inhaber *m*
hamile *adj* schwanger, gravid
hamle *n* Anlauf *m* (vor einem Sprung usw.), Ausfall *m* (Bewegung), Zug *m* (im Schach usw.)
hamur *n* Teig *m*; **~ yuvarı** Kloß *m*, (SüD, ÖrD) Knödel *m*
hane *n* **1** Haus *s* **2** Teil *m* (organisatorischer usw.) **3** Sternzeichen *s* ► **~ halkı** Haushalt *m*
hangi *pron* der, die, das (Relativpronomen), was (Nebensatz), welch(er,e,es)
hantal *adj* Brutto-, ungeschickt, unbeholfen
hap *n* Pille *w*, Tablette *w*
hapishane *n* Gefängnis *s*, Strafanstalt *w*
hapşırmak *v* niesen
harabe *n* Ruine *w*, Ruinen *Mz*, Verwüstung *w*
hararet *n* Wärme *w*
harcamak *v* Geld aufwenden, verbrauchen (Vorräte usw.), verbringen, verschlingen (Geld usw.)
hardal *n* Senf *m*
hareket *n* **1** Bewegung *w* **2** Akt *m* (Tat), Handlung *w*, Schritt *m* (Handlung) ► **~ etmek** sich bewegen, sich in Bewegung setzen; **~ etmek** *bir şey olarak bir yere* verschieben *etw. Akk irgendwohin* (Stelle wechseln); **~ etmek** *bir şeyle bir yere* verschieben *etw. Akk irgendwohin* (Stelle wechseln); **~ ettirmek** *bir şeyle* bewegen *etw. Akk*; **~e geçirmek** erwecken *etw. Akk* (Interesse usw.)
hareketli *adj* beweglich, rege (Verkehr usw.), rüstig, temperamentvoll
harf *n* Buchstabe *m*; **büyük harfler** Großbuchstaben *m Mz*; **~ ~ söylemek** buchstabieren *etw. Akk*
harika *adj* fantastisch, herrlich, wunderbar, wunderschön

harikulade *adj* hervorragend, phänomenal, toll, großartig
harita *n* Landkarte *w*, Karte *w* (geografisch)
hasar *n* Schaden *m* (Einbuße); **~a uğratmak** beschädigen
hasat *n* Ernte *w*; **~ kaldırmak** ernten *etw. Akk* (Getreide usw.)
haset *n* Neid *m*
hasetlenmek *v* beneiden *j-n um etw.*
hasırotu *n* Schilf *s*
hassas *adj* einfühlsam, aufmerksam, empfindlich (wenig beständig), heikel
hasta *adj* krank, krankhaft, pathologisch ♦ *n* Patient *m* ► **Hastayım.** Mir ist schlecht.
hastalanmak *v* erkranken *an etw. Dat*
hastalık *n* Erkrankung *w*, Störung *w* (gesundheitliche), Übel *s* (Krankheit); **şeker hastalığı** Diabetes *m*
hastane *n* Krankenhaus *s*
haşhaş *n* Mohn *m*
haşlamak *v* kochen *etw. Akk* (im Wasser usw.)
hat *n* **1** Linie *w* (Verkehrsstrecke) **2** Strecke *w* (Eisenbahn usw.) **3** Bahn *w* (für Läufer usw.), Strecke *w* (Rennstrecke usw.) **4** Leitung *w* (Telefonleitung usw.) **5** Front *w* (Kampflinie) **6** Fertigungsstraße *w*, Kontur *w* ► **telefon ~tı** Telefonleitung *w*
hata *n* Irrtum *m*, Mangel *m* (Defekt usw.), Fehler *m* (Funktionsfehler usw.); **aldanmış halden veya ~dan kurtarmak** *birini* über seinen Irrtum aufklären *j-n*; **~sı olmak** *birinin* unrecht haben
hatalı *adj* abwegig, verfehlt (Idee usw.), falsch (Antwort usw.), unrichtig
hatıra *n* Andenken *s*, Erinnerung *w an j-n/etw.*, Memento *s*
hatırlamak *v* denken *an etw. Akk*, sich erinnern *an etw. Akk*, denken *an j-n/etw.* (im Kopf haben), erinnern *j-n an etw. Akk* (an Erlebnis usw.)
hatırlatan *adj an etw. Akk* erinnernd
hatırlatma *n* Mahnung *w* (Mahnbrief usw.)
hatırlatmak *v* erinnern *j-n an etw. Akk* (an Pflicht usw.), erinnern *j-n an j-n/etw.* (Erinnerung wachrufen)
hava *n* **1** Luft *w* **2** Wetter *s* **3** Atmosphäre *w* (Lufthülle) **4** Atmosphäre *w* (Stimmung) ► **~ alanı** Flughafen *m*; **~ temizleyici** Lufterfrischer *m*; **~ yolları** Fluggesellschaft *w*; **~ya uçurmak** explodieren
havacı *n* Pilot *m*, Flieger *m* (Person)
havacılık *adj* Flug-, Luft- ♦ *n* Flugwesen *s*, Luftfahrt *w*
havalandırma *n* Ventilation *w*
havalandırmak *v* belüften (Zimmer usw.), lüften
havalanmak *v* abheben (Flugzeug usw.), hochfliegen, sich erheben, sich schwingen *auf etw. Dat*
havale *n* Überweisung *w* (von Geld), Überweisungsauftrag *m*; **posta ~si** Postanweisung *w*
havalı *adj* Luft-, stolz (hochmütig)
havlamak *v* bellen
havlu *n* Badetuch *s*, Handtuch *s*
havra *n* Synagoge *w*
havuç *n* Karotte *w*, Möhre *w*
havuz *n* Fischteich *m*, Freibad *s*, Schwimmbad *s*, Tümpel *m*; **açık yüzme ~u** Freibad *s*; **yüzme ~u** Schwimmbecken *s*
havza *n* Becken *s* (Reservoir)
hayal *n* **1** Traum *m* **2** Vorstellung *w von etw.* (Ahnung) ► **~ kırıklığına uğratmak** enttäuschen *j-n*, *j-n* im Stich lassen
hayat *n* **1** Leben *s* **2** Veranda *w* ► **hayatta kalmak** überleben
hay hay *adv* mit Vergnügen
hayır *adj* negativ (Antwort usw.) ♦ *n* Gelingen *s etw. Gen*, Heil *s* ♦ *part* nein, (ugs.) nee
haykırmak *v* aufschreien, ausrufen (spontan), kreischen, schreien
hayran *adj* bewundernd ♦ *n* Bewunderer *m*, Freak *m etw. Gen* ► **~ olmak** bewundern *j-n/etw. wegen etw.*
hayranlık *n* Bewunderung *w für j-n*, Feuereifer *m*
hayret *n* Erstaunen *s*, Verwunderung *w*; **~ verici** erstaunlich
hayvan *n* Tier *s*; **av ~ı** jagdbares Wild *s*; **vahşi ~** Wild *s* (wild lebend)
hayvanat bahçesi *n* Zoo *m*, Tiergarten *m* (kleiner), Tierpark *m* (größer)
hazır *adj* fertig, reif (Käse usw.), vorbereitet *für etw. Akk, zu etw.*, bereit *zu etw.* ♦ *n* Geistesgegenwart *w*
hazırlama *n* Ausfertigung *w* (Ausfertigen)
hazırlamak *v* abfassen *etw. Akk*, ausarbeiten (in Einzelne), bereiten *j-m etw. Akk*, vorbereiten *etw. Akk für j-n*
hazırlanmak *v* ausstatten *j-n/etw. mit etw.*, sich vorbereiten *auf etw. Akk*, sich vorbereiten *auf etw.*, widerstehen *etw. Dat* (Änderung usw.)
hazırlık *adj* Vorbereitungs-, vorbereitend ♦ *n* Vorbereitung *w auf/für etw.*, Vorbereitungen *w Mz*, Zubereitung *w*
hazırlıklı *adj* clever, schlau, vorsorglich
haziran *n* Juni *m*
hazne *n* Kammer *w* (im Gerät usw.)
hece *n* Silbe *w*
heceleme *n* Rechtschreibung *w*
hedef *n* Aspiration *w*, Ziel *s*; **~e gitmek** *bir yere* steuern *irgendwohin* (sich richten)
hedeflemek *v* zielen *etw. Akk auf j-n/etw.*, zielen *mit etw. auf j-n/etw.*

hediye *n* Souvenir *s*; **~ etmek** *birine bir şey* schenken *j-m etw. Akk*; **küçük ~** eine kleine Aufmerksamkeit
hektar *n* Hektar *s,m*
helikopter *n* Hubschrauber *m*
hemen *adv* direkt, dringend, eindringlich, rasch; **H~ mi?** Jetzt sofort?
hemşire *n* Krankenschwester *w*
hemzemin **~ geçit** Bahnübergang *m*
hendek *n* Graben *m* (Straßengraben usw.), Rinne *w* (in der Erde), Wassergraben *m*
henüz *adv* noch (dauern usw.); **~ değil** noch nicht, bisher nicht
hep *adv* dauernd, ständig, konstant ♦ *pron* all ► **~ birlikte** insgesamt, zusammen (betragen usw.)
hepatit *n* Hepatitis *w*
hepsi *pron* alle
her *pron* all, jed(er,e,es) (alle), jedermann; **~ iki** beide; **~ şey** alles; **~ şeyden önce** vor allem (Betonung); **~ yerde** überall; **~ zaman** immer, stets, ständig, jedes Mal, jeweils, wann auch immer, jederzeit
herhangi *pron* beliebig, irgendein, wer auch immer; **~ bir kimse** jed(er,e,es) (beliebige Person); **~ bir yer** wo (auch) immer
herkes *pron* alle, jed(er,e,es), jedermann
hesap *n* **1** Bankkonto *s*, Konto *s* **2** Quittung *w*, Rechnung *w* (im Restaurant usw.) **3** Berechnung *w*, Kalkulation *w* ► **cari ~** laufendes Konto; **~ bilançosu** Kontoauszug *m*; **H~ lütfen!** Bitte zahlen!
hesaplama *n* Abrechnung *w* (Schlussrechnung), Abzählen *s*, Berechnung *w*
hesaplamak *v* kalkulieren *etw. Akk*, rechnen *etw. Akk*, ausrechnen *etw. Akk* (Rechenaufgabe), berechnen *etw. Akk* (Umfang usw.)
hesaplaşmak *v* schlichten *etw. Akk* (Streit usw.)
heves *n* Begeisterung *w für etw.*, Eifer *m für etw.*, Begeisterung *w* (Verve usw.)
hevesli *adj* begeistert (Fan), scharf sein *etw. Akk zu tun*
heyecan *n* Elan *m*, Erregung *w* (Emotionen), Feuereifer *m*, Rührung *w*
heyecanlandırmak *v* erregen *j-n* (emotional), wachrütteln *j-n* (ermutigen)
heyecanlı *adj* aufgeregt, aufregend, begeistert *von etw.* (hingerissen), beunruhigt
heyet *n* Delegation *w*, Vorstand *m* (einer Firma usw.)
heykel *n* Plastik *w* (Bildwerk), Statue *w*
heykelcik *n* Figur *w* (aus Porzellan usw.), Statuette *w*
heykeltıraş *n* Bildhauer *m*
hırka *n* Cardigan *m*, Strickjacke *w*
hırsız *n* Dieb *m*, Einbrecher *m*
hırsızlık *n* Diebstahl *m*, Entwendung *w etw. Gen*, Ladendiebstahl *m*
hıyaban *n* Allee *w*
hız *n* Bewegungsgröße *w*, Geschwindigkeit *w*, Schnelligkeit *w* (einer Bewegung usw.), Verlauf *m* (eines Ereignisses usw.)
hızlandırmak *v* beschleunigen *etw. Akk*, beschleunigen (Anfang usw.), vorantreiben, hochdrehen (Motor usw.)
hızlanmak *v* **1** beschleunigen (sich schneller bewegen) **2** beschleunigen *etw. Akk*
hızlı *adj* **1** schnell, rasch **2** schlagfertig **3** rapid, jäh, rapide ♦ *adv* **1** schnell (sich bewegen usw.) **2** scharf (abbiegen usw.)
hibe *n* Zuschuss *m*
hiç *adj* beliebig ♦ *pron* kein (nicht ein) ♦ *part* gar, überhaupt, gar nicht, überhaupt nicht ► **~ bir şekilde** keineswegs; **~ bir şey** nichts; **~ bir yerde** nirgends, nirgendwo; **~ bir yere** nirgendwohin
hijyenik *adj* hygienisch
hikaye *n* **1** Erzählung *w* (von Erlebnis usw.) **2** Geschichte *w* **3** Erzählung *w* (Werk), Novelle *w* (Erzählung)
hile *n* Betrug *m*, Fallstrick *m*, Finte *w*, Hinterlist *w*
himaye *n* Patronat *s*, Schirmherrschaft *w*, Schutz *m* (Naturschutz usw.)
hindi *n* Geflügel *s*, Truthahn *m*, Truthenne *w*, Pute *w* (Geflügel)
Hindistan *adj* indisch ♦ *n* Indien *s*
hint *adj* indisch
his *n* Gefühl *s*
hissedilir *adj* spürbar, empfindlich (Verlust usw.)
hissetmek *v* fühlen *etw. Akk*, spüren *etw. Akk* (Kälte usw.), empfinden *etw. Akk* (Schmerz usw.), sich fühlen
hissiyat *n* Gefühl *s* (Wahrnehmung)
hizmet *n* Bedienung *w* (eines Gerätes usw.); **~ etmek** *bir şey gibi* dienen *als etw. Nom, zu etw.* (Zweck haben); **~ etmek** *bir şeye birine* dienen *j-m/etw.*; **~ etmek** *birine* bedienen *j-n* (Gast usw.); **~ vermek** *bir şey* bedienen *etw. Akk* (Maschine usw.); **~ vermek** *bir şeye* betreiben *etw. Akk*; **~ler** Dienstleistungen *w Mz*
hobi *n* Hobby *s*, Vorliebe *w für etw. Akk*, Zeitvertreib *m* (Hobby usw.)
hokey *n* Eishockey *s*
hol *n* Lounge *w*, Halle *w* (im Hotell usw.), Aufenthaltsraum *m*, Vestibül *s*
hoparlör *n* Lautsprecher *m*
hor *adj* geizig
horlamak *v* schnarchen
horoz *n* Hahn *m* (Vogel)
hostes *n* Hostess *w*, Stewardess *w*, Flugbegleiterin *w*
hoş *adj* angenehm, erfreuend, entzückend, niedlich; **~ olmayan** unangenehm

hoşçakal *interj* Tschüs!; **Hoşçakal(ın)!** Auf Wiedersehen.
hoşgeldiniz **Hoşgeldiniz!** Willkommen!
hoşgelmiş *adj* willkommen
hoşlanmama *n* Antipathie *w*, Aversion *w gegen j-n/etw.*, Widerwille *m gegen j-n/etw.*, Abneigung *w gegen j-n/etw.*
hoşnut *adj* zufrieden (Lächeln usw.)
hoşnutsuz *adj* unzufrieden *mit etw.*, nicht zufrieden *mit etw.*
Hristiyan *adj* christlich, Christ(en)- ♦ *n* Christ *m*
Hristiyanlık *n* Christentum *s*
hudut *n* Grenze *w* (Trennungslinie)
hukuk *n* Anspruch *m auf etw. Akk* (Recht); **~ davası** Klage *w* (gerichtlich)
hukukçu *n* Jurist *m*
huni *n* Trichter *m*
hurda *n* Kram *m*, Trödel *m*, Schrott *m* (Alteisen)
hurma *n* Dattel *w*
huy *n* Gewohnheit *w*, Veranlagung *w* (eines Menschen)
huzursuzluk *n* Unruhe *w* (innere), Rastlosigkeit *w*
hücre *n* Zelle *w*
hücüm *n* Ausfall *m* (Bewegung)
hükmetmek *v* beherrschen *etw. Akk* (ein Land usw.), dominieren *etw. Akk* (Oberhand gewinnen)
hüküm *n* Anordnung *w* (amtliche usw.), Verordnung *w*, Urteil *s* (richterliches)
hükümet *n* Regierung *w*
hüner *n* Handwerk *s*
hüzün *n* Melancholie *w*, Trauer *w* (Traurigkeit)
hüzünlü *adj* düster (Gegend usw.), melancholisch, trübsinnig

I

ılıca *n* Bad *s* (mit Heilquellen), Kurort *m*
ılık *adj* lauwarm, lau, warm
ılıman *adj* mäßig (Wind usw.), gemäßigt, milde (Klima usw.)
ılımlaştırmak *v* mildern *etw. Akk*, sich versöhnen
ılımlı *adj* maßvoll, gemäßigt, mäßig
ırk *n* Rasse *w* (Mensch); **~la ilgili** Rassen-
ısınmak *v* angeheizt werden, sich aufwärmen, sich erwärmen, warm werden (Bier usw.)
ısırmak *v* **1** beißen *in etw. Akk* **2** beißen *j-n* **3** abbeißen *etw. Akk*, knabbern, naschen **4** sich verbrennen (an Brennnessel usw.)
ısıtıcı *n* Heizer *m* (Gerät usw.); **su ~sı** Kessel *m* (Gaskessel usw.)
ısıtma *n* Erwärmung *w*, Heizung *w*
ısıtmak *v* anheizen (Ofen usw.), aufkochen, beheizen, heizen (Zimmer usw.) *etw. Akk*
ıslak *adj* nass (feucht); **~ giysi** Neoprenanzug *m*
ıslatmak *v* anfeuchten, anfeuchten *etw. Akk*, befeuchten *etw. Akk* (Haut usw.), befeuchten (Luft usw.) *etw. Akk mit etw.*
ısmarlama *n* Bestellung *w*
ısmarlamak *v* bestellen *etw. Akk*
ıspanak *n* Spinat *m*
ısrar *n* Insistenz *w auf etw. Dat*, Beharren *s auf etw. Dat*; **~ etmek** bestehen *auf etw. Dat* (beharren), stehen *zu etw.* (bestehen)
ıstılah *n* Fachausdruck *m*
ışık *n* Licht *s*; **sarı ~** Gelb *s* (Ampel)
ışıklandırma *n* Beleuchtung *w*
ışıldamak *v* aufblinken, funken (Funken sprühen), funkeln
ışın *n* Strahl *m* (von Licht usw.)
ızgara *adj* gegrillt ♦ *n* Gitter *s* (Lüftunggitter usw.), Grill *m* (im Backofen usw.), Rost *m* (Feuerung usw.) ► **~ yapmak** *bir şeyi* grillen *etw. Akk*

İ

ibaret *adj* gebildet *aus etw.*
ibre *n* Nadel *w* (eines Kompasses usw.)
icaret *n* Handel *m* (Austausch)
icat *n* Erfindung *w*; **~ etmek** erfinden *etw. Akk* (Glühbirne usw.)
iç *adj* inner(er,e,es), Innen-, innerlich (Gefühle usw.), intern ♦ *n* Füllung *w* (Fleischfüllung usw.), Innere *s*, Interieur *s* ► **~ giyim** Unterwäsche *w*, Unterkleidung *w*; **~ rahatlığı** Linderung *w etw. Gen* (Schmerzen usw.); **ülke ~i** Haus-, häuslich
içecek *n* Getränk *s*; **yiyecek ~** Verpflegung *w*
içeri *adv* drinnen, innen ♦ *n* Innere *s* (Innenraum)
içeride *adv* drinnen, innen
içerik *n* Inhalt *m* (einer Flasche usw.), Zutat *w*, Ingredienz *w*
içeriye *prep* in *etw. Akk*; **~ akma** *bir şeyden* Zustrom *m von etw.*
içermek *v* eingliedern *j-n in etw. Dat* (in Prozess usw.), enthalten *etw. Akk*, mit sich bringen *etw. Akk* (Konsequenzen usw.), umfassen (enthalten)
içilebilir *adj* trinkbar
için *prep* für *etw.* (Zweck usw.), für *j-n* (Geschenk, Nachricht usw.)
içinde *prep* in (einem Raum usw.), innerhalb *etw. Gen*, binnen *etw. Dat*; **bir gece ~** über Nacht
içindekiler *n* Inhaltsverzeichnis *s*

içine *prep* in *etw. Akk*, in (Richtung)

içki *n* Spirituose *w*

içmek *v* **1** austrinken *etw. Akk* (Tee usw.), trinken *etw. Akk* **2** austrinken *etw. Akk* (Glas usw.) ► **sigara ~** rauchen (Zigarre usw.)

içtepi *n* Drang *m* (Antrieb), Zwang *m* (innerer), Impuls *m*, Anregung *w*

idam *n* Hinrichtung *w*; **~ etmek** hinrichten *j-n*; **~ etmek** *birini* aufhängen *j-n* (Mörder usw.)

idare *n* Management *s* (Tätigkeiten), Verwaltung *w*; **~ etmek** kontrollieren (Gebiet usw.), beherrschen (Firma usw.); **~ etmek** *bir şeyi* leiten *etw. Akk* (Firma usw.)

iddia *n* **1** Anspruch *m auf etw. Akk* (erhobener usw.) **2** Behauptung *w*, These *w* **3** (unbegründete) Behauptung ► **~ etmek** beanspruchen *etw. Akk*, behaupten *etw. Akk*; **~lara göre** angeblich

ideal *adj* ideal

idrar *n* Harn *m*, Urin *m*

ifade *n* Ausdruck *m* (Kennzeichen), Aussage *w* (vor der Polizei usw.), Formulierung *w*, Konstatierung *w*; **~ etmek** ausdrücken, sich ausdrücken

iflas *n* Bankrott *m*, Konkurs *m*; **~ etmiş** bankrott

iğne *n* **1** Nadel *w* (Nähnadel) **2** Bolzen *m*, Stift *m* (Verbindungsteil) **3** Stricknadel *w* **4** Stachel *m* (einer Wespe usw.) ► **çengelli ~** Sicherheitsnadel *w*; **toplu ~** Nadel *w* (Stecknadel), Stecknadel *w*

iğrenç *adj* ekelhaft, eklig, scheußlich, hässlich

ihbar *n* Anzeige *w* (bei der Polizei usw.); **~ etmek** anzeigen *j-n* (Täter usw.)

ihlal **~ etme** *bir şeyi* Verletzung *w etw. Gen* (Verstoß); **yasa ihlali** Verletzung des Gesetzes

ihmalci *adj* lax, nachlässig, oberflächlich, schlampig (Person usw.)

ihracat *n* Ausfuhr *w*, Export *m*

ihraç *v* ausführen *etw. Akk* (exportieren)

ihtilaf *n* Konflikt *m*, Zusammenstoß *m* (Auseinandersetzung)

ihtiyaç *n* Bedürfnis *s*; **ev ~ları** Haushaltswaren *Mz*

ihtiyaçlar *n* Ausrüstung *w*

ihtiyat *n* Vorrat *m*

ihtiyatlı *adj* clever, schlau, umsichtig, bedächtig (Person usw.) ♦ *v* auf der Hut sein *vor j-m/etw.*

ikamet **~ yeri** Wohnsitz *m*

ikametgah *n* **1** Behausung *w*, Wohnort *m* **2** Daueraufenthalt *m* **3** Sitz *m* (Institution)

ikaz *n* Kündigung *w*, Warnung *w*; **~ etmek** *bir şeyi* kündigen *etw. Akk*

iken *conj* **1** wenn (in der Moment) **2** während ♦ *adv* als (Gleichzeitigkeit)

iki *n* Zwei *w* ♦ *num* zwei ► **her ~** beide; **~ katı** doppelt so viel; **~ kere** zweimal; **on ~** zwölf

ikili *adj* bilateral, zweiseitig, binär, dual ♦ *n* Duo *s*, Einstand *m*

ikinci *n* Sekunde *w* ♦ *num* zweit(er,e,es)

ikincil *adj* marginal (Problem usw.), Rand-, nebensächlich, untergeordnet (unwichtig usw.)

ikiz *n* Zwilling *m*

iklim *n* Klima *s*

ikna *n* Persuasion *w* (Überzeugen); **~ etmek** anstiften *j-n zu etw.*, herauslocken *etw. Akk aus j-m*, überzeugen *j-n von etw.*

ikram *n* Bewirtung *w* (Essen und Trinken); **~ etmek** *bir şey* nehmen (Essen usw.)

il *n* Provinz *w*

ilaç *n* Arzneimittel *s*, Medikament *s*, Heilmittel *s*, Medikation *w gegen etw.*

ilan *n* Bekanntmachung *w*, Anzeigen *w Mz*, Proklamation *w*, Ankündigung *w*; **~ etmek** erklären (sagen)

ilave *n* **1** Ergänzung *w* **2** Additiv *s* **3** Zusatz *m* ♦ *adj* ergänzend, Ergänzungs-, extra (Service usw.), Extra- ► **~ etmek** zugeben *etw. Akk irgendwohin* (hinzufügen)

ilaveten *adv* zusätzlich *zu etw.* (als Zusatz)

ilçe *n* Bezirk *m*, Landkreis *m*

ile *adv* miteinander ♦ *prep* mit *j-m/etw.*

ilerde *adv* vorn, vorne

ileri *adv* nach vorne, vorwärts, nach vorn

ileriki *adv* weiter (entfernt)

ileriye **~ gitmek** weitergehen, vorankommen

ilerleme *n* Aufschwung *m* (Entwicklung), Fortkommen *s*, Fortschritt *m*, Progression *w*

ilerlemek *v* vorangehen (Fortschritte machen), vorausgehen, vorgehen (handeln), weitergehen *auf etw. Akk*

iletişim *n* Kommunikation *w*, Mitteilung *w*; **~ kurmak** kommunizieren *mit j-m*

iletken *adj* leitend, leitfähig ♦ *n* Leiter *m* (Stoff)

ilgi *n* Interesse *s an etw. Dat*, Zusammenhang *m*; **~ çekici** interessant; **~ çekmek** aufmerksam machen *j-n auf etw. Akk*; **~ duymak** *birine/bir şeye* sich interessieren *für j-n/etw.*; **~ göstermek** *birine/bir şeye* sich widmen *j-m/etw.*, sich kümmern *um j-n/etw.* (behilflich sein usw.)

ilgilendirmek *v* betreffen *j-n/etw.*, angehen *j-n/etw.*, gelten *für j-n/etw.*, sich beziehen *auf j-n/etw.*

ilgilenmek *v* **1** interessieren *j-n* (Interesse haben) **2** *j-s* Interesse wecken **3** sich widmen *etw. Dat* (teilnehmen usw.) **4** stehen *auf j-n/etw.* (Interesse haben) **5** besorgen *etw. Akk*, sorgen *für etw.* (Problem lösen usw.) **6** sich Sorgen machen *um j-n/etw.* **7** neigen *zu etw.* (Vorliebe haben) ♦ *n* Eingenommenheit *w für etw.* ► **İlgilenmiyorum.** Ich habe kein Interesse.; **ile ~** sich befassen *mit etw.* (Problem usw.), sich beschäftigen *mit etw.* (Thema usw.)

ilgili *adj* beteiligt *an etw. Dat*, entsprechend (Amt usw.), zuständig, interessiert *an etw. Dat* ♦ *n* Interessent *m* ♦ *prep* bezüglich, hinsichtlich ► **ırkla ~** Rassen-; **~ olmak** sich beziehen *zu etw.* (betreffen); **postayla ~** Post-, Brief-

ilginçlik *n* interessante Sache *w*

ilgisiz *adj* apathisch, teilnahmslos, gleichgültig, ungerührt (ohne Gefühl)

ilgiyle *adv* aufmerksam, sorgfältig, interessiert, mit Interesse

ilişki *n* **1** Beziehung *w* (Zusammenhang usw.), Bindung *w zwischen etw.* (Beziehung) **2** Verhältnis *s mit j-m* (Liebschaft), Beziehung *w* (intime usw.) **3** Verhältnis *s* (Verwandtschaft usw.) **4** Beziehung *w* (Handelsbeziehung usw.) ► **~ kurmak** *bir şeyle* sich beziehen *auf etw. Akk*; **~yi bitirmek** auseinandergehen *von j-m*, sich trennen *von j-m*

ilişkin *prep* bezüglich, hinsichtlich

ilk *adj* Anfangs-, anfänglich, Ur-, ursprünglich ♦ *adv* zuerst ♦ *num* erst(er,e,es) ► **~ harf** Anfangs-; **~ olarak** vor allem (zuerst); **~ seferde** erstmals, zum ersten Mal; **~ yardım** erste Hilfe; **~ yardım çantası** Verbandkasten *m*, Erste-Hilfe-Kasten *m*

ilkbahar *n* Frühling *m*

ilke *n* Base *w* (Verbindung), Prinzip *s*

ilkokul *n* Grundschule *w*

illet *n* Krankheit *w*, Erkrankung *w*

ilmek *n* **1** Masche *w* **2** Gürtelschlaufe *w*

iltifat *n* Kompliment *s*

iltihap *n* Entzündung *w*

ima *n* Andeutung *w*, Anspielung *w auf etw. Akk*, Suggestion *w*; **~da bulunmak** andeuten *etw. Akk*

imkanlar *n* Annehmlichkeiten *w Mz*, Ausstattung *w* (in einer Fabrik usw.), Anlagen *w Mz*

imkansız *adj* nicht realisierbar, unrealisierbar, undurchführbar, nicht durchführbar ♦ *adv etw. Akk* lässt sich nicht machen, es ist nicht möglich *etw. Akk zu tun* ► **~ kılmak** *bir şey* unmöglich machen *etw. Akk*

imparator *n* Kaiser *m*

imtihan *n* Prüfung *w* (Kenntnisse); **~ etmek** prüfen *j-n in etw. Dat*

imza *n* Autogramm *s*, Unterschrift *w*; **~ atmak** unterschreiben *etw. Akk*

imzalamak *v* unterschreiben *etw. Akk*

inanç *n* **1** Glaube *m* **2** Überzeugung *w* **3** Konfession *w*, Glaubensbekenntnis *s*

inandırıcı *adj* persuasiv, stichhaltig (Argument usw.), überzeugend

inandırmak *v* einreden *j-m etw. Akk*, vortäuschen *etw. Akk*, heucheln *etw. Akk* (Mitleid usw.)

inanılmaz *adj* **1** unglaublich **2** merkwürdig, seltsam

inanmak *v* **1** glauben *an etw. Akk* **2** glauben *j-m etw. Akk*, glauben *j-m/etw.* **3** vertrauen *j-m/etw.* **4** überprüfen *etw. Akk* (nochmals prüfen)

inatçı *adj* beharrlich, dickköpfig, starrsinnig, eigensinnig

ince *adj* dünn (Ast usw.), schlank, schmal

inci *n* Perle *w*

incik *n* Schienbein *s*

incinmiş *adj* verletzt

incir *n* Feige *w* (Frucht)

indirim *n* **1** Ermäßigung *w* **2** Sonderangebot *s* **3** Aktie *w* **4** ermäßigter Eintritt ► **~ vermek** nachlassen *j-m wie viel* (Rabatt)

indirimli *adj* verbilligt, ermäßigt (Preis)

indirmek *v* **1** abnehmen *etw. Akk von etw.* (Deckel usw.) **2** herunterkurbeln (Fenster usw.), senken (nach unten) **3** herunterladen **4** ermäßigen *etw. Akk* **5** kürzen *etw. Akk* (Geld), reduzieren *etw. Akk (um etw.)*, reduzieren (Ausgaben usw.) **6** mildern (Folgen usw.) **7** abnehmen (Deckel usw.) **8** den Hut abnehmen **9** aussetzen *j-n* (Touristen usw.)

inek *n* Kuh *w*

İngiliz *adj* englisch ♦ *n* Engländer *m* (Person)

ingilizce *adv* englisch

İngiltere *n* England *s*

iniş *n* Abstieg *m* (Abwärtssteigen), Landung *w*; **~ yapmak** landen

inmek *v* **1** aussteigen *aus etw.*, aussteigen (aus Flugzeug usw.), von Bord gehen **2** herabfahren *etw. Akk*, hinuntergehen *etw. Akk* (vom Sprecher), heruntergehen *etw. Akk* (zum Sprecher) **3** sich neigen (Gelände usw.), sich senken (Hang usw.) **4** abschwellen (Anschwellung usw.) **5** landen (aufsetzen) ♦ *n* Ausstieg *m* (aus Bus usw.)

insan *adj* Menschen-, menschlich ♦ *n* Mensch *m*

insancıl *adj* human, menschlich ♦ *n* Humanist *m*

insanlar *Mz* Leute *Mz* (Lebewesen)

inşa *n* Aufbau *m etw. Gen* (Errichtung), Bau *m* (Gebäude), Bauwerk *s*; **~ etmek** aufbauen *etw. Akk* (Haus usw.), erbauen *etw. Akk*, errichten *etw. Akk*, bauen *etw. Akk*

inşaat *adj* Bau-, baulich; **~ alanı** Baustelle *w*

inşallah *part* hoffentlich

internet *n* Internet *s*; **~ bağlantısı** Internetanschluss *m*
intiba *n* Anblick *m etw. Gen* (Erblicken), Eindruck *m*; **~ bırakmak** *birinde* wirken *auf j-n irgendwie* (Eindruck machen)
intihar *n* Selbstmord *m*
intikam *n* Rache *w*, Vergeltung *w für etw.*, Vergeltungsmaßnahme *w*
ip *n* Bindfaden *m*, Seil *s*
ipek *n* Seide *w*
iplik *n* Faden *m*, Garn *s*
iptal *n* Stornierung *w*; **~ etmek** absagen (Treffen usw.), aufheben (Gültigkeit usw.), entziehen *etw. Akk j-m* (Lizenz usw.), stornieren (Bestellung usw.)
ipucu *n* Anhaltspunkt *m*, Hinweis *m* (Rat usw.) ♦ *v* aufspüren *j-n/etw.*
irade *n* Wille *m*, Willenskraft *w*
iri *adj* enorm, grenzenlos, maßlos, mächtig (groß)
irin *n* Eiter *m*
irtibat *n* Kontakt *m*
İsa *n* Jesus
ishal *n* Durchfall *m* (Erkrankung), Diarrhö *w*
isim *n* **1** Name *m* **2** Substantiv *s* ► **cins ~** Genus *s*; **~ günü** Namenstag *m*; **~ vermek** nennen *j-n irgendwie* (bezeichnen); **~ yeri** Schild *s* (Türschild usw.)
isimlendirmek *v* berechtigen *j-n zu etw.* (Situation usw.), Recht geben *j-m zu etw.*
iskele *n* Gerüst *s*, Landungsplatz *m*, Mole *w* (im Hafen), Pier *m*
iskelet *n* Skelett *s*; **bina ~i** Gerüst *s* (Grundkonstruktion usw.)
İspanya *adj* spanisch ♦ *n* Spanien *s*
İspanyol *adj* spanisch ♦ *n* Spanier *m*
ispanyolca *n* Spanisch(e) *s*
İspanyolca *adv* spanisch, auf Spanisch
ispatlamak *v* beweisen *etw. Akk* (Fähigkeiten usw.)
istakoz *n* Hummer *m*
istasyon *n* Station *w* (Haltestelle); **ana ~** Hauptbahnhof *m*; **tren ~u** Bahnhof *m*; **yakıt ~u** Tankstelle *w*
istek *n* **1** Lust *w an etw. Akk*, Verlangen *s nach etw.* (heftiges usw.) **2** Bereitschaft *w* (zu helfen), Bereitwilligkeit *w*
istekli *adj* bereit *etw. Akk zu tun*, gierig *nach etw.*
isteklilik *adj* bereitwillig
isteksizlik *n* Unlust *w zu etw.*, Unwille *m*, Widerwille *m gegen etw.*
istemek *v* **1** fordern *etw. Akk*, verlangen *etw. Akk*, wollen (verlangen), mögen *etw. Akk von j-m* **2** wollen *etw. Akk zu tun* (vorhaben) **3** bitten *j-n um etw.*, erbitten (Hilfe usw.) ► **...ile konuşmak isterim.** Ich möchte (mit)... sprechen.; **Ne istiyorsunuz?** Was wollen Sie?
istepne *n* Reserverad *s*, Reservereifen *m*
istif *n* Stapel *m etw. Gen*
istikamet *n* Bestimmungsort *m*
istirahat *n* Atempause *w*, Rast *w*, Entspannung *w*
istiridye *n* Auster *w*
istisna *n* Ausnahme *w*, Exzerpt *s*
İsviçre *adj* schweizerisch ♦ *n* Schweiz *w*
iş *n* **1** Arbeit *w* **2** Geschäft *s* (Transaktion) ♦ *adj* Arbeits- ► **her gün ~i ile evi arasında gidip gelmek** pendeln (zur Arbeit); **~ çıkış saati** Stoßzeit *w*; **~ günleri** Wochentage *m Mz*, Werktage *m Mz*, Arbeitstage *m Mz*; **~e alma** Beschäftigung *w*; **~e almak** anstellen *j-n*; **~e başvuran** Stellenbewerber *m*; **~e yaramak** gelegen kommen *j-m etw. Nom*; **~i sürdürmek** Unternehmen betreiben; **işten atmak** *birini* feuern *j-n*; **işten çıkarmak** entlassen *j-n* (Arbeiter usw.); **yazı ~leri** Schreibbedarf *m*
işaret *n* **1** Kennzeichen *s*, Zeichen *s* (zum Unterscheiden), Signal *s* (Zeichen usw.) **2** Andeutung *w*, Spur *w* (Fleck usw.), Zeichen *s* (Anzeichen) **3** Zeichen *s* (Symbol) **4** Vorzeichen *s* ► **ok ~i** Pfeil *m* (Zeichen); **soru ~i** Fragezeichen *s*; **trafik ~i** Verkehrszeichen *s*
işaretlemek *v* bezeichnen *etw. Akk mit etw.*, bezeichnen (mit einem Namen usw.), markieren, markieren *etw. Akk mit etw.*
işbirliği *n* Genossenschaft *w*, Kooperation *w*; **~ yapmak** zusammenarbeiten *mit j-m*
işçi *n* Arbeitende *m*, Arbeiter *m*
işemek *v* pinkeln, urinieren
işitme *n* Gehör *s*
işitmek *v* aufschnappen *etw. Akk*, hören *etw. Akk*, hören *etw. Akk* (wahrnehmen)
işlem *n* Bearbeitung *w*, Prozess *m* (Vorgang), Transaktion *w*
işlemek *n* Eingabe *w* ♦ *v* bebauen (Boden), begehen *etw. Akk*, begehen (verüben), durcharbeiten (ausarbeiten)
işletme *n* Betrieb *m* (Fabrik usw.), Betriebsstätte *w*, Management *s* (Tätigkeiten)
işlev *n* Funktion *w etw. Gen* (Zweck)
işlevsel *adj* funktionsfähig
işleyen *adj* wirksam, funktionsfähig (im Betrieb)
işsiz *adj* arbeitslos (Person) ♦ *n* Arbeitslose *m*
işsizlik *n* Arbeitslosigkeit *w*; **~ maaşı** Arbeitslosengeld *s*
iştah *n* Appetit *m*, Esslust *w*, Lust zu essen
işveren *n* Arbeitgeber *m*
işyeri *n* Arbeitsplatz *m*
itaatkar *adj* gehorsam
itfaiye *n* Feuerwehr *w*
itfaiyeci *n* Feuerwehrmann *m*

ithal *n* Import *m*, Einfuhr *w*; **~ etmek** *bir şey bir yere* einführen *etw. Akk irgendwohin*, importieren *etw. Akk irgendwohin*
itibar *n* Achtung *w vor j-m* (Hochschätzung usw.), Respekt *m vor j-m*, Ehrfurcht *w*, Reputation *w*
itimatsızlık *n* Misstrauen *s*
itinayla *adv* sorgfältig
itiraf *n* Geständnis *s*; **~ etmek** gestehen *etw. Akk*, zugeben, zugestehen, einsehen
itiraz *n* Einwand *m*, Protest *m*, Trotz *m gegen etw.*, Vorbehalt *m*
itmek *v* **1** stoßen *j-n/etw.* **2** stecken *etw. Akk in etw. Akk* **3** umstoßen *j-n/etw.*, umwerfen *j-n/etw.* **4** anschieben *etw. Akk* (Karren usw.)
ittirmek *v* **1** drücken *auf etw. Akk*, drücken *etw. Akk* (mit der Hand usw.) **2** drücken *etw. Akk in etw. Akk*, schieben *etw. Akk irgendwohin* **3** hinaufschieben *etw. Akk irgendwohin*, hinausschieben *etw. Akk aus etw.* **4** abstoßen
iyi *adj* **1** großartig, gut (qualitätvoll usw.), okay **2** gut *zu j-m* (nett) **3** brav **4** nett (angenehm) ♦ *adv* **1** schön (gemacht), hübsch **2** wohl, gut ► **daha ~** besser; **en ~** best(er,e,es); **İ~ günler.** Guten Tag.; **İ~ yolculuklar.** Gute Reise., Gute Fahrt.; **İ~yim.** Ich bin in Ordnung., Mir geht es gut.; **~ durumda** gesund (Zähne usw.); **~ gitmesi** *bir şeyin* gelingen *j-m etw. Nom*; **~ olmak** gehen *j-m irgendwie* (Erfolg haben usw.); **~ olur** lieber (klugerweise); **~ yüreklilik** Liebenswürdigkeit *w*
iyileşme *n* Erholung *w* (von Krankheit)
iyileşmek *v* erleichtern (seelisch), heilen (gesund werden), sich erholen *von etw.*, sich verbessern
iyileştirme *n* Verbesserung *w*
iyileştirmek *v* behandeln *j-n/etw.* (Patienten usw.), heilen (Wunde usw.), rehabilitieren, sanieren *etw. Akk* (eine Firma usw.)
iyimser *adj* optimistisch ♦ *n* Optimist *m*
iz *n* Knutschfleck *m*, Spur *w* (einer Tätigkeit usw.); **parmak ~leri** Fingerabdrücke *m Mz*
izbe *n* Hütte *w* (primitive)
izin *n* Berechtigung *w*, Erlaubnis *w*, frei, Urlaub *m*; **~ almak** freinehmen, freimachen (ein paar Tage usw.); **~ vermek** erlauben, erlauben *j-m etw. Akk*, lassen *j-n etw. Akk zu tun*, zulassen; **~ vermemek** *bir şeye* vorbeugen *etw. Dat*, verhindern *etw. Akk*
izinli *adj* erlaubt
izinsiz *adj* unerlaubt; **~ girmek** *bir yere* eindringen *in etw. Akk*
izlemek *v* **1** beobachten *j-n/etw.* **2** folgen *j-m/etw.* (einen Verdächtigen usw.) **3** verfolgen *j-n* (beschatten) **4** überwachen (Prozess usw.), beobachten (Entwicklung usw.)
izlenmek *v* sich abwechseln *mit etw.*
izleyici *n* Publikum *s*, Zuschauer *m*

J

jaluzi *n* Jalousie *w*
jambon *n* Schinken *m*
jel *n* Gel *s*
jest *n* Geste *w*
jimnastik *n* Gymnastik *w*, Turnhalle *w*

K

kaanat *n* Urteil *s* (Stellungnahme)
kaba *adj* beleidigend (Wort), Schimpf-, Brutto-, derb (Manieren usw.) ♦ *n* Flegel *m*, Rüpel *m*
kabaca *adj* grob (ungefähr)
kabahat *n* Lapsus *m*, Fehltritt *m* (im Benehmen usw.), Schuld *w* (Fehler), Verfehlung *w gegen etw.*; **~i yüklemek** schuld sein *an etw. Dat*
kabak *n* Zucchini *w*
kaban *n* Mantel *m* (Kleidung), Wintermantel *m*
kabarcık *n* Blase *w* (Seifenblase usw.); **sulu ~** Blase *w* (auf Haut)
kabarmak *v* anschwellen, aufgehen (Teig), sich wölben *über etw. Akk*
kabız *n* Verstopfung *w*
kabile *n* Rasse *w* (Tier), Stamm *m* (Menschengruppe)
kabiliyetli *adj* fähig *zu etw.*, talentiert, talentvoll, tüchtig
kabin *n* Kabine *w* (für Passagiere usw.), Koje *w*; **soyunma ~i** Ankleideraum *m*
kabir *n* Gruft *w*
kablo *n* Drahtseil *s*, Kabel *s*
kabuk *n* **1** Schale *w* (Ei), Eierschale *w* **2** Schale *w* (einer Nuss), Nussschale *w* **3** Schale *w* (von Orange usw.) **4** Hülse *w* (von Getreide usw.) **5** Kruste *w* **6** Panzer *m* (von Schildkröte usw.) **7** Schorf *m* (Hautgewebe) ► **meyve kabuğu** Schale *w* (Frucht), Haut *w* (von Pfirsich usw.)
kabul *n* Anerkennung *w* (eines Faktums usw.), Annahme *w*, Empfang *m* (Ware usw.), Audienz *w bei j-m*; **~ edilebilir** annehmbar; **~ etme** Zustimmung *w zu etw.*; **~ etmek** annehmen *etw. Akk* (Angebot usw.), einwilligen *in etw. Akk*; **~ etmemek** *bir şeyi* abweisen *etw. Akk* (Bitte usw.), zurückweisen *etw. Akk* (Vorschlag); **K~ ediyorum.** Abgemacht.
kaburga *n* Kerbe *w*, Rippe *w*
kaç *pron* wie viele; **~ kere** wievielmal
kaçak **~ yolculuk yapmak** schwarzfahren

kaçınmak *v* ausweichen *etw. Dat*, meiden *j-n/etw.*, ausweichen *j-m/etw.*, scheuen *j-n/etw.*
kaçırma *n* Entführung *w*, Kidnapping *s* (von Person); **uçak ~** Flugzeugentführung *w*
kaçırmak *v* entführen *etw. Akk*, entführen *j-n*, kidnappen *j-n*, verfehlen *etw. Akk*
kaçış *n* Flucht *w*, Massenflucht *w*
kaçmak *v* **1** weglaufen **2** entfliehen, entkommen **3** entweichen (Gas usw.), auslaufen (Wasser usw.) **4** Luft verlieren (Reifen) **5** meiden *j-n/etw.*, ausweichen *j-m/etw.* ► **kenara ~** ausweichen *etw. Dat* (einem Schlag usw.); **Otobüsümü kaçırdım.** Ich habe den Bus verpasst.
kadar *adv* erst ♦ *conj* bis (etwas passiert usw.) ♦ *prep* um (bei Differenzangaben) ► **-e ~** bis zu/an/über; **Beşe ~ orada olacağım.** Spätestens um fünf bin ich da.; **...e ~** bis (dauern usw.); **~ çok** so viel; **ne ~ ... o ~ ...** je... desto; **şimdiye ~** bisher
kadeh *n* Glas *s* (Gefäß), Kelch *m*; **~ kaldırma** Trinkspruch *m*
kader *n* Schicksal *s*
kadın *adj* weiblich, Frauen- ♦ *n* Frau *w*
kadro *n* Insassen *m Mz* (Bewohner usw.), Organ *s* (Kollegium usw.), Personal *s*, Stab *m* (Experten)
kafa *n* Kopf *m*; **~ sallamak** den Kopf schütteln
kafatası *n* Schädel *m*
kafe *n* Bistro *s*, Café *s*, (ÖrD) Kaffeehaus *s*
kafes *n* Käfig *m*
kafi *adv* genug (ausreichend), ziemlich
kağıt *adj* Papier- ♦ *n* Papier *s* ► **tuvalet kağıdı** Toilettenpapier *s*
kahkaha **~yla gülmek** lachen *über j-n/etw.*
kahraman *n* Held *m*, Protagonist *m*
kahvaltı *n* Frühstück *s*; **~ yapmak** frühstücken; **yatak ve ~** Übernachtung mit Frühstück
kahve *n* Kaffee *m*, schwarzer Kaffee
kahverengi *adj* braun
kakao *n* Kakao *m*
kalabalık *adj* volkreich, zahlreich ♦ *n* Ansammlung *w* (Menschen), Betrieb *m* (Treiben), Getriebe *s* (Betriebsamkeit), Gedränge *s*
kalamar *n* Kalmar *m*, Tintenfisch *m*
kalan *adj* übrig, restlich; **geriye ~** die anderen (der Rest); **~ların hepsi** *bir yerden* Rest *m j-s/etw.* (die Anderen)
kalça *n* **1** Hüfte *w* **2** Hintern *m*, Gesäß *s* **3** Hüftgelenk *s*
kaldıraç *n* Hebel *m*
kaldırım *n* Gehweg *m*, Bürgersteig *m*, Pflaster *s* (Straßenbelag), Pflasterung *w*
kaldırmak *v* **1** anheben *etw. Akk* (hochheben), heben *etw. Akk* (Gewicht usw.), hochziehen, aufziehen (nach oben) **2** abpflücken *etw. Akk*, heben *etw. Akk* (Hand usw.), hochheben *etw. Akk* **3** abbauen (abschaffen), abschaffen *etw. Akk*, hochklappen (öffnen), steigen (Wasserspiegel usw.) **4** den Staub aufwirbeln **5** säubern *etw. Akk* (Partei usw.) **6** ablegen (Gegenstand), wegräumen ► **hasat ~** ernten *etw. Akk* (Getreide usw.); **ortadan ~** *bir şeyi* abnehmen (Menge usw.); **parmak ~** sich melden; **sofrayı ~** räumen *etw. Akk* (abräumen), abräumen *etw. Akk*; **yerinden ~** *birini* absetzen *j-n* (aus Amt usw.); **yürürlükten kaldırma** Abschaffung *w*
kale *n* **1** Burg *w*, Schloss *s* (Palast) **2** Tor *s* (im Fußball usw.)
kaleci *n* Torwart *m*
kalem *n* Buntstift *m*, Farbstift *m*; **kurşun ~** Stift *m* (Schreibgerät), Bleistift *m*; **tükenmez ~** Feder *w* (Schreibgerät), Kugelschreiber *m*
kalemlik *n* Etui *s*, Federmappe *w*
kalıcı *adj* andauernd, anhaltend, dauerhaft, ständig (Schmerz usw.)
kalın *adj* dick (Brett usw.)
kalıp *n* **1** Form *w* (Backform usw.) **2** Tafel *w* (Schokolade usw.) **3** Schablone *w*
kalış *n* Aufenthalt *m*
kalıtsal *adj* angeboren, kongenital, erblich, Erb-
kalifikasyon *n* Qualifikation *w*
kalite *n* Qualität *w etw. Gen*
kaliteli *adj* hochwertig, Qualitäts-, qualitativ (Kriterium usw.)
kalkış *n* Abfahrt *w* (eines Zuges usw.), Abflug *m*, Abgang *m*, Anfahren *s* (Starten)
kalkmak *v* abheben (Flugzeug, Rakete), aufstehen, hochfliegen, sich erheben *irgendwohin*; **kalkmış olmak** auf sein
kalmak *v* **1** wohnen *irgendwo* (vorübergehend) **2** bleiben *irgendwo* **3** stecken bleiben *irgendwo* **4** stecken bleiben (im Hals) ► **Alcron otelinde kalıyorum.** Ich wohne im Hotel Alcron.; **çakılıp ~** *bir yerde* stecken *irgendwo* (festsitzen); **çekimser ~** sich enthalten *etw. Gen*; **geç ~** sich aufhalten
kalp *n* Herz *s* (Organ); **~ krizi** Infarkt *m*
kama *n* Keil *m*
kamara *n* Kajüte *w*
kamçılamak *v* peitschen, schlagen *j-n mit etw.*
kamera *n* Kamera *w* (Video)
kamış *n* Rohr *s* (Pflanze)
kamp *n* Camp *s*, Campingplatz *m*, Lager *s* (Unterkunft); **~ yapmak** lagern (im Wald usw.), campen
kampçı *n* Camper *m*

kamu *n* Öffentlichkeit *w*; **~ alanında** in der Öffentlichkeit; **~ya vermek** *bir şeyi* herausgeben *etw. Akk* (Buch)
kamyon *n* Lastkraftwagen *m*, Lkw *m*
kan *n* Blut *s*; **~ kaybetmek** bluten
kanal *n* Kanal *m*, Rinne *w* (in der Erde)
kanalizasyon *n* Kanal *m* (für Abwässer), Kanalisation *w*
kanat *n* Flügel *m*; **~ genişliği** Spannweite *w*
kanca *n* Angelhaken *m*, Bergsteigerhaken *m*, Haken *m* (zum Angeln usw.), Hakennagel *m*
kandırma *n* Betrug *m*
kandırmak *v* betrügen *j-n um etw.*, betrügen *j-n*, einreden *j-m etw. Akk*, locken (lockend sein) *j-n*
kanepe *n* **1** Liegesofa *s*, Sofa *s*, Couch *w* **2** Brötchen *s*, Häppchen *s*
kanıt *n* Beweis *m etw. Gen*, Nachweis *m für etw.*
kanıtlamak *v* belegen *etw. Akk* (mit Beweisen usw.), beweisen *etw. Akk*, nachweisen *etw. Akk*, nachweisen
kanlı *adj* blutig (voll von Blut)
kanser *n* Krebs *m* (Krankheit), Tumorerkrankung *w*
kantin *n* Kantine *w*
kanun *n* **1** Gesetz *s* **2** Gesetzbuch *s* **3** Akt *m* (juristischer), Rechtshandlung *w* ► **~u çiğnemek** das Gesetz brechen
kanunen *adv* legal
kanyon *n* Cañon *m*, Schlucht *w*
kapak *n* Bucheinband *m*, Deckel *m*, Deckung *w*, Klappe *w* (des Herzens usw.)
kapalı *adj* **1** geschlossen **2** gedeckt, überdacht, Innen- (im Gebäude) **3** abgeschlossen, verschlossen (Flasche usw.) **4** aus (nicht angeschaltet), ausgeschaltet **5** bedeckt (Himmel usw.), bezogen (mit Wolken usw.) ♦ *adv* bewölkt
kapamak *v* ausschalten, einsperren *j-n*, zuklappen *etw. Akk*, zukleben *etw. Akk* (Umschlag usw.); **elektriği ~** ausschalten *etw. Akk* (Maschine usw.)
kapasite *n* Fähigkeit *w*, Kapazität *w* (Autorität), Leistungsfähigkeit *w*
kapatma *n* Beseitigung *w von etw.* (Tilgung usw.), Sperrung *w* (einer Straße usw.)
kapatmak *v* **1** schließen *etw. Akk* (Fenster usw.), zumachen *etw. Akk* (Tür usw.), sperren **2** schließen (Betrieb) **3** zuziehen *etw. Akk* (Vorhang usw.)
kapı *n* **1** Tür *w* **2** Tor *s* (Eingang) **3** Türdurchgang *m* (Türöffnung) **4** Autotür *w* **5** Lukentür *w* ► **~ eşiği** Schwelle *w*, Türschwelle *w*
kapılmak *v* eintreten
kaplama *n* Abdeckung *w* (mit Mobilnetz usw.), Belag *m*, Film *m* (Schicht), Guss *m* (Zuckerguss usw.) ♦ *v* wälzen *etw. Akk in etw. Dat*
kaplan *n* Tiger *m*
kapmak *v* entreißen, ergreifen *etw. Akk* (Krankheit usw.), erhaschen *etw. Akk* (Blick usw.)
kaporta *n* Haube *w*, Motorhaube *w* (eines Autos)
kapris *n* Laune *w*, Grille *w* (Einfall), Umstände *m Mz*
kaprisli *adj* kapriziös, launisch, launenhaft
kapsam *n* Skala *w* (von Möglichkeiten usw.), Umfang *m* (einer Stimme usw.)
kapsamak *v* decken *etw. Akk mit etw.*, enthalten *etw. Akk*, umfassen (enthalten), zählen (Anzahl haben)
kapsamlı *adj* ausführlich (Beschreibung usw.), umfassend (vollständig); **geniş ~** generell (Maßnahme usw.)
kaptan *n* Kapitän *m*
kapüşon *n* Kapuze *w*
kar *n* **1** Schnee *m* **2** Einnahmen *w Mz*, Erlös *m* ► **~ yağmak** schneien; **kuşbaşı ~** Schneeflocke *w*, Flocke *w*
kara *adj* schwarz ♦ *n* Festland *s* (nicht Meer) ► **~ kurbağa** Kröte *w*
karabasan *n* Albtraum *m*
karaborsa *adv* schwarz
karaciğer *n* Leber *w*
karakol *n* Polizeidienststelle *w*, Polizeiwache *w*, Streife *w* (Gang)
karakter *n* **1** Charakter *m* **2** Zeichen *s* (Buchstabe usw.) **3** Figur *w* (eines Films usw.), Gestalt *w* (in einem Roman usw.)
karakteristik *adj* bezeichnend *für j-n/etw.*, kennzeichnend *für j-n/etw.* ♦ *n* Zug *m* (Wesenszug)
karalamak *v* anschwärzen (verleumden), kritzeln (schnell schreiben usw.), verunglimpfen, verleugnen (Rasse usw.)
karanfil *n* Nelke *w*
karanlık *adj* dunkel, dunkelfarbig, dunkelfarben, düster (Raum usw.) ♦ *n* Dunkelheit *w*, Finsternis *w*
karar *n* **1** Entscheidung *w* **2** Anordnung *w* (amtliche usw.), Verordnung *w* **3** Beschluss *m*, Resolution *w* **4** Vorsatz *m* (Entschluss) ► **~ almak** nehmen (Einstellung); **~ vermek** sich entscheiden; **~ vermek** *bir şeye* sich entscheiden *für etw.*
kararlaştırmak *v* beschließen *etw. Akk*, einen Beschluss fassen *über etw. Akk*, bestimmen (autoritativ), entscheiden *etw. Akk*
kararsız *adj* unentschlossen (unschlüssig), unsicher (nicht selbstbewusst usw.), wechselhaft, unbeständig
karavan *n* Wohnmobil *s*, Wohnwagen *m*
kardeş *n* **1** Geschwister *s* **2** Bruder *m* **3** Schwester *w*

kare *adj* quadratisch ♦ *n* Kurzaufnahme *w*, Potenz *w* (beim Multiplizieren), Quadrat *s* (Form)
karekök *n* Wurzel *w* (Zahl)
karınca *n* Ameise *w*
karışık *adj* gemischt, Misch-, kompliziert, ungeordnet ♦ *n* Mischung *w etw. Gen*, Mix *m*
karışıklık *n* Chaos *s*, Durcheinander *s*, Tumult *m*, Wirrwarr *m*
karışım *n* Allerlei *s*, Durcheinander *s von etw.*, Mischmasch *m von etw.*, Verbindung *w* (chemische)
karışmak *v* eingreifen, sich einmischen *in etw. Akk*, sich mischen *unter etw. Akk* (unter Volk usw.), sich mischen (Einflüsse usw.) *in etw. Akk*
karıştırmak *v* durcheinanderbringen *etw. Akk*, durcheinanderbringen (verwechseln usw.), durchwühlen, durchkramen (durchsuchen) *j-n/etw. in etw. Akk*
karides *n* Garnele *w*, Krevette *w*
kariyer *n* Karriere *w*
karmaşık *adj* kombiniert, Kombi(nations)-, komplex, listig ♦ *v* komplizieren
karnabahar *n* Blumenkohl *m*
karoser *n* Karosserie *w*
karpuz *n* Wassermelone *w*
karşı *adj* gegenüberliegend, Gegen- ♦ *prep* gegen *j-n/etw.* (wirken usw.), gegenüber *j-m/etw.* (Verhalten usw.), im Unterschied zu *j-m/etw.* ♦ *v* entgegenstehen *etw. Dat*, sein *gegen etw.* ► **~ gelmek** *birine* entgegengehen *j-m irgendwohin*, sich stellen *j-m* (widersprechen); **~ gelmemek** *bir şeye* überlassen *j-m etw. Akk* (verzichten); **~ koymamak** *bir şeye* nachgeben *j-m/etw.* (einem Zwang usw.)
karşılama *n* Begrüßung *w*, Empfang *m* (von Gästen usw.)
karşılamak *v* begrüßen *etw. Akk*, decken *etw. Akk* (finanziell), stoßen *auf etw. Akk* (Probleme usw.), vergüten *etw. Akk* (Auslagen usw.)
karşılaşma *n* Kampf *m* (Wettkampf), Konfrontation *w*, Treffen *s*
karşılaşmak *v* aufeinandertreffen, sich verrennen *in etw.*, stoßen *auf etw. Akk* (Problem usw.), stoßen *auf j-n/etw.* (begegnen)
karşılaştırma *n* Vergleich *m* (Benennung usw.)
karşılıklı *adj* gegenseitig, reziprok
karşısında *prep* gegenüber *j-m/etw.* (sitzen usw.)
karşıt *adj* gegenteilig (Meinung usw.), Gegen- ♦ *n* Gegner *m*
karşıya *prep* über (quer über)
kart *n* Ausweis *m*, Karte *w* (Plastikkarte usw.); **kredi ~ı** Kreditkarte *w*; **oyun ~ı** Karte *w* (für Skat usw.), Spielkarte *w*
kartal *n* Adler *m*
karton *n* Karton *m*, Pappe *w*
kartpostal *n* Ansichtskarte *w*, Postkarte *w* (aus dem Urlaub usw.)
kartvizit *n* Visitenkarte *w*, Besuchskarte *w*
karyola **portatif ~** Liegestuhl *m*
kas *n* Muskel *m*
kasa *n* Geldkassette *w*, Kasse *w* (im Kino usw.), Kasten *m* (zum Aufbewahren), Safe *m,s*; **yazar ~** Kasse *w* (Zahlstelle)
kasap *n* Fleischer *m*, (SüD) Metzger *m*, Fleischerei *w*, (SüD) Metzgerei *w*
kase *n* Schüssel *w*
kaset *n* Kassette *w* (Magnetband)
kasık *n* Leiste *w*, Leisten *w Mz* (Körperteil), Schritt *m* (Körpergegend)
kasım *n* November *m*
kasınç *n* Krampf *m* (krampfhafte Bewegung)
kasıt *n* Absicht *w*
kasıtlı *adj* absichtlich, bewusst (Lüge usw.); **~ olarak** absichtlich, bewusst (mit Absicht)
kasiyer *n* Bankkassierer *m*, Kassierer *m*, Kassiererin *w*
kask *n* Helm *m*
kasket *n* Helm *m*; **beysbol ~i** Schildmütze *w*, Baseballmütze *w*
kastetmek *v* **1** bedeuten *etw. Akk* **2** beabsichtigen *etw. Akk zu tun*, vorhaben *etw. Akk zu tun*, im Begriff sein *etw. Akk zu tun* ► **Neyi kastediyorsunuz?** Was meinen Sie damit?
kaş **~lar** Augenbrauen *w Mz*
kaşağılamak *v* kriechen *vor j-m* (unterwürfig sein)
kaşık *n* Löffel *m*; **çay kaşığı** Teelöffel *m*
kaşımak *v* kratzen
kaşınmak *v* jucken (Haut usw.)
kat *n* Ablagerung *w*, Etage *w* (einer Torte usw.), Schicht *w* (Gesellschaftsschicht usw.), Stock *m* (eines Gebäudes); **aşağı ~** die Treppe hinunter, unten, im unteren Stockwerk; **iki ~ı** doppelt so viel; **zemin ~** Erdgeschoss *s*, Parterre *s* (eines Hauses)
katedral *n* Kathedrale *w*
katetmek **bir mesafeyi ~** zurücklegen
katı *adj* fest (Stoff usw.), kompromisslos, starr, streng (Regeln usw.)
katılım *n* Anwesenheit *w von j-m*, Beteiligung *w* (Anzahl)
katılmak *v* anschließen *an etw. Akk* (fortsetzen), beitreten *etw. Dat*, sich befassen *mit etw.*, sich beschäftigen *mit etw.*
katılmamak *v* **1** fernbleiben *etw. Dat*, nicht teilnehmen *an etw. Dat* **2** einwenden *gegen etw.*
katil *n* Mörder *m*, Totschläger *m*, Killer *m*
katip *n* Sekretär *m* (einer Partei usw.)

katkı *n* Additiv *s*, Beitrag *m für etw.*, Unterstützung *w* (Geldbetrag), Zusatz *m* (Stoff); **~da bulunmak** beitragen *zu etw.*
katlama *n* Falte *w* (Stoff usw.)
katlamak *v* falten (Papier usw.), zusammenfalten
katlanmak *v* sich ergeben *etw. Dat* (sich hingeben), sich unterziehen *etw. Dat*
katmak *v* beimischen *etw. Akk in etw. Akk*, verleihen *etw. Akk etw. Dat* (Eigenschaft usw.); **hesaba ~** berücksichtigen *etw. Akk*
katman *n* Schicht *w*
Katolik *adj* katholisch, römisch-katholisch ♦ *n* Katholik *m*
kavga *n* **1** Streit *m*, Auseinandersetzung *w* **2** Kampf *m* (Schlägerei), Schlägerei *w*, Prügelei *w* ► **~ etmek** sich prügeln *mit j-m*
kavgacı *adj* streitsüchtig ♦ *n* Ruhestörer *m*, Schläger *m* (Raufbold)
kavis *n* Bogen *m* (Biegung)
kavramak *v* **1** fassen, packen *etw. Akk* (Arm usw.) **2** verstehen *etw. Akk* **3** sich bewusst werden *etw. Gen* **4** feststellen *etw. Akk*
kavrayabilmek *v* beherrschen (gelernt haben)
kavşak *n* Knotenpunkt *m* (im Verkehr usw.), Kreuzung *w* (Straßen usw.); **döner ~** Kreisverkehr *m*
kavun *n* Cantaloupe-Melone *w*, Zuckermelone *w*
kavurmak *v* braten (im Fett), rösten (Kaffee usw.)
kaya *n* Felsen *m*
kayak *n* Ski *m*; **~ giysisi** Skilift *m*; **~ yapmak** Ski fahren
kayakçı *n* Abfahrtsläufer *m*, Skifahrer *m*
kaybetme *n* Niederlage *w* (im Spiel usw.)
kaybetmek *v* kommen *um etw.* (verlieren), verlieren *etw. Akk* (Vertrauen usw.), verlieren *etw. Akk gegen j-n* (Kampf usw.), verloren gehen *etw. Gen*; **kan ~** bluten
kaybolmak *v* **1** verschwinden **2** sich verlieren (sich verlaufen), umherirren **3** sich in Luft auflösen, verschwinden
kaydetmek *v* **1** aufnehmen *etw. Akk* (Musik usw.), aufzeichnen **2** anmelden *j-n/etw.* (registrieren usw.), registrieren (eintragen) **3** registrieren *etw. Akk* (eintragen) **4** speichern (Daten usw.)
kaydolmak *v* sich anmelden *zu etw.* (Teilnehmer)
kaygan *adj* rutschig, schlüpfrig, glatt (Gehweg usw.)
kayık *n* Kahn *m* (Boot), Ruderboot *s*, Schiffchen *s* (Fahrzeug)
kayın *n* Buche *w*, Schwager *m*
kayınpeder *n* Schwiegervater *m*
kayınvalide *n* Schwiegermutter *w*
kayıp *n* **1** Verlust *m etw. Gen* **2** Verschwendung *w von etw.* ♦ *adj* **1** verloren **2** vermisst ► **~ bürosu** Fundbüro *s*
kayısı *n* Aprikose *w* (Frucht), (ÖrD) Marille *w*
kayış *n* **1** Träger *m* (für Kleider) **2** Riemen *m* (an Kleidung usw.) **3** Gurt *m* (zum Anschnallen) **4** Tragriemen *m*
kayıt *n* **1** Eintrag *m* **2** Registrierung *w* **3** Aufzeichnung *w* **4** Register *s* **5** Speicherung *w* (von Dateien usw.) **6** Zuspiel *s* **7** Rekord *m* ► **kayda almak** *bir şeyi* eintragen *etw. Akk irgendwohin*; **~ yaptırmak** *biri olarak* registrieren *j-n/etw.* (eintragen)
kayıtsız *adj* apathisch, teilnahmslos, gleichgültig
kaymak *v* **1** rutschen (auf dem Gehweg), gleiten (über Bürgersteg usw.) **2** glatt sein **3** ausrutschen (hinfallen) **4** ins Schleudern kommen
kaynak *n* Brunnen *m* (Heilquelle), Quelle *w etw. Gen*, Ursprung *m*, Herkunft *w*; **~ yapmak** verschweißen
kaynaklanmak *v* basieren *auf etw. Dat*, beruhen *auf etw. Dat*, entspringen *aus etw.*
kaynamak *v* **1** zusammenwachsen (Knochen usw.) **2** kochen (Wasser usw.), sprudeln (kochendes Wasser usw.) **3** wimmeln *von etw.* (voll sein)
kaynamış *adj* gekocht
kaynana *n* Schwiegermutter *w*
kaynar *adj* kochend, kochend (heiß)
kaz *n* Gans *w*
kaza *n* Unfall *m* (Autounfall usw.), Havarie *w*; **gemi ~sı geçirmek** stranden; **~yla** aus Versehen
kazak *n* Pullover *m*, Pulli *m*
kazanç *n* **1** Einnahmen *w Mz*, Gewinn *m* (Ertrag), Profit *m* (Nutzen) **2** Zunahme *w* **3** Gewinn *m* (im Lotto usw.)
kazandırmak *v* verleihen *etw. Akk etw. Dat* (Eigenschaft usw.); **açıklık ~** klären *etw. Akk*, erläutern *etw. Akk*
kazanılmamış *adj* arbeitslos (Einkommen usw.), leicht verdient (Geld usw.)
kazanma *n* Erwerb *m* (durch Kauf usw.), Sieger *m*
kazanmak *v* **1** gewinnen *etw. Akk, in etw. Dat* (Wettkampf usw.), siegen *in etw. Dat* **2** *j-m* eine Niederlage beibringen **3** gewinnen *etw. Akk*, verdienen *etw. Akk* (Anerkennung) **4** gewinnen *j-n* **5** erreichen *etw. Akk* ► **başarı ~** klappen, gelingen (Sache usw.)
kazara *adj* zufällig (Treffen usw.), beiläufig, Zufalls-
kazı *n* Graben *m* (Loch usw.)
kazık *n* Pfahl *m*, Pflock *m*

kazımak *v* aushauen *etw. Akk* (Inschrift usw.), ausmeißeln *etw. Akk*, bohren *etw. Akk in etw. Akk* (Nägel in Haut usw.), kratzen (ritzen)
kazmak *v* aufgraben *etw. Akk* (auflockern), ausgraben (entdecken), ausheben (Graben), graben (Loch) *etw. Akk*
KDV *abbr* Mehrwertsteuer *w*, MwSt.
keçi *n* Ziege *w*
keder *n* Kummer *m*, Trauer *w* (Traurigkeit)
kedi *n* Katze *w*
kefalet *n* Kaution *w*, Pfand *s*, Sicherheit *w* (Geld usw.)
kefil *n* Bürge *m*, Garant *m*; **~ olmak** *birine* haften *für j-n*, bürgen *für j-n*
kek *n* Kuchen *m*
kekik *n* Dost *m*, Oregano *m*, Thymian *m* (Pflanze)
kel *adj* glatzköpfig, kahlköpfig, kahl ♦ *n* Glatze *w*
kelebek *n* Schmetterling *m*, Schmetterlingsstil *m*; **gece kelebeği** Nachtfalter *m*
kelepçe *n* Fesseln *w Mz*, Handschellen *w Mz*
kelepçelemek *v* Handschellen anlegen *j-m*, mit den Handschellen fesseln *j-n an etw. Dat*
keman *n* Geige *w*
kemer *n* **1** Gurt *m* **2** Gürtel *m* (Hosengürtel usw.) **3** Bogen *m* (Tragwerk) ► **güvenlik ~ini takmak** den Sicherheitsgurt anlegen
kemik *n* Knochen *m*; **kürek kemiği** Schulterblatt *s*; **leğen kemiği** Becken *s* (Körperteil)
kemirmek *v* abnagen, beißen (wiederholt), knabbern, naschen
kenar *n* äußerstes Ende (Rand), Rand *m etw. Gen* (einer Krise usw.), Rand *m* (eines Gefäßes usw.), Saum *m*; **~a koymak** ablegen (Gegenstand)
kendi *adj* eigen, selbst (allein) ♦ *pron* selbst (mehrere Personen – ohne Hilfe), sich, sich (selbst) ► **~ne güvenen** selbstbewusst; **~yle** mit, mit sich (bringen usw.)
kenetlemek *v* spannen *etw. Akk* (einspannen), klammern *etw. Akk*, umschließen
kere *adv* mal (multipliziert); **bir ~** einmal; **çok ~** vielmals; **günde iki/ üç ~** zweimal/ dreimal täglich; **ikinci ~** zum zweiten Mal; **kaç ~** wievielmal
kerevit *n* Krebs *m* (Tier)
kereviz **~ sapı** Sellerie *m*
kerhane *n* Bordell *s*
kerpeten *n* Beißzange *w*, Kombizange *w*, Zange *w*
kertenkele *n* Echse *w*, Eidechse *w*
kese *n* Beutel *m*, Tüte *w*
kesekağıdı *n* Papiertüte *w*
kesilmek *v* abschalten (Fernseher usw.), gerinnen (Milch usw.); **Elektrik kesildi.** Der Strom ist ausgefallen.
kesim *n* Schlachtung *w* ♦ *v* schlachten
kesin *adj* ausdrücklich, ausgeprägt (Meinung usw.), bestimmt, beweiskräftig
kesinlik *n* Sicherheit *w*, Gewissheit *w*
kesinlikle *adv* absolut, völlig, ganz, deutlich (verständlich usw.) ♦ *part* bestimmt, gewiss, sicher (ohne Zweifel usw.), eindeutig
kesinti *n* Abzug *m* (vom Lohn usw.); **elektrik ~si** Stromausfall *m*
kesir *n* Bruch *m* (Zahlen), Bruchzahl *w*, Bruchteil *m etw. Gen* (kleiner Teil)
kesiş *n* Schnitt *m* (mit dem Messer usw.)
kesit *n* Abschnitt *m*, Querschnitt *m* (Querprofil), Schnitt *m* (mit dem Messer usw.)
keskin *adj* markant, rau (Geräusch usw.), grell (Klang usw.), scharf (Messer usw.) ♦ *n* Schneide *w* ► **~ kenar** Kante *w*; **~ zekalı** genial
kesmek *v* **1** durchhacken *etw. Akk*, sägen (arbeiten), schneiden *etw. Akk* (in Teile), schneiden *etw. Akk* (mit Messer) **2** die Kehle durchschneiden *j-m*, einstechen *auf j-n*, schneiden *j-n*, schneiden *j-n mit etw.* (verletzen) **3** abhauen *etw. Akk*, absägen *etw. Akk*, abschneiden *etw. Akk* (mit einem Messer usw.), hacken **4** schneiden *j-n* (Haar) **5** aufschneiden (in Scheiben), schneiden (Salami usw.) **6** abholzen, fällen **7** kreuzen *etw. Akk* (schneiden) ► **keserek açmak** aufschneiden (Verpackung usw.); **makasla ~** schneiden (mit Schere); **sözünü ~** unterbrechen *etw. Akk* (Tätigkeit usw.)
kestane *n* Kastanie *w* (Frucht); **deniz ~si** Seeigel *m*
kestirme **~ yol** Abkürzung *w* (ein kürzer Weg)
kestirmek *v* ein Nickerchen machen, (sich) ausschlafen; **saç ~** sich die Haare schneiden lassen
keşfetmek *v* entdecken *etw. Akk* (Kontinent usw.), feststellen *etw. Akk*, finden *etw. Akk irgendwie*
keşif *n* Entdeckung *w*, Untersuchung *w* (eines Gebietes usw.); **~ gezisi** Expedition *w*
keten *n* Flachs *m*, Leinen *s* (Faser), Leinenschuhe *m Mz*, Wäsche *w* (Textilien)
keyifli *adj* aufgeheitert, heiter
kez **üçüncü ~** zum dritten Mal
kıç *n* After *m*, Arsch *m*, Gesäß *s*, Hintern *m*
kıl *n* Haare *s Mz* (auf der Brust usw.)
kılavuz *n* Anleitung *w*, Bedienungsanleitung *w* (in Druckform usw.), Handbuch *s*, Aufgabenstellung *w*
kılıç *n* Degen *m*, Säbel *m*, Schwert *s*
kılıf *n* Scheide *w* (Schwert)
kılık **~ değiştirmek** sich verkleiden *als j./etw.*
kınamak *v* **1** verurteilen *j-n zu etw.* (zu Strafe) **2** verurteilen (kritisieren)
kır[1] *adj* grau; **~ saçlı** grauhaarig

kır[2] *n* Land *s* (ländliche Gegend); **~ evi** Wochenendhaus *s*
kırağı *n* Raureif *m*, Reif *m*
kırbaçlamak *v* peitschen, schlagen *j-n mit etw.*
kırık *adj* gerissen (Kette usw.), gesprungen (Glas usw.) ♦ *n* Bruch *m* (Knochen), Fraktur *w*, Scherbe *w*
kırıklık *n* Unwohlsein *s*; **düş kırıklığı** Enttäuschung *w*; **hayal kırıklığına uğratmak** enttäuschen *j-n*, *j-n* im Stich lassen
kırılabilir *adj* zerbrechlich, brüchig
kırılmak *v* abbrechen (entzweigehen), brechen (zerfallen), zersplittern; **kırılıp düşmek** abfallen (sich abbrechen)
kırışık *adj* runzelig, runzlig, faltig ♦ *n* Falte *w* (Runzel), Falten *w Mz* (im Gesicht)
kırıştırmak *v* runzeln
kırk *num* vierzig
kırlangıç *n* Schwalbe *w*
kırmak *v* **1** aufbröckeln *etw. Akk*, brechen **2** (sich) brechen *etw. Akk* (Knochen usw.) **3** kaputt machen *etw. Akk*, zerschlagen *etw. Akk* (absichtlich usw.) **4** entwurzeln (Baum usw.) **5** zerstampfen *etw. Akk* (in Mörser usw.) **6** aufknacken *etw. Akk* **7** sich brechen (Lichtstrahl usw.)
kırmızı *adj* rot, weinrot ♦ *n* Rot *s* ► **~ turp** Radieschen *s*; **~ yaban mersini** Preiselbeere *w*
kırpmak *v* **1** zwinkern **2** blinzeln **3** naschen *an etw. Dat* (heimlich usw.) **4** nachschneiden, Spitzen schneiden
kırsal **~ bölge** Land *s* (ländliches Gebiet)
kırtasiye *n* Papiergeschäft *s*, Schreibwaren *Mz*
kısa *adj* bündig, kurz (Gegenstand usw.) ♦ *adv* kurz (geschnitten usw.) ► **~ dönem** kurzzeitig; **~ kabzalı tabanca** Pistole *w*; **~ süre** Weile *w*; **~ zamanda** bald
kısaca *adv* kurz, bündig ♦ *part* kurz gesagt
kısalmak *v* schrumpfen (Wäsche usw.), sich verkürzen
kısaltma *n* Abkürzung *w* (Wort)
kısaltmak *v* abkürzen *etw. Akk* (Wort usw.), abkürzen (zeitlich), kürzen *etw. Akk* (kürzer machen), verkürzen *etw. Akk* (Gegenstand usw.)
kısık *adj* belegt, heiser (Stimme)
kısım *n* Abteilung *w* (einer Organisation usw.), Einzelteil *s*, Partie *w* (des Körpers), Teil *m von etw., etw. Gen*; **alt ~** Unterteil *s,m*
kısıtlama *n* Beschränkung *w*, Einschränkung *w* (Umstand)
kısıtlamak *v* beschränken *etw. Akk*
kıskaç *n* **1** Klammer *w* (Gerät) **2** Parkkralle *w* **3** Schraubstock *m*
kıskanç *adj* eifersüchtig, neidisch
kıskançlık *n* Eifersucht *w*; **~ yapmak** eifersüchtig sein *auf j-n*
kıskanmak *v* eifersüchtig sein *auf j-n*
kısmak *v* dämpfen, leiser stellen, zurückstellen (Heizung usw.)
kısmen *adv* teilweise
kısmet *n* Exzess *m* (Überspitztheit), Fortuna *w* (Glück), Schicksal *s*
kısmi *adj* Teil-, partiell
kısrak *n* Riff *s*, Stute *w*
kıstas *n* Maßstab *m* (zum Vergleich)
kış *n* Winter *m*
kışkırtılmış *adj* dringend, eindringlich
kıvılcım *n* Funke *m*
kıyaslama *n* Vergleich *m mit etw.*
kıyaslamak *v* vergleichen *etw. Akk mit etw.* (Ähnlichkeiten), vergleichen *j-n/etw. mit j-m/etw.* (Unterschiede)
kıyı *n* Küste *w*, Seeküste *w*, Ufer *s*; **~ kenti** überseeisch
kıyma *n* Hackfleisch *s* (Faschiertes)
kıymak *v* hacken (Fleisch usw.), pulverisieren
kıymetli *adj* wertvoll, Wert-
kıymık *n* Splitter *m* (im Finger usw.)
kız *n* **1** Mädchen *s* **2** Tochter *w* ► **~ arkadaş** Freundin *w*; **~ kardeş** Schwester *w*; **~ torun** Enkelin *w*
kızak *n* Bob *m*, Pferdeschlitten *m*, Schlitten *m*
kızarmak *v* erröten, rot werden
kızarmış *adj* gebacken (Brot usw.), gebraten
kızartılmış *adj* gebacken (Brot usw.), gebraten (Fleisch usw.)
kızartmak *v* backen, braten, bräunen *etw. Akk* (Zwiebel usw.), frittieren
kızdırmak *v* aufbringen *j-n*, durchglühen *etw. Akk* (Eisen usw.), necken *j-n mit etw.*, necken *j-n*
kızgın *adj* empört *über etw. Akk*, glühend, erhitzt, glühend (heiß) *auf j-n*
kızgınlık *n* Entrüstung *w*, Empörung *w*, Wut *w*, Zorn *m*
kızıl *adj* rot (Haar usw.), scharlachrot
kızıştırmak *v* anheizen (Ofen usw.), aufwärmen *etw. Akk* (Essen), wärmen *etw. Akk* (warm machen)
kızmak *v* ausschimpfen *j-n*, ärgern *j-n*, böse sein *j-m, auf j-n*, sich aufregen *über j-n*
ki *conj* dass ♦ *part* doch, immerhin, ja
kibar *adj* **1** sanft (nicht stark usw.), leicht (Berührung usw.) **2** distinguiert, galant, glatt, höflich **3** glatt, geschliffen (Stil usw.)
kibarca *adv* sanft (drücken usw.)
kibrit *n* Streichholz *s*, (ÖrD, SwD) Zündholz *s*
kifayetsizlik *n* Mangel *m* (Unvollkommenheit)

kilise *n* Kirche *w*
kilit *n* Schloss *s* (Türschloss)
kilitlemek *v* abschließen (Wohnung usw.), schließen (mit dem Schlüssel)
kilogram *n* Kilogramm *s*
kilometre *n* Kilometer *m*
kim *pron* wer (Frage); **K~e dönmeliyim?** An wen soll ich mich wenden?
kimin *pron* **1** wessen **2** wen (in Frage)
kimlik *n* Ausweis *m*, Identität *w*; **kimliğini saptamak** identifizieren *j-n*
kimse *pron* jemand, irgendjemand; **herhangi bir ~** jed(er,e,es) (beliebige Person); **hiç ~** niemand
kir *n* Schmutz *m*, Unreinheit *w*
kira *n* Miete *w*, Pacht *w* (Mietverhältnis), Untermiete *w* (Wohnen)
kiracı *n* Mieter *m*, Pächter *m*, Untermieter *m*, Vermieter *m*
kiralamak *v* **1** mieten *etw. Akk* **2** pachten *etw. Akk*, vermieten *etw. Akk an j-n*
kiralık *adj* Miet-, gemietet ♦ *n* Miete *w* (Verhältnis) ► **~ odalar** Zimmer zu vermieten
kiraz *n* Kirsche *w* (Frucht)
kiremit **çatı kiremidi** Dachziegel *m*
kiriş *n* Balken *m*, Sehne *w* (Muskeln), Träger *m* (Bauteil)
kirlenmiş *adj* schmutzig, beschmutzt, verschmutzt
kirletmek *v* beflecken, beflecken *etw. Akk mit etw.*, beschmutzen *etw. Akk*, schmutzig machen *etw. Akk*
kirli *adj* ekelhaft, schmuddelig, schmuddlig, schmutzig
kirlilik *n* Verschmutzung *w*
kirpi *n* Igel *m*
kirpik *n* Wimper *w*
kişi *n* Person *w* (Mensch)
kişilik *n* Persönlichkeit *w*
kişisel *adj* persönlich, Personal-; **~ olarak** persönlich
kitap *n* Buch *s*; **ders kitabı** Lehrbuch *s*; **referans kitabı** Handbuch *s*
kitapçılık *n* Buchhandlung *w*
kitaplık *n* Bücherschrank *m*
klakson *n* Hupe *w*; **~ çalmak** hupen (Fahrer usw.)
klasik *adj* klassisch
klasör *n* Aktenordner *m*, Ordner *m* (für Schriftgut), Dateiverzeichnis *s*, Mappe *w* (Aktenhefter usw.)
klavye *n* Tastatur *w*, Taste *w* (eines Computers usw.)
klima *n* Klimaanlage *w*
klüp *n* Klub *m*
koca *n* Ehemann *m*; **eski ~** Exmann *m*
kocaman *adj* enorm, gewaltig, kolossal, riesig (Summe usw.) (Sehnsucht usw.)
koç *n* Ausbilder *m*, Hammel *m* (Bock), Widder *m* (Sternzeichen)
Koç **~ burcu** Widder *m* (Sternzeichen)
koklamak *v* beschnuppern *etw. Akk*, riechen *an etw. Dat*, riechen *etw. Akk*, riechen (durch den Geruchssinn)
kokmak *v* duften; **kötü ~** *bir şeyden* stinken *nach etw.*
kokteyl *n* Cocktail *m*
koku *n* Aroma *s*, Duft *m*, Geruch *m* (Duft); **~sunu almak** *bir şeyin* riechen *nach etw.* (Rosen usw.)
kol *n* **1** Arm *m* **2** Ärmel *m* **3** Klinke *w* (Türklinke usw.) **4** Hebel *m* ► **~ saati** Uhr *w* (Armbanduhr usw.)
kola *n* Stärke *w* (Substanz)
kolay *adj* einfach, leicht (Aufgabe usw.), nicht schwierig ♦ *adv* leicht ► **Bu ~ onarılır.** Das lässt sich leicht reparieren.; **kolaylamak** nachlassen (in Leistung)
kolayca *adv* leicht, bequem (zugänglich usw.), spielend
kolaylaştırmak *v* erleichtern *etw. Akk* (einfacher machen)
kolaylıkla *adv* leicht, spielend
koleksiyon *n* Sammlung *w* (von Gemälden usw.); **~ yapmak** sammeln (Briefmarken usw.)
kollama *n* Führung *w* (Führungsorgane), Management *s* (Personen usw.)
kollamak *v* aufpassen *auf j-n/etw.*
kolon *n* Platte *w* (aus Metall usw.), Rubrik *w* (einer Zeitung usw.)
koltuk *n* **1** Sitz *m* (Sitzgelegenheit) **2** Sessel *m* **3** Armsessel *m*
kolye *n* Collier *s*, Halskette *w*, Kette *w* (Schmuck)
komedi *n* Komödie *w*
komik *adj* komisch (lustig), scherzhaft, spaßhaft, witzig
kompartıman *n* Abteil *s* (im Zug usw.), Coupé *s* (Auto)
komposto *n* Kompost *m*, Kompott *s*
kompres *n* Umschlag *m* (zu Heilzwecken)
komşu *adj* nachbarlich, Nachbar- ♦ *n* Nachbar *m*
komut *n* Anleitung *w*, Anweisung *w* (zur Verwendung usw.), Befehl *m* (EDV); **~ vermek** anordnen *j-m etw. Akk*; **~a etmek** befehligen *j-n/etw.*, kommandieren *j-n/etw.* (Befehlsgewalt ausüben)
konak *n* Gaststätte *w*, Gasthaus *s*, Herrenhaus *s*, Residenz *w* (Gebäude)
konaklama *n* Unterkunft *w* (Raum usw.)
konfor *n* Bequemlichkeit *w*, Komfort *m*
kongre *n* Tagung *w*, Versammlung *w* (politische)

konsept *n* Begriff *m*
konser *n* Konzert *s* (Veranstaltung)
konserve *n* Konserve *w*, Dose *w*; **~ yapmak** konservieren *etw. Akk* (Lebensmittel)
konsey *n* Rat *m* (Gremium)
konsolos *n* Konsul *m*
konsolosluk *n* Konsulat *s*
konstrüksiyon *n* Konstruktion *w* (Bauteil), Umbau *m*
konteyner *n* Gefäß *s* (Behälter)
kontrat *n* Vertrag *m*, Abkommen *s* (internationales usw.)
kontrol *n* **1** Kontrolle *w*, Überprüfung *w* (strenge usw.) **2** Regelung *w*, Steuerung *w* (Regulierung) **3** Kontrolle *w über etw. Akk* (Beherrschung) ♦ *v* **1** kontrollieren (Gebiet usw.), beherrschen (Firma usw.) **2** steuern *etw. Akk* (Gerät usw.) ► **~ etmek** kontrollieren *etw. Akk* (überwachen); **sağlık kontrolü** Nachuntersuchung *w*
kontuar *n* Theke *w*
konu *n* Gegenstand *m etw. Gen* (Thema usw.), Thema *s*, Stoff *m* (für ein Buch usw.), Thematik *w*
konuk *n* Gast *m*
konuksever *adj* gastfreundlich
konum *n* Standort *m* (eines Gebäudes usw.), Lage *w*
konuşma *n* **1** Sprache *w* (Sprachfähigkeit) **2** Gespräch *s* **3** Rede *w*
konuşmak *v* **1** erzählen *j-m etw. Akk*, erzählen *j-m etw. Akk*, sprechen *von etw., über etw. Akk*, reden *von etw., über etw. Akk* **2** sprechen *mit j-m von etw., über etw. Akk*, reden *mit j-m von etw., über etw. Akk* (sich unterhalten) **3** sich verständigen *irgendwie* **4** sprechen (etwas äußern), überreden *j-n (zu etw. Akk)* ► **İngilizce/Almanca/Fransızca konuşmuyorum.** Ich spreche kein Englisch/Deutsch/Französisch.
konut *n* Behausung *w*, Postulat *s* (Forderung), Sitz *m* (Institution), Wohnort *m*
koparmak *v* **1** abpflücken, pflücken **2** zerreißen (Seil usw.) **3** sich losreißen **4** abreißen, wegreißen, reißen (kräftig) **5** herauslocken *etw. Akk aus j-m*
kopmak *v* **1** zerbrechen (Ast usw.) **2** abreißen (Schlaufe usw.), ab sein **3** abbrechen (entzweigehen) **4** sich losreißen *von etw.* (einem Anblick usw.) **5** sich abspalten (von einer Gruppe usw.)
kopya *n* Abschrift *w*, Kopie *w* (eines Textes), Replik *w etw. Gen* (Nachbildung), Spickzettel *m*; **~ çekmek** fotokopieren *etw. Akk*, kopieren *etw. Akk* (Formular usw.); **~sını almak** abschreiben (Abschrift machen)
kopyalamak *v* kopieren (nach Muster usw.)
kordon *n* Schnur *w*
koridor *n* Flur *m*, Korridor *m*, Gang *m* (im Haus usw.)
korkak *adj* ängstlich, angstvoll, feige ♦ *n* Angsthase *m*, Feigling *m*
korkmak *v* **1** fürchten *j-n/etw.* **2** erschrecken *vor j-m/etw.* **3** fürchten *etw. Akk*, befürchten *etw. Akk*
korku *n* Angst *w vor etw. Dat*, Beunruhigung *w*, Schreck *m*, Sorge *w um j-n/etw.*
korkunç *adj* entsetzlich, schrecklich, entsetzlich, fürchterlich
korkutmak *v* abraten (entmutigen), abschrecken *j-n*, alarmieren *j-n* (Nachricht usw.), beunruhigen *j-n*
korkutucu *adj* abschreckend, abwehrend, gespenstisch, unheimlich (Atmosphäre usw.) ♦ *n* Schrecken *m* (Person)
koro *n* Chor *m* (Personen)
koruma *n* Bodyguard *m*, Leibwächter *m*, Leibwache *w*, Schutz *m gegen etw., vor etw. Dat* ♦ *v* sichern *etw. Akk* (vor Gefahr) ► **~ alanı** Reservat *s*
korumak *v* **1** beschützen *j-n/etw. vor j-m/etw.*, decken *j-n/etw.*, schützen, schützen *j-n/etw.* gegen *etw.* **2** bewachen *etw. Akk* (Haus usw.) **3** bewahren *etw. Akk* (nicht ändern), halten (in Ordnung usw.) **4** sich erhalten, verteidigen (Titel usw.) **5** konservieren **6** abschirmen
korumalı *adj* Schutz-
korunmak *v* verhindern *etw. Akk*, vermeiden *etw. Akk*
kostüm *n* Kostüm *s*
koşmak *v* **1** laufen (Person usw.), rennen **2** weglaufen **3** holen *etw. Akk*
koşturmak *v* laufen, joggen, rennen
koşu *n* Anlauf *m* (vor einem Sprung usw.), Führung *w* (eines Betriebes usw.), Leitung *w* (einer Firma usw.), Management *s* (Tätigkeiten)
koşul *n* Bedingung *w*; **ön ~** *bir şey için* Voraussetzung *w für etw.* (Vorbedingung)
koşum *n* Geschirr *s* (von Zugtieren)
kot *n* Jeans *Mz*
kova *n* Eimer *m*, Kübel *m*
kovalama *n* Jagd *w nach etw.* (nach dem Geld usw.)
kovalamak *v* jagen *j-n/etw.*, verfolgen (Gegner usw.), vertreiben (verjagen)
kovuşturmak *v* verfolgen (strafrechtlich)
koy *n* Bucht *w* (klein), Lagune *w*, Meeresarm *m*
koymak *v* **1** hinlegen *etw. Akk irgendwohin*, legen *etw. Akk irgendwohin*, stellen *etw. Akk irgendwohin* (hinstellen) **2** legen (Fundament usw.) **3** verlegen *etw. Akk* (verlieren) **4** verwenden *etw. Akk auf etw. Akk* (Mühe, Geld usw.) **5** ansetzen *etw. Akk an etw. Akk* **6** spielen *etw. Akk* (Film usw.) **7** nehmen (schöpfen usw.) **8** aufschieben (Pläne usw.),

(auf unbestimmte Zeit) verschieben (Projekt usw.) **9** verstauen ► **adaylığını ~** beantragen *etw. Akk*

koyu *adj* **1** dicht (Soße usw.), dick (Suppe usw.) **2** dunkel (fast schwarz), dunkelfarbig, dunkelfarben

koyun *adj* Hammel- ♦ *n* Mutterschaf *s*, Schaf *s*

koza *n* Kokon *m*, Puppe *w* (eines Schmetterlings usw.)

kök *n* Wurzel *w* (einer Pflanze usw.)

kömür *n* Kohle *w* (Brennstoff), Kohlenstoff *m*

köpek *n* Hund *m*

köpekbalığı *n* Hai *m*

köprü *n* Brücke *w*

köpük *n* Schaum *m*, Schlagschaum *m*

kör *adj* **1** blind, erblindet (Kind, Auge usw.) **2** stumpf (nicht scharf) ♦ *n* Blinde *m* ► **~ olmak** erblinden

körfez *n* **1** Bucht *w* **2** Golf *m* (Bucht)

köri *n* Curry *m,s*

körük *n* Balg *m* (einer Orgel usw.), Blase *w* (Organ)

köşe *n* Ecke *w*, Rubrik *w* (einer Zeitung usw.), Winkel *m* (Ecke), Zipfel *m*

kötü *adj* schlampig (Arbeit usw.), lausig (von der Qualität her), schlecht (minderwertig), unfreundlich ♦ *adv* schlecht, mies ► **daha ~** *bir şeyden/birinden* schlechter *als j./etw.*, schlimmer *als j./etw.*; **~ bir şekilde** falsch (antworten usw.), schlecht (körperlich unwohl), übel (körperlich); **~ kokmak** *bir şeyden* stinken *nach etw.*; **~ye kullanma** Missbrauch *m*; **~ye kullanmak** missbrauchen *j-n/etw.* (Macht usw.)

kötüleşmek *v* sich verschlechtern

kötüleştirmek *v* verschlimmern *etw. Akk*, verschlechtern *etw. Akk*, verschlimmern (bereits schlimmes), verschärfen

kötülük *adj* böse ♦ *n* Böse *s* ► **~ etmek** *birine* unangenehm sein *j-m gegenüber*

kötümser *adj* pessimistisch ♦ *n* Pessimist *m*

köy *n* Dorf *s*, Gemeinde *w*, Land *s* (ländliche Gegend), Siedlung *w*

köylü *adj* Land-, ländlich, rustikal ♦ *n* Bauer *m* (Landwirt), Dorfbewohner *m*

kral *n* König *m*

kraliçe *n* Königin *w*

krallık *n* Königtum *s*

kramp *n* Krampf *m*

kravat *n* Krawatte *w*, Schlips *m*; **papyon ~** Fliege *w* (Krawatte)

kredi *n* Anleihe *w*, Darlehen *s*, Kredit *m*, Testat *s*

krem *n* Creme *w* (Kosmetik)

krema *n* Creme *w* (aus Sahne usw.), Guss *m* (Zuckerguss usw.), Glasur *w* (auf Speisen), Sahne *w*

kritik *adj* kritisch

kriz *n* Krise *w*, Wirtschaftskrise *w*; **kalp ~i** Infarkt *m*

kroki *n* Skizze *w* (Beschreibung usw.)

kronik *adj* chronisch ♦ *n* Chronik *w*

kubbe *n* Kuppel *w*

kucak *n* Arme *w Mz*, Schoß *m*

kucaklamak *v* umarmen *j-n*

kuğu *n* Schwan *m*

kukla *n* Puppe *w*, Marionette *w*

kulak *n* Gehör *s*, Ohr *s*; **~ zarı** Trommelfell *s*

kulaklık *n* **1** Hörer *m* (eines Telefons usw.) **2** Kopfhörer *m Mz*

kule *n* Turm *m* (Bau)

kullanıcı *n* Benutzer *m*, Anwender *m* (eines Programms usw.)

kullanılmış *adj* aus zweiter Hand, benutzt, Gebraucht-, gebraucht

kullanım *n* Bediener *m*, Benutzung *w etw. Gen*, Nutzung *w etw. Gen*, Gebrauch *m etw. Gen*; **tek kullanımlık** Wegwerf-, Einweg-

kullanmak *v* **1** benutzen, benutzen *etw. Akk*, verwenden *etw. Akk*, gebrauchen *etw. Akk* **2** geltend machen *etw. Akk* (Rechte usw.), nutzen *etw. Akk* (Nutzen ziehen), sich *etw.* zunutze machen, utilisieren *etw. Akk* **3** umgehen *mit etw.* (benutzen) ► **araba ~** fahren *in etw. Akk* (mit dem Auto); **kötüye ~** missbrauchen *j-n/etw.* (Macht usw.)

kulp *n* Henkel *m*

kulübe *n* Blockhaus *s*, Chalet *s*, Hütte *w* (Berghütte usw.), (kleine) Bude *w*

kum *n* Sand *m*

kumanda *n* Kommando *s* (Befehlsgewalt); **~ etmek** *bir şey ile* Umgang *m mit etw.*; **uzaktan ~** Fernbedienung *w* (Gerät), Fernsteuerung *w* (Tätigkeit)

kumarhane *n* Kasino *s*, Spielkasino *s*

kumaş *n* Stoff *m*, Gewebe *s* (aus Baumwolle usw.)

kumsal *n* Strand *m*

kumul *n* Düne *w* (Sanddüne usw.)

kundaklamak *v* anzünden *etw. Akk* (Gebäude usw.)

kundura *n* Schuhe *w Mz*

kupa *n* Herz *s* (Karten), Pokal *m* (Trinkgefäß), Trophäe *w*

kupon *n* Gutschein *m*, Kupon *m*

kur *n* Kurs *m* (einer Währung), Wechselkurs *m*

kura *n* Verlosung *w*; **~ çekmek** losen

kuraklık *n* Trockenheit *w* (Trockenzeit), Dürre *w*

kural *n* Lehrsatz *m*, Regel *w*, Vorschrift *w*

kurbağa *n* Frosch *m*; **kara ~** Kröte *w*

kurbağalama *n* Brustschwimmen *s*

kurban *n* Opfer *s*, Opfergabe *w*; **~ etmek** *bir şeyi/birini* opfern *etw. Akk*
kurdele *n* Band *s* (im Haar usw.), Schleife *w*
kurgu *n* Fiktion *w*, Handlung *w* (eines Films usw.), Schnitt *m* (im Film), Spekulation *w* (Gedankenführung)
kurmak *n* Gründung *w* ♦ *v* aufbauen, aufziehen (Uhr usw.), bilden (Ausschuss usw.), gründen (Kommission) ► **çadır ~** ein Zelt aufstellen; **hayalini ~** träumen *von j-m/etw.*; **iletişim ~** kommunizieren *mit j-m*; **irtibat ~** kontaktieren *j-n*, sich verbinden *mit j-m*, Kontakt aufnehmen *mit j-m*; **masayı ~** Tisch decken
kurmay *n* Stab *m* (Offiziere)
kurs *n* Kurs *m*, Schulung *w von j-m*
kurşun *n* Blei *s* (Metall), Kugel *w* (Geschoss), Mine *w* (Bleistift), Rakete *w*; **~ kalem** Stift *m* (Schreibgerät), Bleistift *m*
kurt *n* Wolf *m*, Wurm *m*
kurtarıcı *adj* Befreiungs-, heilbringend ♦ *n* Befreier *m*, Retter *m*, Rettungsmann *m*
kurtarma *n* Rettung *w*
kurtarmak *v* befreien *j-n/etw. aus etw.* (herausziehen usw.), befreien *j-n/etw.*, retten *j-n/etw. vor j-m/etw.*, retten *j-n/etw.* (von Sünden usw.)
kuru *adj* alt (Lebensmittel usw.), trocken (Gebäck usw.), ausgedörrt, verdorrt; **~ temizleyici** Reinigung *w* (Geschäft)
kurucu *adj* verfassunggebend, konstituierend ♦ *n* Gründer *m etw. Gen*
kurulamak *v* abtrocknen *etw. Akk*, trocknen *etw. Akk* (trocken machen)
kurultay *n* Versammlung *w* (politische)
kuruluk *n* Trockenheit *w* (im Mund usw.)
kuruluş *n* Gründung *w*, Organ *s* (Gruppe von Personen)
kurumak *v* abtrocknen (trocken werden), austrocknen, trocknen (trocken werden)
kurumsal *adj* institutionell (Struktur usw.) ♦ *n* Beamte *m*
kurutmak *v* abtrocknen *etw. Akk* (trocken machen), austrocknen, trocknen (trocken machen), abtrocknen (Kleid usw.)
kurutucu *n* Trockner *m*, Wäschetrockner *m*
kusmak *v* ausbrechen *etw. Akk* (Nahrung usw.), erbrechen *etw. Akk* (Essen usw.), brechen (bei Übelkeit), kotzen
kusur *n* Ausschuss *m*, Schund *m*, Fehler *m* (an einer Ware usw.), Mangel *m* (an einem Produkt usw.)
kuş *n* Vogel *m*; **yırtıcı ~** Greifvogel *m*, Raubvogel *m*
kuşdili *n* Rosmarin *m*
kuşet *n* Liege *w*
kuşkonmaz *n* Spargel *m* (Gemüse)
kuşku *n* Bedenken *s Mz*, Zweifel *m Mz*, Verdacht *m*, Zweifel *m*; **~ duymak** zweifeln *an j-m/etw.*
kuşkulu *adj* strittig (unsicher), Streit-, verdächtig, zweifelhaft
kuşkusuz *adj* unbestritten, unstreitig, unzweifelhaft ♦ *adv* garantiert, gewiss, zweifellos, ohne Zweifel ♦ *part* eindeutig, bestimmt, zweifellos, zweifelsohne
kutlama *n* Feier *w*, Feierlichkeiten *w Mz*, Glückwunschkarte *w*, Gratulation *w*
kutlamak *v* **1** feiern (Geburtstag usw.) **2** beglückwünschen *j-n zu etw.*, gratulieren *j-m zu etw.* **3** feiern (eine Party haben)
kutsal *adj* heilig ♦ *n* Heilige *m*
kutu *n* Futteral *s*, Kasten *m* (zum Aufbewahren), Kästchen *s*, Schachtel *w* (große); **çöp ~su** Mülleimer *m*, Abfalleimer *m*; **karton ~** Feld *s* (im Fragebogen usw.), Kästchen *s*; **~ bira** Dosenbier *s*; **posta ~su** Briefkasten *m*, Postfach *s*
kuvvetlendirmek *v* befestigen (eine Stadt usw.), bestärken *j-n in etw. Dat*, verstärken *etw. Akk* (Eindruck usw.)
kuvvetli *adj* stark (Effekt usw.), kräftig (Wirkung usw.)
kuyruk *n* Schlange *w* (Reihe), Schwanz *m* (eines Tiers)
kuyu *n* Bohrloch *s*, Brunnen *m* (für Grundwasser), Schacht *m*
kuyumcu *n* Juwelier *m*; **~ dükkanı** Juweliergeschäft *s*
kuzen *n* Cousin *m*, Cousine *w*
kuzey *adj* Nord-, nördlich ♦ *n* Norden *m*
kuzu *n* Lamm *s*; **~ eti** Lammfleisch *s*
küçücük *adj* winzig, sehr klein
küçük *adj* klein, kleiner (Bedeutung usw.); **daha ~** jünger, kleiner (Größe); **küçücük** winzig; **~ düşürmek** herabsetzen *j-n* (herabwürdigen); **~ oda** Kammer *w* (Abstellraum)
küçültmek *v* herabsetzen (j-s Arbeit usw.), sich demütigen, verkleinern, verringern *etw. Akk* (Intensität usw.)
küf *n* Schimmel *m*
küfretmek *v* **1** fluchen **2** schimpfen *mit j-m* **3** lästern
kükreme *n* Gebrüll *s* (eines Tieres) ♦ *v* brüllen (Löwe usw.)
kükremek *v* brüllen
kül *n* Asche *w*; **yanıp ~ olmak** verbrennen (verbrannt werden)
külah *n* Tüte *w*
külbastı *n* Kotelett *s*
külfetli *adj* ungelegen
küllük *n* Aschenbecher *m*
külot *n* Höschen *s*, Unterhose *w*
kültür *n* Kultur *w*

küme *n* Menge *w* (von Elementen), Schwarm *m* (von Mücken usw.)
kümelemek *v* aufstapeln *etw. Akk*
küp *adj* Kubik-, kubisch ♦ *n* Würfel *m*, Kubus *m*
küpe *n* Ohrring *m*
küpür *n* Abschnitt *m* (Papier usw.), Ausschnitt *m* (aus einer Zeitung usw.)
kürdan *n* Zahnstocher *m*
küre *n* Ball *m* (Kugel), Erdkugel *w*, Kugel *w* (Körper)
kürek *n* Paddel *s*, Ruder *s*, Schaufel *w* (Schippe), Skull *s* (Ruder); **~ çekmek** rudern; **~ kemiği** Schulterblatt *s*
kürk *n* Fell *s*, Pelz *m*
kürtaj *n* Abtreibung *w*
kütle *n* Masse *w* (große Menge)
kütüphane *n* Bibliothek *w*
küvet *n* Badewanne *w*, Wanne *w*

L

lahana *n* Wirsing *m*, Wirsingkohl *m*, (ÖrD) Kohl *m* (Rosenkohl usw.); **yer ~sı** Kohlrabi *m*
lakayıt *adj* gleichgültig
lale *n* Tulpe *w*
lamba *n* Beleuchtungskörper *m*, Lampe *w*; **trafik ~sı** Ampel *w*
lastik *n* **1** Gummi *m,s* **2** Gummiband *s* **3** Reifen *m* **4** Mantel *m* (Reifen) ♦ *adj* Gummi- ► **inik ~** platter Reifen *m*; **~ çizme** Gummistiefel *m Mz*; **~leri şişirmek** die Reifen *m Mz* aufpumpen; **Lastiğim patladı.** Ich habe einen Platten.
lavabo *abbr* WC *s* ♦ *n* Spülbecken *s*, Waschbecken *s*
leke *n* Fleck *m*, Klecks *m*
lens *n* Linse *w* (optisch)
levha *n* Scheibe *w* (aus Metall), Schild *s* (mit Warnung usw.), Zettel *m* (mit Notiz usw.)
lezzet *n* Geschmack *m* (des Essens usw.)
lezzetli *adj* schmackhaft; **~ bulmak** schmecken *j-m etw. Akk* (lecker sein)
lezzetsiz *adj* fade (Geschmack usw.), (SüD, ÖrD) fad
liberalleştirmek *v* liberalisieren, befreien (von Einschränkungen usw.)
lider *adj* führend (Persönlichkeit usw.), Leit- ♦ *n* Führer *m* (Chef), Leiter *m* (Vorsteher)
liderlik *n* Führung *w* (Personen), Leitung *w* (Hauptvertreter)
likör *n* Destillat *s*, Likör *m*
lim *n* Limette *w*
liman *n* Hafen *m*
limit *adj* Grenz- ♦ *n* Beschränkung *w* ► **~i aşmak** überschreiten *etw. Akk* (Limit usw.)
limitli *adj* begrenzt (nicht vollständig)
limitsiz *adj* unbegrenzt
limon *n* Zitrone *w*
limonata *n* **1** Zitronenlimonade *w* **2** Limonade *w*, Limo *w,s*
lisans *n* Genehmigung *w* (Urkunde usw.), Lizenz *w*
lise *n* Gymnasium *s*, Lyzeum *s*
liste *n* **1** Liste *w etw. Gen*, Verzeichnis *s etw. Gen* **2** Bericht *m* **3** Charts *Mz* ► **yemek ~si** Speisekarte *w*
litre *n* Liter *m,s*
lokal *adj* hiesig
lokanta *n* Kantine *w*
lokomotif *n* Lokomotive *w*
lop *n* Lappen *m* (eines Organs usw.)
losyon *n* Wasser *s* (kölnisches usw.)
loş *adj* dunkel (wenig beleuchtet), düster (Gegend usw.)
lüks *adj* luxuriös, prächtig, prunkvoll ♦ *n* Luxus *m*
lütfen *part* bitte; **Hesap ~!** Bitte zahlen!
lütuf *n* Gefallen *m*
lüzumsuz *adj* sinnlos, unbrauchbar, unnütz ♦ *adv* es ist nicht nötig *etw. Akk zu tun*

M

maalesef *part* leider, unglücklicherweise
maaş *n* Belohnung *w* (finanzielle usw.), Monatsgehalt *s*, Verdienst *m* (Einkommen); **emekli ~ı** Rente *w*, Ruhestand *m*; **~ına zam yapmak** den Lohn erhöhen *j-m*
macera *n* Abenteuer *s*
macun *n* Fensterkitt *m*, Paste *w*; **diş ~u** Zahnpasta *w*
maç *n* Kampf *m* (Wettkampf), Spiel *s* (Match)
madde *n* Klausel *w*, Paragraph *m*, Posten *m* (Betrag), Position *w* (einer Liste); **yağlayıcı ~** Schmiermittel *s*
madem *conj* denn, weil
maden *n* Erz *s*; **~ ocağı** Mine *w* (für Bergbau), Grube *w* (Anlage), Bergwerk *s*
madeni *adj* metallisch, Metall- (Klang usw.), mineralisch; **~ materyal** Treibstoff *m*, Kraftstoff *m*
madensel *adj* Mineral-
mafsal *n* Verbindung *w* (zwischen zwei Teilen)
mağara *n* Höhle *w*
mağazacı *n* Händler *m*
mahalle *n* Bezirk *m*, Stadtviertel *s*, Viertel *s* (in der Stadt)
mahkeme *n* Gericht *s*, Hof *m* (Platz), Tribunal *s*; **~ kuralları** Gerichtsverfahren *s*
mahkum *n* Strafgefangene *m*, Verurteilte *m*, Häftling *m*

mahsul *n* Ausgeburt *w*, Ernte *w* (geerntete Früchte); **~ vermek** produzieren *etw. Akk* (Sauerstoff usw.)
mahvetmek *v* beschädigen, ruinieren *j-n/etw.* (finanziell), vereiteln
makale *n* Artikel *m*, Referat *s* (Vortrag), Studie *w* (wissenschaftliche)
makara *n* Rolle *w* (des Flaschenzuges)
makarna *n* Makkaroni *Mz*, Spaghetti *Mz*, Teigwaren *w Mz*
makas *n* Schere *w* (Werkzeug), Weiche *w* (an Gleisen)
makbuz *n* Abschnitt *m* (eines Formulars usw.), Quittung *w*, Zettel *m* (Kassenzettel usw.)
maket *n* Modell *s* (von Gebäude usw.)
makine *n* Maschine *w*; **bilet ~si** Fahrkartenautomat *m*; **çamaşır ~si** Waschmaschine *w*; **fotoğraf ~si** Kamera *w* (fotografisch), Fotoapparat *m*
maksat *n* Zweck *m*
maksimum *n* Maximum *s*
makyaj *n* Make-up *s*, Schminke *w*; **~ malzemesi** Kosmetik *w* (Kosmetika); **~ yapmak** sich schminken
mal *n* Eigentum *s*, Besitz *m*, Handelsartikel *m*, Handelsware *w*; **~ olmak** kosten *wie viel* (Preis haben); **~ varlığı** Vermögen *s* (einer Firma usw.), Aktiva *Mz*
mali *adj* finanziell, Währungs- (Politik usw.)
malumat *n* Kenntnisse *w Mz*, Überblick *m* (Kenntnisse), Übersicht *w* (Wissen)
malzeme *n* Material *s*, Zutat *w*, Ingredienz *w*; **makyaj ~si** Kosmetik *w* (Kosmetika)
mama *n* Nahrung *w* (Kindernahrung usw.); **bebek ~sı** Babynahrung *w*
mamul **unlu ~leri** Gebäck *s*, Backwaren *w Mz*
manastır *n* Mönchskloster *s*, Nonnenkloster *s*
mandalina *n* Mandarine *w*
mango *n* Mango *w*
mankafa *adj* beschränkt (dumm)
manken *n* Modell *s*, Modellpuppe *w*
mantar *n* **1** Kork *m* **2** Pilz *m* (Röhrling usw.) **3** Pilz *m* (parasitisch)
mantıklı *adj* logisch, rational, vernünftig
manyak *n* Irre *m*, Verrückte *m*, Wahnsinnige *m*
manzara *n* Anblick *m* (Bild), Aussicht *w* (ins Weite usw.), Gegend *w*, Landschaft *w*
marangoz *n* Tischler *m*
margarin *n* Margarine *w*
marifet *n* Talent *s für etw.*, Begabung *w für etw.*
marka *n* Marke *w* (Ware)
market **~ arabası** Einkaufswagen *m*
mart *n* März *m*
martı *n* Möwe *w*
masa *adj* Tisch- ♦ *n* Schreibtisch *m*, Tisch *m*
masaj *n* Massage *w*
masal **peri ~ı** Märchen *s*
maskara *n* Mascara *w*, Wimperntusche *w*
maske *n* Gesichtsmaske *w* (im Theater usw.), Maske *w*
maskelemek *v* maskieren (Gefühle), tarnen, verbergen (verheimlichen)
masraf *n* Ausgaben *w Mz für etw.*, Aufwand *m für etw.*, Kosten *Mz*; **~lar** Auslagen *w Mz*
masum *adj* unschuldig
matbua *n* Formular *s*
materyal *n* Rohstoff *m*
mavi *adj* blau ♦ *n* Blau *s*
maya *n* Hefe *w*, Hefepilz *m*, Most *m*; **şarap ~sı** Traubensaft *m*
maydanoz *n* Petersilie *w*
mayıs *n* Mai *m*
maymun *n* Affe *m*, Menschenaffe *m*
mayo *n* **1** Badeanzug *m* **2** Badehose *w*
mayonez *n* Mayonnaise *w*, Majonäse *w*
mazot *n* Dieselkraftstoff *m*, Diesel *m* (Kraftstoff)
mebzul *adj* großzügig
mecbur **~ bırakmak** *bir şeye birini* unterliegen *etw. Dat* (Pflicht usw.)
mecburi *adj* obligat, unentbehrlich, unbedingt notwendig, zwanghaft
meclis *n* **1** Versammlung *w* (politische) **2** Rat *m* (Gremium) **3** Meinungsumfrage *w* ► **yasama ~i** Kammer *w* (eines Parlaments)
medya *n* Medien *s Mz*
mekanikçi *n* Mechaniker *m*
mektup *n* Brief *m*, Zettel *m* (Notizzettel usw.)
melek *n* Engel *m*
melodi *n* Melodie *w*
meme *n* Brust *w* (weibliche), Düse *w*
memeler *n* Busen *m*
memleket *n* Heim *s*, Heimatstadt *w*, Heimatort *m*
memnun *adj* froh, zufrieden (Lächeln usw.); **~ etmek** *birini/bir şeyi* befriedigen *j-n/etw.*, zufriedenstellen *j-n* (Kunden usw.); **~ etmek** *birini* Freude machen *j-m*; **~ olmak** sich freuen *über j-n/etw.* (genießen); **~ olmak** *bir şey yapmaya* froh sein *über etw. Akk*, gern *etw. Akk tun*, mit Vergnügen *etw. Akk tun*; **M~ oldum.** Freut mich.
memnuniyetsiz *adj* unzufrieden *mit etw.*, nicht zufrieden *mit etw.*
memur *n* Beamte *m*, Büroangestellte *m*, Bürobeamte *m*, Referent *m* (Leiter); **tasfiye ~u** Empfänger *m etw. Gen*
mendil *n* Taschentuch *s*
menejer *n* Manager *m*
mental *adj* seelisch

menteşe *n* Angel *w* (einer Tür usw.); **~lerinden çıkarmak** aushängen (Tür)
menü *n* Menü *s*
merak *n* Neugier *w*, Vorliebe *w für etw. Akk*; **~ etmek** *bir şeyi* sich *etw. Akk* fragen
meraklı *adj* neugierig, passioniert, leidenschaftlich (Leser usw.), wissbegierig ♦ *n* Liebhaber *m von etw.* (Anhänger), Neugierige *m*, Schaulustige *m*
merasimli *adj* zeremoniell, feierlich
mercek *n* Objektiv *s*
mercimek *n* Linse *w* (Samen)
merdane *n* Nudelholz *s*, Wäscheklammer *w*
merdiven *n* Treppe *w*; **taşınır ~** Leiter *w*
merhaba *interj* ciao, tschau, hallo
merhametli *adj* barmherzig, erbarmungsvoll, gnädig, gnadenvoll
merhem *n* Salbe *w*
merkez *n* Hauptstelle *w*, Mittelpunkt *m* (einer Tätigkeit usw.), Knotenpunkt *m* (von Aktivitäten usw.), Zentrale *w* (Telefonzentrale)
merkezi *adj* Mittel-, zentral
mermer *n* Marmor *m*
mesafe *n* Abstand *m* (räumlicher, zeitlicher), Ferne *w*
mesai *n* Beschäftigung *w* (Arbeit)
mesaj *n* Nachricht *w* (E-Mail usw.), SMS *w,s*
meskun *adj* bewohnbar, bewohnt *von j-m*
meslek *n* Beruf *m*
meslektaş *n* Kollege *m*
mesuliyet *n* Haftung *w*
meşe *n* Eiche *w*, Eich(en)baum *m*
meşgul *adj* reserviert (Tisch usw.), (sehr) beschäftigt
meşhur *adj* berühmt, renommiert
meşru *adj* berechtigt (Vorgehen usw.), gerechtfertigt, legitim (Anspruch usw.), rechtmäßig (Besitzer usw.)
metal *n* Metall *s*; **ocak üzerindeki ~ yüzey** Kochplatte *w*
metin *n* Text *m*
metre *n* Meter *m,s*
metro *n* U-Bahn *w*, Metro *w*
mevsim *n* Jahreszeit *w*, Zeit *w* (Periode usw.)
meydan *n* Platz *m* (umbaute Fläche); **~ okuma** Herausforderung *w für j-n* (schwierige Aufgabe usw.); **~a gelmek** bestehen *in etw. Dat* (von einem Problem usw.)
meyhaneci *n* Wirt *m* (in einem Lokal)
meyil *n* Gefälle *s* (einer Straße usw.), Hang *m* (Tendenz) *zu etw.*, Neigung *w zu etw.*, Neigung *w für etw.* (Vorliebe usw.)
meyve *n* Obst *s*; **~ kabuğu** Schale *w* (Frucht), Haut *w* (von Pfirsich usw.); **~ suyu** Saft *m* (aus Obst usw.); **~ vermek** Früchte tragen
mezar *n* Grab *s*
mezarlık *n* Begräbnisstätte *w*, Friedhof *m*, Kirchhof *m*
mezeler *n* Feinkost *w*, Delikatessen *w Mz* (Würste usw.)
mezun *n* Absolvent *m*; **~ olmak** *bir şeyde* absolvieren *etw. Akk* (Schule), das Studium *etw. Gen* abschließen
mezura *n* Bandmaß *s*, Metermaß *s*
mıknatıs *n* Magnet *m*
mıntıka *n* Bezirk *m* (Verwaltungseinheit), Streifen *m* (eines Landes usw.), Zone *w*
mısır *n* Mais *m*
mide *n* Magen *m*
midye *n* Muschel *w* (Schale)
migren *n* Migräne *w*
mikrodalga *n* Mikrowelle *w* (Gerät), Mikrowellenherd *m*, Mikrowellengerät *s*, Mikrowellenofen *m*
mikser *n* Mixer *m*
miktar *n* Höhe *w* (Summe usw.), Satz *m* (Tarif); **alınan ~** Aufnahme *w* (Nahrung usw.)
mil *n* Meile *w*
milletvekili *n* Abgeordnete *m*
milli *adj* landesweit (überregional), national, National-
milyar *num* Milliarde *w*
milyon *num* Million *w*
mimar *n* Architekt *m*
mimarlık *n* Architektur *w*, Baukunst *w*
minder *n* Matte *w* (zum Turnen)
mineral *adj* mineralisch ♦ *n* Mineral *s*
minibüs *n* Kleinbus *m*, Lieferwagen *m*
misafirhane *n* Herberge *w*
misafirperver *adj* gastfreundlich
misafirperverlik *n* Empfang *m* (Veranstaltung), Gastfreundlichkeit *w*
misal *n* Vorbild *s*
mizaç *n* Natur *w* (einer Person), Temperament *s*
mizah *n* Humor *m*
mobil *adj* mobil
mobilya *n* Möbel *s Mz*
moda *adj* modisch, Mode- ♦ *n* Mode *w*
model *n* Modell *s*, Vorlage *w* (zum Zeichnen usw.), Muster *s* (Entwurf)
modern *adj* aktuell, up to date, modern (Frisur usw.)
mola *n* Auszeit *w*, Pause *w* (in Rede usw.)
mont *n* Anorak *m*, Jacke *w*
mor *adj* purpurrot, Purpur-, violett
motor *n* Motor *m*
motosiklet *n* Motorrad *s*
muamele *n* Behandlung *w j-s* (Umgang)
muamma *n* Denkaufgabe *w*, Denksportaufgabe *w*, Rätsel *s* (Geheimnis)
muayene **~ etmek** untersuchen *j-n* (Patienten usw.)

muayenehane *n* Sprechzimmer *s*, Arztpraxis *w*
muazzam *adj* eminent (Wert usw.), gewaltig, gigantisch, grenzenlos (Sehnsucht usw.)
mucize *adj* Wunder- ♦ *n* Wunder *s*
muhabbet **~ etmek** *biriyle bir şey hakkında* sich unterhalten *über etw. Akk*
muhabir *n* Beiträger *m* (einer Zeitung usw.), Korrespondent *m*, Reporter *m*
muhakkak *part* bestimmt, gewiss, sicher (ohne Zweifel usw.)
muhalefet *n* Opposition *w*
muharebe *n* Scharmützel *s*, Schlacht *w*
muhtelif *adj* verschieden, verschiedenartig, divers, vielfältig
muhtemelen *adv* eventuell ♦ *part* höchstwahrscheinlich, wahrscheinlich, vielleicht
muhteşem *adj* aufwendig, luxuriös, grandios, großartig (Bauwerk usw.) (Anblick usw.)
muktedir *adj* fähig (geschickt usw.); *bir şeyi,bir şeye* **~ kılmak** ermöglichen *(j-m) etw. Akk*
mum *n* Kerze *w*
musluk *n* Hahn *m* (Wasserhahn usw.), Wasserleitung *w*
mutfak *n* Küche *w*
mutlaka *adv* genau (feststellen usw.), notwendig, notwendigerweise, offenkundig ♦ *part* gewiss, sicherlich
mutlu *adj* glücklich, zufrieden *mit j-m/etw.*
mutluluk *n* Glück *s* (Gefühl)
mutsuz *adj* unglücklich (deprimiert)
muvakkat *adj* provisorisch, vorläufig, einstweilig
muz *n* Banane *w*
mücadele *n* Anstrengung *w*; **~ etmek** *biriyle/bir şeyle* ringen *mit j-m um etw.*
mücevher *n* Juwel *s*, Kleinod *m* (Ring usw.), Schmuck *m* (Ring usw.)
müdahale *n* Intervention *w*, Unterbrechung *w*
müdür *n* **1** Direktor *m* **2** Vorsteher *m*, Leiter *m* (Person) ► **okul ~ü** Rektor *m* (einer Grundschule usw.), Schulleiter *m*
müessese *n* Institution *w*
müeyyide *n* Regress *m*
müfettiş *n* Kontrolleur *m*
mühendis *n* Ingenieur *m*
mühlet *n* (letzter) Termin *m*
mühür *n* Plombe *w*, Siegel *s* (Abdruck)
mükafat *n* Belohnung *w* (belohnt werden)
mükemmel *adj* allerbest(er,e,es) (bestmöglich), ausgezeichnet, exzellent, berühmt (bedeutend)
mümkün *adj* machbar (Lösung usw.), möglich (potenziell), eventuell; **~ olmak** gehen (möglich sein)
münasebet *n* Beziehung *w* (Zusammenhang usw.); **cinsi ~** Geschlechtsverkehr *m*
münasip *adj* gehörig (Respekt usw.), passend (geeignet) ♦ *v* erfüllen *etw. Akk* (Bedingungen usw.)
münazara *n* Diskussion *w*
münhasıran *adv* ausschließlich, einzig
mürekkep *n* Tinte *w*, Tintenfisch *m*
müsaade *n* Erlaubnis *w*; **~ etmek** genehmigen *etw. Akk*
müshil *n* Abführmittel *s*
Müslüman *adj* islamisch, muslimisch, moslemisch ♦ *n* Muslim *m*, Moslem *m*
müstesna *adj* außergewöhnlich, Ausnahme-
müşavir **vergi ~i** Steuerberater *m*
müşfik *adj* zart (empfindlich usw.), zärtlich
müşteri *n* Abnehmer *m*, Kunde *m* (Bankkunde usw.), Klient *m*
mütercim *n* Dolmetscher *m*
müteşekkir *adj* dankbar *für etw.*
müthiş *adj* entsetzlich (Ereignis usw.), schrecklich, fürchterlich, turbulent
müze *n* Museum *s*
müzik *adj* musikalisch ♦ *n* Musik *w*
müzisyen *n* Musiker *m*

N

nadir *adj* kurios, merkwürdig, rar, knapp (kaum vorhanden) ♦ *n* Unikat *s*
nadiren *adv* ausnahmsweise, selten
nafile *adj* nutzlos, vergeblich
nahoş *adj* peinlich, unangenehm
nakletmek *v* **1** fahren *j-n/etw. irgendwohin*, transportieren *j-n/etw. irgendwohin* **2** transportieren *j-n/etw. über etw. Akk*, transportieren *etw. Akk irgendwohin* **3** leiten (leitfähig sein) **4** transplantieren
nakli *adj* Last-
nakliyat *n* Autoverkehr *m*, Transport *m*, Beförderung *w*, Versand *m*
nakliye *adj* Verkehrs- ♦ *n* Abfuhr *w*, Fracht *w* (Ware usw.), Frachtgut *s*, Ladung *w* (Frachtgut) ► **~ yolu** Frachtverkehr *m*, Güterverkehr *m*
namlu *n* Lauf *m* (eines Gewehrs)
nane *n* Minze *w*, Pfefferminze *w*
nankör *adj* undankbar
narkoz *n* Betäubung *w* (örtliche usw.), Narkose *w*
nasıl *adv* wie, wie (auch) immer ♦ *pron* was für ein ► **N~ bu?** Wie ist es?; **N~ isterseniz.** Wie Sie wollen.; **N~sınız?** Wie geht es Ihnen?
nasılsa *adv* irgendwie, gewissermaßen ♦ *part* übrigens, im Übrigen

naturel *adj* natürlich (Tod usw.)
navigasyon *n* Navigation *w*
naz *n* Laune *w* (Einfall)
nazaran *prep* im Vergleich zu *etw.*, gegenüber *etw.* (verglichen), gegen *etw.*
nazik *adj* achtungsvoll, respektvoll, delikat (Frage usw.), heikel (Wesen); **N~siniz.** Das ist lieb von Ihnen.
ne *adv* wie ♦ *pron* was (Frage) ► **~... ~...** weder... noch; **N~ oluyor?** Was ist (los)?
nebula *n* Nebel *m* (im Weltraum)
neden *adv* warum ♦ *n* Beweggrund *m*, Motiv *s* (Anlass), Ursache *w etw. Gen* ► **bu ~le** daher, deshalb, deswegen; **~ olmasın** warum nicht
nef *n* Schiff *s* (in einer Kirche usw.), Kirchenschiff *s*
nefes *n* Atem *m*, Atemzug *m*; **~ almak** atmen, einatmen (Atem holen)
nefis *adj* köstlich, lecker, deliziös; **~ yiyecek** Leckerbissen *m*, Delikatesse *w*
nefret *n* Hass *m*, Verachtung *w*, Widerwille *m gegen etw.*; **~ etmek** *birinden/bir şeyden* hassen *j-n/etw.*
negatif *adj* abweisend, abschlägig, negativ (nachteilig) ♦ *n* Negativ *s*
nehir *n* Fluss *m* (Gewässer); **~ yatağı** Bett *s* (eines Flusses usw.)
nektarin *n* Nektarine *w*
nem *n* Feuchtigkeit *w*, Nässe *w*
nemli *adj* feucht
nerede *adv* wo; **O ~?** Wo ist das?
nereden *adv* **1** welchen Weg, wie **2** woher
neredeyse *adv* fast, beinahe, nahezu
nereye *adv* wohin
nesne *n* Gegenstand *m* (Sache), Objekt *s*
nesnel *adj* sachlich
neşe *n* Begeisterung *w*, Freude *w*, Heiterkeit *w*
neşeli *adj* **1** fröhlich, lustig (amüsant) **2** lebhaft (Kind usw.) **3** Fest-, Feier- ♦ *n* Smiley *s*
net *adj* netto, Netto-, scharf (Foto usw.) ♦ *n* Netzball *m* ► **~ değil** unklar (Bedeutung usw.)
netice *n* Lösung *w* (eines Geheimnisses usw.), Nachspiel *s etw. Gen* (Folgen); **~si olarak** infolge *etw. Gen*, als Folge *etw. Gen*
neticede *part* doch
neticelendirmek *v* abschließen (Abkommen usw.), schließen (Vertrag)
neyse *adv* sowieso, jedenfalls
nezle *n* Erkältung *w*, Katarrh *m*, Schnupfen *m*
nicelik *n* Größe *w* (in Physik), Quantität *w*
niçin *adv* warum
nihai *adj* definitiv, endgültig, End-, Schluss- (Ergebnis usw.)
nihayet *part* immerhin, schließlich
nikah *adj* Hochzeits-
nisan *n* April *m*
nispeten *adv* relativ
nişanlı *adj* verlobt ♦ *n* Verlobte *w*, Verlobte *m*
nitekim *adv* schließlich
nitelik *n* Qualität *w*
niyet *n* Absicht *w*, Impuls *m*, Vorsatz *m* (Entschluss); **~ etmek** *bir şeye* gedenken *etw. Akk zu tun* (vorhaben)
Noel *n* Weihnachten *s*, Weihnachtsfest *s*
nokta *n* Punkt *m*; **bakış ~sı** Gesichtspunkt *m*, Sicht *w* (Blickwinkel); **dönüm ~sı** Wendepunkt *m*; **esas ~** *bir şeyde* die Hauptsache; **stratejik ~** Aussichtspunkt *m*
nonoş *adj* schwul
norm *n* Norm *w*, Ordnung *w* (Verkehrsordnung usw.)
normal *adj* normal ♦ *n* Normalzustand *m*
normalde *adv* normalerweise
not *n* Bemerkung *w* (schriftlich), Notiz *w*, Erbe *s* (geschichtlich usw.), Glosse *w* (Bemerkung); **~ almak** *bir şeyi* notieren *etw. Akk*, aufschreiben *etw. Akk*; **~ bırakmak** *birine* ausrichten lassen *j-m etw. Akk*, ausrichten *j-m etw. Akk*
nota *n* Note *w* (Notenzeichen)
noter *n* Notar *m*
nöbet *n* Anfall *m*, Dienst *m* (beruflich)
nöbetçi *n* Garde *w*, Leibgarde *w*, Wache *w* (Dienst), Wachposten *m*; **~ eczane** Apotheke *w*
numara *n* List *w*, Nummer *w* (Schuhe usw.), Zahl *w* (Angabe); **ayak ~sı** Fuß *m* (Maß)
numune *n* Modell *s* (Grundlage usw.), Vorlage *w* (zum Zeichnen usw.), Muster *s* (Entwurf)
nüfus *n* Bevölkerung *w*, Bevölkerungszahl *w*; **~ cüzdanı** Ausweis *m*, Personalausweis *m*, (ugs.) Perso *m*
nüfuz **~ etmek** *bir şeyin içine* eindringen
nüktecilik *n* Scharfsinn *m*, Witz *m*

O

o *pron* der da, dieser, diese, dieses, derjenige, diejenige, dasjenige, er
objektif *adj* objektiv
ocak *n* 1 Herdplatte *w* 2 Kocher *m* 3 Brennofen *m* 4 Ofen *m* (Schmelzofen, Glutofen usw.) 5 Januar *m* ► **maden ocağı** Mine *w* (für Bergbau), Grube *w* (Anlage), Bergwerk *s*; **~ üzerindeki metal yüzey** Kochplatte *w*; **taş ocağı** Steinbruch *m*
oda *n* Raum *m* (Zimmer), Zimmer *s*; **bekleme ~sı** Wartezimmer *s*, Warteraum *m*; **küçük ~** Kabine *w* (zum Umkleiden usw.), Kammer *w* (Abstellraum); **oturma ~sı** Wohnzimmer *s*; **soyunma ~sı** Kabine *w*, Ankleidekabine *w*; **Üç günlüğüne ~ya ihtiyacım var.** Ich brauche ein Zimmer für drei Tage.; **yatak ~sı** Schlafzimmer *s*
odaklanmak *v* sich konzentrieren *auf etw. Akk* (sich widmen)
oditoryum *n* Zuschauerraum *m*
oğlan *n* Junge *m*; **~ çocuğu** Junge *m*
oğul *n* Schwarm *m* (Bienen usw.), Sohn *m*
oje *n* Nagellack *m*
ok *n* Pfeil *m* (Geschoss)
oksijen *n* Sauerstoff *m*
okşamak *v* liebkosen, streicheln *j-n/etw.*
okul *n* Schule *w*; **~da** in der Schule
okuma *n* Lesen *s*
okumak *v* 1 lesen *etw. Akk* (ein Buch usw.) 2 lernen (für eine Prüfung usw.), sich ausbilden, studieren *an etw. Dat* (an Hochschule)
okur *n* Leser *m*
okyanus *n* Ozean *m*
olabilir *adv* möglicherweise, eventuell ♦ *part* ganz offensichtlich, ganz offenbar
olağanüstü *adj* außergewöhnlich, Ausnahme-, ungewöhnlich (Fähigkeit usw.), außerordentlich
olanak *n* Möglichkeit *w* (Auswahl); **~ vermek** erlauben *j-m etw. Akk*
olarak *conj* als (arbeiten als usw.); **neticesi ~** infolge *etw. Gen*, als Folge *etw. Gen*; **sonucu ~** infolge *etw. Gen*, als Folge *etw. Gen*
olası *adj* möglich, eventuell, potentiell, zukünftig (Kunden usw.); **olasıdır** *bir şey yapmak* es ist möglich *etw. Akk zu tun*, es geht *etw. Akk zu tun*
olasılık *n* Möglichkeit *w* (Chance), Wahrscheinlichkeit *w etw. Gen*
olasılıkla *part* wahrscheinlich
olay *n* Episode *w*, Ereignis *s*, Phänomen *s*, Sache *w* (Sachverhalt)
oldukça *adv* beträchtlich, markant, sehr, deutlich (in hohem Maße) ♦ *part* ganz (gut usw.), ziemlich
olgun *adj* 1 reif 2 ausgereift
olgunlaşmak *v* ausreifen (Früchte), erwachsen werden, reif werden
olmak *v* 1 sein 2 werden *etw. Akk* 3 geschehen, passieren (Ereignis usw.) 4 stattfinden *irgendwo* 5 sich abspielen ► **emekli ~** in den Ruhestand treten; **içine ~** anlaufen (beginnen); **iyi ~** gehen *j-m irgendwie*; **önde ~** vorausgehen *etw. Dat* (geschehen); **sahip ~** besitzen *etw. Akk*, haben *etw. Akk*; **sakin ~** bewohnen *etw. Akk*; **teslim ~** sich ergeben *j-m*; **var ~** existieren, sein; **zorunda ~** *bir şey yapmak* müssen *etw. Akk tun*
olta *n* Angel *w* (zum Fischfang), Angelausrüstung *w*, Angelrute *w*
olumlu *adj* positiv (Wirkung usw.)
oluşmak *v* bestehen *aus etw.*, sich zusammensetzen *aus etw.*, wachsen (entstehen)
oluşturmak *v* bilden *etw. Akk* (ein Teil sein), machen (hervorrufen), schaffen, erschaffen (Welt usw.)
omlet *n* Omelett *s*, (ÖrD, SwD) Omelette *s*
omur *n* Wirbel *m* (Knochen)
omuz *n* Schulter *w*; **~ silkmek** mit den Schultern zucken
on *num* zehn
ona *pron* ihm, ihr
onarım *n* Reparatur *w*
onarmak *v* reparieren *etw. Akk*; **Bu kolay onarılır.** Das lässt sich leicht reparieren.
onay *n* Bestätigung *w etw. Gen* (der Wahrheit usw.), Bewilligung *w j-s*, Genehmigung *w*
onaylamak *v* 1 billigen *etw. Akk* (Vorschlag usw.) 2 beglaubigen *etw. Akk*, bestätigen *etw. Akk* (amtlich usw.), ratifizieren 3 billigen *etw. Akk* (Handlung usw.) ► **dilekçeyi ~** einem Antrag stattgeben
onlar *pron* die (da), sie (Mehrzahl)
onlara *pron* ihnen
onları *pron* sie
onların *pron* ihr (3. Person Mz)
onsuz *prep* ohne *j-n/etw.*
onu *pron* 1 sie 2 ihn
onun *pron* ihr, sein
onuncu *num* zehnt(er,e,es)
onur *n* Ehre *w*, Würde *w*; **~ kırmak** beleidigen *j-n*
opera *n* Oper *w*
operasyon *n* Operation *w* (chirurgische usw.)
operatör *n* Telefonist *m*
opsiyon *n* Möglichkeit *w* (Auswahl)
optik *adj* optisch ♦ *n* Optiker *m*
orada *adv* dort, dorthin
oran *n* Proportion *w* (von Zahlen), Proportionen *w Mz*, Relation *w etw. Gen zu etw.*
orantılı *adj* angemessen *etw. Dat*
ordu *n* Armee *w*, Heer *s*, Militär *s* (Streitkräfte)
organ *n* Organ *s*, Orgel *w*

organizatör *n* Veranstalter *m*
organize *adj* organisiert; **~ etmek** organisieren *etw. Akk* (Veranstaltung usw.), veranstalten *etw. Akk*
orgazm *n* Orgasmus *m*
orjinal *adj* original (authentisch usw.) ♦ *n* Original *s*
orkestra *n* Orchester *s*; **~ yönetim** dirigieren (Orchester usw.)
orman *n* Hain *m*, Wald *m*; **balta girmemiş ~** Urwald *m*
orta *adj* median, Mittel- (Wert usw.), mittelmäßig, mittler(er,e,es) (durchschnittlich) ♦ *adv* mittel- ♦ *n* Drei *w* (Schulnote), Mitte *w etw. Gen* ► **~da** *bir şey* in der Mitte *etw. Gen*, mitten *in etw. Dat*; **~ya çıkmak** entstehen, sich zeigen (Wahrheit usw.)
ortada *adv* halbwegs, auf halbem Wege, in der Mitte, inmitten
ortak *adj* gemeinsam, kollektiv, Kollektiv- ♦ *n* Komplize *m*, Miteigentümer *m*, Teilhaber *m* ► **~ çalışmak** *bir şeyde* teilnehmen *an etw. Dat* (Teilnehmer sein), sich beteiligen *an etw. Dat*
ortaklık *n* Assoziation *w*, Verein *m*, Mittäterschaft *w*, Partnerschaft *w mit etw.*
ortalama *adj* durchschnittlich ♦ *adv* im Durchschnitt, durchschnittlich ♦ *n* Durchschnitt *m* (Wert)
ortaya *prep* in die Mitte, mitten *in etw. Akk* (irgendwohin)
oruç *n* Fastenzeit *w*
oryantasyon *n* Orientierung *w* (fachliche usw.)
ot *n* Gras *s*
otel *n* Hotel *s*; **~e kayıt yaptırmak** sich im Hotel anmelden
otlatmak *v* hüten *etw. Akk* (Schafe usw.)
otoban *n* Schnellstraße *w*, Autobahn *w*
otobüs *n* Bus *m* (Verkehrsmittel), Reisebus *m*; **yolcu ~ü** Reisebus *m*
otogar *n* Busbahnhof *m*
otomat *n* Automat *m*, Münzautomat *m*, Spielautomat *m*
otomatik *adj* automatisch
otopark *n* Parkplatz *m*
otorite *n* Autorität *w*, Befugnis *w*
otoriter *adj* herrschsüchtig (Person usw.) ♦ *adv* vor allem
otostop *n* Autostopp *m* ♦ *v* trampen, per Anhalter fahren
otoyol *n* Autobahn *w*, Schnellstraße *w*
oturma **~ odası** Wohnzimmer *s*
oturmak *v* **1** sich setzen, sitzen **2** einsteigen *in etw. Akk* **3** sich niederlassen (zur Ruhe kommen) **4** wohnen *irgendwo*
oturulur *adj* bewohnbar
oturuş *n* Sitz *m* (Haltung)
otuz *num* dreißig
ova *n* Ebene *w* (Land), Kessel *m* (Tal), Tiefland *s*
ovuşturmak *v* reiben (Hände usw.)
oy *n* Stimme *w* (bei Abstimmung); **~ vermek** stimmen *für etw., gegen etw.* (bei Abstimmung)
oylama *n* Abstimmung *w über etw. Akk*; **gizli ~** geheime Abstimmung
oylamak *v* wählen *j-n* (abstimmen)
oynamak *v* spielen, spielen *etw. Akk* (Spiele usw.)
oyuk *adj* hohl ♦ *n* Höhlung *w*
oyun *n* Hinterlist *w*, Partie *w* (Schach), Schauspiel *s*, Spiel *s* (Spielen); **~ alanı** Spielplatz *m*
oyuncak *n* Spielzeug *s*; **~ bebek** Puppe *w* (Spielpuppe)
oyuncu *n* Spieler *m*

Ö

ödeme *n* **1** Zahlung *w*, Einzahlung *w*, Bezahlung *w* **2** schuldiger Betrag *m* **3** Fälligkeit *w* ► **~ günü** Zahltag *m*
ödemek *v* **1** ausbezahlen, auszahlen *j-m etw. Akk* (Gehälter usw.), bezahlen *etw. Akk*, begleichen *etw. Akk* (Rechnung usw.) **2** vergelten *j-m etw. Akk* **3** nachzahlen *etw. Akk* **4** sich lohnen **5** büßen *etw. Akk* **6** entlohnen *j-n* **7** ausgleichen (Schuld usw.) ► **geri ~** *bir şey* abzahlen *etw. Akk*
ödenek *n* Leistung *w* (Betrag)
ödenmemiş *adj* unbezahlt (Rechnung usw.), offen (noch unbezahlt), ausstehend (Schulden usw.)
ödetmek *v* berechnen *j-m etw. Akk für etw.*, berechnen *j-m etw. Akk* (anrechnen)
ödev *n* Aufgabe *w* (für die Schule), Hausaufgaben *w Mz*, Rolle *w* (Schauspiel), Vergabe *w*
ödeyici *n* Zahler *m*
ödül *n* Belohnung *w* (belohnt werden), Lorbeeren *m Mz*, Orden *m* (Ehrenzeichen), Preis *m* (Belohnung)
ödüllendirmek *v* belohnen *j-n für etw., mit etw.* (zum Dank)
ödün *n* Kompromiss *m*, Zugeständnis *s j-m*; **~ vermek** nachgeben *j-m/etw.* (Konzessionen machen)
ödünç *n* Anleihe *w*, Leihgabe *w*, Ausleihe *w* (Ausleihen); **~ almak** sich leihen *etw. Akk von j-m*, sich ausleihen *etw. Akk von j-m*; **~ vermek** *birine bir şeyi* leihen *j-m etw. Akk*
öfke *n* Empörung *w*, Entrüstung *w*, Irritation *w* (Verärgerung), Wut *w*
öfkelenmek *v* sich aufregen, sich aufregen *über etw. Akk*

öfkeli *adj* empört *über etw. Akk*, erbittert, entrüstet, jähzornig (Charakter usw.)
öğle *n* Mittag *m*; **~ uykusu** Siesta *w*; **~ yemeği** Mittagessen *s*; **~den önce** Vormittag *m*; **~den önce saat onda** um zehn Uhr vormittags; **~den sonra** Nachmittag *m*; **~den sonra saat üçte** nachmittags um drei
öğrenci *n* Lehrling *m*, Auszubildende *m*, Lernende *m*, Schüler *m*; **üniversite ~si** Hochschüler *m*
öğrenim *n* Studium *s*
öğrenmek *v* **1** lernen (für eine Prüfung usw.) **2** hören *etw. Akk* (erfahren) **3** lernen *aus etw.* (durch Erfahrungen) **4** lernen *etw. Akk* (Handwerk)
öğretmek *v* beibringen *j-m etw. Akk*, einarbeiten *j-n* (anlernen), einweihen *j-n in etw. Akk* (vertraut machen), lehren *j-n etw. Akk*
öğretmen *n* Lehrer *m*, Lehrerin *w*
öğüt *n* Rat *m*, Ratschlag *m*, Tipp *m* (Rat)
öğütmek *v* mahlen
öğütülmüş *adj* gemahlen
öksürmek *v* husten, hüsteln
öksüz *n* Waise *w* (Kind)
ölçek *n* Becherglas *s*, Maßstab *m* (Verhältnis), Skala *w* (von Werten usw.)
ölçmek *v* **1** messen *j-n/etw.* (Größe bestimmen) **2** messen *wie viel* (Größe haben) **3** abmessen (Dosis usw.)
ölçü *n* **1** Maß *s* (Größe) **2** Rate *w* (in Prozent), Maß *s etw. Gen* (Ausmaß) **3** Skala *w* (numerische usw.) **4** Skala *w* (von Werten usw.) **5** Takt *m* (eines Walzers usw.) ► **büyük ~de** massenhaft
ölçülü *adj* bedächtig (Schritt usw.), besonnen, umsichtig, mäßig (im Essen usw.)
ölçüt *n* Kriterium *s*, Maßstab *m* (zum Vergleich)
öldürmek *v* **1** töten, umbringen **2** ermorden *j-n*, hinmorden, morden, töten **3** erwürgen *j-n* **4** erschießen *j-n* **5** einschläfern *etw. Akk* (einen Hund usw.)
ölmek *v* eingehen (Tiere), sterben *an etw. Dat*, umkommen (sterben)
ölü *adj* tot ♦ *n* Verstorbene *m*
ölüm *n* Tod *m*, Todesfall *m*
ölümcül *adj* fatal (Irrtum usw.), verhängnisvoll (Entscheidung usw.), im Endstadium, letal (Dosis usw.)
ölümlü *adj* tödlich
ön *adj* Front(al)-, vorder(er,e,es), vorn (Teil, Glied usw.) ♦ *n* Vorderteil *s,m etw. Gen* ► **~de gelen** führend (Läufer usw.); **~de gitmek** führen (im Wettkampf usw.); **~den** von vorne
önce *prep* vor; **... -den/-dan ~** vor (räumlich); **daha ~** früher (als geplant), eher, vorher; **en sondan bir ~** vorletzt(er,e,es); **yarım saat ~** vor einer halben Stunde
önceden *adv* im Voraus; **~ söylemek** voraussagen *etw. Akk*
önceki *adj* ehemalig, vormalig, früher, vorangegangen
öncelik *n* Priorität *w*, Vorfahrt *w*, Vorrang *m* (Vorrangstellung), Vorzug *m* (Priorität); **~ tanımak** vorherrschen; **~ vermek** *bir şeye* vorziehen *etw. Akk etw. Dat*, bevorzugen *etw. Akk*; **öncelikli** überwiegend
öncelikle *adv* das wichtigste ist ♦ *prep* anfangs *etw. Gen*, zu Beginn *etw. Gen*, am Anfang *etw. Gen*
öncelikli *adj* vorrangig, Vorrangs-
öncü *adj* führend (Persönlichkeit usw.), Leit- ♦ *n* Pionier *m* (Bahnbrecher), Vorhut *w*
öncülük *n* Führung *w* (Führungsposition); **~ etme** führend (Persönlichkeit usw.), Leit-; **~ etmek** *birine bir yere* führen *j-n irgendwohin*, leiten *j-n irgendwohin*
önde *adv* vorn, vorne; **~ olmak** vorausgehen *etw. Dat* (geschehen)
önder *n* Führer *m*, Leiter *m* (Vorsteher), Chef *m*
önderlik *n* Führung *w* (Personen), Leitung *w* (Hauptvertreter)
önem *n* Wichtigkeit *w*
önemli *adj* bedeutend, bedeutungsvoll, beträchtlich, ernst (Gesicht usw.) ♦ *n* Promi *m*, VIP *m* ► **Ö~ değil.** (Das) Macht nichts!
önemlilik *n* Bedeutung *w*
önemsemek *v* Bedeutung beimessen; **önemsememek** *bir şeyi* nicht stören *etw. Akk j-n*
önemsiz *adj* bedeutungslos, unbedeutend, gering, geringfügig (Menge usw.); **~ şey** Kleinigkeit *w* (etwas Kleines)
öneri *n* Angebot *s* (angebotene Ware), Empfehlung *w*, Vorschlag *m*
önermek *v* vorschlagen
öngörmek *v* vorausahnen
önlük *n* Lätzchen *s*, Schürze *w*
önsöz *n* Prolog *m* (Vorwort), Vorwort *s*
önünde *prep* vor *j-m/etw.* (auf dem Weg usw.)
önüne *prep* vor *j-m/etw.* (auf dem Weg usw.); **göz ~ almak** berücksichtigen *etw. Akk*, rechnen *mit etw.* (Risiko usw.)
önyargı *n* Vorurteil *s*
öpmek *v* küssen *j-n/etw.*, küssen *j-n*
öpücük *n* Kuss *m*
ördek *n* Ente *w* (Vogel)
ören *n* Ruine *w*
örmek *v* flechten, flechten *etw. Akk* (Kranz usw.), stricken
örnek *n* **1** Beispiel *s etw. Gen* (Beweis), Beispiel *s* (Muster), Muster *s an etw. Dat* (Vorbild), Muster *s* (Probestück usw.) **2** Rechenaufgabe *w* **3** Modell *s* (Grundlage

usw.), Vorlage *w* (zum Zeichnen usw.), Muster *s* (Entwurf) **4** Muster *s* (eines Stoffes usw.) **5** Exemplar *s* ► **örneğin** zum Beispiel; **~ vermek** Beispiel anführen

örtmek *v* **1** stützen *etw. Akk gegen etw.* **2** sich verkriechen **3** verschütten *j-n* (Lawine usw.) **4** überdecken *etw. Akk mit etw.* (verdecken), zudecken *etw. Akk mit etw.* (mit Deckel usw.) **5** abschirmen ► **üzerini ~** bedecken *j-n mit etw.*, zudecken *j-n/etw. mit etw.*

örtü *n* Abdeckung *w* (mit Mobilnetz usw.), Bezug *m*, Tagesdecke *w* (für das Bett), Umschlagetuch *s*

örtünmek *v* sich stützen *auf j-n/etw.*

örümcek *n* Spinne *w*

ötedeki *adj* weiter (nächster)

ötmek *v* schreien (Eule)

övme *n* Lob *s*, Schmeicheleien *w Mz*

övmek *v* loben *j-n für etw.*, zufrieden sein *mit etw.*

övünme *v* großtun *mit etw.*, angeben *mit etw.*

övünmek *v* großtun *mit etw.*, angeben *mit etw.*, prahlen *mit etw.*, protzen *mit etw.*

öykü *n* Geschichte *w* (Ereignis)

öyle *adv* so (so sehr)

öylesine *adv* so (auf diese Weise)

öyleyse *conj* deshalb, deswegen, darum ♦ *part* na also, ja dann, so, also

öz *n* Wesen *s* (Charakter)

özel *adj* eigenartig, eigentümlich, exklusiv, privat ♦ *n* Einzelfall *m*, Privatleben *s* ► **~ efekt** Trick *m* (Film usw.)

özellik *n* Charakter *m* (einer Landschaft usw.), Eigenschaft *w j-s/etw.*

özellikle *abbr* bes. ♦ *adv* besonders, konkret (nicht allgemein), speziell ♦ *part* besonders, vor allem (Betonung)

özensizce *adv* nachlässig

özet *adj* kurz (nicht ausführlich), knapp (gekürzt) ♦ *n* Grundriss *m* (eines Bauwerks), Zusammenfassung *w*

özge *adj* ander(er,e,es) (Exemplar usw.)

özgün *adj* originell, ursprünglich

özgürce *adv* frei (ohne Beschränkung)

özgürlük *n* Freiheit *w*; **özgürlüğünü kavratmak** befreien (frei machen)

özlemek *v* sich sehnen *nach j-m/etw.*, vermissen *j-n/etw.*, fehlen *j./etw. j-m*

özsu *n* Saft *m* (Pflanzensaft)

özür *n* Entschuldigung *w für etw.*; **~ dilemek** entschuldigen *j-n/etw.* (Grund mitteilen), sich entschuldigen *bei j-m für etw.*

özürlü *adj* behindert ♦ *n* Behinderte *m*, Invalide *m*

P

pabuç *n* Hausschuhe *m Mz*, Pantoffel *m*, Pumps *m*

paha *n* Preis *m etw. Gen* (für Beschaffung usw.); **~ biçmek** schätzen *etw. Akk* (Verdienst usw.)

pahalı *adj* teuer (aufwendig) ♦ *adv* teuer (bezahlen usw.)

paket *n* **1** Paket *s* (Sendung) **2** Packung *w* (Menge), Paket *s* (Ware), Schachtel *w etw. Gen* (Packung usw.) **3** Verpackung *w*, Packung *w* (Hülle usw.)

paketleme *n* Verpackung *w*

paketlemek *v* **1** einpacken, packen (in Papier usw.), verpacken, einpacken *etw. Akk* **2** packen *etw. Akk* (Koffer) **3** umbinden *etw. Akk mit etw.* **4** hüllen *etw. Akk in etw. Akk*, einwickeln *etw. Akk in etw. Akk*

pala *n* Blatt *s* (Propeller usw.)

palavra *n* Gelaber *s*, Gelabere *s*, Geschwafel *s*, Gefasel *s*

palet *n* Palette *w*, Schwimmflossen *w Mz*

palmiye *n* Palme *w*

pamuk *n* Baumwolle *w*, Baumwollpflanze *w*, Schote *w*, Watte *w*

panç *n* Punsch *m*

panel *n* Platte *w* (Bauteil); **kontrol ~i** Bedienpult *s*

panik *n* Panik *w*, Schreck *m*

paniklemek *v* in Panik geraten

pano *n* Platte *w* (Holzplatte usw.)

pansiyon *n* Herberge *w*

pantolon *n* Hose *w*

papatya *n* Gänseblümchen *s*, Kamille *w*

papaz *n* Kaplan *m*, Papst *m*, Pastor *m*, Pater *m*

para *n* Geld *s*, Währung *w*; **bozuk ~** Kleingeld *s*; **Bu kaç ~?** Was/Wie viel kostet es?; **madeni ~** Münze *w*; **~ çekme** Abhebung *w*; **~ kazanmak** verdienen (Gehalt erwerben); **peşin ~** Bargeld *s*

paragraf *n* Absatz *m* (eines Textes), Paragraph *m*

paralamak *v* verteilen *etw. Akk irgendwohin* (über eine Fläche), zerfleischen (ein Raubtier einen Menschen usw.)

parasız *adv* kostenlos, gratis

parça *n* **1** Stück *s von etw.* (Teil eines Ganzen), Teil *m von etw., etw. Gen* (des Ganzen usw.) **2** Stück *s* (einzige Sache) **3** Bestandteil *m etw. Gen*, Glied *s* (einer Kette) **4** Passage *w* (eines Textes usw.) **5** Fragment *s* **6** Einzelteil *s* **7** Partikel *s* (Teilchen) **8** Scherbe *w* **9** Fetzen *m* ► **yedek ~** Ersatzteile *s Mz*

parçalamak *v* aufbröckeln *etw. Akk*, brechen, brocken *etw. Akk*, entzweibrechen *etw. Akk*

parçalanmış *adj* gebrochen, zerschlagen (Gegenstand usw.)
parentez *n* Klammer *w* (Schriftzeichen)
parfüm *n* Parfüm *s*
parıldamak *v* blinken, glänzen (in der Sonne usw.), glitzern, funkeln
parıltı *n* greller Schein, Schein *m* (des Lichts)
park *n* **1** Park *m* **2** Parken *s* ► **~ etme** Parken *s*; **~ etmek** *bir yere* parken *irgendwo* (abstellen)
parlak *adj* **1** hell (Licht usw.) **2** glänzend **3** glitzernd
parlaklık *n* Glanz *m* (der Sonne usw.), Schein *m* (des Lichts), Stück *m etw. Gen* (einer Masse usw.); **şekerin parlaklığı** Zuckerwürfel *m*
parlama *n* Leuchten *s*, Scheinen *s* (Licht usw.)
parlamak *v* **1** leuchten (Lampe usw.), scheinen (Licht ausstrahlen) **2** beleuchten *etw. Akk* **3** glänzen (in der Sonne usw.), glitzern, funkeln **4** funken (Funken sprühen), funkeln **5** strahlen
parlamento *n* Parlament *s*
parlatmak *v* polieren *etw. Akk*, polieren (Metall usw.)
parmak *n* Finger *m*, Zehe *w* (am Fuß); **~ izleri** Fingerabdrücke *m Mz*
parmaklık *n* Gitter *s*
parola *n* Passwort *s*, Kennwort *s*
parti *n* Fete *w*, Party *w*, Partei *w*
partner *n* Gesellschafter *m*, Partner *m* (bei einer Tätigkeit)
pas *n* Rost *m* (Eisenoxid)
pasaj *n* Passage *w* (Ladenpassage), Einkaufspassage *w*
pasaport *n* Reisepass *m*, Pass *m* (zum Reisen)
Paskalya *n* Ostern *s*
paso *n* Ausweis *m*
pasta *n* Kuchen *m*, Torte *w*
pastane *n* Konditorei *w*, Süßwarengeschäft *s*
pastırma **domuz ~sı** Speck *m*
patates *n* Kartoffel *w*, (ÖrD) Erdapfel *m*, Kartoffeln *Mz*, Erdäpfel *Mz*
paten *n* Rollschuhe *m Mz*, Schlittschuh *m*; **~ yapmak** Schlittschuh laufen
patırtı *n* Knall *m*
pati *n* Pfote *w*
patika *n* Fahrspur *w*, Pfad *m*, Wanderweg *m*, Scheitel *m* (im Haar)
patlama *n* Ausbruch *m* (einer Epidemie usw.), Detonation *w*, Explosion *w*; **lastik ~sı** Reifenpanne *w*
patlamak *v* ausbrechen, auslassen (Wut usw.), donnern, hallen *mit etw.*
patlıcan *n* Aubergine *w*
pay *n* Anteil *m an etw. Dat*, Zähler *m* (einer Bruchzahl)
paylaşmak *v* teilen *etw. Akk mit j-m* (aufteilen)
paylaştırmak *v* zuteilen *j-m etw. Akk* (als Anteil usw.)
pazar *n* Basar *m*, Markt *m* (Warenverkehr), Tauschbörse *w*; **~ yeri** Markt *m* (Straßenmarkt usw.)
Pazar *n* Sonntag *m*
pazarlama *n* Absatz *m* (Verkauf), Vertrieb *m*, Marketing *s*
Pazartesi *n* Montag *m*
peçete *n* Serviette *w*
ped *n* Damenbinde *w*, Einlage *w* (Gegenstand)
pedal *n* Pedal *s*; **~ çevirmek** treten *etw. Akk, auf etw. Akk* (auf dem Fahrrad usw.)
pembe *adj* rosa, rosig, rosenrot
penaltı *n* Strafe *w*
pencere *adj* Fenster- ♦ *n* Fenster *s*
penis *n* Glied *s* (Penis), Penis *m*
perde *n* Akt *m* (Aufzug), Leinwand *w* (Projektionswand), Vorhang *m* (zu Hause usw.)
performans *n* Darbietung *w*, Leistung *w* (sportlich usw.); **~ göstermek** spielen (im Theater usw.)
periyod *n* Frist *w*
peron *n* Bahnsteig *m*
personel *adj* personell ♦ *n* Insassen *m Mz* (Bewohner usw.), Personal *s*
perspektif *n* **1** Ansicht *w von etw., über etw. Akk* (Meinung), Perspektive *w* (Sicht) **2** Perspektive *w etw. Gen* (Zukunft) ♦ *adj* vielversprechend
Perşembe *n* Donnerstag *m*
peruk *n* Perücke *w*
peşin **~ para** Bargeld *s*
peşinat *n* Anzahlung *w* (auf den Preis)
pet *n* Blechbüchse *w*, Blechdose *w*
peynir *n* Käse *m*; **süzme ~** Quark *m*
pezevenk *n* Arschloch *s* (Schimpfwort), Zuhälter *m*
pınar *n* Quelle *w* (eines Flusses usw.)
pırasa *n* Porree *m*
pijama *n* Pyjama *m*, Schlafanzug *m*
piknik *n* Picknick *s*
pil *n* Batterie *w* (elektrische); **bitik ~** leere Batterie; **P~im bitik.** Meine Batterie ist leer.
pilot *n* Pilot *m*, Flieger *m* (Person)
pipet *n* Rohr *s* (Hohlkörper), Röhre *w*, Strohhalm *m* (zum Trinken)
pipo *n* Pfeife *w* (zum Rauchen), Schnorchel *m*
pirinç *n* Messing *s*, Reis *m*
pirzola *n* Kotelett *s*
pis *adj* beschmutzt, verschmutzt, schmutzig, schmuddelig
piskopos *n* Bischof *m*

pist *n* Piste *w*, Skipiste *w*; **otomobil yarışları ~i** Rennbahn *w*
pişirmek *v* backen, kochen (Koch usw.); **fırında ~** backen (Kuchen usw.); **yemek ~** kochen (zubereiten)
piyango *n* Gewinnspiel *s*, Tombola *w*, Los *s* (Losen), Lotterie *w*
piyano *adv* piano ♦ *n* Klavier *s*, Piano *s*
piyasa *n* Börse *w*
piyon *n* Bauer *m* (im Schach)
plak *n* Schallplatte *w*, Platte *w* (Schallplatte)
plaka *n* Scheibe *w* (aus Metall); **araba ~sı** Nummernschild *s* (Kfz); **~ numarası** Kraftfahrzeugkennzeichen *s*, Autonummer *w*, Autokennzeichen *s*
plan *n* Detailplan *m*, Layout *s* (Lageplan), Plan *m* (Landkarte usw.); **arka ~** Hintergrund *m*
planlamak *v* planen *etw. Akk*
plastik *adj* Kunststoff-, plastisch (Chirurgie usw.), Plastik- ♦ *n* Kunststoff *m*, Plastik *s*, Plastikfolie *w*
pohpohlamak *v* schmeicheln *j-m*
poliklinik *n* Klinik *w*, Poliklinik *w*
polis *n* Bulle *m* (Polizist), Polizei *w*, Polizist *m*; **erkek ~** Polizist *m*
politik *adj* politisch
politika *n* Politik *w*
politikacı *n* Politiker *m*
pompa *n* Luftpumpe *w*, Pumpe *w*
pompalamak *v* aufpumpen *etw.*, einpumpen *etw. Akk in etw. Akk*, pumpen *etw. Akk*, pumpen (Wasser usw.) *etw. Akk in etw. Akk*
pop *n* Pop *m*
popüler *adj* beliebt *bei j-m*, populär *bei j-m*
porselen *n* Keramik *w*, Porzellan *s*
porsiyon *n* Portion *w*
portakal *n* Orange *w*, Apfelsine *w*; **~ rengi** orange
portatif **~ karyola** Liegestuhl *m*
portre *n* Porträt *s*, Statue *w* (Figur usw.)
posta *n* Post *w*, Postsendung *w*; **~ havalesi** Postanweisung *w*; **~ kodu** Postleitzahl *w*; **~ kutusu** Briefkasten *m*; **~yla ilgili** Post-, Brief-
postacı *n* Briefträger *m*, Briefzusteller *m*, Briefträgerin *w*, Briefzustellerin *w*
postane *n* Post *w* (Amt), Postamt *s*
pound *n* Pfund *s*
pozisyon *n* **1** Lage *w*, Position *w etw. Gen* (räumliche) **2** Position *w* (Haltung) **3** Rang *m* (Posten usw.), Stellung *w* (Stand) **4** Stelle *w* (Job)
pozitif *adj* positiv, bejahend
pratik *n* **1** Praxis *w* (praktische Anwendung) **2** Praxis *w* (Berufserfahrung), Berufserfahrung *w* **3** Übung *w* (Training) ♦ *adj* praktisch ► **~ olmayan** unpraktisch (Mensch)
prens *n* Fürst *m*, Herzog *m*, Prinz *m*
prenses *n* Fürstin *w*, Prinzessin *w*
prensip *n* Verfahren *s* (Handlungsmethode usw.)
pres *n* Presse *w* (Maschine)
prezervatif *n* Präservativ *s*, Kondom *s,m*
priz *n* Steckdose *w*, Stecker *m*
prodüktör *n* Produzent *m* (von Filmen usw.)
profesör *n* Professor *m*
profesyonel *adj* beruflich, professionell ♦ *n* Profi *m*
profesyonelce *adv* fachlich (geschult usw.)
program *n* **1** Programm *s etw. Akk* (Ablauf) **2** Stundenplan *m* **3** Programm *s* (Computer), Computerprogramm *s*
programlamak *v* einprogrammieren, einteilen (planen), programmieren
proje *n* Detailplan *m*, Projekt *s*
projektör *n* Overheadprojektor *m*, Projektor *m*, Scheinwerfer *m* (eines Autos), Spotlight *s*
protesto *n* Protest *m*; **~ etmek** demonstrieren *gegen etw.* (gegen Krieg usw.); **~ etmek** *bir şeyi* protestieren *gegen etw.* (öffentlich usw.)
prova *n* Prüfung *w* (im Theater usw.)
puan *n* Punkt *m* (Bewertung)
pudra *n* Puder *m*
pul *n* **1** Marke *w* (Wertzeichen) **2** Schuppe *w* **3** Hülse *w* (von Getreide usw.)
pupil *n* Pupille *w* (im Auge)
puro *n* Zigarre *w*
pusula *n* Kompass *m*
püre *n* Brei *m* (Gericht), Mark *s* (aus Tomaten usw.)
pürüz *n* Haken *m* (Schwierigkeit)
pürüzsüz *adj* einwandfrei, tadellos, fehlerfrei, fehlerlos
püskürtmek *v* abwehren (Feind usw.), aufspritzen (mit Farbe usw.), spritzen (Wasser usw.), zerstäuben *etw. Akk*

R

radyo *n* Radio *s*, Rundfunk *m*; **~ yayını** Übertragung *w* (Daten usw.)
raf *n* Bord *s* (Brett), Regal *s*
rafadan *adv* weich gekocht
rağbet *n* Nachfrage *w nach etw.*
rağmen *adv* obwohl, trotzdem… ♦ *conj* auch wenn, obwohl, trotzdem ♦ *prep* trotz *etw. Gen*
rahat *adj* **1** bequem, komfortabel, Komfort- **2** gemütlich, heimisch, anheimelnd **3** gelassen, ruhig (Atmosphäre usw.) **4** abgelegen, abgeschieden (Ort usw.), ruhig, friedlich (Atmosphäre usw.) **5** gelöst, entspannt

(Verhalten usw.) ♦ *n* Behaglichkeit *w* ► **rahatlamak** nachlassen (Schmerz usw.)
rahatlamak *v* aufatmen (erleichtert), sich abreagieren, sich beruhigen
rahatlık *n* Behagen *s*, Komfort *m*, Ruhe *w*, Frieden *m* (Ungestörtheit); **iç rahatlığı** Linderung *w etw. Gen* (Schmerzen usw.)
rahatsız *adj* indisponiert, unbequem, unruhig (nervös usw.) ♦ *adv* unwohl, übel ♦ *pron* unangenehm (sich fühlen), unbehaglich ► **~ etmek** belästigen *j-n*, belästigen *j-n mit etw.*, stören *j-n* (missfallen); **R~ım.** Ich fühle mich nicht wohl., Mir ist unwohl., Mir ist schlecht.
rahatsızlık *n* Beschwerden *w Mz*, Erkrankung *w*, Indisposition *w*, Irritation *w* (Reiz)
rahibe *n* Nonne *w*
rahim *n* Gebärmutter *w*, Schoß *m*
rahip *n* Mönch *m*, Priester *m*
raket *n* Schläger *m* (Tennisschläger usw.)
rakım *n* Gebirge *s*, Bergkette *w*
rampa *n* Auffahrt *w* (zur Autobahn), Rampe *w*
randevu *n* Rendezvous *s* (Verabredung), Verabredung *w*, Date *s*, Termin *m mit j-m* (bei Arzt usw.); **~ almak** ein Treffen verabreden
rapor *n* Bericht *m*, Bericht *m über etw. Akk*, Meldung *w über etw. Akk* (dienstliche), Report *m über etw. Akk*; **~ etmek** *birini birine* melden *j-m etw. Akk* (benachrichtigen), berichten *j-m von etw.*; **~ vermek** *birine* sich melden (beim Chef usw.)
raptiye *n* Druckknopf *m* (zum Verschließen)
rastgele *adj* zufällig (Auswahl usw.), Zufalls-
rastlantı *n* Zufall *m*
rasyonel *adj* rational, vernünftig
ray *n* Gleis *s*, Schiene *w* (für einen Zug usw.)
razı **~ olmak** bewilligen *etw. Akk*
reçel *n* Konfitüre *w*, Marmelade *w* (aus Zitrusfrüchten); **~ini yapma** Eingemachte *s*
reçete *n* Rezept *s* (Heilmittel)
red *n* Ablehnung *w*
reddetmek *v* ablehnen *etw. Akk*, abtun *j-n* (Bittsteller usw.), leugnen (Tatsache usw.), verschmähen *etw. Akk*
referans *n* Referenzen *w Mz*; **~ kitabı** Handbuch *s*
rehber *n* Führer *m* (Buch), Reiseführer *m*
rehin *n* Pfand *s*, Sicherheit *w* (Geld usw.)
rehine *n* Geisel *w*
rejim *n* Regime *s*, System *s* (Staatsordnung); **R~deyim.** Ich halte Diät.
rekabet *adj* Konkurrenz- ♦ *n* Konkurrenz *w*, Rivalität *w* ► **~ etmek** konkurrieren *j-m/etw.*
reklam *n* Werbespot *m*, Werbung *w* (eines Produktes), Promotion *w* (Reklame)
rendelemek *v* feilen *etw. Akk*, hobeln, reiben *etw. Akk* (Gemüse usw.), raspeln *etw. Akk*
rengarenk *adj* knallig (mit grellen Farben), vielfarbig, bunt (mit vielen Farben)
renk *n* Farbe *w* (blau usw.), Färbung *w*; **açık ~** hell (Farbe usw.); **portakal rengi** orange; **~ tonu** Farbton *m*
renklendirmek *v* abwechslungsreich machen, färben (farbig machen)
renkli *adj* bunt (nicht schwarz-weiß), farbig (Stoff usw.), Farb-; **çok ~** bunt (mit vielen Farben), vielfarbig
resepsiyon *n* Empfang *m* (Veranstaltung), Rezeption *w* (Empfangsbüro)
resim *n* Abbildung *w*, Darstellung *w* (Bild, Ergebniss), Bild *s* (Abbildung), Gemälde *s*
resital *n* Vortrag *m* (eines Gedichts usw.)
resmen *adv* offiziell
resmi *adj* Dienst-, dienstlich, formal, offiziell
ressam *n* Illustrator *m*, Maler *m* (Künstler), Zeichner *m*
ressamlık *n* Malerei *w*
restoran *n* Restaurant *s*
reşit *adj* volljährig
revir *n* Ambulanz *w* (in der Schule usw.)
rezalet *n* Affäre *w*, Schande *w* (Unehre)
rezervasyon *n* Reservierung *w*, Buchung *w*; **koltuk ~u** Platzkarte *w*
rezerve **~ etmek** reservieren *etw. Akk* (Tisch usw.), buchen *etw. Akk* (Reise usw.); **~ etmek** *bir şey* reservieren *etw. Akk* (Tisch usw.), buchen *etw. Akk* (Reise usw.)
rezistans *n* Stöpsel *m* (in einer Wanne usw.)
rıhtım *n* Mole *w*, Pier *m*, Kai *m*
rıza *n* Zustimmung *w*
rica *n* Bitte *w um etw. Akk*
ring *n* Ring *m* (Boxring usw.)
ringa *n* Hering *m* (Fisch)
risk *n* Risiko *s*; **~ almak** riskieren *etw. Akk*
riskli *adj* gefährlich, riskant, Risiko-
roket *n* Rakete *w*, Raketengeschoss *s*
roman *n* Roman *m*
rosmarin *n* Rosmarin *m*
rosto *n* Braten *m*, Rostbraten *m*
römork *n* Anhänger *m* (Wagen)
röportaj *n* Reportage *w*
rötar *n* Verzug *m*, Verzögerung *w*
ruh *n* Erscheinung *w* (Vision), Geist *m*, Gespenst *s*, Psyche *w*
ruhsal *adj* psychisch, psychologisch; **~ vaziyet** Laune *w* (gute usw.), Stimmung *w*
ruj *n* Lippenstift *m*
rulo *n* Biskuitrolle *w*, Rolle *w* (Fleischrolle usw.), Roulade *w*
Rus *adj* russisch ♦ *n* Russe *m*
Rusça *adv* russisch, auf Russisch ♦ *n* Russisch(e) *s*
Rusya *n* Russland *s*

rutubet *n* Feuchtigkeit *w* (Wassertropfen usw.), Nässe *w*
rutubetli *adj* feucht, nass, nasskalt, feuchtkalt ♦ *adv* nasskalt, feuchtkalt
rüşvet *n* Bestechungsgeld *s*; **~ vermek** bestechen *j-n*
rütbe *n* Rang *m* (militärischer)
rüzgar *n* Wind *m*; **hafif ~** Brise *w*
rüzgarlı *adj* windig
rüzgarlık *n* Windjacke *w*

S

saat *n* **1** Stunde *w* (60 Minuten) **2** Uhr *w* (Uhrzeit) **3** Uhr *w* (Küchenuhr usw.) **4** Timer *m* **5** Zähler *m* (Messgerät) ♦ *adj* Stunden- ► **açılış saati** Öffnungszeiten *w Mz*; **çalar ~** Wecker *m*; **kol saati** Uhr *w* (Armbanduhr usw.); **öğleden önce ~ onda** um zehn Uhr vormittags; **~ üçte** um drei Uhr; **~ yedide** um sieben Uhr; **S~ kaç?** Wie spät ist es?; **gidiş/geliş saati** Abfahrtszeit *w*/Ankunftszeit *w*
saatçi *n* Uhrmacher *m*, Uhrmacherei *w*
sabah *adv* morgens, am Morgen ♦ *n* Morgen *m*, Früh(e) *w*
sabahleyin *adv* morgens, am Morgen
sabır *n* Geduld *w*
sabırlı *adj* geduldig
sabırsız *adj* ungeduldig
sabırsızca *adv* ungeduldig
sabit *adj* feststehend (Termin usw.), festgesetzt (Preis usw.), Fest-, fix
sabitlenmiş *adj* fest (klar bestimmt), geheftet *an etw. Dat*, angeheftet *an etw. Dat*
sabretmek *v* **1** durchhalten **2** aushalten *etw. Akk*, ertragen *etw. Akk*
sabun *n* Seife *w*
sac *n* Blech *s* (Material), Metallblech *s*
saç *n* Haar *s*, Haare *s Mz* (auf dem Kopf), Haarschopf *m*; **~ kurutma makinesi** Haartrockner *m*, Föhn *m* (Gerät); **~ örgüsü** Zopf *m*
saçma *adj* absurd, sinnlos, unsinnig (zu nichts usw.) ♦ *n* Absurdität *w*, Unsinn *m*
saçmak *v* ausstrahlen *aus j-m*, verstreuen (Kleider usw.), zerstreuen (auf Fläche usw.), Wärme ausstrahlen
saçmalık *n* Gelaber *s*, Gelabere *s*, Geschwafel *s*, Gefasel *s*
sadece *adj* bloß ♦ *adv* nur ♦ *part* einfach, eben, halt, erst (vor kürzer Zeit)
sadeleştirmek *v* vereinfachen *etw. Akk*
sadık *adj* ergeben *j-m/etw.*, loyal, treu *j-m* (zuverlässig), getreu
saf *adj* fein, zart (Struktur usw.), gutgläubig, naiv ♦ *n* Rang *m* (militärischer)
safra *n* Galle *w* (Sekret)
safran *n* Safran *m*
sağ *adj* recht(er,e,es) ♦ *adv* nach rechts, rechts ► **~da** rechts *von etw.*; **~dan** von rechts
sağanak *n* Hagel *m* (Niederschläge), Regenguss *m*, Sturzflut *w* (von Wasser usw.), Wolkenbruch *m*
sağır *adj* taub ♦ *n* Gehörlose *m*, Taube *m*
sağlam *adj* fest (widerstandsfähig), kräftig, körperlich fit, solide; **~a almak** sichern *etw. Akk* (garantieren)
sağlamak *v* besorgen *j-m etw. Akk für j-n* (beschaffen), bieten, durchdrücken *etw. Akk* (durchsetzen)
sağlamlaştırmak *v* intensivieren *etw. Akk*, steigern *etw. Akk* (vergrößern), verstärken (Intensität usw.), konsolidieren *etw. Akk*
sağlamlık *n* Festigkeit *w etw. Gen* (eines Materials), Festung *w*, Stabilität *w*, Statik *w* (Stabilität)
sağlık *adj* gesundheitlich, Gesundheits- ♦ *n* Gesundheit *w* ► **~ kontrolü** Nachuntersuchung *w*; **~ sigortası** Krankenversicherung *w*
sağlıklı *adj* gesund
sağlıksız *adj* ungesund (Kost usw.)
saha *n* Fläche *w* (sehr große usw.), Platz *m*, Sphäre *w*, Terrain *s*; **spor ~sı** Sportplatz *m*, Spielfeld *m*
sahip *n* Besitzer *m etw. Gen*, Eigentümer *m etw. Gen*, Inhaber *m etw. Gen*, Miteigentümer *m*; **ev sahibi** Hauswirt *m*; **~ olmak** besitzen *etw. Akk*, haben *etw. Akk*
sahiplik *n* Besitz *m* (Besitzen)
sahne *n* Bühne *w*
sahte *adj* falsch, gefälscht (Kunstwerk usw.), lügenhaft, lügnerisch ♦ *n* Fälschung *w* (Gegenstand)
sakal *n* Bart *m*, Barthaar *s*, Vollbart *m*
sakınmak *v* sich hüten *vor j-m/etw.*, vermeiden *etw. Akk*
sakız *n* Kaugummi *m*
sakin *adj* friedlich, gemächlich, geruhsam (Lebenstempo usw.), ruhig (ohne Aufregung) ♦ *n* Bewohner *m* (von Haus usw.), Einwohner *m* (von Land usw.) ► **~ olmak** bewohnen *etw. Akk*
sakince *adv* ruhig
sakinleşmek *v* nachlassen, sich beruhigen, still werden, ruhig werden (Ort usw.)
sakinleştirmek *v* bändigen *j-n/etw.*, beruhigen *j-n/etw.*, beruhigen *j-n*, befrieden
sakinlik *n* Ruhe *w*, Frieden *m* (Ungestörtheit)
saklamak *v* **1** verstecken, verbergen, verstecken *etw. Akk vor j-m*, verbergen *etw. Akk vor j-m* (unter Mantel usw.) **2** sich verstecken, sich verbergen **3** konservieren *etw. Akk* (Lebensmittel)

4 speichern (Daten usw.) 5 verheimlichen *j-m etw. Akk*, verschweigen *j-m etw. Akk*
saklı *adj* versteckt, verborgen
salak *n* Dummkopf *m*, Idiot *m*, Blödmann *m*
salaklık *n* Dummheit *w*, Stupidität *w*
salam *n* Salami *w*, Wurst *w* (Schinkenwurst usw.)
salata *n* Salat *m*
salatalık *n* Gurke *w*
saldırgan *adj* aggressiv ♦ *n* Aggressor *m*, Angreifer *m*
saldırı *n* Aggression *w*, Angriff *m* (Aggression), Offensive *w* (militärische), Überfall *m*
saldırmak *v* angreifen *j-n/etw.* (militärisch), angreifen *j-n*, anfallen *j-n*, schlagen *nach j-m*
Salı *n* Dienstag *m*
salkım *n* 1 Traube *w* (Weintraube) 2 Büschel *s* (Bananen usw.)
sallamak *v* ausholen (mit Arm usw.), baumeln (mit Beinen usw.), den Kopf schütteln, fuchteln *mit etw.*
sallanmak *v* schaukeln, schwanken, schwingen *etw. Akk*, sich bewegen (Bäume usw.)
salon *n* Aula *w*, Halle *w*, Vestibül *s*, Salon *m* (Raum); **büyük ~** Halle *w*; **toplantı ~u** Saal *m*; **yemek ~u** Esszimmer *s*
salya *n* Speichel *m*
salyangoz *n* Schnecke *w*
saman *n* Heu *s*, Stroh *s*
samanlık *n* Scheune *w*
samimi *adj* arglos, harmlos, aufrichtig, ehrlich (offen) ♦ *adv* ehrlich
samimiyetle *adv* herzlich (empfangen usw.)
sana *pron* dir
sanat *n* Kunst *w* (Gestalten); **güzel ~lar** bildende Kunst
sanatçı *n* bildender Künstler, Interpret *m* (Künstler), Künstler *m*, Schöpfer *m* (Gestalter)
sancımak *v* stechen (Dornen usw.)
sandal *n* Kahn *m* (Boot), Ruderboot *s*
sandalet *n* Sandalen *w Mz*
sandalye *n* Stuhl *m* (Möbel); **tekerlekli ~** Rollstuhl *m*
sandık *n* Kiste *w*, Kasten *m*, Truhe *w*
sandviç *n* Sandwich *m,s*
sanki *conj* als ob
sanmak *v* 1 ahnen *etw. Akk* 2 sich einreden *etw. Akk*, sich vormachen *etw. Akk* 3 denken (meinen), vermuten 4 denken *von j-m/etw.* (Eindruck gewinnen)
sansasyon *n* Sensation *w*
santim *n* Zentimeter *m,s*
santral *n* Zentrale *w* (Telefonzentrale)
sap *n* Halm *m*, Stängel *m*, Stiel *m* (einer Pflanze), Griff *m* (des Hammers usw.); **kereviz ~ı** Sellerie *m*
sapa *adj* abgelegen, entlegen
sapak *n* Umleitung *w*
sapçık *n* Stiel *m* (Stängel)
saplamak *v* 1 einstechen *auf j-n mit etw.* 2 einstechen *etw. Akk in etw. Akk*, einstoßen *etw. Akk in etw. Akk*, stoßen *etw. Akk in etw. Akk* 3 hacken *j-n* 4 schlagen (mit Kralle usw.)
sapmak *v* abbiegen, abweichen *von etw.*, abweichen (von Norm usw.), ausschweifen *irgendwohin*
saptırmak *v* 1 abbiegen 2 umleiten *etw. Akk* (Verkehr usw.) 3 ablenken *etw. Akk*
saray *n* Palast *m*, Residenz *w* (Gebäude)
sardalya *n* Sardine *w*, Pilchard *m*
sarhoş *adj* betrunken; **~ olmak** sich betrinken *von etw.*
sarı *adj* gelb; **koyu ~** Bernstein *m*; **~ ışık** Gelb *s* (Ampel)
sarılmak *v* sich wellen, sich zusammenrollen, ziehen (Waffe)
sarışın *adj* blond, hellhaarig, hell ♦ *n* Blondine *w*
sarma *n* Rolle *w* (Papier usw.), Umschlag *m* (zu Heilzwecken)
sarmak *v* aufwickeln *etw. Akk auf etw. Akk*, aufwickeln, umwickeln *etw. Akk mit etw.*, umwickeln *etw. Akk um etw. Akk*
sarmısak *n* Knoblauch *m*
sarnıç *n* Tank *m*, Tankwagen *m*
sarp *adj* rapid, rapide, steil, abschüssig
satıcı *n* Händler *m*, Lieferant *m von etw.*, Verkäufer *m* (Angestellte), Verkäuferin *w*
satılık *adj* Verkaufs-
satın **~ alma** Kauf *m*, Ankauf *m*; **~ almak** kaufen *etw. Akk*
satış *n* Abstoßung *w* (Verkauf), Ausverkauf *m*, Verkauf *m*
satmak *v* teilweise verkaufen *j-m etw. Akk*, verkaufen *etw. Akk j-m für etw.*
satnav *n* Satellitennavigation *w*, Navigationssystem *s* (Gerät), Navigationsgerät *s* (im Auto)
satranç *n* Schach *s* (Spiel)
sav *n* Argument *s*, These *w*
savaş *adj* kriegerisch, Kriegs-, Kampf-, Militär- ♦ *n* Anstrengung *w*, Kampf *m*, Krieg *m*, Kriegführung *w*
savaşmak *v* kämpfen, Krieg führen *gegen j-n*, bekriegen *j-n*
savcı *n* Ankläger *m*, Staatsanwalt *m*
savunma *n* Defensive *w*, Verteidigung *w* (vor Gericht)
savunmak *v* verteidigen (können) *etw. Akk*, verteidigen *j-n vor j-m/etw.* (vor Angriff)
savunucu *n* Verfechter *m etw. Gen* (einer Idee usw.), Verteidiger *m* (Spieler)

saydam *adj* durchscheinend, lichtdurchlässig ♦ *n* Diapositiv *s*, Dia *s*
sayesinde *prep* dank *j-m/etw.*, mithilfe *j-m/etw.*, mittels *j-s/etw.*
sayfa *abbr* S. (Seite) ♦ *n* Seite *w*
saygı *n* Hinsicht *w*, Huldigung *w j-m*, Pietät *w*, Respekt *m* (Achtung); **~ duymak** *bir şeye* respektieren *etw. Akk* (Gesetze usw.); **~ duymak** *birine/bir şeye* schätzen *j-n/etw.* (hochachten); **~ duymak** *birine* Rücksicht *w auf etw.*; **~yla** *bir şeye* mit Rücksicht *auf etw. Akk*
saygıdeğer *adj* beeindruckend (Leistung usw.), eindrucksvoll, geehrt, respektabel
saygısız *adj* unehrerbietig, respektlos, unhöflich
sayı *n* Anzahl *w etw. Gen*, Zahl *w etw. Gen*, Nummer *w* (Zeitschrift usw.), Zahl *w* (Zahlwort usw.)
sayısız *adj* unzählig, zahllos, zahlreich
saymak *v* halten *j-n/etw. für j-n/etw.*, betrachten *j-n/etw. als j-n/etw.*, zählen *bis wie viel*, zählen *j-n/etw. zu j-m/etw.* (zuordnen); **baştan ~** nachrechnen
saz *n* **1** Musikinstrument *s*, Instrument *s* (Geige usw.) **2** türkische Laute **3** Schilf *s*
sazan *n* Karpfen *m*
sebatlı *adj* zäh (mit Ausdauer usw.)
sebebiyle *adj* gehörig, gebührend
sebep *n* Beweggrund *m*, Motiv *s* (Anlass), Grund *m für etw.* (für Tat usw.); **~ olmak** bewirken *etw. Akk*; **~ olmak** *bir şeye* auslösen *etw. Akk* (verursachen)
sebze *n* Gemüse *s*
seçim *n* Auswahl *w* (ausgewählte Dinge), Wahl *w* (Abstimmung); **~ler** Wahlen *w Mz*
seçmek *v* **1** auswählen, wählen (Möglichkeit usw.) **2** herausnehmen *etw. Akk aus etw.*, heraustun *etw. Akk aus etw.*, herausholen *etw. Akk aus etw.* **3** wählen *j-n* (abstimmen)
sefer *n* Feldzug *m*, Schiffsreise *w*
seğirmek *v* zittern, zucken (Muskel usw.)
seher *adv* vormittags, am Vormittag ♦ *n* Vormittag *m*
sek *n* Sekt *m*
sekiz *num* acht; **on ~** achtzehn; **sekizinci** acht(er,e,es)
sekreter *n* Sekretär *m* (einer Partei usw.), Sekretärin *w*
seks *n* Sex *m*
seksen *num* achtzig
seksüel *adj* sexuell
sektör *n* Bereich *m*, Gebiet *s*, Sphäre *w*, Sektor *m* (Bereich)
sel *n* Überschwemmung *w*, Hochwasser *s*
selam *interj* ciao, tschau, hallo ♦ *n* Salut *m*, Gruß *m* ► **~ vermek** *birine* grüßen *j-n von j-m*
selamlama *n* Gruß *m*
selamlamak *v* begrüßen *j-n*, grüßen *j-n*; **baş eğerek ~** sich verbeugen *vor j-m*
sele *n* Sattel *m* (Fahrrad usw.)
sema *n* Himmel *m*
sembol *n* **1** Symbol *s*, Zeichen *s* (grafisch) **2** Emblem *s*
semer *n* Sattel *m* (Pferd usw.)
seminer *n* Seminar *s*
sempatik *adj* sympathisch
semptom *n* Symptom *s von etw., für etw.* (einer Krankheit usw.)
sen *pron* du; **~ diye hitap etmek** duzen *j-n*, mit Du anreden *j-n*; **~inle** mit dir
senaryo *n* Drehbuch *s*, Szenarium *s* (eines Films usw.), Szenario *s*
sendika *n* Gewerkschaft *w*, Syndikat *s*
senet *n* Wechsel *m* (Wertpapier)
seni *pron* dich
senin *pron* dein, deine, Ihr, Ihre
sepet *n* Korb *m*
seramik *adj* keramisch ♦ *n* Keramik *w* (Töpferware)
serbest *adj* **1** frei **2** freiberuflich (Reporter usw.), freischaffend (Künstler usw.) ► **~ bırakmak** freilassen *j-n*, lockern (Schraube usw.), lösen *etw. Akk* (Krawatte usw.)
serbestçe *adv* frei (ohne Beschränkung)
serbestlik *n* Freiheit *w*, Spielraum *m* (für Entscheidungen usw.)
serçe *n* Sperling *m*, Spatz *m*
sergi *n* Ausstellung *w*, Exposition *w* (Ausstellung usw.)
sergilemek *v* ausstellen (Exponat usw.)
seri *n* Serie *w* (Fotos usw.)
sermaye *n* Kapital *s* (Geld usw.)
sermek *v* ausbreiten *etw. Akk*, ausbreiten (Zeitung usw.)
serpilmek *v* blühen (Geschäft usw.)
serpmek *v* **1** bestreuen *etw. Akk mit etw.* **2** verstreuen (Pulver usw.) **3** verstreuen (versehentlich) **4** besprengen *etw. Akk mit etw.*, bespritzen *etw. Akk mit etw.* (befeuchten) **5** beträufeln *etw. Akk mit etw.* **6** beklecksen *etw. Akk mit etw.*
sersem *adj* töricht, albern ♦ *n* Dummkopf *m*
sert *adj* **1** hart (Schlag usw.) **2** hart (Holz usw.), unbiegsam (Material usw.) **3** hart (unnachgiebig) **4** rau (Klima usw.) **5** rüpelhaft, lümmelhaft **6** schroff (Antwort usw.) **7** starr, streng (Regeln usw.), strikt **8** streng (Stil usw.) **9** unfreundlich, Schlecht- **10** stark (Gefühl), intensiv (Liebe usw.), heftig (Leidenschaft usw.)
sertifika *n* Bescheinigung *w*, Zeugnis *s*, Urkunde *w*, Zertifikat *s*

servet *n* Reichtum *m* (Geld usw.), Vermögen *s* (Reichtum)

servis *n* **1** Dienst *m* (Leistung) **2** Bedienung *w* (von Kunden) **3** Service *m,s* (Dienst) **4** Bediener *m* **5** Aufschlag *m* (im Tennis usw.)

ses *n* **1** Stimme *w* (menschliche) **2** Geräusch *s*, Klang *m* (klarer usw.) **3** Lautstärke *w* **4** Laut *m* (stimmhafter usw.) **5** Note *w* (Notenzeichen) ► **son ~** voll (aufgedreht); **yüksek ~le** laut

sesleniş *n* Ruf *m* (Ausruf usw.)

seslenmek *v* rufen *j-n* (schreien usw.), zurufen *j-m*

sessiz *adj* leise, still, sprachlos, still(schweigend) (Übereinstimmung usw.) ♦ *adv* leise (ohne Geräusch), still ♦ *n* Konsonant *m* ► **~ olmak** schweigen

sessizce *adv* leise (sprechen usw.), schweigend

sessizlik *n* Stille *w*, Ruhe *w* (Stille)

sesyazar *n* Plattenspieler *m*

set *n* **1** Ufer *s* **2** Damm *m* (Hindernis usw.), Deich *m*, Staudamm *m* **3** Ringmauer *w* **4** Satz *m* (im Tennis usw.) **5** Satz *m von etw.* (Teller usw.)

seven *n* Liebhaber *m* (Geliebter)

severek *adj* gern *etw. Akk tun*

sevgi *n* Zuneigung *w*

sevgili *adj* geliebt, lieber, nett (angenehm) ♦ *n* Geliebte *w*, Geliebte *m*, Schätzchen *s*, Schatz *m* (Mensch)

sevimli *adj* entzückend, niedlich, süß, gütig

sevinç *n* Begeisterung *w*, Genuss *m*, Wonne *w*

sevindirmek *v* erfreuen *j-n*, Freude bereiten *j-m*, freuen *j-n*

sevişmek *v* **1** sich lieben **2** Liebe machen *mit j-m*

seviye *n* Niveau *s* (Wasser, Preise usw.)

sevketmek *v* lenken *etw. Akk irgendwohin* (zum Ziel)

sevmek *v* Gefallen finden *an j-m/etw.*, lieben *j-n/etw.*, liebkosen *j-n/etw.*, mögen *j-n/etw.*; **Bunu seviyorum.** Es gefällt mir.; **Bunu sevmiyorum.** Es schmeckt mir nicht.

sevmeyerek *adv* ungern

seyahat *adj* Reise- ♦ *n* Reise *w* ► **~ etmek** durchfahren, durchreisen (Land usw.), reisen; **~ etmek** *bir şeyle* fahren *mit etw.* (mit der Bahn usw.)

seyirci *n* Zuschauer *m* (Schaulustige)

seyirciler *n* Publikum *s*

seyrek *adj* dünn (Suppe usw.), rar, knapp (kaum vorhanden), spärlich

seyretmek *v* angucken *j-n/etw.*, sich ansehen *etw. Akk*, (sich) ansehen *etw. Akk*

sezmek *v* erahnen, herausfühlen, raten *etw. Akk*, wittern (Probleme usw.)

sezon *n* Saison *w*

sıcak *adj* gemütlich, heimisch, anheimelnd, heiß (Gegenstand usw.) ♦ *adv* heiß (Gefühl usw.), warm ♦ *n* Wärme *w* (angenehm) ► **Bana ~ geldi.** Mir ist heiß.

sıcaklık *n* erhöhte Temperatur, Hitze *w*, Temperatur *w*

sıçan *n* Ratte *w*, Wanderratte *w*

sıçramak *v* abspringen (Sportler), aufspringen (vor Freude usw.), kurz weggehen *irgendwohin*, sich hochschwingen *irgendwohin*

sıçratmak *v* bespritzen *etw. Akk mit etw.* (beschmutzen)

sıfır *n* Null *w*; **~ın altında** Temperaturen unter Null

sığ *adj* seicht (nicht tief), flach (Teich, Teller usw.)

sığdırmak *v* hineinpressen *etw. Akk irgendwohin*, hineinstopfen *etw. Akk in etw. Akk*, legen *etw. Akk in etw. Akk* (in Mappe usw.), platzieren *etw. Akk irgendwohin*

sığır *n* Ochse *m*, Rind *s* (Büffel usw.), Rindvieh *s*; **~ eti** Rindfleisch *s*

sığmak *v* hineingehen *in etw. Akk*, sich hineinzwängen *irgendwo/irgendwohin*

sık *adj* häufig

sıkı *adj* **1** knapp (Kleidung) **2** fest (angezogen) (Schraube usw.)

sıkıca *adv* fest (entschlossen usw.)

sıkıcı *adj* bedrückend (Lage usw.), langweilig, lästig, uninteressant; **~ şey** langweilige Sache

sıkılmak *v* sich langweilen, sich zusammenziehen (Vene, Magen usw.)

sıkıntı *n* Deprivation *w* (Mangel), Mangel *m an etw.*, Knappheit *w an etw.*, Schwierigkeit *w* (Problem usw.); **can ~sı** Langeweile *w*

sıkışık *adj* beengt (Raum usw.), beschränkt, dicht, verstopft (Straßen usw.)

sıkışıklık *n* Stau *m* (Verkehr)

sıkıştırmak *v* **1** hineinpressen *j-n/etw. irgendwohin*, hineinpressen *etw. Akk in etw. Akk*, stopfen *etw. Akk irgendwohin* (hineinstecken) **2** zusammendrücken *etw. Akk* (Volumen reduzieren) **3** aufzwingen *j-m etw. Akk* **4** drücken *j-n/etw. in/an etw. Akk*, einklemmen *etw. Akk in etw. Dat* (Daumen usw.) **5** drängen *j-n* (zu etwas antreiben) **6** abschnüren (Arterie usw.)

sıklıkla *adv* oft

sıkmak *v* **1** drücken, drücken *etw. Akk* (in der Hand usw.) **2** auspressen *etw. Akk aus etw.* (Saft usw.) **3** ballen **4** drücken (zu eng sein) **5** abschnüren (Arterie usw.) **6** auswringen, schleudern, wringen (Wäsche usw.) ♦ *n* Händedruck *m*

sınamak *v* kosten *etw. Akk* (wahrnehmen), mustern, prüfen
sınav *n* Prüfung *w* (Kenntnisse), Test *m* (in der Schule); **~ı kazanmak** bestehen, ablegen (Prüfung usw.), durchkommen *in etw. Dat* (Erfolg haben)
sınıf *n* Klasse *w*, Klassenzimmer *s*; **~ arkadaşı** Mitschüler *m*
sınır *n* **1** Grenze *w* (Landesgrenze), Grenzlinie *w* **2** Rand *m* (Kante) **3** Grenze *w etw. Gen*, Grenze *w* (Limit usw.), Schranke *w etw. Gen*, Limit *s etw. Gen* **4** Grenze *w* (Trennungslinie), Rahmen *m* (Gepräge) ► **~ bölgeleri** Peripherie *w*; **~ geçme** Grenzübergang *m*
sınırlama *n* Einschränkung *w etw. Gen* (von Ausgaben usw.), Einschränkung *w* (Umstand)
sınırlamak *v* begrenzen, einschränken, reduzieren, limitieren
sır *n* Geheimnis *s*, Glasur *w*
sıra *n* **1** Reihe *w* **2** Platzierung *w* (im Wettkampf usw.) **3** Reihe *w* (von Zahlen), Folge *w* (von Zahlen usw.) **4** Reihe *w*, Rang *m* (im Theater usw.) **5** Serie *w* (Geschehnisse usw.) **6** Rang *m* (militärischer) ► **~da beklemek** *bir şey için* in der Schlange warten *auf etw. Akk*; **~dan çıkmak** ausfallen (Zahn usw.); **~ya koymak** in Ordnung bringen *etw. Akk*
sıradan *adj* Alltags-, gewöhnlich, alltäglich, einfach
sıralama *n* Folge *w*, Reihenfolge *w*, Wortverbindung *w*
sıralamak *v* aufreihen, nennen (namentlich), aufzählen
sıralanmak *v* sich aufreihen, sich ordnen
sırf *adj* rein (Unsinn usw.), pur (völlig) ♦ *adv* ausschließlich, einzig
sırık *n* Mast *m*, Stange *w* (zum Abstoßen usw.), Stäbchen *s* (kleiner Stab)
sırt *n* Rücken *m*; **~ çantası** Rucksack *m*
sıvamak *v* hochkrempeln, umschlagen (Ärmel usw.)
sıvazlamak *v* streicheln
sıvı *adj* dünnflüssig, flüssig ♦ *n* Flüssigkeit *w*
sıvışmak *v* **1** kriechen *aus etw.* **2** davonkommen **3** sich drängen *irgendwohin* **4** durchschleichen *durch etw.*, sich in Luft auflösen **5** entweichen (Gas usw.), auslaufen (Wasser usw.) **6** huschen **7** trippeln (schnell)
sızmak *v* durchsickern (Flüssigkeit), einfließen *in etw. Akk*, entweichen (Gas usw.), auslaufen (Wasser usw.) (langsam)
sidik *n* Harn *m*, Urin *m*
sifon *n* Siphon *m*, Geruchsverschluss *m*, Spülvorrichtung *w*, Wasserkasten *m*; **~u çekmek** spülen (Toilette)
sigara *n* Zigarette *w*; **~ içen** Raucher *m*; **~ içmek** rauchen (Zigarre usw.); **~ içmeyen** Nichtraucher *m*; **S~ içilmez!** Rauchen verboten
sigorta *n* **1** Sicherung *w* (Stromkreis) **2** Versicherung *w* (Vertrag) ► **~ ettirmek** eine Versicherung abschließen; **~ şirketi** Versicherungsgesellschaft *w*; **S~lar attı.** Die Sicherung ist herausgesprungen.
sigortalamak *v* sich versichern *gegen etw.*, versichern *j-n/etw.* (Versicherung abschließen)
sigortalı *n* Versicherte *m*, versicherte Person *w*, Versicherungsbeitrag *m*, Versicherungsnehmer *m*
sik *n* Schwanz *m*, Pfeife *w* (Penis)
silah *n* Arsenal *s* (Munition usw.), Bewaffnung *w* (Waffen), Waffe *w*; **ateşli ~** Feuerwaffe *w*, Schusswaffe *w*
silahlı *adj* bewaffnet
silecek *n* Scheibenwischer *m*
silindir *n* Walze *w*, Rolle *w* (Rad)
silkelemek *v* abklopfen (säubern), abschütteln, rütteln *an j-m/etw.* (an Türklinke usw.), schütteln *etw. Akk*
silkmek **omuz ~** mit den Schultern zucken
silme *n* Abschreibung *w* (wegen Abnutzung), Beseitigung *w*, Löschung *w* (von Daten usw.)
silmek *v* ablöschen, abreiben, abschreiben (wegen Abnutzung usw.), auslöschen (Stadt usw.) *etw. Akk*; **silerek temizlemek** wischen *etw. Akk* (reinigen), abwischen *etw. Akk* (säubern); **silerek temizlemek** *bir şeyi* wischen *etw. Akk*, wegwischen *etw. Akk*, abwischen *etw. Akk* (entfernen)
silsile *n* Reihenfolge *w*
sinagog *n* Synagoge *w*
sindirim *n* Verdauung *w*
sindirmek *v* verdauen
sine *n* Brust *w* (Körperteil)
sinek *n* Fliege *w*, Kreuz *s* (im Kartenspiel)
sinema *n* Kino *s*
sinir *n* Nerv *m*
sinirlendirmek *v* aufbringen *j-n* (erzürnen), necken *j-n/etw.*, nerven *j-n*, fuchsen *j-n*
sinirli *adj* nervös *wegen etw.*
sinyal *n* Zeichen *s* (Geste usw.); **~ ışığı** Blinker *m*, Blinkleuchte *w*; **~ vermek** *birine bir şeyi* signalisieren *j-m etw. Akk*
sirk *n* Zirkus *m*
sirke *n* Essig *m*
sis *n* Nebel *m*, Dunst *m*; **~ farları** Nebelscheinwerfer *m Mz*
sistem *n* System *s*
sistematik *adj* dauernd, ständig, systematisch
sivilce *n* Akne *w*, Pickel *m* (in der Haut)
sivri *adj* spitz
sivrilmek *v* glänzen, glänzen *in etw. Dat*, sich auszeichnen *durch etw.*, sich hervortun *durch etw.*

sivrisinek *n* Moskito *m*, Mücke *w*; **~ ağı** Moskitonetz *s*
siyah *adj* schwarz ♦ *n* Schwarz *s*
siz *pron* ihr (Mehrzahl), Sie
sizi *pron* euch
sizin *pron* euer, eure
soba *n* Ofen *m* (im Zimmer usw.)
soda *n* Natron *s*, Soda *s* (Getränk), Sodawasser *s*
soğan *n* Zwiebel *w* (Gemüse)
soğuk *adj* gekühlt, kühl ♦ *adv* kalt (Wetter) ♦ *n* Kälte *w* ► **~ büfe** kaltes Büfett
soğukluk *n* Kälte *w*
soğumak *v* abkühlen (kühler werden), auskühlen, kalt werden (Essen), kühl werden
soğutmak *v* abkühlen *etw. Akk*, kühlen (Getränk usw.)
soğutucu *n* Kühlbox *w*, Kühler *m*
sohbet *n* Gespräch *s*, Unterhaltung *w*, Konversation *w*, Plausch *m*; **~ etmek** *biriyle* ins Gewissen reden *j-m*
sokak *n* kleine Straße
sokmak *v* **1** stechen *j-n* (Insekten) **2** stechen *j-n/etw.*, stechen *j-n* (Wespen usw.), zerstechen **3** ausstechen **4** beißen (Schlange) **5** einlegen *etw. Akk in etw. Akk*, einsetzen *etw. Akk in etw. Akk* (hineinbringen), einstecken *etw. Akk irgendwohin*, hineinpressen *j-n/etw. irgendwohin* **6** (hinein)treiben *etw. Akk in etw. Akk*
sokulmak *v* haften *an/auf etw. Dat*, sich schmiegen *an etw. Akk* (Kleid usw.), sich anschmiegen *an j-n*, sich drücken *an j-n/etw.*
sol *adj* link(er,e,es), linksgerichtet ♦ *n* Linke *w* (Partei) ► **~da** links (wo), nach links (wohin); **~dan** von links
sollamak *v* überholen *j-n*
solmak *v* verblassen (Farben usw.), ausbleichen, vertrocknen, verwelken
solo *adj* Solo-, solistisch ♦ *n* Solo *s*
soluk *adj* blass ♦ *n* Atemzug *m*
somun *n* Brotlaib *m*, Laib *m*, Mutter *w* (Schraube), Schraubenmutter *w*
somurtkan *adj* finster (Gesicht usw.), düster (Gesicht), verdrießlich, verdrossen
somut *adj* konkret (nicht abstrakt)
son *adj* definitiv, endgültig, End-, final ♦ *n* Beendigung *w*, Ende *s* (von Stock usw.), Schluss *m*, Untergang *m* (einer Zivilisation usw.) ► **en ~dan bir önce** vorletzt(er,e,es); **hafta ~u** Wochenende *s*; **~ sefer** zum letzten Mal; **~ ses** voll (aufgedreht); **~ zamanlarda** in letzter Zeit; **~a ermiş** vorbei (vergangen); **sonlu** begrenzt (Umfang usw.); **varlığı ~a ermek** untergehen (zugrunde gehen)
sonbahar *n* Herbst *m*
sonlandırmak *v* enden, zu Ende sein
sonra *adv* daraufhin, danach, später ♦ *prep* (gleich) nach *etw.*, in (Dauer), nach (später) ► **ondan ~** dann; **öğleden ~** Nachmittag *m*
sonraki *adj* folgend, nächst(er,e,es) (in der Zukunft), später
sonsuz *adj* ewig (Schwierigkeiten usw.), andauernd (Probleme usw.), unendlich, endlos ♦ *n* Infinitiv *m*
sonuç *n* **1** Effekt *m*, Ergebnis *s etw. Gen*, Folge *w etw. Dat, von etw.* (Ergebnis), Folge *w etw. Dat, von etw.* (einer Tat usw.) **2** Schluss *m* (gezogener usw.), Entschluss *m* **3** Beendigung *w*, Lösung *w* (eines Geheimnisses usw.) ► **sonucu olarak** infolge *etw. Gen*, als Folge *etw. Gen*
sonuçlandırmak *v* zu dem Schluss kommen
sonuncu *adj* letzt(er,e,es) (in einer Reihe)
sonunda *adv* endlich, letztendlich, schließlich, zuletzt (erwähnen usw.) ♦ *part* immerhin, ja, schließlich ♦ *prep* zu Ende *etw. Gen*
sorgu *n* Verhandlung *w* (vor Gericht), Verhör *s*
sormak *v* fragen *j-n nach etw.*, fragen *j-n nach j-m/etw.*
soru *n* Frage *w*; **~ işareti** Fragezeichen *s*
sorumlu *adj* verantwortlich *j-m für etw.*; **Bundan ben ~ değilim.** Es ist nicht meine Schuld!; **~ olmak** die Verantwortung *für etw.* tragen, verantwortlich sein *für etw.*; **~ olmak** *bir şeye* verantworten *etw. Akk*
sorumluluk *n* Verantwortung *w für etw.*; **sorumluluğu üstüne almak** übernehmen *etw. Akk* (Leitung usw.)
sorumsuz *adj* unverantwortlich, verantwortungslos
sorun *n* Frage *w* (Problem usw.), Problem *s*
soruşturma *n* Untersuchung *w* (polizeiliche)
soruşturmak *v* befragen *j-n über etw. Akk*, nachgehen *etw. Dat*
sos *n* Dip *m*, Saft *m* (Fleischsaft), Soße *w*; **salata ~u** Dressing *s*
sosis *n* Knackwurst *w*, Bockwurst *w*, Wurst *w* (Bierwurst usw.), Bratwurst *w*
sosyal *adj* gesellig, umgänglich (Mensch usw.), gesellschaftlich, sozial
soyad *n* Familienname *m*, Zuname *m*, Nachname *m*
soygun *n* Raub *m*, Raubüberfall *m*; **banka ~u** Banküberfall *m*
soyguncu *n* Räuber *m*
soylu *adj* adelig, adlig, aristokratisch, Adels- ♦ *n* Adlige *m*, Aristokrat *m*
soymak *v* **1** schälen, schälen *etw. Akk* **2** ausziehen *j-n* **3** ausrauben *etw. Akk* (Bank usw.) **4** bestehlen *j-n um etw.*, rupfen *j-n* (Geld abnehmen) **5** plündern, stehlen

soyunma **~ odası** Kabine *w*, Ankleidekabine *w*
soyunmak *v* sich ausziehen
soyutlanmış *adj* isoliert
södürmek *v* löschen (Brand usw.)
sökmek *v* abmontieren, abschrauben *etw. Akk* (Deckel usw.), auftrennen, auftrennen *etw. Akk* (Nähte) (Maschine usw.)
sömestr *n* Halbjahr *s* (in der Schule), Semester *s*
söndürmek *v* **1** auslöschen (Feuer mit Wasser usw.), (den Brand) löschen, löschen (Feuer) **2** ausmachen *etw. Akk* (Licht) **3** erlöschen, ausgehen
sönükleşmek *v* dämpfen (Licht), abblenden (Scheinwerfer)
sövmek *v* fluchen
söylem *n* Aussage *w* (Mitteilung), Äußerung *w*
söylemek *v* sagen *etw. Akk* (aussprechen), sich anvertrauen *j-m mit etw.*, anvertrauen *j-m etw. Akk* (Geheimnis usw.); **önceden ~** voraussagen *etw. Akk*; **şarkı söyleme** Gesang *m*; **şarkı ~** singen; **yalan ~** lügen *j-m*
söz *n* Gelübde *s*, Versprechen *s*, Zusage *w*; **~ etmek** erwähnen *etw. Akk* (Quelle usw.); **~ vermek** *bir şey yapmaya* sich verpflichten *zu etw.*; **~ vermek** *birine* versprechen *j-m etw. Akk*; **~ünü kesmek** unterbrechen *etw. Akk* (Tätigkeit usw.); **~ünü kesmek** *birinin* unterbrechen *j-n* (Sprecher usw.)
sözcü *n* Sprecher *m* (Vertreter), Vertreter *m etw. Gen* (einer Theorie usw.)
sözcük *n* Wort *s*; **~ dağarcığı** Wortschatz *m*; **~ grubu** Phrase *w*
sözler *n* Aussage *w* (Mitteilung), Äußerung *w*
sözleşme *n* Abmachung *w*, Kontrakt *m*, Vertrag *m* (Staatsvertrag), Abkommen *s* (internationales usw.)
sözlü *adj* mündlich (Prüfung usw.)
sözlük *n* Lexikon *s*, Wörterbuch *s*
spesiyalite *n* Spezialität *w* (Gericht usw.)
spiker *n* Conférencier *m*, Zeremonienmeister *m*, Sprecher *m* (im Fernsehen usw.)
spiral *n* Spirale *w*
spor *n* Spore *w*, Sport *m*; **kayma ~u** Skifahren *s*; **~ araba** Sportwagen *m*; **~ yapmak** treiben *etw. Akk* (sich befassen); **su ~ları** Wassersportarten *w Mz*
sporcu *n* Sportler *m*
sporsever *adj* Sport-, sportlich
spot *n* Lokal *s*
sprey *n* Spray *m,s*, Spritze *w* (zum Versprühen)
spreylemek *v* besprühen, spritzen (mit Pestiziden usw.), sprühen (mit Lack usw.)
statü *n* Stellung *w* (in der Gesellschaft)
step *n* Stepp *m* (Tanz), Stufe *w* (Treppe)
stil *n* Stil *m*
stok *n* Bestände *m Mz*, Vorrat *m*
stres *n* Stress *m*
su *adj* Wasser- ♦ *n* Wasser *s* (H_2O) ► **meyve ~yu** Saft *m* (aus Obst usw.); **~ baskını** überschwemmen *etw. Akk* (Nachbarn usw.); **~ basması** überschwemmen *etw. Akk* (Stadt usw.); **~yu süzülmek** abfließen (wegfließen)
suç *n* **1** Delikt *s*, Verbrechen *s*, Vergehen *s* **2** Verstoß *m* ► **Bu benim ~um değil** Es ist nicht meine Schuld!; **~ işlemek** begehen *etw. Akk* (Verbrechen usw.), verüben *etw. Akk*; **~ işlemek** *bir şeye karşı* verstoßen *gegen etw.*; **~ oluşturan** strafbar; **~ oranı** Kriminalität *w* (Rate)
suçlamak *v* anklagen *j-n etw. Gen*, anklagen *j-n* (einen hohen Beamten), beschuldigen *j-n etw. Gen*, bezichtigen *j-n etw. Gen*
suçlu *adj* schuldbewusst, schuldig *etw. Gen*, sündig, verbrecherisch ♦ *n* Delinquent *m*, Schuldige *m*, Übeltäter *m*
suiistimal *n* Missbrauch *m* (der Macht usw.)
sulamak *v* begießen *j-n/etw. mit etw.*, beklecksen *etw. Akk mit etw.*, beträufeln *etw. Akk mit etw.*, bewässern *etw. Akk*
sulu *adj* fleischig (Obst usw.), saftig, saftreich, wässrig (Suppe usw.); **~ kabarcık** Blase *w* (auf Haut)
sundurma *n* Schutzdach *s* (für Holz usw.), Schutzraum *m*, Vordach *s*
sunmak *v* aufführen (Theaterstück usw.), bieten, einreichen (Gesuch usw.), nachgeben *j-m/etw.* (einem Zwang usw.)
sunulan *adj* gegenwärtig
suret *n* Abschrift *w*; **~ çıkarmak** vervielfältigen *etw. Akk*, fotokopieren *etw. Akk*
susama *n* Durst *m*
susamak *v* dursten (Durst leiden), Durst haben, durstig sein
susturmak *v* unterdrücken (Gefühle usw.), zum Schweigen bringen *j-n*
susturucu *n* Auspufftopf *m*, Schalldämpfer *m*, Stoßdämpfer *m*
sutyen *n* Büstenhalter *m*, BH *m*
sükunet *n* Ruhe *w* (Untätigkeit)
sülük *n* Blutegel *m*
sülün *n* Fasan *m*
sünger *n* Schwamm *m*
süpermarket *n* Selbstbedienungsladen *m*, Supermarkt *m*
süpürge *n* Besen *m*, Kehrbesen *m*; **elektrik ~si** Staubsauger *m*
süpürmek *v* kehren (vom Bürgersteig usw.), fegen, staubsaugen *etw. Akk*, wegfegen *etw. Akk von etw.* (Krümel usw.)
sürahi *n* Krug *m*

sürdürmek *v* aufrechterhalten (weiterhin fortsetzen), ausüben, erhalten (Entwicklung usw.)
süre *n* Aufenthalt *m* (Arbeitsaufenthalt usw.), Dauer *w*, Intervall *s*, Periode *w*; **~si dolmak** verfallen (Gültigkeit), ablaufen
sürece *adv* solange
sürekli *adj* dauernd, ständig, durchgezogen, ununterbrochen (Linie usw.) ♦ *adv* fließend, flüssig (zügig), ununterbrochen, kontinuierlich
süresince *prep* während, im Laufe *etw. Gen*, im Verlauf *etw. Gen*
sürmek *v* **1** fahren *etw. Akk* (Auto), steuern *etw. Akk* (Fahrzeug) **2** fahren *etw. Akk* (Fahrrad usw.) **3** dauern, fortdauern **4** treiben (Kühe usw.) **5** steuern (Schiff usw.) **6** einfetten *etw. Akk mit etw.* **7** auftragen *etw. Akk (auf etw. Akk)* (streichen), bestreichen *etw. Akk mit etw.* **8** antreiben (eine Turbine usw.), rücken *etw. Akk an etw. Akk* ► **ileri ~** kämpfen *mit etw.* (mit Problemen usw.), bekämpfen *etw. Akk* (Schwierigkeiten usw.), sich durchsetzen; **krem ~** sich eincremen; **Ne kadar sürecek?** Wie lange wird es dauern?
sürpriz *n* Überraschung *w* (unerwartetes Ereignis)
sürtmek *v* reiben *etw. Akk* (Hände usw.), sich verlaufen
sürtünmek *v* scheuern (bei Bewegung), reiben
sürü *n* Herde *w*, Schar *w*, Schwarm *m* (von Fischen)
sürücü *n* Autofahrer *m*, Fahrer *m*, Lenker *m*, Chauffeur *m*; **~ ehliyeti** Führerschein *m*
sürücülük *n* Autofahren *s*, Motorsport *m*, Fahren *s*
sürüklemek *v* anschwemmen, holen *j-n irgendwohin*, schleifen *etw. Akk* (Sack usw.), schleppen *etw. Akk*
sürüm *n* Absatz *m* (Verkauf), Vertrieb *m*, Emission *w* (von Wertpapieren)
sürünmek *v* kriechen (liegend usw.), sich winden (Schlange usw.)
sürüş *n* Strich *m* (Pinselstrich usw.)
süslemek *v* schmücken
süt *adj* Milch- ♦ *n* Milch *w*
sütçü *n* Milchgeschäft *s*
sütun *n* **1** Säule *w* (Stütze usw.) **2** Spalte *w* (in einem Text) **3** Rubrik *w* (einer Zeitung usw.) **4** Rubrik *w* (eines Formulars), Säule *w* (Rauchsäule usw.)
sütyen *n* Büstenhalter *m*, BH *m*
süzgeç *n* Filter *m*, Sieb *s*

Ş

şafak *n* Tagesanbruch *m*, Morgendämmerung *w*, Dämmerung *w* (am Morgen)
şaft *n* Schacht *m*, Welle *w* (Maschinenteil)
Şah! *n* Schach *s* (Stellung)
şahane *adj* ausgezeichnet, exzellent, großartig (ausgezeichnet usw.), herrlich
şahin *n* Bussard *m*, Falke *m*, Habicht *m*
şahitlik *v* Zeuge *etw. Gen* sein (Unfalls usw.); **~ etmek** aussagen (Zeuge usw.)
şahsi *adj* individuell, privat, Privat-
şair *n* Dichter *m*
şaka *n* Gag *m*, Scherz *m*, Spaß *m*, Witz *m*
şakak *n* Schläfe *w*
şalter *n* Schalter *m* (elektrischer)
şamfıstığı *n* Pistazie *w* (Kern)
şampiyon *n* Champion *m*, Meister *m* (Weltmeister usw.)
şampiyona *n* Championat *s*, Meisterschaft *w* (Weltmeisterschaft usw.)
şampuan *n* Shampoo *s*
şamriyel *n* Schlauch *m* (bei Reifen)
şans *n* Chancen *w Mz* (Gewinnquote usw.), Fortuna *w* (Glück), Glück *s* (Erfolg); **kötü ~** Pech *s*; **şanslı olmak** Glück haben
şanslı *adj* glücklich (Gewinner usw.)
şanssız *adj* unglücklich
şanzıman *n* Getriebe *s* (Vorrichtung)
şapel *n* Kapelle *w* (Bau)
şapka *n* Häkchen *s* (diakritisches), Hut *m*, Kappe *w*, Mütze *w*
şarap *n* Wein *m*; **sıcak ~** Glühwein *m*; **~ barı** Weinstube *w*
şarj **~ aleti** Ladegerät *s*; **~ etmek** aufladen (Batterie usw.), laden (Waffe)
şarjör *n* Magazin *s* (einer Waffe)
şarkı *n* Lied *s*; **~ söyleme** Gesang *m*; **~ söylemek** singen
şarkıcı *n* Sänger *m*
şarküteri *n* Feinkostgeschäft *s*
şartıyla *conj* unter der Bedingung, dass, vorausgesetzt (dass), sofern, unter der Voraussetzung (dass)
şaşırmak *v* mystifizieren (verwirren), sich wundern *über etw. Akk*
şaşırmış *adj* erstaunt, verwundert, überrascht *von etw.*
şaşırtıcı *adj* erstaunlich, schwindelerregend (Summe usw.), überraschend ♦ *part* überraschend (erstaunlicherweise)
şaşırtmak *v* erstaunen, irreführen *j-n*, überraschen *j-n mit etw.*, verwirren *j-n*
şayet *conj* wenn, falls
şef *adj* Führungs- ♦ *n* Chef *m*, Leiter *m* (einer Abteilung usw.)
şefkatli *adj* zart (empfindlich usw.), zärtlich

şeftali *n* Pfirsich *m* (Frucht)
şehir *n* Stadt *w*
şehriye *n* Nudeln *w Mz*
şehvetli *adj* lasziv, lüstern, lebhaft (Fantasie usw.), sinnlich
şeker *n* Bonbon *m*, Süßigkeit *w*, Zucker *m*; **~ hastalığı** Diabetes *m*
şekerlemeci *n* Konditorei *w*
şekerler *n* Süßwaren *Mz*
şekil *n* Art *w* (einer Tätigkeit usw.), Weise *w* (Methode usw.), Figur *w* (geometrische), Gebilde *s* (geometrisches); **kötü bir ~de** falsch (antworten usw.), schlecht (körperlich unwohl), übel (körperlich)
şelale *n* Wasserfall *m*
şemsiye *n* Regenschirm *m*, Sonnenschirm *m*
şen *adj* fröhlich (Natur usw.)
şeref *n* Ehre *w* (Ehrenerweisung), Ehrfurcht *w*, Reputation *w*, Würde *w*; **Ş~e!** Prosit!, Zum Wohl!
şerefli *adj* fair
şerit *n* **1** Streifen *m etw. Gen* (Stoff usw.) **2** Streifen *m* (einer Farbe usw.) **3** Band *s* (im Haar usw.), Schleife *w*, Binde *w* **4** Bandwurm *m*
şevkle *adv* heftig (sehr energisch usw.), stürmisch
şevkli *adj* heiß (Liebe usw.)
şey *n* Sache *w* (Gegenstand), Ding *s* (nützliches usw.), Subjekt *s* (Mensch); **bir ~** etwas, irgendetwas; **her ~** alles; **(herhangi) bir ~** was (auch) immer; **hiç bir ~** nichts; **~ler** Sachen *w Mz*
şeytan *n* Satan *m*, Teufel *m*
şezlong *n* Strandliege *w*
şırınga *n* Injektion *w*, Spritze *w* (Dosis von Impfstoff usw.), Injektionsspritze *w*
şiddet *n* Gewalt *w*; **~ uygulayan** gewaltsam, Gewalt-
şiddetlendirmek *v* intensivieren *etw. Akk*, steigern *etw. Akk* (vergrößern), verstärken *etw. Akk*
şiddetli *adj* drastisch, schwer (intensiv), stark (Effekt usw.), kräftig (Wirkung usw.)
şifre *n* Chiffre *w*, Kode *m*
şiir *n* Dichtung *w*, Gedicht *s*, Poesie *w*
şikayet *n* **1** Beschwerde *w* **2** Reklamation *w* ► **~ etmek** sich beschweren *bei j-m über etw. Akk*
şimdi *adv* jetzt; **~si için** vorläufig, für jetzt, vorerst
şimdiki *adj* bestehend, gegenwärtig, jetzig, derzeitig
şimdilik *adv* bisher, bis jetzt, inzwischen
şimşek *n* Blitz *m*; **~ çakması** blitzen; **Ş~ çaktı.** Es blitzt.
şinitzel *n* Schnitzel *s*
şirket *n* Gesellschaft *w* (Firma usw.), Konzern *m*, Unternehmen *s* (Firma usw.)
şiş *n* **1** Spieß *m* (Stab) **2** Beule *w* (im Blech usw.) ♦ *adj* verschwollen
şişe *n* Flasche *w*, Buddel *w*
şişirilebilir *adj* Luft-, aufblasbar
şişirmek *v* aufblasen, aufpumpen, herausdrücken, übertreiben *etw. Akk* (zu weit treiben)
şişkinlik *n* Schwellung *w*
şişman *adj* fett (Mensch), dick (Person usw.), untersetzt (beleibt) ♦ *n* Dicke *m*
şişmanlamak *v* dick werden, zunehmen (an Gewicht)
şişmek *v* anschwellen
şnitzel *n* Kotelett *s*
şoför *n* Fahrer *m* (von Beruf usw.), Chauffeur *m*; **~ mahalli** Führerhaus *s*
şok *n* Erschütterung *w*, Schock *m*
şömine *n* Kamin *m*
şu *pron* das da, dieser, diese, dieses, derjenige, diejenige, dasjenige; **~ an** momentan, zurzeit, gegenwärtig
şubat *n* Februar *m*
şube *n* Filiale *w*, Zweigstelle *w*
şurup *n* Sirup *m*
şüphe *n* Bedenken *s Mz*, Zweifel *m Mz*, Zweifel *m*
şüphelenmek *v* bezweifeln *etw. Akk*, anzweifeln *etw. Akk*, verdächtigen *j-n etw. Gen*
şüpheli *adj* verdächtig *etw. Gen* (einer Tat usw.)
şüphesiz *adj* unzweifelhaft ♦ *adv* zweifellos, ohne Zweifel ♦ *part* zweifellos, ohne Zweifel, zweifelsohne

T

tabak *n* Teller *m*; **~ çanak** Schüssel *w*
taban *n* Grundfläche *w*, Sockel *m* (Gestell), Sohle *w* (eines Schuhs), Schuhsohle *w*
tabanca **kısa kabzalı ~** Pistole *w*
tabela *n* Schild *s* (Reklameschild usw.)
tabii *adj* ungezwungen, zwanglos ♦ *adv* natürlich ♦ *part* Klar!, selbstverständlich
tablet *n* Tablette *w*
tablo *n* Tabelle *w*
taburcu **~ etmek** entlassen (aus dem Krankenhaus usw.); **~ olma** Entlassung *w* (aus dem Krankenhaus usw.)
tabure *n* Hocker *m*
tabut *n* Sarg *m*
taç *n* Krone *w* (königliche usw.)
tadil *n* Wechsel *m* (Ablösung)

tahayyül *n* Fantasie *w* (Vorstellungskraft), Vorstellungsvermögen *s*; **~ etmek** sich vorstellen (sich ausmalen)
tahıl *n* Getreide *s*, Graupen *w*, Korn *s*; **~ tanesi** Korn *s* (Frucht)
tahmin *n* **1** Schätzung *w* **2** Prognose *w*, Vorausschau *w*, Vorhersage *w* **3** Ahnung *w* (Vorstellung) ► **hava ~i** Wettervorhersage *w*; **~ etmek** erraten, schätzen *etw. Akk* (bestimmen), abschätzen *etw. Akk*
tahribat *n* Schaden *m* (Einbuße)
tahrik *adj* erregend (sexuell) ♦ *n* Antrieb *m* ► **~ etme** Erregung *w* (sexuell); **~ etmek** erregen *j-n* (sexuell), treiben *j-n zu etw./in etw. Akk* (veranlassen)
tahta *n* Brett *s* (aus Holz), Holz *s*, Planke *w*; **ütü ~sı** Bügelbrett *s*; **yazı ~sı** Tafel *w* (zum Schreiben), Wandtafel *w*
tahtakurusu *n* Wanze *w* (Insekt), Bettwanze *w*
tahvil *n* Band *s* (Verbindung), Obligation *w* (Wertpapier), Schuldverschreibung *w*, Umrechnung *w*; **~ etmek** umrechnen *etw. Akk in etw. Akk*
takdim **~ etmek** vorstellen *j-n j-m*; **~ etmek** *bir şey* einführen (ein Produkt), auf den Markt bringen
takılmak *v* necken *j-n*; **ayağı ~** stolpern *über etw. Akk*
takım *n* Aufstellung *w* (einer Mannschaft usw.), Komplet *s*, Mannschaft *w*, Team *s* (von Sportlern) (Teller usw.); **~ elbise** Anzug *m*
takip **~ etmek** folgen *nach etw.* (in gewisser Reihenfolge), jagen *j-n*, verfolgen *j-n* (Polizei usw.); **~ etmek** *bir şeyi/birini* folgen *j-m/etw.* (nachgehen)
takipçi *n* Anhänger *m* (einer Lehre usw.), Fortsetzer *m*, Nachfolger *m*, Verfolger *m*
takla *n* Handstandüberschlag *m*, Rolle *w* (Purzelbaum)
taklit *adj* gefälscht ♦ *n* Attrappe *w*, Fälschung *w* (Gegenstand), Imitation *w*, Kopie *w*
takmak *v* **1** anbringen *etw. Akk an etw. Dat*, befestigen *etw. Akk an etw. Dat* (festmachen) **2** in die Steckdose stecken *etw. Akk* **3** einstecken *etw. Akk irgendwohin* ► **çelme ~** ein Bein stellen *j-m*; **güvenlik kemerini ~** den Sicherheitsgurt anlegen
taksi *n* Taxi *s*, Taxiunternehmen *s*
taksici *n* Taxifahrer *m*
taksit *n* Rate *w* (Zahlung), Rückzahlung *w*
takvim *n* Kalender *m*
talep *n* Forderung *w*, Anspruch *m* (an Qualität usw.); **~ etmek** verlangen *etw. Akk* (fordern); **~ler** Ansprüche *m Mz an j-n/etw.*, Forderungen *w Mz an j-n/etw.*
talih *n* Chancen *w Mz* (Gewinnquote usw.), Glück *s* (Fortuna)
talihsizlik *n* Unglück *s*, Unheil *s* (Pech usw.)
talim *n* Übung *w* (Training)
talimat *n* Anleitung *w*, Anweisung *w* (zur Verwendung usw.), Aufgabenstellung *w*, Auftrag *m* (Bestellung)
tam *adj* absolut, völlig, gänzlich, vollkommen (Unsinn usw.) ♦ *adv* akkurat, genau, durch, durch und durch **~ olarak** konkret (bestimmt)
tamam **T~!** Abgemacht!; **T~ mı?** Einverstanden?; **T~ o zaman.** Also gut.
tamamen *adv* absolut, ausgesprochen, ganz, völlig
tamamı *adv* insgesamt
tamamıyla *adv* einwandfrei, tadellos, ganz, völlig
tamamlamak *v* beenden, durchstehen, erfüllen *etw. Akk* (Ansprüche usw.), ergänzen
tamir *n* Reparatur *w*
tamirhane *n* Garage *w*, Autowerkstatt *w*, Reparaturwerkstatt *w*
tampon *n* Puffer *m*, Stoßstange *w*, Tampon *m*
tane *n* Stück *s* (einzige Sache); **tahıl ~si** Korn *s* (Frucht)
tanıdık *adj* bekannt, vertraut (Gesicht usw.), (wohl) bekannt *j-m* ♦ *n* Bekannte *m*
tanık *n* Zeitzeuge *m*, Zeuge *m*
tanımak *v* **1** kennen *j-n/etw.* **2** kennenlernen *j-n* **3** erkennen *etw. Akk* (Umrisse in Dunkelheit usw.), erkennen *j-n/etw.* (Freund usw.), erkennen *j-n*, identifizieren *j-n* **4** sich auskennen *in/mit etw.* **5** anerkennen **6** sich vertraut machen *mit etw.* ► **iyi ~** sich auskennen *in etw. Dat*
tanınmaz *adj* unbekannt
tanışma *n* Kennenlernen *s j-s*, Vorstellung *w* (Bekanntmachen)
tanışmak *v* **1** treffen *j-n*, begegnen *j-m* **2** kennenlernen *j-n* (neue Freunde usw.) **3** sich bekannt machen *mit etw.*
tanıştırmak *v* sich vorstellen (Namen nennen)
tanıtım *n* Insertion *w*, Werbung *w* (eines Produktes), Promotion *w* (Reklame), Reklame *w*; **~ını yapmak** *bir şeyin* werben *für etw.* (Produkt usw.)
tank *n* Panzer *m* (Kampffahrzeug), Tank *m*, Kraftstofftank *m*
tanrı *n* Gott *m*, Gottheit *w*
tansiyon *n* Blutdruck *m*
tapa *n* Verschluss *m* (einer Flasche), Flaschendeckel *m*, Deckel *m*
tapınak *n* Dom *m* (christlich), Tempel *m* (nicht christlich), Heiligtum *s* (Stätte)
tapmak *v* verehren *j-n/etw.* (Gottheit)
taraf *n* Seite *w etw. Gen* (Standpunkt), Aspekt *etw. Gen m*, Seite *w* (Fläche usw.); **öbür ~a** quer *durch etw., über etw. Akk*

tarafından *prep* durch *j-n/etw.* (Methode), mit *j-m/etw.* (Mittel)
taraflı *adj* voreingenommen *gegenüber j-m*
tarafsız *adj* neutral, unparteiisch, unvoreingenommen (Meinung usw.), unbefangen
taraftar *n* Anhänger *m*, Befürwörter *m*, Verfechter *m* (einer Idee usw.)
tarak *n* Kamm *m*
taramak *v* durchkämmen (Haare), kämmen *j-n/etw.*, scannen (in einen PC usw.), sich kämmen
tarçın *n* Zimt *m*
tarım *n* Landwirtschaft *w*
tarımsal *adj* landwirtschaftlich, Landwirtschafts-; **~ ürün** landwirtschaftliche Produktion
tarif *n* Rezept *s für etw.* (Gericht), Schilderung *w*
tarife *n* Rezeptur *w*, Tarif *m*
tarih *n* **1** Datum *s*, Termin *m* (Datum) **2** Geschichte *w* (der Welt usw.) **3** Geschichte *w* (Unterrichtsfach) ► **doğum ~i** Geburtsjahr *s*
tarihi *adj* historisch
tarla *n* Feld *s*
tartışma *n* Debatte *w*, Kontroverse *w*, Polemik *w*, Streit *m*
tartışmak *v* **1** diskutieren *über etw. Akk* **2** besprechen *etw. Akk mit j-m*, debattieren *mit j-m über etw. Akk*, diskutieren *über etw. Akk* **3** (sich) streiten *über etw. Akk*, streiten *mit j-m um/über etw. Akk* **4** polemisieren
tartmak *v* abwägen *etw. Akk* (bedenken), belasten *etw. Akk*
tarz *n* Art *w* (einer Tätigkeit usw.), Weise *w* (Methode usw.), Modus *m*, Betrieb *m* (eines Gerätes usw.)
tas *n* Tasse *w*
tasarım *n* Konstruktion *w* (Konstruieren)
tasarlamak *v* entwerfen, entwerfen *etw. Akk*, konstruieren (Maschinen usw.), konzipieren
tasarruf *n* Austerität *w*, Austerity *w*; **~ etmek** *bir şey* ersparen *etw. Akk*, sparen *etw. Akk* (Geld usw.)
tasarruflu *adj* sparsam (Person)
tasavvur *n* Vorstellung *w von etw.* (Gedanke)
tasdik **~ etmek** beglaubigen *etw. Akk*
tasfiye memuru *n* Liquidator *m*
tashih *n* Berichtigung *w* (im Text), Korrektur *w* (eines Fehlers usw.)
taslak *adv* ins Unreine (schreiben usw.) ♦ *n* Abdruck *m etw. Gen*, Aufbau *m* (eines Romans usw.), Konzept *s* (eines Textes), Entwurf *m* (schriftlicher)
tasma *n* Halsband *s*, Leine *w* (für Hund usw.)
tastamam *adj* ordentlich (angemessen), richtig (entsprechend usw.) ♦ *adv* ordentlich (angemessen), gründlich (wie es sein soll)
taş *n* Gestein *s*, Stein *m*; **~ ocağı** Steinbruch *m*
taşıma *n* Beförderung *w*, Transport *m*, Überführung *w* (Transportieren), Versand *m*
taşımak *v* **1** befördern *etw. Akk irgendwohin* (Güter usw.), transportieren *etw. Akk irgendwohin* **2** tragen *j-n/etw. irgendwohin* (umstellen usw.) **3** tragen *etw. Akk irgendwohin* (mitbringen), wegtragen *etw. Akk*, forttragen *etw. Akk* **4** tragen (bei sich haben) **5** behandeln *j-n irgendwie* (respektvoll usw.) **6** tragen (Gewicht) **7** umziehen *j-n/etw. irgendwohin* (j-s Umzug durchführen)
taşımalık *n* Container *m*, Behälter *m*
taşınabilir *adj* tragbar
taşınır *adj* gangbar (Weg usw.)
taşınmak *v* **1** umziehen *etw. Akk* (Umzug durchführen) **2** umziehen (in neue Wohnung usw.), wegziehen (in andere Wohnung) **3** ausziehen (aus dem Haus usw.) **4** zuziehen *irgendwohin* (als Einwohner) **5** migrieren, umziehen (übersiedeln) **6** einziehen *in etw. Akk* (in Wohnung usw.) **7** ziehen (unterwegs sein) **8** einziehen (in Wohnung usw.)
taşıyabilmek *v* tragen (können) *etw. Akk*
taşkın *n* Überschwemmung *w*
tat *n* **1** Geschmack *m* (Sinn), Geschmackssinn *m* **2** Geschmack *m* (des Essens usw.) **3** Geschmack *m* (von Erdbeeren usw.) ► **tadı olmak** *bir şey yapmaya* Lust haben *etw. Akk zu tun*; **tadını çıkarmak** genießen *etw. Akk* (erleben); **~ almak** *bir şeyden* schmecken *nach etw.* (Beigeschmack haben)
tatil *n* **1** Feiertag *m* **2** Erholung *w* (Ausruhen usw.), Urlaub *m* **3** Ferien *Mz*
tatlandırıcı *n* Süßstoff *m*
tatlandırmak *v* abschmecken *etw. Akk mit etw.*, süßen
tatlı *adj* süß ♦ *n* Dessert *s*, Nachtisch *m*, Leckerbissen *m*, Nachspeise *w*
tatlılar *n* Süßigkeiten *w Mz*
tatlılıkla *adv* weich (landen usw.)
tatmak *v* kosten *etw. Akk* (Essen)
tatsız *adj* fade (Geschmack usw.), (SüD, ÖrD) fad, geschmacklos (Gericht usw.), unappetitlich
tava *n* Pfanne *w*
tavan *n* Decke *w* (im Zimmer)
tavır *n* Auftreten *s* (Benehmen), Einstellung *w* (Meinung), Pose *w*, Haltung *w* (des Körpers)
tavlamak *v* aufgabeln (Partner)
tavsiye **~ etmek** beraten *j-n bei etw.*, raten *j-m etw. Akk*, raten *j-m*; **~ etmek** *birini/birine bir şeyi* empfehlen *j-n/etw. j-m*
tavşan *n* Kaninchen *s*; **yabani ~** Hase *m*
tavuk *n* Henne *w*, Küken *s*, (junges) Huhn *s*

tayfa *n* Besatzung *w*
taze *adj* frisch, munter ♦ *adv* frisch (angestrichen usw.)
tazminat *n* Abfindung *w* (Summe), Abfindungszahlung *w* (bei Entlassung), Entschädigung *w*, Reparationen *Mz*
tebeşir *n* Kreide *w*
tebliğ ~ **etmek** *birine bir şeyi* benachrichtigen *j-n von etw.*, mitteilen *j-m etw. Akk*
tebrik *n* Glückwunsch *m*, Glückwunschkarte *w*, Gratulation *w*, Beglückwünschung *w*; **T~ler!** Herzlichen Glückwunsch!
tecavüz *n* Vergewaltigung *w*; ~ **etmek** *birine* vergewaltigen *j-n*
tecrübe ~ **etmek** erleben *etw. Akk* (durchmachen)
teçhizat *n* Ausrüstung *w*
tedavi *n* Behandlung *w* (eines Patienten usw.), Kur *w*, Therapie *w*; ~ **etmek** ausheilen *etw. Akk*; ~ **etmek** *birini* behandeln *j-n/etw.* (ärztlich)
tedbir *n* Maßnahme *w*
tedbirli *adj* dezent (Kleid usw.), sorgfältig, vorläufig
tedbirlilik *n* Bereitschaft *w* (zum Handeln usw.)
tedbirsiz *adj* unbedacht, unüberlegt, unbedachtsam (Person), unbesonnen (Mensch)
tedirgin *adj* aufgeregt (missgelaunt usw.), ärgerlich (Person)
tedirginlik *n* Beunruhigung *w*, Nervosität *w*, Unruhe *w* (innere), Rastlosigkeit *w*
teftiş *n* **1** Aufsicht *w über etw. Akk* **2** Durchsuchung *w* (Haussuchung usw.), Kontrolle *w* (Zollkontrolle usw.), Revision *w* (Kontrolle), Überprüfung *w* **3** Rechnungsprüfung *w* **4** Inspektion *w* (Inspizieren) ► ~ **etmek** durchsehen *etw. Akk*, untersuchen *etw. Akk* (auf Fehler usw.)
tehdit *n* Androhung *w*, Bedrohung *w* (Gefahr), Drohung *w*, Einschüchterung *w*; ~ **etmek** *biribi bir şeyle* drohen *j-m mit etw.*, androhen *j-m etw. Akk*
tehlike *n* Bedrohung *w etw. Gen* (Gefahr), Gefahr *w*, Risiko *s* (Gefahr); **~de bulunmak** auf dem Spiel stehen; **~ye atmak** bedrohen *j-n/etw.*
tehlikeli *adj* bedroht, gefährlich
tek *adj* einzelgängerisch, einzig ♦ *adv* einzig, lediglich ♦ *n* Einzelne *m*, Unikat *s* ► ~ **değil** nicht nur; ~ **kullanımlık** Wegwerf-, Einweg-; ~ **oda** Einbettzimmer *s*, Einzelzimmer *s*; ~ **taraflı** einseitig; ~ **yol** Hinfahrt *w*; ~ **yönlü** einbahnig; ~ **zamanlı** einmalig (Zahlung usw.)
tekdüze *adj* einheitlich (für alle gleich), eintönig, monoton
tekerlek *n* Rad *s*, Rolle *w* (Möbelrolle usw.)
tekerrür *n* Wiederholung *w etw. Gen*, Wiederholung *w* (eines Ereignisses), Wiederkehr *w* (wiederholtes Auftreten)
teklemek *v* verrücktspielen
teklif *n* Angebot *s*, Ausschreibung *w*; ~ **etmek** anbieten *j-m etw. Akk*, bieten *j-m etw. Akk*
tekmelemek *v* treten *j-n/etw., in etw. Akk* (in Bauch usw.), treten *j-n/etw.* (Tritt versetzen)
teknik *adj* Fach-, fachlich, technisch ♦ *n* Technik *w*
teknisyen *n* Techniker *m* (Fachmann)
teknoloji *n* Technik *w* (Erkenntnisse), Technologie *w*
tekrar *adv* wieder, wiederholt ♦ *n* Wiederaufbereitung *w* (Wiederholen des bereits Bekannten), Wiederholung *w* (des Lernstoffes)
tekrarlama *n* Rezidiv *s*, Rückfall *m* (einer Krankheit), Wiederholung *w* (eines Ereignisses), Wiederkehr *w* (wiederholtes Auftreten)
tekrarlamak *v* rekapitulieren, wiederholen *etw. Akk* (nochmals machen), wiederholen *etw. Akk* (Lernstoff usw.), wiederholen (um es zu betonen)
tekstil *n* Textil *s*, Textilie *w*
tel *adj* drahten, Draht- ♦ *n* Draht *m*, Drahtgeflecht *s*, Drahtseil *s*, Faser *w* ► **diş ~i** Zahnspange *w*
telaffuz *n* Aussprache *w*; ~ **etmek** aussprechen
telafi *n* Ersatz *m für etw.*, Kompensierung *w für etw.*, Genugtuung *w*; ~ **etmek** ersetzen *j-m etw. Akk* (Geldverlust usw.), entschädigen *j-n für etw.*; ~ **etmek** *bir şeyi* wiedergutmachen *j-m etw. Akk*
telaşlı *adj* beunruhigt, unruhig (Person usw.)
teleferik *n* Seilbahn *w* (Kabine), Standseilbahn *w*
telefon *n* Telefon *s* ► ~ **etmek** telefonieren; ~ **rehberi** Telefonbuch *s*; **~la arama** Telefongespräch *s*, Anruf *m* (telefonischer), Telefonat *s*; **~la aramak** anrufen *j-n* (telefonieren)
telesekreter *n* Anrufbeantworter *m*
televizyon *n* Fernsehen *s*, Fernseher *m*; **T~ seyretmek** fernsehen
tembel *adj* faul (Mensch usw.), saumselig, säumig ♦ *n* Faulenzer *m*
tembellik *n* Faulheit *w*; ~ **etmek** herumliegen (faul)
temel *adj* **1** elementar, fundamental, Fundamental-, Grund- **2** essenziell, essential ♦ *n* **1** Basis *w* **2** Fundament *s* (eines Baus usw.) **3** Unterlage *w* (zum Schutz usw.) **4** Grundfläche *w* **5** Basis *w etw. Gen*, Grundlagen *w Mz für etw.* (Tätigkeit usw.) **6** Basis (technisch usw.)
teminat *n* Bürgschaft *w für etw.* (Geld usw.)

temiz *adj* 1 sauber 2 gepflegt (sauber usw.), präsentabel, ansehnlich (gut aussehend) 3 klar (Glas usw.) 4 leer (Blatt usw.)
temizleme *adj* Reinigungs- ♦ *n* Aufräumen *s*
temizlemek *v* abputzen *etw. Akk*, reinigen, reinigen *etw. Akk*, putzen *etw. Akk*
temizlik *n* Aufräumen *s*, Reinigung *w*, Sauberkeit *w*
temizlikçi *n* Haushälterin *w* (Beruf), Putzfrau *w*
temmuz *n* Juli *m*
tempo *n* Tempo *s*
temsil *n* Repräsentation *w* (Vertretung), Vorführung *w* (eines Gerätes usw.); **~ etmek** *bir şeyi/birini* vertreten *j-n/etw.* (als Beauftragter); **~ etmek** *bir şeyi* darstellen (gestalten)
temsilci *n* Agent *m* (Vertreter), Beauftragte *m*, Delegierte *m*, Repräsentant *m*
temyiz *n* Berufung *w* (gegen Urteil)
tencere *n* Kasserolle *w*, Kochtopf *m*, Topf *m* (zum Kochen); **~ seti** Geschirr *s* (zum Kochen)
teneke *n* Kanister *m*, Metallblech *s*
tenha *adj* menschenleer, öde, wüst, vereinzelt
tenis *n* Tennis *s*
tenkit *n* Kritik *w*
tepe *n* Buckel *m*, Gipfel *m etw. Gen* (Berg usw.), Spitze *w etw. Gen* (Turm usw.), Hügel *m*
tepki *n* Anklang *m* (Beifall), Feedback *s*, Reaktion *w auf etw.*; **~ göstermek** *bir şeye* reagieren *auf etw. Akk*
tepsi *n* Backblech *s*, Bratpfanne *w*, Platte *w* (zum Servieren)
ter *n* Schweiß *m*
teras *n* Terrasse *w*
terazi *n* Waage *w* (Gerät)
Terazi *n* Waage *w* (Sternzeichen)
terbiye *n* Manieren *w Mz*; **~ etmek** abrichten
terbiyesiz *adj* unanständig (Bemerkung usw.), unerzogen, ungezogen ♦ *n* Hooligan *m*, Rowdy *m*
tercüman *n* Übersetzer *m*
tercüme *n* Sturz *m* (Türsturz usw.), Übersetzung *w*; **~ etmek** dolmetschen, interpretieren *etw. Akk*; **~ etmek** *bir şeyi* übersetzen (in andere Sprache)
tereyağı *n* Butter *w*
terfi *n* Beförderung *w* (in einen Rang)
terkedilmiş *adj* verlassen, verfallen
terlemek *v* abschwitzen, ins Schwitzen kommen, schwitzen
terlik *n* Hausschuh *m*, Hausschuhe *m Mz*, Pantoffel *m*
terminal *n* Abfertigungshalle *w*, Terminal *m,s* (auf dem Flughafen), Endstation *w*, Endhaltestelle *w*; **havaalanı ~i** Flughafenterminal *m,s*
termometre *n* Thermometer *s*
ters *adj* rückläufig, (Zu)Rück-, umgedreht, überschlagen (Auto usw.) ♦ *adv* umgekehrt, verkehrt herum (mit dem Kopf nach unten), zurück (zum Ausgangspunkt) ► **~ine çevrilmiş** umgekehrt
tersine *adv* umgekehrt ♦ *part* im Gegenteil
tertip *n* Anordnung *w* (von Elementen usw.), Ordnung *w* (Harmonie)
terzi *n* Schneider *m*, Schneiderin *w*
tesadüf *n* Zusammentreffen von Ereignissen
tesadüfi *adj* zufällig, Zufalls-
tesellisiz *adj* trostlos, trüb (Ort usw.)
tesis *n* Areal *s*, Gelände *s*, Errungenschaft *w*; **~ etmek** errichten
teslim *n* Distribution *w* (von Gütern), Lieferung *w* (von Waren usw.); **~ etmek** abgeben (Arbeit usw.), herausgeben (aushändigen usw.), nachgeben *j-m* (Konzessionen machen), versorgen *j-n/etw. mit etw.* (beliefern), zustellen *j-m etw. Akk*; **~ etmek** *bir şeyi* verzichten *auf etw. Akk*; **~ etmek** *birine bir şeyi* liefern *j-m etw. Akk*; **~ olmak** sich ergeben *j-m*
test *adj* Prüf- ♦ *n* Prüfung *w* (Qualität usw.), Test *m*, Probe *w*
testere *n* Säge *w*
testis *n* Hoden *m*
teşekkür *n* Danksagung *w* (im Buch); **~ etmek** danken *j-m für etw.*, sich bedanken *bei j-m für etw.*
teşhis *n* Diagnose *w*, Überblick *m* (Zusammenfassung), Übersicht *w* (Resümee)
teşkil **~ etmek** bilden *etw. Akk* (ein Teil sein), darstellen (bedeuten); **~ etmek** *bir şeyi* formen *etw. Akk*
tetik *n* Abzug *m* (einer Waffe)
tetkik *n* Untersuchung *w* (ärztliche)
teyze *n* Tante *w* (Verwandte)
tezat *n* Gegensatz *m zu etw.*
tezgahtar *n* Verkäufer *m*
tıkaç *n* Stöpsel *m*
tıkamak *v* zustopfen (schließen)
tıklatmak *v* klopfen *auf/an etw.* (an die Tür usw.), klopfen *an etw. Akk*, tippen *an etw. Akk* (anstoßen)
tımarhane *n* Anstalt *w*
tıp *n* Medizin *w* (Wissenschaft)
tıpa *n* Korken *m*
tırabzan *n* Geländer *s*
tıraş **saç ~ı** Haarschnitt *m*, Schnitt *m* (Haar); **~ etmek** *birini* rasieren *j-n/etw.*; **~ olma** schneiden (Schaf usw.); **~ olmak** *kendi kendine* sich rasieren

tırmalamak *v* kratzen *etw. Akk* (ritzen), scharren (ein Pferd mit dem Huf usw.)
tırmanmak *v* hinaufgehen, hinaufklettern *etw. Akk*, hinaufsteigen *etw. Akk*, klettern *auf etw. Akk* (hinauf)
tırnak *n* Kralle *w* (Fuß), Nagel *m* (Fingernagel)
ticaret *adj* geschäftlich ♦ *n* Business *s*, Handel *m* (Zweig), Unternehmen *s* (Tätigkeit)
tilki *n* Fuchs *m*, Fuchsrüde *m*
tim *n* Kollektiv *s*
tipik *adj* bezeichnend *für j-n/etw.*, kennzeichnend *für j-n/etw.*, typisch
tirbuşon *n* Korkenzieher *m*
tişört *n* T-Shirt *s*
titremek *v* schüttern, erzittern, zittern
tiyatro *n* Theater *s*
tohum *n* Samen *m* (Samenkorn); **karaman kimyon ~u** Kümmel *m*
tok *adj* satt (nicht hungrig)
tokmak *n* kleiner Hammer *m*, Türknauf *m*
tokmaklamak *v* schlagen *an etw. Akk*, hämmern *gegen etw.*, schlagen *auf etw. Akk*
toksik *adj* toxisch, giftig
tomar *n* Bündel *s etw. Gen* (Briefe usw.), Rolle *w* (Papier usw.)
tomurcuk *n* Blüte *w* (einer Pflanze), Blütenknospe *w*, Knospe *w*
ton *n* Ton *m* (Klang), Tonne *w* (Maßeinheit)
top *adj* Höchst-, Spitzen- ♦ *n* Ball *m* (für Sport), Bausch *m*, Büschel *s* (Haare usw.), Kanone *w* (Geschütz)
toparlamak *v* aufräumen, sich erholen *von etw.*
toplam *adj* Gesamt-, gesamt ♦ *n* Betrag *m*, Summe *w* (bezahlte usw.), Endsumme *w* ♦ *part* alles in allem
toplama *n* Abführung *w* (von Steuern usw.), Abgabe *w* (Geldleistung), Addieren *s*, Sammlung *w* (von Altpapier usw.)
toplamak *v* **1** aufräumen **2** ansammeln, einsammeln **3** aufheben *etw. Akk*, aufnehmen (vom Boden usw.), aufsammeln, konzentrieren **4** zusammenbringen (ein Heer usw.) **5** zusammenzählen, addieren **6** abpflücken *etw. Akk* **7** zusammennehmen (Mut usw.) **8** rekrutieren *j-n* (Mitarbeiter usw.), anwerben *j-n*, einstellen *j-n* (Personal usw.) **9** anhäufen (Vorräte usw.) ► **biraraya ~** versammeln
toplantı *n* Hauptversammlung *w*, Konferenz *w*, Massenversammlung *w*, Massentreffen *s*; **~ salonu** Saal *m*
toplu *adj* aufgeräumt (Zimmer usw.); **~ iğne** Nadel *w* (Stecknadel), Stecknadel *w*
topluluk *n* Gemeinschaft *w*
toplum *n* Gesellschaft *w* (menschliche)
toprak *n* **1** Boden *m* (Materie), Erde *w* **2** Grundstück *s*, Land *s* (Grundstück) **3** Land *s* (Festland) **4** Substrat *s* (für Pflanzen usw.) **5** Steingut *s* ♦ *adj* irden, Ton-, lehmig, Lehm-
topuk *n* Absatz *m* (eines Schuhs), Ferse *w*
torba *n* Sack *m*, Tasche *w* (Behälter)
tornavida *n* Schraubenzieher *m*
tortu *n* Bodensatz *m*, Satz *m* (Bodensatz)
torun *n* Enkelkind *s*; **erkek ~** Enkel *m*; **kız ~** Enkelin *w*
tost *n* Toast *m*
total *adj* Gesamt-, total, Total-
toynak *n* Huf *m*
toz *n* Pulver *s*, Staub *m*; **çamaşır ~u** Waschpulver *s*; **~unu almak** Staub wischen *irgendwo, von etw.*
tören *n* Fete *w*, Party *w*, Zeremonie *w*
trafik *n* Verkehr *m*
traktör *n* Sattelschlepper *m*, Traktor *m*
tramvay *n* Straßenbahn *w*, Bahn *w* (Stadtverkehrsmittel)
transfer *n* **1** Übertragung *w* (von Gegenständen), Verlagerung *w* **2** Umstieg *m* ► **~ etmek** *bir şeyi bir yere* übertragen *etw. Akk irgendwohin* (Gegenstände usw.); **~ etmek** *birini bir yere* verlegen *j-n irgendwohin* (Angestellten usw.), versetzen *j-n irgendwohin* (in andere Behörde usw.); **~ olmak** *bir yere* übertragen *etw. Akk auf j-n* (Besitz usw.)
transparan *adj* durchsichtig
tren *n* Zug *m* (Verkehrsmittel); **~ istasyonu** Bahnhof *m*
tripod *n* Stativ *s*
tropika *n* Tropen *Mz*
tuğla *n* Ziegel *m*
tur *n* **1** Runde *w* **2** Rundreise *w* **3** Gesellschaftsreise *w*, Reise *w*
turist *n* Tourist *m*
turistik *adj* Wander-
turizm *n* Fremdenverkehr *m*, Tourismus *m*, Touristik *w*
turp **kırmızı ~** Radieschen *s*
turşu *n* Essiggurken *w Mz*, Pickles *Mz*; **~sunu kurmak** einlegen (Gurken usw.)
tuşlamak *v* wählen (eine Telefonnummer)
tuşlar *n* Skala *w* (Einstellskala usw.)
tutacak *n* Halter *m*, Handgriff *m*
tutam *n* Büschel *s*, Busch *m*, Prise *w* (Salz usw.)
tutamak *n* Klinke *w* (Hebel)
tutar *n* Menge *w*, Quantität *w*
tutku *n* Leidenschaft *w*, Manie *w*
tutkulu *adj* leidenschaftlich
tutkun *adj* besessen *von etw.* ♦ *n* Anhänger *m* (des Teufels usw.)
tutmak *v* **1** ergreifen, schnappen, ergreifen *etw. Akk* (mit der Hand), packen *etw. Akk* (schnell, fest usw.) **2** halten *etw. Akk* (in der Hand), (kurz) halten *etw. Akk*, sich halten

an etw. Dat (mit der Hand) **3** halten (können) *etw. Akk* **4** zurückhalten, aufhalten (Atem usw.) **5** aufhalten *j-n irgendwo*, aufhalten *j-n/etw.* (Person usw.) **6** sich halten *irgendwohin* (sich nicht entfernen) **7** einhalten *etw. Akk* **8** erhaschen *etw. Akk* (Blick usw.) ► **Bu ne kadar tutuyor?** Was/Wie viel kostet es?; **dışında ~** ausschließen *j-n/etw. aus etw.*; **söz ~** das Wort halten

tutturmak *v* anbringen *etw. Akk an etw. Dat*, beifügen (einem Dokument usw.)

tutuklamak *v* verhaften *j-n*

tutum *n* Stellung *w* (Einstellung)

tutumlu *adj* schonend, sparsam (Person) ♦ *n* Sparer *m*

tutunmak *v* fassen *etw. Akk* (um nicht zu stürzen usw.), ergreifen *etw. Akk* (Rettungsring usw.), zugreifen *auf etw. Akk*, hängen *an etw. Dat* (nicht verzichten)

tutuşturmak *v* anzünden (Feuer usw.)

tuvalet *abbr* WC *s* ♦ *adj* Toiletten- ♦ *n* öffentliche Toilette, Toilette *w*, Klosett *s* (Raum) ► **~ leğeni** Klosettbecken *s*, Klosettschüssel *w*; **~e gitmek** austreten gehen/müssen; **T~im var.** Ich muss auf die Toilette.

tuz *n* Salz *s*

tuzak *n* Falle *w*, Überfall *m* aus dem Hinterhalt

tuzlamak *v* salzen, salzen *etw. Akk*

tuzlu *adj* salzig

tuzluk *n* Salzstreuer *m*

tüccar *n* Geschäftsmann *m*

tüfek *n* Gewehr *s*, Schrotflinte *w*

tükenmek *v* ausgehen (verbraucht sein), sich verringern (Vorräte usw.)

tüketim *n* Konsumierung *w*, Verbrauch *m*

tüketmek *v* **1** aufbrauchen *etw. Akk*, aufzehren *etw. Akk*, verbrauchen *etw. Akk* (Benzin, Zeit usw.), verbrauchen (Vorräte usw.) **2** ausgeben *etw. Akk für etw.* (Geld) **3** überziehen (Konto usw.) **4** erschöpfen *j-n* **5** nehmen (essen usw.)

tükürmek *v* ausspucken *etw. Akk*, spucken

tükürük *n* Speichel *m*

tünel *n* Tunnel *m*

tüp *n* Eileiter *m*, Reagenzglas *s*, Tube *w*

tür *n* Art *w*, Spezies *w*, Sorte *w* (Typ usw.), Genre *s*

tütsülenmiş *adj* geräuchert

tütün *n* Tabak *m*

tütüncü *n* Tabakgeschäft *s*, Tabakladen *m*, Kiosk *m*

tüy *n* Feder *w*

U

ucuz *adj* billig, preisgünstig, preiswert

ucuz(ca) *adv* billig

ucuzlatmak *v* **1** ermäßigen *etw. Akk*, verbilligen *etw. Akk* **2** sich verbilligen

uç *adj* extrem ♦ *n* Spitze *w etw. Gen* (Messer usw.), Spitze *w* (eines Pfeils usw.), Zipfel *m*

uçak *n* Flugzeug *s*, Rumpf *m* (eines Schiffes); **~ bileti** Flugticket *s*, Flugkarte *w*, Flugschein *m* (Ticket)

uçmak *v* **1** fliegen **2** überfliegen *etw.* (hinwegfliegen) **3** abfliegen (Flugzeug usw.), fliegen *etw. Nom aus etw.*, ausfliegen *etw. Nom aus etw.* **4** hinausstürzen **5** schweben (in Luft) ► **uçarak gitmek** abfliegen; **üzerinden ~** überfliegen *etw. Akk* (fliegen)

uçuk *n* Fieberbläschen *s*, Herpes *m*

uçurmak *v* abblasen *etw. Akk von etw.* (wegblasen); **havaya ~** explodieren, in die Luft fliegen (Gebäude usw.), sprengen *etw. Akk*

uçurum *n* Abgrund *m*, Kliff *s*

uçuş *n* Flug *m*

ufak *adj* fein (Schotter usw.), gering, geringfügig (Menge usw.), winzig

ufuk *n* Horizont *m*

uğramak *v* besuchen *j-n*, vorbeischauen *bei j-m*, betreffen *etw. Akk* (Erdbeben), erleiden (Niederlage usw.) *bei j-m*

uğurlamak *v* begleiten, hinausbegleiten

ulaşılabilir *adj* erreichbar

ulaşılır *adj* erreichbar

ulaşım *n* Verkehr *m*; **~ aracı** Verkehrsmittel *s*

ulaşmak *v* **1** erreichen *etw. Akk* **2** erreichen *etw. Akk* (realisieren), erreichen *etw. Akk* **3** anfliegen, zufliegen, einfliegen, ankommen *in/an etw. Dat* (mit dem Auto usw.) **4** eingehen (Brief usw.) **5** erreichen *j-n* (zu Hause usw.) **6** telefonisch erreichen *j-n* **7** kommen *zu etw.* (Ansicht usw.)

ulus *n* Nationalität *w*, Volk *s*, Nation *w*

ulusal *adj* landesweit (überregional), national, National-

uluslararası *adj* international, zwischenstaatlich

ummak *v* rechnen *mit etw.*, zählen *auf etw. Akk*

umulmadık *adj* unerwartet

umursamak *v* liegen *j-m an etw. Dat* (schätzen); **Umursamıyorum.** Es ist mir egal.

umut *n* Hoffnung *w auf etw. Akk*

umutlu *adj* hoffnungsvoll

umutsuz *adj* trostlos, trüb (Ort usw.), verzweifelt

umutsuzca *adv* verzweifelt

un *n* Mehl *s*

unlu **~ mamulleri** Gebäck *s*, Backwaren *w Mz*

unutmak *v* **1** vergessen *etw. Akk* (sich nicht erinnern) **2** vergessen *etw. Akk irgendwo* (liegen lassen) **3** versäumen (vergessen zu tun usw.) **4** auslassen (aus der Liste usw.)
unvan *n* Bezeichnung *w*, Titel *m* (Würde usw.)
ur *n* Geschwulst *w*
usare *n* Saft *m* (Pflanzensaft)
uskumru *n* Makrele *w*
usta *adj* geschickt, anstellig, gewandt, sinnvoll (Lösung usw.) ♦ *n* Kanone *w in etw. Dat* (Könner), Vorarbeiter *m*, Vormann *m*
ustaca *adj* Meister-, meisterhaft ♦ *adv* erfahren, fachlich (durchgeführt usw.), geschickt
ustalık *n* Meisterschaft *w* (Meisterhaftigkeit), Sachkenntnis *w*, Fachkenntnis *w*
utanç *n* Scham *w*, Schande *w* (Schamgefühl)
utandırmak *v* in Verlegenheit bringen *j-n*
utangaç *adj* schüchtern
utanmak *v* **1** sich schämen (scheu sein), sich scheuen *etw. Akk zu tun* **2** sich schämen *für j-n/etw.* (aus Scham)
uyan *adj* entsprechend *etw. Dat*
uyandırmak *v* aufwecken *j-n*, wecken *j-n*, erwecken *etw. Akk* (Interesse usw.)
uyanık *adj* wach, wachsam, achtsam ♦ *v* auf der Hut sein *vor j-m/etw.* ► ~ **olmak** wach sein
uyanmak *v* aufwachen
uyarı *n* Hinweis *m auf etw. Akk* (auf eine Quelle usw.), Mahnung *w* (Ermahnung), Mitteilung *w*, Vorwurf *m vor etw. Dat*; ~ **vermek** verständigen
uyarlamak *v* anpassen *etw. Akk etw. Dat*, anpassen *etw. Akk j-m/etw.*, bearbeiten, herrichten (Wohnung usw.)
uyarma *n* Mahnung *w* (Mahnbrief usw.)
uyarmak *v* **1** warnen *j-n vor etw. Dat* **2** erinnern *j-n an etw. Akk*, hinweisen *auf etw. Akk* **3** anregen *etw. Akk*, stimulieren
uydurmak *v* **1** ausdenken *etw. Akk* (Ausrede usw.) **2** anpassen *etw. Akk j-m/etw.*
uyduruk *adj* falsch (Diamant usw.), unecht
uygulama *n* Anwendung *w etw. Gen*, Applikation *w*, Durchführung *w etw. Gen*, Ausführung *w etw. Gen*
uygulamak *v* anwenden *etw. Akk* (Regel usw.), verwirklichen *etw. Akk* (vollziehen)
uygulamamak *v* umgehen *etw. Akk* (Regeln usw.)
uygun *adj* **1** anständig **2** wert *etw. Gen* (würdig), würdig *etw. Gen* (wert) **3** adäquat, angemessen, geeignet *für etw., zu etw.* (fähig), geeignet *zu etw., für etw.* ► ~ **olmak** gehen (akzeptabel sein)
uygunsuz *adj* unangenehm (Situation usw.), ungelegen, unpassend (Benehmen usw.)
uygunsuzluk *n* Unanständigkeit *w*
uyku *n* Schlaf *m*; ~ **tulumu** Schlafsack *m*
uymak *v* **1** passen *j-m* (Kleidung) **2** stehen *j-m* (Kleidung) **3** korrespondieren *mit etw.*, übereinstimmen **4** einhalten *etw. Akk* **5** entgegenkommen *j-m*, erfüllen *etw. Dat* (Ansprüche usw.), passen *j-m* (gefallen) **6** übereinstimmen *mit etw.* (in Einklang stehen) **7** hineinpassen
uymamak *v* brechen (Schwur usw.)
uysal *adj* formbar, fügsam, gefügig, zahm (Tier usw.)
uyumak *v* **1** schlafen (gut, lange usw.) **2** (sich) ausschlafen **3** schlafen *mit j-m* (koitieren)
uyuşmak *v* **1** einschlafen (Bein usw.), absterben (Zehen usw.), prickeln **2** übereinstimmen *mit etw.* (in Einklang stehen)
uyuşturucu *adj* Drogen- ♦ *n* Droge *w*
uzak *adj* entfernt (Ähnlichkeit usw.) ♦ *adv* weit (entfernt usw.)
uzaklaşmak *v* sich entfernen *aus etw.*, sich entziehen *j-m/etw.*; **arabayla** ~ vertreiben *j-n/etw.* (verscheuchen)
uzaklaştırmak *v* entfernen *etw. Akk von etw.* (in Ferne bringen), sich entfernen *von etw.*
uzaklık *n* Entfernung *w*, Distanz *w* (räumliche usw.)
uzakta *adj* fern, fernliegend, entfernt (Stelle usw.) ♦ *adv* weg
uzaktan *adv* bei weitem, von weitem
uzanmak *v* **1** greifen *nach etw.* (mit Hand usw.) **2** schlafen gehen, sich hinlegen
uzatmak *v* **1** dehnen *etw. Akk* (in Länge), strecken *etw. Akk*, verlängern *etw. Akk* (zeitlich) **2** verlängern *etw. Akk* (zeitlich), verlängern *etw.* (räumlich) **3** sich ausdehnen *irgendwohin*, sich erstrecken *irgendwohin* **4** ausstrecken **5** hinhalten
uzay *n* Kosmos *m*, Weltraum *m*
uzun *adj* **1** groß (hoch usw.), lang (räumlich) **2** lang (zeitlich) ► ~ **dönem** langfristig; ~ **menzil** Fern-; ~ **ömürlü** langlebig (Batterie usw.)
uzunca *adj* länglich ♦ *adv* lange
uzunluk *n* Länge *w*
uzuv *n* Glied *s* (Gliedmaße)

Ü

ücra *adj* abgelegen, entlegen, entfernt (Ort usw.)
ücret *n* **1** Gebühr *w für etw.* **2** Gehalt *s* (Entlohnung), Honorar *s*, Lohn *m* **3** Bezahlung *w etw. Gen* **4** Tarif *m* ► **ek ~** Zuschlag *m*
ücretli *adj* bezahlt, gewinnbringend (Tätigkeit usw.)
ücretsiz *adj* unbezahlt (Urlaub usw.)
üç *n* Drei *w* (Ziffer) ♦ *num* drei
üçayak *n* Stativ *s*
üçgen *n* Dreieck *s*, Triangel *m,s*
üçüncü *num* dritt(er,e,es)
üflemek *v* blasen *etw. Akk* (Musikinstrument usw.), pusten *auf etw. Akk* (abkühlen)
ülke *adj* Staats-, staatlich ♦ *n* Land *s* (Staat), Staat *m* ► **~ içi** Haus-, häuslich
ültrason *n* Ultraschall *m*
ümit *n* Hoffnung *w auf etw. Akk*; **~ veren** vielversprechend
ün *n* Berühmtheit *w*, Ruhm *m*, Renommee *s* (hohes Ansehen), Ruf *m* (Reputation)
üniforma *n* Uniform *w*
ünite *n* Station *w* (in Krankenhaus)
üniversite *adj* Hochschul- ♦ *n* Universität *w*, Uni *w*
ünlü *adj* berühmt, namhaft, renommiert, ruhmreich ♦ *n* Promi *m*, VIP *m*, Vokal *m*, Zelebrität *w*
üremek *v* sich vermehren, sich fortpflanzen
üretim *n* Produktion *w*
üretken *adj* fruchtbar (Schriftsteller usw.), produktiv
üretmek *v* anfertigen, ausformen *etw. Akk*, erzeugen (Energie usw.), herstellen
ürkütmek *v* aufscheuchen *j-n/etw.*, aufschrecken, erschrecken, verschrecken *j-n*
ürümek *v* bellen (Hund usw.)
ürün *n* Ausgeburt *w*, Ernte *w* (geerntete Früchte), Erzeugnis *s*, Fantasievorstellung *w*
üs *n* Basis *w* (militärische usw.)
üslup *n* Stil *m* (architektonischer usw.)
üst *adj* Höchst-, Spitzen-, ober, Ober- *etw. Dat* ♦ *adv* oben (auf dem Himmel usw.) ♦ *n* Vorgesetzte *m* ► **sorumluluğu ~üne almak** übernehmen *etw. Akk* (Leitung usw.); **~ünü çıkarmak** ausziehen *etw. Akk* (Hose usw.)
üsteçit *n* Überführung *w* (Brücke)
üstelik *adv* außerdem, überhin, (noch) dazu
üstsüz *adv* oben ohne
üstün *adj* ausgezeichnet, exzellent, berühmt (bedeutend), großartig (ausgezeichnet usw.)
üstünde *prep* über *etw. Akk* (eine Oberfläche); **~ tutmak** tragen (Kleider), anhaben
üstünlük *n* Überlegenheit *w*, Überzahl *w*, Vorrang *m* (Vorrangstellung)
üşümek *v* kalt sein; **Üşüyorum.** Mir ist kalt.
üşümüş *adj* kalt
ütü *n* Bügeleisen *s*
ütülemek *v* ausbügeln, bügeln
üvey *n* Pflegevater *m*
üye *n* Insider *m*, Mitglied *s etw. Gen*, Angehörige *m etw. Gen*, Ortsansässige *m etw. Gen*; **~ olmak** *bir yere* teilnehmen *an etw. Dat*, sich beteiligen *an etw. Dat*
üyelik *n* Beteiligung *w an etw. Akk*, Teilnahme *w an etw. Akk* (am Wettbewerb usw.), Mitgliedschaft *w*
üzere **~ olmak** im Begriff sein *etw. Akk zu tun*, vorhaben *etw. Akk zu tun*
üzerinde *prep* auf *j-m/etw., j-n/etw.*, an *j-m/etw., j-n/etw.*
üzerinden *prep* durch *etw. Akk*, via *etw. Akk* (reisen usw.)
üzgün *adj* betrübt, traurig; **Ü~üm.** Es tut mir leid.
üzülmek *v* bedauern *j-n*, leidtun *j-m etw. Nom*, trauern *um j-n/etw.*
üzüm *n* Trauben *w Mz*
üzüntü *n* Kummer *m*, Sorgen *w Mz*, Trauer *w* (Traurigkeit); **~ duymak** *bir şeye* bedauern *etw. Akk*

V

vadi *n* Schlucht *w*, Tal *s*
vaftiz *n* Taufe *w*; **~ etmek** taufen *j-n*
vagon *n* Eisenbahnwagen *m*, Wagen *m* (Eisenbahn); **kuşetli ~** Schlafwagen *m*; **yemekli ~** Speisewagen *m*
vahşi *adj* brutal, roh (Tat usw.), raubtierhaft (Verhalten usw.), wild (zornig usw.) ♦ *n* Wilde *m* ► **~ hayvan** Wild *s* (wild lebend)
vahşice *adv* brutal, wild
vajina *n* Scheide *w* (Vagina), Vagina *w*
vaka *n* Fall *m* (Angelegenheit)
vakıf *n* Stiftung *w* (Organisation)
vaktinde *adj* rechtzeitig
vakur *adj* würdig (Person usw.)
valiz *n* Kasten *m* (Sicherungskasten usw.), Koffer *m*
vana *n* Absperrhahn *m*, Ventil *s*
vanilya *n* Vanille *w*
vantilatör *n* Ventilator *m*, Lüfter *m*
var **~ olan** *bir yerde* anwesend *irgendwo*; **~ olmak** existieren
vardiya *n* Schicht *w* (Arbeitsabschnitt)
varış *n* Ankunft *w*
varil *n* Fass *s*, Fässchen *s*

varlık *n* Anwesenheit *w von j-m*, Dasein *s*, Existenz *w*, Reichtum *m* (Geld usw.); **varlığı sona ermek** untergehen (zugrunde gehen)
varmak *v* ankommen (Paket usw.), anreisen, erreichen *etw. Akk* (realisieren), erreichen *etw. Akk*
varolma *n* Entstehung *w etw. Gen*
varoş *n* Slums *Mz* (Elendsviertel), Vorstadt *w*
varsayım *n* Hypothese *w*, Voraussetzung *w* (Vorstellung)
varsaymak *v* voraussetzen, annehmen (glauben)
vasat *adj* alltäglich, gewöhnlich (normal), Alltags-, mittelmäßig ♦ *n* Medium *s* (Rundfunk usw.)
vasıf *n* Qualifikation *w für etw.*
vaşak *n* Luchs *m*
vatandaş *n* Bürger *m*
vatandaşlık *n* Staatsangehörigkeit *w*
vazgeçilmez *adj* erforderlich, notwendig, unentbehrlich, unabkömmlich
vazgeçmek *v* **1** sich ausruhen **2** ablassen *von etw.* **3** ausmustern **4** wegwerfen (zum Abfall tun) **5** sich versagen *etw. Akk* (verzichten), verzichten *auf etw. Akk*, *auf etw.* verzichten **6** aufgeben *etw. Akk*
vazo *n* Blumentopf *m*, Vase *w*
ve *conj* und
vedalaşma *n* Abschied *m*, Verabschiedung *w*
vedalaşmak *v* sich verabschieden *mit j-m*, sich verabschieden *von j-m*
vejetaryen *adj* vegetarisch ♦ *n* Vegetarier *m*
vekalet ~ **etmek** *biri için* vertreten *j-n* (einspringen)
vekil *n* Beauftragte *m*, Bevollmächtigte *m*, Vertreter *m* (Ersatz)
vergi *n* Steuer *w auf etw. Akk* (Abgabe); **katma değer ~si** Mehrwertsteuer *w*, MwSt.
verici *n* Sender *m* (TV-Sender usw.), Spender *m* (von Geschenken usw.)
veriler *n* Angabe *w*, Daten *Mz*
verilme *n* Gewährung *w von etw.*, Versorgung *w mit etw.*
verimli *adj* einträglich, ertragreich, fruchtbar (Feld usw.)
verme *n* Ausgabe *w* (Austeilung)
vermek *v* **1** geben *j-m etw.* **2** reichen *j-m etw. Akk* (geben) **3** einreichen (Gesuch usw.), vorlegen (Gesetzesentwurf usw.) **4** angeben *etw. Akk* (Adresse usw.) **5** bewilligen *j-m etw. Akk*, gewähren *j-m etw. Akk*, erteilen *j-m etw. Akk* (Genehmigung usw.) **6** gönnen *j-m etw.* (gewähren) **7** beschenken *j-n mit etw.*, geben, schenken **8** verleihen *j-m etw. Akk* (Preis usw.), auszeichnen *j-n mit etw.* ► **bilgi** ~ informieren *j-n über etw. Akk*; **girmeye izin** ~ aufnehmen (Studenten usw.), annehmen (Mitglied usw.); **güvence** ~ zusichern *j-m etw. Akk*; **hayret verici** erstaunlich; **izin** ~ erlauben, erlauben *j-m etw. Akk*, lassen *j-n etw. Akk zu tun*; **komut** ~ anordnen *j-m etw. Akk*; **olanak** ~ erlauben *j-m etw. Akk*; **oy** ~ stimmen *für etw., gegen etw.* (bei Abstimmung); **ödünç** ~ *birine bir şeyi* leihen *j-m etw. Akk*; **söz** ~ *birine* versprechen *j-m etw. Akk*; **toprağa** ~ vergraben *etw. Akk irgendwo* (Schatz usw.); **yanıt** ~ antworten *auf etw. Akk*; **yetki** ~ ermächtigen *j-n zu etw.*, autorisieren *j-n zu etw.*, befugen *j-n zu etw.*; **zarar** ~ beschädigen
vernik *n* Lack *m*
versiyon *n* Version *w*
vesaire *adv* und so weiter
vestiyer *n* Garderobe *w* (Raum)
veteriner *n* Tierarzt *m*
vınlamak *v* summen (Maschine usw.), surren (Motor usw.)
vızıldamak *v* summen (Bienen usw.), surren (Ventilator usw.)
vicdan *n* Gewissen *s*
vida *n* Schraube *w*
vidalamak *v* anschrauben *etw. Akk an etw. Akk*, schrauben *etw. Akk irgendwohin*, schrauben *etw. Akk* (Schraube)
villa *n* Villa *w*
viraj *n* Kurve *w* (scharfe usw.)
virgül *n* Dezimalkomma *s*, Komma *s* (in Zahlen)
vişne *n* Sauerkirsche *w* (Frucht)
vites *n* Gang *m* (Geschwindigkeit), Gangschaltung *w*, Verlauf *m*, Ablauf *m* (eines Ereignisses usw.); **getirmek birinci/ikinci** ~ den ersten/zweiten Gang schalten; ~ **değiştirmek** umschalten (Gang); **~e geçirmek** (den Gang) einlegen/schalten
vitrin *n* Schaufenster *s*, Vitrine *w*
vize *n* Visum *s*; **giriş ~si** Einreisevisum *s*
volkan *n* Vulkan *m*
voltaj *n* Spannung *w* (elektrische)
vurgulamak *v* betonen *etw. Akk*, hervorheben *etw. Akk*
vurmak *v* **1** eine schmieren *j-m*, schlagen *j-n* (Schlag geben) **2** schlagen *an etw. Akk* (an die Tür usw.), stoßen *gegen etw.* (Wand usw.), anstoßen *an/gegen etw.*, prallen *gegen etw.* (Wagen usw.) **3** klopfen *an etw. Akk* (ans Fenster usw.) **4** abschießen *j-n/etw.* (töten), niederschießen, sich (die Tür) zuschlagen, zuschlagen *etw. Akk* (schließen) **5** schießen (losschießen) **6** anschießen *j-n* (verletzen) **7** sich anschlagen *etw. Akk* (verletzen) **8** schlagen (Uhr) **9** schlagen *auf etw. Akk*, schlagen *mit etw. auf etw. Akk* **10** putten
vuruş *n* Anprall *m*, Aufprall *m*, Ball *m* (Schlag), Schwung *m* (Bewegung)

vücut *n* Körper *m* (menschlich); **~ geliştirme** Fitnesscenter *s*; **~ yapısı** Figur *w* (Körper)

Y

ya **~ da** oder
yaba *n* Gabel *w* (für Heu usw.)
yabancı *adj* fremd ♦ *n* Ausländer *m*, Fremde *m*, Outsider *m*, Außenseiter *m*
yabani *adj* wild (Tier usw.); **~ tavşan** Hase *m*
yabanturbu *n* Meerrettich *m*
yadigar *n* Memento *s*, Andenken *s*
yağ *n* Fett *s*, Öl *s* (Flüssigkeit); **madeni ~** Erdöl *s*, Öl *s* (Rohstoff)
yağış *n* Niederschläge *w Mz*
yağlamak *v* einölen *etw. Akk*, fettig machen, fettig machen *etw. Akk*, mit Fett übergießen *etw. Akk mit etw.*
yağlı *adj* fett (Fleisch usw.), fettig (Gericht usw.)
yağmak *v* regnen; **kar ~** schneien
yağmur *n* Regen *m*, Schauer *m*, Regenschauer *m*
yağmurluk *n* Regenmantel *m*
yağsız *adj* fettfrei, mager (Fleisch)
Yahudi *n* Jude *m*
yahut *conj* oder
yaka *n* Kragen *m*
yakalamak *v* **1** auffangen *j-n/etw.* (im Fallen fassen), fangen (Ball usw.) **2** ergreifen, schnappen, packen *etw. Akk*, fassen *etw. Akk* (fest usw.) **3** erwischen *j-n* (bei der Tat)
yakalanmak *v* bekommen (Grippe usw.), kriegen (Krankheit)
yakın *adj* **1** nahe, nicht weit **2** vertraut, intim **3** eng (Zusammenhang usw.) ♦ *adv* daneben, nebenan, nahe (nicht weit entfernt) ♦ *prep* nahe *etw. Dat* (in der Nähe)
yakınlık *n* Nähe *w*
yakıt *n* Antrieb *m* (Treibkraft), Brennstoff *m*, Heizmaterial *s*; **~ almak** auftanken
yaklaşık *abbr* ca. (circa) ♦ *adj* ungefähr, annähernd ♦ *adv* beinahe ♦ *prep* gegen (Menge), ungefähr ► **~ olarak** ungefähr, etwa
yaklaşım *n* Einstellung *w zu etw.* (Meinung)
yaklaşmak *n* Annäherungsversuche *m Mz* ♦ *v* bevorstehen, herantreten *an j-n/etw.*, sich annähern *j-m/etw.*, herankommen *an j-n/etw.*
yaklaştırmak *v* nähern *j-m etw. Akk*
yakma *n* Verbrennung *w* (Prozess)
yakmak *v* **1** anzünden *etw. Akk*, anzünden (Feuer usw.) **2** anbrennen *etw. Akk* (Essen) **3** versengen, verbrennen **4** verbrennen (Abfall usw.) **5** verbrennen *j-n* (verletzen) ► **yakıp kül etmek** verbrennen *etw. Akk* (durch Feuer zerstören)
yalamak *v* auslecken, lecken, lecken *etw. Akk*, nippen
yalan *n* Lüge *w*; **~ söylemek** lügen *j-m*
yalancı *adj* unecht ♦ *n* Lügner *m*
yalı *n* Strandhaus *s*; **~ boyu** Kai *m*
yalın *adj* kahl, nackt (Stelle usw.)
yalınayak *adj* barfuß, barfüßig
yalnız *adj* allein, einsam, einzelgängerisch ♦ *adv* einzig, lediglich, nur
yalnızca *adv* ausschließlich, einzig (und allein), einzig, lediglich
yalnızlık *n* Einsamkeit *w*
yaltaklanmak *v* kriechen *vor j-m*
yama *n* Flicken *m*
yamaç *n* Abhang *m*
yamalamak *v* verkleben *etw. Akk mit etw.*, zukleben *etw. Akk mit etw.*
yamuk *adv* schief ♦ *n* Trapez *s* (Viereck)
yan *adj* nebensächlich, Neben- (angrenzend), Seiten-, seitlich ♦ *adv* daneben ♦ *n* Flügel *m* (einer Armee usw.), Seite *w* (Seitenteil usw.) ► **bir ~a** beiseite (legen usw.)
yanak *n* Wange *w*
yanardağ *n* Vulkan *m*
yandan *adv* beiseite (zur Seite)
yandaş *n* Anhänger *m*, Befürwörter *m*, Verfechter *m* (einer Idee usw.)
yangın *n* Brand *m*; **~ çıkarmak** das Feuer anmachen
yanık *n* Verbrennung *w* (Wunde), Brandwunde *w*
yanılmak *v* Fehler machen, sich irren, sich irren *in etw. Dat*, sich täuschen *in etw. Dat*
yanıltmak *v* falsch informieren, trügen, verwirren *j-n*
yanında *prep* neben *etw. Dat* (an der Seite); **bunun ~** und außerdem
yanıt *n* Antwort *w auf etw. Akk*; **~ vermek** antworten *auf etw. Akk*
yani *abbr* d. h. (das heißt) ♦ *adv* konkret (namentlich), nämlich ♦ *conj* also, das heißt, und zwar ♦ *part* na
yankesici *n* Taschendieb *m*
yankesicilik *n* Taschendiebstahl *m*
yankı *n* Echo *s*
yanlı *n* Anhänger *m*
yanlış *adj* abwegig, verfehlt (Idee usw.), falsch (Antwort usw.), unrichtig ♦ *n* Fehler *m* (Verstoß) ► **~ anlama** Missverständnis *s*; **~ anlamak** *bir şey* missverstehen *etw. Akk*
yanmak *v* **1** brennen (Feuer usw.) **2** verbrennen *etw. Akk* (Reisig usw.) **3** sich verbrennen *an etw. Dat* **4** aufleuchten, bräunen (in der Sonne) **5** verbrennen (in

Flammen umkommen) ► **yanıp yok olmak** verbrennen (verbrauchen)
yanmış *adj* angebrannt
yapabilmek *v* dürfen, können *etw. Akk* (imstande sein)
yapay *adj* künstlich ♦ *n* Ersatz *m für etw.*
yapı *n* Aufbau *m* (eines Hauses usw.), Bau *m*, Gebäude *s*, Gebilde *s* (Fels usw.) *etw. Gen*
yapıcı *adj* konstruktiv ♦ *n* Hersteller *m von etw.*, Erzeuger *m von etw.* (von Ware usw.), Produzent *m von etw.*
yapışkan *adj* klebrig, pappig ♦ *n* Leim *m*
yapışmak *v* haften *auf/an etw. Akk*, hängen *an etw. Dat* (nicht verzichten), kleben *an etw. Dat* (klebrig sein), kleben (Klebkraft haben)
yapıştırıcı *n* Klebstoff *m*, Kleister *m*
yapıştırmak *v* ankleben (Plakat usw.), aufkleben *etw. Akk auf etw. Akk*, kleben *etw. Akk an/auf etw. Akk* (befestigen), überkleben *etw. Akk mit etw.*; ~ *bir şeyi* **(beraber)** zusammenkleben *etw. Akk* (verkleben), kleben *etw. Akk*
yapmak *v* **1** handeln, machen *etw. Akk* (durchführen), tun *etw. Akk*, machen (entstehen lassen) *etw. Akk* **2** bauen *etw. Akk*, bauen (Maschinen usw.) **3** anfertigen, treiben *etw. Akk* (sich befassen) ► **düşük** ~ Fehlgeburt *w*; **ekonomi** ~ sparen *etw. Akk* (Wasser usw.); **elinden geleni** ~ *j-s* Bestes tun; **iniş** ~ landen; **işbirliği** ~ zusammenarbeiten *mit j-m*; **Ne yapayım?** Und was soll ich machen?; **paten** ~ Schlittschuh laufen; **şantaj** ~ erpressen *j-n*; **tanıtımını** ~ *bir şeyin* werben *für etw.* (Produkt usw.); **yayın** ~ senden (ausstrahlen), Übertragung *w* (TV); **yeniden** ~ rekonstruieren *etw. Akk*, umarbeiten; **Yapmayın!** Macht es nicht!
yapmamak *v* auslassen (aus der Liste usw.), nicht tun *etw. Akk*
yaprak *n* Blatt *s*
yaptırmak **kayıt** ~ empfangen *j-n* (im Hotel); **kayıt** ~ *biri olarak* registrieren *j-n/etw.* (eintragen)
yara *n* Läsion *w*, Narbe *w* (nach Verletzung), Unfall *m* (Verletzung), Verletzung *w*; ~ **bandı** Pflaster *s* (Verband)
yaralamak *v* verletzen *j-n* (beschädigen), verwunden *j-n*
yaralı *adj* verletzt, verwundet
yaramaz *adj* unartig (Kind usw.), zu nichts zu gebrauchen ♦ *n* Lausbub *m*, Schlingel *m*
yararlanmak *n* Nutzen *m von etw.* ♦ *v* Nutzen ziehen *aus etw.*, utilisieren, verdienen *an j-m/etw.* (Gewinn erzielen), verwerten
yararlı *adj* nützlich, hilfreich (Tipp usw.)
yarasa *n* Fledermaus *w*
yaratmak *v* bilden, schaffen (hervorrufen usw.), erschaffen (Welt usw.)
yardım *n* Aushilfe *w*, Hilfe *w* (Text), Sicherung *w*, Unterstützung *w*; ~ **etmek** *birine bir şeyle* helfen *j-m mit etw.*
yardımcı *adj* gefällig (Person usw.), hilfsbereit, hilfreich (Mensch usw.), Hilfs- ♦ *n* Helfer *m*, Vertreter *m* (Repräsentant)
yardımıyla *prep* mithilfe *etw. Gen*
yargıç *n* Richter *m*
yargılamak *v* **1** richten *j-n* (vor dem Gericht usw.) **2** beurteilen *j-n/etw.* **3** denken *etw. Akk von etw.* (schlussfolgern)
yarı *adj* halb- ♦ *adv* halb (fertig usw.), zur Hälfte
yarıçap *n* Halbmesser *m*
yarık *n* Öffnung *w*, Schlitz *m* (Öffnung), Spalte *w* (Riss)
yarılma *n* Öffnung *w*
yarım *adj* halb ♦ *n* Hälfte *w*, Hälfte *w etw. Gen* ► ~ **saat önce** vor einer halben Stunde
yarımada *n* Halbinsel *w*
yarın *adv* morgen ♦ *n* Morgen *s*, der morgige Tag *m* ► ~**dan sonraki gün** übermorgen
yarısaydam *adj* klar (Wasser usw.), durchsichtig (Flüssigkeit usw.)
yarış *n* Rennen *s*, Wettbewerb *m*, Wettkampf *m*; **at yarışı** Pferderennen *s*; ~ **yapmak** *biriyle* an einem Wettkampf *gegen j-n* teilnehmen
yarışma *n* Wettbewerb *m*, Wettkampf *m*
yarışmacı *n* Läufer *m* (Laufende), Teilnehmer *m*, Wettkämpfer *m*
yarışmak *v* kämpfen *mit j-m*, wetteifern *mit j-m*
yarmak *v* aufschneiden, durchbrechen, entzweibrechen *etw. Akk* (brechen), hacken
yasa *n* Gesetz *s*
yasadışı *adj* gesetzwidrig, illegal, rechtswidrig, widerrechtlich
yasak *adj* unerlaubt ♦ *n* Verbot *s etw. Gen*
yasaklamak *v* verbieten *etw. Akk*; ~ **(birine/bir şeyi)** verbieten *(j-m) etw. Akk*
yasaklanmış *adj* verboten
yasal *adj* gesetzlich, rechtmäßig, legal, legitim
yasalar *n* Verfassung *w*
yassı *adj* platt, flach (Stein usw.)
yastık *n* Kissen *s*
yaş *n* Alter *s* (einer Person), Lebensalter *m*; ~ **haddi** Altersgrenze *w*
yaşam *n* Leben *s*, Wohnen *s* (Wohnungen usw.)
yaşamak *v* **1** leben (am Leben sein) **2** wohnen *irgendwo* **3** sich befinden *irgendwo* **4** verbringen
yaşlı *adj* alt, älter, bejahrt, betagt; **daha ~** älter
yaşlılık *n* Alter *s* (Lebensabend)

yatak *n* **1** Bett *s* **2** Matratze *w* **3** Lager *s* (Gesteinsschicht), Lagerstätte *w etw. Gen* **4** Liegeplatz *m* ► **mil yatağı** Lager *s* (Maschinenelement); **nehir yatağı** Bett *s* (eines Flusses usw.); **~ odası** Schlafzimmer *s*; **~ örtüsü** Tagesdecke *w*; **~ ve kahvaltı** Übernachtung mit Frühstück
yatılı *n* Pension *w* (Unterkunft)
yatıştırmak *v* beruhigen *j-n/etw.*, beruhigen *j-n*, befrieden, beschwichtigen
yatmak *v* liegen (Mensch), sich hinlegen
yavaş *adj* gemächlich, geruhsam (Tempo usw.), langsam, langwierig
yavaşça *adv* allmählich, langsam, weich (landen usw.)
yavaşlatmak *v* verlangsamen
yavru *n* Junge *s*
yay *n* Bogen *m*, Feder *w* (aus Stahl usw.), Saite *w*
yaya *adj* Fuß- ♦ *n* Fußgänger *m* ► **~ alanı** Fußgängerzone *w*; **~ geçidi** Fußgängerübergang *m*, Fußgängerüberweg *m*, Zebrastreifen *m*
yayan *adv* zu Fuß
yaygın *adj* prävalent, verbreitet (üblich), weitreichend, weitgreifend
yaygınlaştırmak *n* Verbreitung *w*, Verbreiten *s* ♦ *v* propagieren (Gedanken usw.), verbreiten (Ideen usw.)
yayılmak *v* blühen (Schmuggel usw.), sich ausbreiten (Informationen usw.), sich ausdehnen, sich herumsprechen *etw. Akk*
yayımlamak *v* veröffentlichen
yayın *n* Sendung *w*, Wels *m*; **~ yapmak** senden (ausstrahlen)
yayınevi *n* Verlag *m*
yayınlamak *v* herausgeben (Anordnung usw.), im Fernsehen senden
yayla *n* Ebene *w* (Land), Plateau *s*, Hochebene *w*
yaymak *v* **1** verstreuen *etw. Akk* (streuend verteilen) **2** verbreiten (Nachricht usw.) **3** verbreiten *etw. Akk* (Infektion usw.) **4** bestreichen *etw. Akk mit etw.* **5** ausbreiten *etw. Akk* (Arme usw.) **6** propagieren (Gedanken usw.), verbreiten (Ideen usw.), vertreten (eine Meinung usw.) **7** Wärme ausstrahlen ♦ *n* Verbreitung *w*, Verbreiten *s*
yaz *n* Sommer *m*
yazar *n* Autor *m*, Schreiber *m* (eines Briefes usw.), Schriftsteller *m*; **~ kasa** Kasse *w* (Zahlstelle)
yazı *n* Legende *w* (Zeichenerklärung), Schrift *w* (System), Schriftstück *s*, Segment *s* (Teilstück); **alt ~lar** Untertiteln *m Mz*; **el ~sı** Handschrift *w* (schön usw.), Schrift *w* (lesbar usw.); **kazılmış ~** Aufschrift *w*
yazıcı *n* Drucker *m* (Vorrichtung), Schreibkraft *w*
yazık *n* Mitleid *s*; **ne ~ ki** leider
yazılı *adj* geschrieben, vorgeschrieben
yazılmış *adj* schriftlich
yazmak *v* **1** schreiben *etw. Akk* (formulieren), schreiben (aufzeichnen) **2** tippen (schreiben), Maschine schreiben **3** aufschreiben *etw. Akk*, aufzeichnen, vermerken **4** beschreiben *etw. Akk* (Blatt usw.) **5** verschreiben, verordnen (Kur usw.) **6** brennen (eine CD usw.) **7** verfassen (Vertrag usw.) **8** dazuschreiben *etw. Akk*, einschreiben *in etw. Akk*
yedek *adj* Ersatz-, Reserve- ♦ *n* Bereitschaft *w* (Reserve), Ersatzmann *m*, Reserve *w*, Vorrat *m*
yedeklik *n* Ersetzen *s etw. Gen durch etw.*
yedi *num* sieben
yedinci *num* siebent(er,e,es), siebt(er,e,es)
yeğ *n* Bevorzugung *w*, Gunst *w*
yeğen *n* Neffe *m*
yek *num* einzig
yelek *n* Weste *w*; **cankurtaran yeleği** Schwimmweste *w*
yelken *n* Segelboot *s*
yelpaze *n* Fächer *m*
yemek *n* Essen *s*, Gang *m* (Gericht), Gericht *s*, Speise *w* ♦ *v* essen, sich verpflegen, fressen *etw. Akk* (Tier), tafeln ► **akşam yemeği** Abendessen *s*, Abendbrot *s*; **akşam yemeği ~** zu Abend essen; **ana ~** Hauptgericht *s*; **öğle yemeği ~** zu Mittag essen; **~ pişirmek** kochen (zubereiten); **~ salonu** Esszimmer *s*; **yemekli vagon** Speisewagen *m*
yemin *n* Gelübde *s*, Schwur *m*; **~ etmek** schwören
yengeç *n* Krabbe *w*
Yengeç **~ Burcu** Krebs *m* (Sternzeichen)
yeni *adj* neu, neuest(er,e,es) ♦ *adv* frisch (angestrichen usw.), neu (anders usw.) ► **~ başlayan** Anfänger *m*
yeniden *adv* aufs Neue, neu (eröffnet usw.), wieder; **~ yapmak** umarbeiten; **~ yazmak** abschreiben (noch einmal usw.)
yenilebilir *adj* essbar, genießbar
yenilemek *v* erneuern, wiederherstellen (Ordnung)
yenilik *n* Durchbruch *m* (Veränderung), Innovation *w*, Nachricht *w*, Neuigkeit *w* (Auskunft usw.)
yenilmiş *adj* erschöpft, müde, geschlagen (besiegt)
yenir *adj* essbar, genießbar
yenmek *v* besiegen *j-n*, schlagen *j-n* (im Wettkampf, Krieg), überwältigen (Angreifer usw.), *j-m* eine Niederlage beibringen
yer *n* Örtlichkeit *w*, Platz *m* (Teil eines Raumes), Ort *m*, Stelle *w* (Punkt, Gebiet usw.);

aynı grupta ~ almak *biriyle* zählen *zu etw.* (gehören); **başka bir ~de** woanders, anderswo; **her ~de** überall; **herhangi bir ~** wo (auch) immer; **hiç bir ~de** nirgends, nirgendwo; **temizleyerek ~ açmak** räumen, ausräumen; **~ altı** unter der Erde; **~ değiştirmek** *birine/bir yere* übertreten *(von etw.) zu etw.* (konvertieren usw.); **~ini almak** auswechseln *j-n*, ersetzen *j-n/etw.*; **~ini almak** *birinin/bir şeyin/birilerinin* ersetzen *j-n/etw. durch j-n/etw.*; **~ini değiştirmek** *birşyin* durchsetzen
yeraltı *adj* binnenländisch, unterirdisch ♦ *n* Inland *s*, Untergrund *m* (einer Kirche usw.)
yerel *adj* lokal, Lokal-, örtlich, Orts-
yerinde *adj* passend (Name usw.), treffend, zutreffend, prägnant
yerine *adv* statt *etw. Gen*, anstelle *von etw.*, anstatt *etw. Gen*, stattdessen ♦ *prep* statt *etw. Gen*, anstelle *etw. Gen*, anstatt *etw. Gen*
yerleşmek *v* besiedeln *etw. Akk*, sich niederlassen, sich ansiedeln
yerleştirmek *v* bringen *j-n/etw. irgendwohin*, eingliedern *etw. Akk in etw. Akk* (in System usw.), einräumen *etw. Akk irgendwohin* (hineinstellen usw.), installieren (Leitung usw.) *j-n/etw. irgendwohin*
yerli *adj* **1** heimatlich **2** inländisch (Produkt usw.) **3** gebürtig **4** Aborigine-, einheimisch (Bevölkerung usw.) ♦ *n* **1** Landeskind *s* **2** Eingeborene *m* **3** Inländer *m*
yeryüzü *n* Erde *w*, Boden *m*, Grund *m*
yeşil *adj* grün ♦ *n* Grün *s* (Farbe)
yetenek *n* Begabung *w für etw.*, Talent *s für etw.*, Fähigkeit *w*, Kniff *m* (Geschicktheit) *für etw.*
yetenekli *adj* begabt, talentiert, talentvoll, tüchtig
yeteneksiz *adj* unfähig (unbegabt)
yeter *adj* ausreichend, genügend ♦ *adv* genug (ausreichend) ► **Artık ~ bana.** Ich habe davon die Nase voll.; **Y~ mi?** Ist das genug?
yeterince *adv* adäquat, angemessen, genügend, ausreichend
yeterli *adj* ausreichend, genügend, hinreichend
yeterlilik *n* Ausreichen *s*, Bestehen *s* (Prüfung), Beschlagenheit *w*
yetersiz *adj* mangelhaft, ungenügend, unbefriedigend (Qualität usw.), unzulänglich *in etw. Dat*
yetim *n* Waise *w* (Kind)
yetişkin *adj* erwachsen ♦ *n* Erwachsene *m*
yetişmek *v* einholen *j-n*, erreichen *j-n* (zu Hause usw.), schaffen *etw. Akk* (rechtzeitig kommen), schaffen (rechtzeitig machen)
yetiştirilme *n* Erziehung *w*
yetiştirmek *v* erziehen *j-n*, halten *etw. Akk* (Haustier usw.), züchten *etw. Akk* (Pflanzen usw.)
yetki *n* Kompetenz *w* (Rechte usw.), Prärogativ *s*, Vorrecht *s*, Qualifikation *w für etw.*; **~ vermek** ermächtigen *j-n zu etw.*, autorisieren *j-n zu etw.*, befugen *j-n zu etw.*
yetkili *adj* amtlich, behördlich, offiziell, autoritativ ♦ *n* Funktionär *m*, leitender Angestellter
yetkililer *n* Behörden *w Mz*
yetkin *adj* Fach- ♦ *n* Fachmann *m für etw.*
yetmek *v* auskommen *mit etw.*, genügen, reichen (Menge usw.), gewachsen sein *etw. Dat* (bewältigen usw.)
yetmiş *num* siebzig
yığın *n* Haufen *m*, Halde *w*
yığmak *v* aufhäufen, aufstapeln, aufschichten, häufen *etw. Akk* (Vorräte usw.)
yıkama *adj* Wasch- ♦ *n* Reinigung *w* (Reinigen), Waschen *s* (der Hände usw.) ► **araba ~** Waschanlage *w*, Autowaschanlage *w*
yıkamak *v* **1** waschen, waschen *etw. Akk* (reinigen), abwaschen *etw. Akk* **2** waschen *etw. Akk* (Wäsche) **3** baden *j-n*
yıkanma *n* Bad *s* (Baden), Reinigung *w* (Reinigen)
yıkanmak *v* baden, sich waschen
yıkılmak *v* einstürzen, umfallen, zusammenbrechen (Brücke usw.)
yıkmak *v* **1** umwerfen **2** abwälzen *etw. Akk auf j-n/etw.*, abwälzen *etw. Akk auf j-n* (Schuld usw.) **3** abbrechen (niederreißen), zerstören, abreißen *etw. Akk*, niederreißen *etw. Akk* (Gebäude usw.) **4** demolieren
yıl *n* Jahr *s*, Schuljahr *s*; **bu ~** dieses Jahr, in diesem Jahr; **~ dönümü** Jahrestag *m etw. Gen*
yılan *n* Schlange *w* (Tier)
Yılbaşı *n* Neujahr *s*
yıldız *adj* Stern-, Sternen- ♦ *n* Stern *m*
yıllık *adj* ganzjährig, jährlich, Jahres-, einjährig ♦ *adv* jährlich
yırtıcı *adj* Raub-, wild (Raubtier usw.); **~ kuş** Greifvogel *m*, Raubvogel *m*
yırtık *n* Abschnitt *m* (Papier usw.)
yırtılmak *v* anbrechen (entzweigehen), einbrechen (Decke usw.)
yırtmak *v* abreißen *etw. Akk*, ausreißen (Unkraut usw.), einreißen *etw. Akk* (Riss machen), herunterreißen *etw. Akk* (in Stücke)
yiğit *adj* tapfer
yirmi *num* zwanzig
yiyecek *n* Kost *w*; **nefis ~** Leckerbissen *m*, Delikatesse *w*; **~ içecek** Verpflegung *w*

yoğun *adj* dicht, intensiv, angestrengt, Intensiv- ♦ *adv* heftig (regnen usw.) ► **~ yağmur** starke Regenfälle

yoğunlaştırmak *v* eindicken, intensivieren *etw. Akk*, steigern *etw. Akk* (vergrößern), verstärken (Spannung usw.)

yoğurt *n* Joghurt *m,s*, Jogurt *m,s*

yok *adj* abwesend; **yanıp ~ olmak** verbrennen (verbrauchen); **~ etmek** vernichten, zerstören; **~ etmek** *bir şeyi birini* wegfegen *j-n/etw.*, wegschleudern *j-n/etw.* (Hochwasser usw.)

yoklama *n* Umfrage *w*, Befragung *w*, Überprüfung *w* (strenge usw.), Kontrolle *w* (gründliche usw.)

yokluk *n* Abwesenheit *w j-s irgendwo*

yoksa *adv* sonst ♦ *conj* oder

yoksul *adj* arm, notleidend, mittellos (ohne Mittel)

yoksunluk *n* Deprivation *w* (Mangel), Mangel *m an etw. Dat* (Knappheit)

yokuş *n* Hang *m* (steil usw.), Abhang *m*, Steigung *w* (des Terrains usw.); **~ aşağı** sich senken; **~ yukarı** bergauf

yol *n* Mittel *s* (Hilfsmittel), Mittel *Mz* (finanziell), schmaler Weg (Feldweg, Gasse usw.), Straße *w* (Verkehrsweg); **çevre ~u** Umgehungsstraße *w*; **kestirme ~** Abkürzung *w* (ein kürzer Weg); **~ açmak** Platz machen, verschulden *etw. Akk*, verursachen; **~ çukuru** Schlagloch *s*; **~ göstermek** *bir yere doğru* führen *irgendwohin/durch etw.* (Weg); **~ göstermek** *birine* führen *j-n irgendwohin* (begleiten), leiten *j-n irgendwohin*; **~ ücreti** Fahrpreis *m*; **~a çıkış** Abreise *w*; **~a çıkmak** abfahren (in einem Auto usw.), losfahren, aufbrechen *irgendwohin*, weggehen, gehen (weg); **~un taşıtlara özgü kısmı** Fahrbahn *w*

yolcu *n* Fahrgast *m*, Passagier *m*, Reisende *m*

yolculuk *n* Ausflug *m*, Fahrt *w*, Reisen *s*; **gemiyle ~ etmek** mit einem Schiff fahren; **İyi ~lar.** Gute Reise., Gute Fahrt.

yontmak *v* behauen (mit Axt usw.), meißeln, schälen

yorgan *n* Decke *w* (im Bett), Federbett *s*, Steppdecke *w*

yorgun *adj* entkräftet, erschöpft, müde, down

yorgunluk *n* Müdigkeit *w*

yormak *v* anstrengen, erschöpfen *j-n*, müde machen *j-n*, ermüden *j-n*

yorucu *adj* anstrengend, aufreibend (Tätigkeit usw.), geisttötend, ermüdend

yorulmak *v* müde werden, ermüden

yorum *n* Anmerkung *w*, Bemerkung *w* (Einwand), Glosse *w* (Bemerkung), Interpretation *w* (von Bedeutung usw.)

yorumlamak *v* bemerken (nebenbei sagen usw.), interpretieren *etw. Akk*, kommentieren *etw. Akk*, kommentieren *etw. Akk* (Spiel usw.)

yosunlar *n* Algen *w Mz*

yön *n* Richtung *w*; **~ değiştirme** wenden *etw. Akk* (Auto usw.); **~ünü bulmak** *kendi* sich orientieren

yöneltmek *v* lenken *etw. Akk* (Richtung bestimmen), richten *etw. Akk*, richten *etw. Akk auf etw. Akk* (eine Tätigkeit usw.), richten *etw. Akk auf j-n/etw.* (Fernrohr usw.); **gücünü bir tarafa ~** biegen *etw. Akk*; **soru ~** *birine j-m* eine Frage stellen

yönerge *n* Anleitung *w*, Anweisung *w* (zur Verwendung usw.), Bestimmung *w* (Regel usw.)

yönetim *n* Management *s* (Tätigkeiten), Verwaltung *w* ♦ *v* herrschen (in einem Land usw.), regieren ► **~i ele almak** übernehmen *etw. Akk* (Besitz usw.); **~ini almak** einnehmen (mit Gewalt)

yönetmek *v* durchführen (Experiment usw.), führen *etw. Akk* (Unternehmen usw.), leiten *j-n/etw.*, Regie haben *bei etw.*

yönetmen *n* Regisseur *m*

yönlendirmek *v* gehen *irgendwohin*, manipulieren *etw. Akk, mit etw.* (handhaben), manipulieren *etw. Akk* (betrügerisch), richten *etw. Akk irgendwohin*

yöntem *n* Methode *w*, Modus *m*, Betrieb *m* (eines Gerätes usw.)

yöresel *adj* regional, Regional-

yörünge *n* Flugbahn *w*, Bahn *w* (von Projektil usw.), Orbit *m*, Umlaufbahn *w*

yudum *n* Schluck *m*, Schluck *m etw. Gen*

yukarı *adj* ober(er,e,es) ♦ *adv* aufwärts, bergauf, oben (auf dem Himmel usw.) ► **aşağı ~** ungefähr, etwa, mehr oder minder

yukarıda *adv* oben (auf dem Himmel usw.)

yukarısı *adv* oben (im Stockwerk)

yukarıya *adv* bergauf, oben (höher)

yulaf *n* Hafer *m*

yumaklamak *v* wickeln (Draht usw.)

yumruk *n* Faust *w*

yumurta *n* Ei *s*

yumurtalık *n* Eierstock *m*

yumurtlamak *v* Eier legen, legen (Eier), ovulieren

yumuşak *adj* **1** weich **2** stimmhaft (Konsonant usw.)

yumuşatmak *v* klopfen *etw. Akk*, klopfen (Schnitzel usw.), weich machen *etw. Akk*, erweichen

yurt *n* Heimat *w*

yurtdışı **~na gitmek** ins Ausland fahren

yutmak *v* schlingen (essen), verschlucken; **zokayı ~** sich reinlegen lassen
yuva *n* Bau *m* (eines Tieres), Höhle *w* (Tierbehausung), Nest *s*
yuvarlak *adj* kreisförmig, rund, rundlich, Rund- ♦ *n* Scheibe *w* (Wurst usw.)
yuvarlamak *v* rollen *etw. Akk* (Fass usw.), rollen *etw. Akk* (fortbewegen), rollen (Fass usw.), runden (Zahl usw.)
yuvarlanmak *v* rollen
yük *n* Belastung *w*, Last *w* (Sorge usw.), Paket *s* (Verpacktes), Schwere *w* (Gewicht)
yüklemek *v* auferlegen *j-m etw. Akk* (Geldbuße usw.), belasten *j-n mit etw.*, laden *etw. Akk auf etw. Akk* (beladen), aufladen *etw. Akk auf etw. Akk* (Last usw.); **kabahati ~** schuld sein *an etw. Dat*
yüksek *adj* hoch (Summe usw.); **daha ~** höher; **en ~** top-, Top-; **~ sesle** laut; **~ yer** hoch (Berg usw.); **~te** hoch (nach oben)
yükseklik *n* Höhe *w*
yüksekte *adv* hoch (oben)
yükselme *n* Beförderung *w* (in einen Rang), Erhöhung *w etw. Gen*, Steigerung *w* (Gewalt usw.), Eskalation *w* ♦ *v* in die Höhe schießen (Kurs usw.), stark steigen (Preise usw.)
yükselmek *v* **1** steigen **2** ertönen **3** ragen *über etw. Akk*
yükseltmek *v* erhöhen
yükümlülük *n* Verpflichtung *w* (zur Arbeit usw.) ♦ *v* verpflichtet sein *etw. Akk zu tun*, müssen *etw. Akk tun* (Pflicht haben)
yün *n* Vlies *s*, Wolle *w*
yüreklendirmek *v* ermutigen *j-n*
yürekli *adj* mutig
yüreklilik *n* Mut *m*, Tapferkeit *w*; **iyi ~** Liebenswürdigkeit *w*
yürümek *v* **1** gehen, schreiten **2** zurücklegen *etw. Akk* (zu Fuß) **3** spazieren gehen **4** treten *auf etw. Akk* (Schritte machen), treten *auf/in etw. Akk* (in Pfütze usw.) ► **yürüyerek gitmek** laufen (zu Fuß gehen); **Yürüyerek gidelim.** Gehen wir zu Fuß.
yürütmek *v* durchführen (Experiment usw.), tun, machen
yürüyüş *n* Spaziergang *m*, Wandern *s*, Wanderung *w*; **~e çıkmak** spazieren gehen, wandern (in den Bergen usw.)
yüz *n* Gesicht *s*, Oberseite *w*, Vorderfront *w*, Wange *w* ♦ *num* hundert
yüzde *n* Hundertstel *s*, (prozentualer) Anteil *m*, Prozent *s*
yüzdürmek *v* schwimmen (Papierschiff)
yüzen *adj* schwimmend, Schwimm-; **~ şey** Schwimmer *m* (Hilfsmittel)
yüzey *n* Oberfläche *w etw. Gen* (einer Straße usw.), Spiegel *m* (Oberfläche)
yüzgeç *n* Flosse *w*
yüzme *n* Schwimmen *s*, Baden *s* (im Meer usw.) ♦ *v* baden (schwimmen) ► **~ bilmeyen** Nichtschwimmer *m*; **~ havuzu** Schwimmbecken *s*
yüzmek *v* schweben (über Wasserspiegel), schwimmen (Mensch)
yüzölçümü *n* Fläche *w* (Ausmaß)
yüzücü *n* Schwimmer *m*
yüzük *n* Ring *m* (Schmuck), Trauring *m*, Ehering *m*
yüzyıl *n* Jahrhundert *s*

Z

zaaf *n* Schwäche *w* (charakterliche usw.)
zafer *n* Ruhm *m*, Sieg *m*, Triumph *m*
zahmetli *adj* anspruchsvoll (mit hohen Ansprüchen), lästig, mühsam, schwierig
zalim *adj* brutal ♦ *n* Tyrann *m*
zalimce *adv* brutal
zam *n* Verteuerung *w*, Preiserhöhung *w*; **maaşına ~ yapmak** den Lohn erhöhen *j-m*
zaman *n* Tempus *s*, Zeit *w* (Größe), Zeitraum *m*, Zeitabschnitt *m*; **ayni ~da** nur dass; **başka ~** ein anderes Mal; **her ~** immer, stets, ständig, jedes Mal, jeweils, wann auch immer, jederzeit; **kısa ~da** bald; **ne ~** wann (Frage), wenn (Nebensatz); **ne ~ olursa** jedes Mal wenn; **son ~larda** in letzter Zeit; **uzun ~ önce** längst; **~ çizelgesi** Fahrplan *m*
zamanında *adv* rechtzeitig
zamanlama *n* Timing *s* (Timen), Zeit *w* (Zeitpunkt)
zamanlamak *n* Harmonogramm *s* ♦ *v* einteilen (planen), timen
zamansız *adj* beschleunigt, überzeitlich, zeitlos, vorzeitig
zanlı *n* Angeklagte *m*, Schuldige *m*, Verdächtige *m*
zaptetmek *v* einschließen *etw. Akk* (in sich usw.), einbegreifen *etw. Akk*, gefangen nehmen *j-n*, unterdrücken (Bemühung usw.)
zar *n* Membran *w*, Würfel *m* (zum Spielen)
zarar *n* Defizit *s*, Schaden *m* (Einbuße); **~ vermek** beschädigen; **~ vermek** *birine/bir şeye* schaden *j-m/etw.*
zararlı *adj* schädlich, verderblich (Einfluss usw.), verheerend
zarf *n* Adverb *s*, Umschlag *m* (für Briefe), Kuvert *s*, Briefumschlag *m*
zarif *adj* anmutig, graziös, elegant, schick ♦ *adv* geschmackvoll
zaten *adv* schon ♦ *part* übrigens, im Übrigen
zatürre *n* Lungenentzündung *w*

zavallı *adj* läppisch (Betrag usw.), mitleiderregend (bedauernswert) ♦ *n* Arme *m* (bedauernswerter Mensch), ein armer Kerl
zayıf *adj* mager (Mensch), schmal, schlank, schwach (körperlich)
zayıflamak *v* abnehmen, abschwächen *etw. Akk*, erschlaffen (Arme usw.), nachlassen (Interesse usw.)
zayıflık *n* Schwäche *w* (Gefühl usw.)
zehir *n* Gift *s*
zehirlemek *v* vergiften
zehirlenme *n* Vergiftung *w*
zehirleyici *adj* giftig, Gift-
zehirli *adj* giftig; **~ yılan** Giftschlange *w*
zeka *n* **1** Intelligenz *w* **2** Scharfsinn *m*
zeki *adj* gescheit (Mensch usw.), intelligent, klug, schlau
zemin *n* Boden *m* (im Zimmer usw.), Fußboden *m*; **~ kat** Erdgeschoss *s*, Parterre *s* (eines Hauses)
zengin *adj* prosperierend, blühend (Geschäfte usw.), reich (Mensch usw.) ♦ *n* Reiche *m*
zenginlik *n* Reichtum *m* (Geld usw.)
zevk *n* Geschmack *m* (Vorliebe), Vergnügen *s* (Freude), Wonne *w*
zeytin *n* Olive *w*
zıplamak *v* **1** aufspringen (hochspringen) **2** springen *aus etw.* **3** überspringen *etw. Akk* (Sprung machen), springen *über etw. Akk*
zıt *n* Gegenteil *s von etw.*, Rückseite *w* (eines Blattes usw.)
zil *n* Glocke *w*, Klingel *w* (an der Tür), Glöckchen *s*, Klingeln *s* (in der Schule usw.); **~i çalmak** klingen, läuten
zincir *n* Gleisketten *w Mz*, Kette *w* (eisern usw.)
zirve *n* **1** Gipfel *m etw. Gen*, Spitze *w etw. Gen* (Turm usw.) **2** Spitze *w* (Posten) **3** Hügel *m* **4** Kulmination *w* **5** Zenit *m* (von Karriere usw.), Höhepunkt *m* **6** Gipfelkonferenz *w*
ziyaret *n* Besichtigung *w etw. Gen*, Besuch *m j-s/etw.*, Exkursion *w*; **~ etmek** *birini* besuchen *j-n*, vorbeischauen *bei j-m*
ziyaretçi *n* Besucher *m*, Besuch *m* (Gast), Gastgeber *m*
zor *adj* hart (Tag usw.), lästig, prekär, schwierig ♦ *adv* schwer (atmen usw.) ► **Beni beklemek ~unda değilsiniz.** Ihr braucht nicht auf mich zu warten.; **~ bir durum** Not *w*, Notlage *w*
zorla *adv* gewaltsam (öffnen usw.), mit Gewalt; **~ girme** Einbruch *m*
zorlamak *v* anstrengen, aufzwingen *j-m etw. Akk*, sich zerren (Muskel usw.), zwingen *j-n zu etw.*
zorlaştırmak *v* erschweren *etw. Akk* (komplizieren), komplizieren *etw. Akk*, schwierig machen *j-m etw. Akk*, verschlimmern
zorlu *adj* gewaltsam (unter Gewaltanwendung)
zorluk *n* Komplikation *w*, Schwierigkeit *w etw. Gen* (Eigenschaft), Schwierigkeit *w* (Problem usw.)
zorlukla *adv* schwierig, mit Schwierigkeiten
zorunlu *adj* obligat, Pflicht-, zwanghaft, gezwungen
zulmetmek *v* unterdrücken (Volk usw.)

A

ab[1] *prep* (Platz, Ort usw.) -den, -dan
ab[2] (weg usw.) ~ **sein** kopmak; ~ **und zu** bazen
abbiegen *v* sapmak, saptırmak
abbrechen *v* **1** (beenden) *etw. Akk* devam etmemek **2** (niederreißen) yıkmak **3** (entzweigehen) kırılmak, kopmak **4** *etw. Akk* kırmak *bşi*, kırıp koparmak
Abend *m* akşam; **gestern ~** dün gece; **Guten ~.** İyi akşamlar.; **zu ~ essen** akşam yemeği yemek
Abendessen *s* akşam yemeği
abends *adv* akşam, akşamüstü
Abenteuer *s* macera
aber *conj* amma, fakat, ama
Aberglaube *m* batıl inanç
abfahren *v* **1** (Zug usw.) gitmek **2** (in einem Auto usw.) yola çıkmak
Abfahrt *w* kalkış
Abfall *m* çöp
Abfalleimer *m* çöp kutusu
abfallen *v* **1** (Knopf usw.) düşmek **2** (sich abbrechen) kırılıp düşmek
abfliegen *v* **1** uçarak gitmek **2** (Flugzeug usw.) uçmak
Abflug *m* kalkış
Abfluss *m* akış, atık
Abfuhr *w* nakliye
Abführmittel *s* müshil
Abgang *m* kalkış
abgeben *v* **1** (Arbeit usw.) teslim etmek **2** (Geräusch, Licht usw.) çıkarmak *bşi*
abgelaufen *adj* **1** süresi geçmiş **2** (Periode usw.) geçmiş
abgelegen *adj* **1** sapa, ücra **2** (Ort usw.) rahat
Abgrund *m* uçurum
Abhang *m* yamaç, yokuş
abhängen *v von j-m/etw.* bağlı olmak
abhängig *adj* **1** (von Umständen usw.) *von j-m/etw.* bağlı **2** (Drogen usw.) *von etw.* bağımlı
abheben *v* **1** (Geld usw.) çekmek **2** (Flugzeug, Rakete) kalkmak, (Flugzeug usw.) havalanmak
abholen *v j-n/etw.* almak; **Gepäck ~** bagaj almak
Abitur *s* diploma
abkühlen *v* **1** *etw. Akk* soğutmak *bşi* **2** (kühler werden) soğumak ► **sich ~** soğumak
abkürzen *v* **1** (zeitlich) kısaltmak *bir şeyi* **2** (Wort usw.) *etw. Akk* kısaltmak
Abkürzung *w* kestirme yol, (Wort) kısaltma
ablegen *v* **1** (Gegenstand) kaldırmak, kenara koymak **2** (Prüfung usw.) sınavı kazanmak
ablehnen *v* **1** (Angebot usw.) *etw. Akk* reddetmek *bir şeyi*, (Einladung usw.) *etw. Akk* reddetmek *bşi* **2** (Einfall usw.) *etw. Akk* düşünmemek
Ablehnung *w* **1** red **2** (eines Antrags usw.) rest etmek
abmachen **Abgemacht!** Tamam!
Abmachung *w* sözleşme
abmelden *v j-n/etw.* kaydı silmek; **sich ~** (Verein usw.) ayrılmak
abnehmen *v* **1** (Deckel usw.) indirmek *bşi byden*, çıkarmak *bşi byden*, (Deckel usw.) *etw. Akk von etw.* indirmek *bir şeyi bir yerden* **2** (Menge usw.) ortadan kaldırmak *bir şeyi* **3** (gezielt schlanker werden) zayıflamak, kilo vermek ► **(an Gewicht) ~** yoketmek
Abonnement *s etw. Gen* abonelik *bir şeye*
abonnieren *v* abone olmak *bşe*, *etw. Akk* abone olmak
abräumen *v etw. Akk* sofrayı kaldırmak
abrechnen *v etw. Akk von etw.* çıkarmak
Abreise *w* yola çıkış
abreisen *v aus etw. nach etw.* ayrılmak *bir yerden*, (Reise unternehmen) yolculuğa çıkmak, seyahate çıkmak
abreißen *v* **1** (Blätter usw.) koparmak *bşi*, (weg reißen) *etw. Akk* yırtmak *bir şeyi* **2** (Pflaster usw.) koparmak *bşi*, *etw. Akk* yırtmak *bir şeyi* **3** (Schlaufe usw.) kopmak **4** (Gebäude usw.) *etw. Akk* yıkmak *bşi*
absagen *v* iptal etmek *bşi*
Absatz *m* **1** (eines Textes) paragraf **2** (eines Schuhs) topuk **3** (Verkauf) sürüm, pazarlama
abschaffen *v etw. Akk* feshetmek, *etw. Akk* kaldırmak *bşi*, son vermek *bşe*, *etw. Akk* yok etmek
abschalten *v* kesilmek, (Reaktor usw.) *etw. Akk* durdurmak *bşi*
abschätzen *v etw. Akk* tahmin etmek
abschicken *v etw. Akk* göndermek *bir şeyi birine*
Abschied *m* ayrılış, vedalaşma
Abschleppdienst *m* çekme kurtarma
abschleppen *v etw. Akk* çekmek *bşi byden*
Abschleppwagen *m* çekici
abschließen *v* **1** (Wohnung usw.) kilitlemek **2** (Abkommen usw.) neticelendirmek ► **das Studium** *etw. Gen* **~** mezun olmak *bir şeyde*
abschneiden *v* **1** kesmek, kesip ayırmak **2** (Erfolg haben) başından geçmek *bsnin bş*
Abschnitt *m* **1** kesit **2** (Papier usw.) küpür, yırtık **3** (eines Formulars usw.) makbuz, fiş

abschrauben *v etw. Akk* sökmek *bir şeyi*
abschreiben *v* **1** (noch einmal usw.) yeniden yazmak **2** (von Mitschüler usw.) *etw. Akk von j-m, etw. Akk aus etw.* kopya etmek **3** (Abschrift machen) kopyasını almak **4** (wegen Abnutzung usw.) silmek *bşi*
absenden *v etw. Akk* göndermek *bir şeyi birine*
Absender *m* gönderen
Absicht *w* niyet, kasıt
absichtlich *adj* kasıtlı ♦ *adv* bile bile, bilerek, kasten, kasıtlı olarak
Absperrhahn *m* vana
Abstand *m* mesafe, ara
abstimmen *v* oyla kabul etmek *bşi*
Abstimmung *w über etw. Akk* oylama *bir şeyde*; **geheime ~** gizli oylama
abstürzen *v* çakılmak
Abteil *s* **1** (im Zug usw.) kompartıman **2** (abgegrenzter Teil) bölüm
Abteilung *w* bölüm, (einer Organisation usw.) kısım
Abtreibung *w* kürtaj
abtrennen *v j-n/etw.* ayırmak *bir şeyi birini*
abtrocknen *v* **1** (Kleid usw.) kurutmak, (trocken werden) kurumak **2** (trocken machen) *etw. Akk* kurulamak *bşi*, kurutmak *bşi*
abwärts *adv* aşağıya
abwaschen *v* yıkamak *bşi*, *etw. Akk* yıkamak *bir şeyi*
abwesend *adj* yok ♦ *adv* dalgın dalgın
abwischen *v* **1** (entfernen) *etw. Akk* silerek temizlemek *bir şeyi* **2** (säubern) *etw. Akk* silerek temizlemek
abzahlen *v etw. Akk* geri ödemek *bir şey*, (Darlehen usw.) tamamen ödemek
Abzug *m* **1** (einer Waffe) tetik **2** (vom Lohn usw.) kesinti
Accessoires *s Mz* aksesuar
Achse *w* **1** (eines Fahrzeugs) aks **2** (Drehachse usw.) dingil
acht *num* sekiz
acht(er,e,es) *num* sekizinci
achten *v* **1** *auf j-n/etw.* dikkat etmek *birine/bir şeye* **2** (Gesetz usw.) saygı göstermek **3** (aufpassen) *auf etw. Akk* özen göstermek *bşe*
Achtung *w vor j-m* itibar *birine*; **~!** Dikkat!
achtzehn *num* on sekiz
achtzig *num* seksen
Adapter *m* adaptör
addieren *v* toplamak *bşi*
Ader *w* damar
Adler *m* kartal
Adresse *w* adres
Affe *m* maymun
Agentur *w* ajans
ähnlich *adj etw. Gen* benzer *bir şeye* ♦ *adv* benzer bir şekilde ► **~ sein** *j-m/etw.* benzemek *birine/bir şeye*
Ähnlichkeit *w* benzerlik
Ahnung *w* **1** (Vorgefühl) sanma **2** (Vorstellung) tahmin, (Vorstellung usw.) fikir
aktiv *adj* aktif, etkin
aktuell *adj* güncel, modern
Alarm *m* alarm
alarmieren *v j-n* korkutmak
Alkohol *m* alkol
alkoholfrei *adj* alkolsüz
alkoholisch *adj* alkollü
all *pron* hep, her; **~e** herkes, hepsi, bütün; **vor ~em** en çok, otoriter
All *s* evren
Allee *w* hıyaban
allein *adj* yalnız
Allergie *w gegen etw.* alerji
allergisch *adj gegen etw.* alerjik
alles *pron* her şey
allgemein *adj* bütün, genel
allmählich *adj* derece derece, dereceli ♦ *adv* adım adım, yavaşça, (langsam) yavaş yavaş, (schrittweise) yavaş yavaş
alltäglich *adj* vasat
Alphabet *s* alfabe
als[1] *adv* (sobald usw.) iken
als[2] *conj* (im Vergleich) -den, -dan
als[3] *conj* (als Lehrer usw.) gibi, olarak
also *conj* yani
als ob *conj* sanki
alt *adj* yaşlı, büyük, (historisch) eski
Alter *s* **1** (einer Person) yaş **2** (Lebensabend) yaşlılık
älter *adj* daha yaşlı
altmodisch *adj* modası geçmiş
Alufolie *w* alüminyum folyo
Aluminium *s* alüminiyum
am **~ Anfang** başlangıçta, başında; **~ Meer** denizde, denizin kenarında; **~ Montag/Dienstag** pazartesi/salı günü
Ambulanz *w* **1** (Wagen) ambulans, cankurtaran **2** (Abteilung) ambulans **3** (in der Schule usw.) revir
Ameise *w* karınca
Amerika *s* Amerika
amerikanisch *adj* Amerika, Amerikalı
Ampel *w* trafik lambası
Amt *s* bakanlık
amtlich *adj* yetkili
amüsieren *v j-n* eğlendirmek; **sich ~** eğlenmek
an *prep* -de, -da, (Ort) de, da ► **~ der See** denizde, denizin kenarında; **A~ wen soll ich mich wenden?** Kime dönmeliyim?
Ananas *w* ananas
anbauen *v etw. Akk an etw. Akk* ilave etmek

anbieten *v* teklif etmek
Andenken *s* **1** (Gedenken) anı, hatıra **2** (Erinnerung) anıt **3** hatıra, yadigar, yadigâr **4** (Souvenir) andaç
ander(er,e,es) *adj* **1** (Seite usw.) diğer **2** (Exemplar usw.) özge ► **die anderen** diğerleri, (der Rest) geriye kalan; **ein ~** başka; **ein anderes Mal** başka zaman
ändern *v etw. Akk* değiştirmek *bşi*; **sich ~** değişmek
anders *adj als j./etw.* farklı ♦ *adv* başka türlü, farklı ► **jemand ~** başka biri
anderswo *adv* başka bir yerde
Änderung *w* değişim, değişiklik
anerkennen *v* tanımak *bir şeyi*
Anfall *m* dalga, nöbet
Anfang *m* başlangıç; **am ~** başlangıçta, başında
anfangen *v* **1** *etw. Akk* başlamak *bir şeyi yapmaya* **2** (Anfang haben) başlamak
Anfänger *m* yeni başlayan
anfangs *adv* başlangıçta, başta ♦ *prep etw. Gen* başlangıçta, ilk önce, başında, en başta
anfassen *v etw. Akk* ellemek
anfliegen *v* ulaşmak
Angabe *w* veriler
angeben *v* **1** (Adresse usw.) *etw. Akk* vermek *bir şey* **2** *mit etw.* övünme *bir şeyde*, *mit etw.* övünmek *bşle*
Angebot *s* **1** (Anbieten) teklif **2** (angebotene Ware) öneri, teklif **3** (auf dem Markt) teklif
Angehörige *m etw. Gen* üye *bir yere*
Angel *w* **1** (zum Fischfang) olta **2** (einer Tür usw.) menteşe
Angelegenheit *w* hadise, olay
angeln *v* balık avlamak
Angelrute *w* olta
angemessen *adj* uygun, *etw. Dat* orantılı ♦ *adv* uygun bir şekilde, yeterince, layıkıyle
angenehm *adj* hoş
Angestellte *m* çalışan; **leitender ~r** yetkili
angreifen *v* **1** *j-n* saldırmak **2** (militärisch) *j-n/etw.* saldırmak
Angreifer *m* saldırgan
Angriff *m* saldırı
Angst *w* **1** *vor etw. Dat* korku **2** (Sorge usw.) endişe
anhaben *v* üstünde tutmak
anhalten *v* **1** (Auto usw.) *etw. Akk* durdurmak **2** (stehen bleiben) durmak
Anhalter **per ~ fahren** otostop
Anhänger *m* **1** (einer Idee usw.) yanlı, taraftar, (einer Lehre usw.) takipçi, (Person) destekçi **2** (Fan usw.) yanlı, taraftar, yandaş **3** (des Teufels usw.) tutkun, yandaş, dinci **4** (Wagen) römork **5** (Schmuckstück) kolye ucu **6** (mit einer Adresse usw.) etiket
Ankauf *m* satın alma
Anker *m* çapa
ankern *v* demir atmak, (vor Anker liegen) demirlemek
anklagen *v j-n etw. Gen* suçlamak
Ankleidekabine *w* soyunma odası
Ankleideraum *m* soyunma kabini
ankommen *v* **1** *irgendwohin* gelmek **2** (mit dem Auto usw.) *in/an etw. Dat* ulaşmak **3** (Paket usw.) varmak **4** *auf j-n/etw.* bağlı olmak
ankündigen *v j-m etw. Akk* bildirmek *bşi bsne*
Ankunft *w* varış
Anlage *w* **1** araç **2** (eines Dokumentes) ek ► **~n** imkanlar
Anlasser *m* kontak anahtarı
anlegen *v* **1** (legen) *etw. Akk an etw. Akk* koymak *bir şeyi bir şeyin yanına* **2** (in einer Bank usw.) *etw. Akk irgendwo* depozit olarak vermek **3** (Geld) *etw. Akk in etw. Akk* yatırım yapmak **4** (planvoll erstellen) plan yapmak, düzenlemek *bşi* ► **den Sicherheitsgurt ~** güvenlik kemerini takmak
Anlegestelle *w* demirleme yeri
Anleitung *w* **1** (zur Verwendung usw.) talimat, yönerge **2** (in Druckform usw.) el kitabı, kılavuz
anmachen **(Licht) ~** açmak
Anmeldeformular *s* başvurma
anmelden *v j-n/etw.* kaydetmek *birini/bir şeyi*; **sich ~** kaydolmak; **sich ~** *zu etw.* (Teilnehmer) kaydolmak *bir yere*; **sich im Hotel ~** otele kayıt yaptırmak
Anmeldung *w* başvurma
annähern **sich ~** *j-m/etw.* yaklaşmak
annehmen *v* **1** (Angebot usw.) *etw. Akk* kabul etmek **2** (Plan usw.) kabul etmek **3** (Mitglied usw.) girmeye izin vermek **4** (glauben) varsaymak
anpassen *v etw. Akk etw. Dat* uyarlamak *bşi*, *etw. Akk j-m/etw.* uyarlamak, uydurmak
anprobieren *v* (giyip) prova etmek *bşi*
Anruf *m* telefonla arama
Anrufbeantworter *m* telesekreter
anrufen *v j-n* aramak *birini*, (telefonieren) *j-n* telefonla aramak ► **Er soll mich ~!** Arasın beni.
anschauen *v j-n/etw.* bakmak *birine bir şeye*
anscheinend *part* demek ki, görünüşe göre
Anschluss *m* **1** (Verkehrsverbindung) bağlantılı sefer **2** (zu einem Leitungsnetz) bağlantı
Anschrift *w* adres
anschwellen *v* **1** şişmek, kabarmak **2** (wachsen) artmak

ansehen *v j-n/etw.* bakmak *birine bir şeye, j-n/etw.* bakmak *bsne, j-n/etw.* gözünü dikmek; **finster ~** *j-n* çatmak; **sich ~** *etw. Akk* göz atmak *bir şeye/birine*, seyretmek; **(sich) ~** *j-n/etw.* (Film usw.) gözetlemek *birini/bir şeyi*
ansetzen *v etw. Akk an etw. Akk* koymak *bir şey;* **sich ~** çökelmek, tortulaşmak
Ansicht *w von etw., über etw. Akk* fikir, (Meinung) *von etw., über etw. Akk* perspektif *bir şeyde*
Ansichtskarte *w* kartpostal
Anspruch *m* **1** (erhobener usw.) *auf etw. Akk* iddia **2** (an Qualität usw.) talep **3** (Recht) *auf etw. Akk* hak *bir şeye, auf etw. Akk* hukuk ► **~ erlangen** *auf etw. Akk* yetkinlik kazanmak *bir şeye;* **Ansprüche** *an j-n/etw.* talepler
anspruchsvoll *adj* güç, (mit hohen Ansprüchen) zahmetli
Anstalt *w* tımarhane
anständig *adj* uygun ♦ *adv* iyi görünmek, kibarca davranmak
anstecken *v* **1** *j-n (mit etw.)* bulaştırmak *birine bir şey* **2** (Ring usw.) *etw. Akk an etw. Akk* geçirmek *bşi bşe*
ansteckend *adj* bulaşıcı
Ansteckung *w* enfeksiyon
anstelle *adv von etw.* yerine *bir şeyin* ♦ *prep etw. Gen* yerine
anstellen *v* **1** (Gerät usw.) açmak **2** *j-n* işe almak **3** (Dummheit usw.) *etw. Akk* bir harekette bulunmak, (Unfug usw.) yaramazlık etmek **4** (anlehnen) *etw. Akk an etw. Akk* durdurmak *bşi*, koymak *bşi bye*
Anstieg *m etw. Akk* büyüme *bir şeye, etw. Gen* artış *bir şeyde*, (der Temperatur usw.) artış, yükseliş
anstrengen *v* yormak, zorlamak *bşi;* **sich ~** çabalamak
anstrengend *adj* **1** (Tag usw.) güç **2** yorucu **3** ağır
Anstrengung *w* savaş, mücadele
Anteil *m an etw. Dat* pay; **~** *an etw. Dat* **nehmen** bağlanmak *bir şeye;* **(prozentualer) ~** yüzde
Antenne *w* anten
Antibiotikum *s* antibiyotik
antik *adj* **1** (zu Antike gehörend) antika **2** (Möbel usw.) antik, antika
Antiquität *w* antika
Antrag *m auf etw. Akk* başvuru *bir şey için* ► **den ~ stellen** *auf etw. Akk* başvuru dilekçesi vermek
Antwort *w auf etw. Akk* yanıt, cevap
antworten *v auf etw. Akk* cevap vermek, *auf etw. Akk* yanıt vermek
Anwalt *m* avukat
Anwender *m* kullanıcı
Anwendung *w etw. Gen* uygulama
anwesend *adj irgendwo* var olan *bir yerde*
Anwesenheit *w von j-m* katılım, *von j-m* varlık *birine ait*
Anzahl *w etw. Gen* sayı *bir şeyin*
Anzahlung *w* depozit, (auf den Preis) peşinat, avans
Anzeige *w* **1** (in einer Zeitung) duyuru **2** (bei der Polizei usw.) ihbar
anzeigen *v* **1** (Täter usw.) *j-n* ihbar etmek **2** (auf Monitor usw.) ekrana getirmek
anziehen *v* **1** (Kleidung) *etw. Akk* giyinmek *bir şey*, (Schuhe) giymek *bşi* **2** (bekleiden) *j-n* giydirmek **3** (Schraube) germek *bir şeyi* **4** (Magnet usw.) *etw. Akk* çekmek **5** (attraktiv sein) *j-n* çekmek **6** (Kunden usw.) *j-n* çekmek *bşi bye* ► **sich ~** giymek
Anzug *m* takım elbise
anzünden *v* **1** (Feuer usw.) yakmak *bşi*, tutuşturmak *bşi* **2** (Holz mit Papier usw.) *etw. Akk* yakmak **3** (Gebäude usw.) *etw. Akk* kundaklamak
Apfel *m* elma
Apfelsaft *m* elma suyu
Apfelsine *w* portakal
Apotheke *w* eczane, nöbetçi eczane
Apotheker *m* eczacı
Apparat *m* **1** (Gerät) (küçük) makine, (Gerät usw.) cihaz, aygıt **2** (von Organen) bünye
Appetit *m* iştah ► **Guten ~!** Afiyet olsun!
applaudieren *v j-m* alkışlamak
Aprikose *w* kayısı
April *m* nisan
Arbeit *w* **1** (schwierige, anstrengende) çalışma, iş **2** (Beruf) iş
arbeiten *v* çalışmak
Arbeiter *m* işçi
Arbeitgeber *m* işveren
Arbeitnehmer *m* çalışan
arbeitslos *adj* **1** (Person) işsiz **2** (Einkommen usw.) kazanılmamış
Arbeitslosigkeit *w* işsizlik
Arbeitsplatz *m* işyeri
Arbeitstag **~e** iş günleri
Architekt *m* mimar
Architektur *w* mimarlık
ärgerlich *adj* tedirgin
ärgern *v j-n* kızmak *birinie;* **sich ~** *über j-n* kızmak
Argument *s* sav
arm *adj* **1** (ohne Geld usw.) yoksul, fakir **2** (bedauernswert usw.) yoksul ► **ein ~er Kerl/Teufel** zavallı
Arm *m* kol
Armband *s* bilezik
Armee *w* ordu
Ärmel *m* kol
Armut *w* fakirleşme

Art *w* **1** (einer Tätigkeit usw.) biçim, şekil, tarz **2** (Typus usw.) tür **3** (Tierart usw.) tür
Artikel *m* **1** (Aufsatz) makale **2** (Ware) mal çeşidi **3** (grammatischer) makale
Artischocke *w* enginar
Arzneimittel *s* ilaç
Arzt *m* doktor
Arztpraxis *w* muayenehane
Asche *w* kül
Aschenbecher *m* küllük
Asiat *m* Asyalı
asiatisch *adj* Asya, Asya'ya özgü
Asien *s* Asya
Asphalt *m* asfalt
Ast *m* dal
Asthma *s* astım
Atem *m* nefes
atmen *v* nefes almak
Atom *s* atom
Attraktion *w* cazibe
Aubergine *w* patlıcan
auch *adv* ayrıca, dahi ♦ *conj* de, da ► **Ich ~ nicht.** Ben de değil.
auf *prep* **1** (einer Oberfläche usw.) de, da **2** (Richtung usw.) -a, -e **3** (einer Stelle usw.) de, da ► **A~ Wiedersehen.** Hoşçakal(ın)!
aufbewahren *v etw. Akk* muhafaza etmek *bşi*
Aufbewahrung *w* emanet
aufblasbar *adj* şişirilebilir
aufblasen *v* şişirmek *bşi*
aufbrechen *v* **1** (öffnen) *etw. Akk* kırarak açmak *bşi* **2** *irgendwohin* yola çıkmak
Aufenthalt *m* kalış
Auffahrt *w* rampa
auffallen *v j-m* idrak etmek
auffordern *v j-n zu etw.* çağırmak *birini bir yere, j-n zu etw.* talep etmek, *j-n zu etw.* teklif etmek, davet etmek
Aufführung *w* gösteri
Aufgabe *w* ödev, (Pflicht usw.) görev
aufgeben *v* **1** *j-m etw. Akk* atamak **2** (aufhören) *etw. Akk* bırakmak *bşi*, ara vermek *bşe* **3** *etw. Akk* vazgeçmek **4** (nicht mehr raten) teslim olmak
aufgehen *v* **1** (Sonne usw.) doğmak **2** (Teig) kabarmak **3** (Samen usw.) çıkmak *bşden*
aufhalten *v* **1** (Person usw.) *j-n/etw.* tutmak *birini/bir şeyi* **2** (Atem usw.) tutmak **3** (kurz halten) *etw. Akk* elde tutmak *bşi*, muhafaza etmek ► **sich ~** geç kalmak
aufhängen *v* **1** (Gardinen usw.) *etw. Akk* asmak *bşi* **2** (Bild usw.) *etw. Akk* asmak *bşi bye* **3** (Hörer) telefonu kapatmak **4** (Mörder usw.) *j-n* idam etmek *birini*
aufheben *v* **1** (vom Boden usw.) *etw. Akk* toplamak *bir şeyi* **2** (Gültigkeit usw.) iptal etmek
aufhören *v* **1** (Regen usw.) durmak **2** *mit etw.* bırakmak *bşi*, ara vermek *bşe, mit etw.* bitirmek *bir şeyi*, (mit Arbeit usw.) *mit etw.* bırakmak *bir şeyi yapmayı* ► **Hören Sie damit auf!** Bırakın şunu!
aufklaren *v* düzelmek
aufladen *v* **1** (Last usw.) *etw. Akk auf etw. Akk* yüklemek *bir şeyi bir şeye* **2** (Batterie usw.) şarj etmek
aufmachen *v* **1** (Packung usw.) *etw. Akk* açmak **2** (Gürtel usw.) *etw. Akk* açmak *bir şeyi* ► **sich ~** koyulmak
aufmerksam *adj* dikkatli, duyarlı, hassas ♦ *adv* dikkatle, ilgiyle ► **~ machen** *j-n auf etw. Akk* ilgi çekmek
Aufmerksamkeit *w* dikkat; **~ widmen** *j-m/etw.* dikkatini vermek *birine/bir şeye;* **eine kleine ~** küçük hediye
Aufnahme *w* **1** (in Verein usw.) kabul **2** (Nahrung usw.) alınan miktar **3** (Foto) fotoğraf **4** (Film usw.) çekim
aufnehmen *v* **1** (vom Boden usw.) toplamak *bir şeyi* **2** (Studenten usw.) girmeye izin vermek **3** (Mitglied usw.) *j-n* almak *birini* **4** (Musik usw.) *etw. Akk* kaydetmek *bir şey* **5** (lernen usw.) *etw. Akk* öğrenmek **6** (Behälter usw.) içine almak
aufpassen *v* **1** *auf etw. Akk* dikkat çekmek, (Acht geben) *auf etw. Akk* dikkat etmek *bir şeyi* **2** *auf j-n* gözetlemek *birini/bir şeyi*, (Acht haben) *auf j-n/etw.* kollamak *bşi*, gözlemek, (Baby usw.) *auf j-n/etw.* kollamak *bşi*
Aufpreis *m* ek, ek ücret
aufräumen *v* toparlamak, toplamak; **aufgeräumt** (Zimmer usw.) toplu
aufrecht *adj* dik ♦ *adv* dik, doğru
aufregen *v j-n* altüst etmek *birini;* **sich ~** *über etw. Akk* öfkelenmek
aufregend *adj* heyecanlı
Aufschlag *m* **1** (im Tennis usw.) servis **2** (Preis) ek, ek ücret
aufschließen *v etw. Akk* açmak
aufschreiben *v etw. Akk* not almak *bir şeyi, etw. Akk* yazmak *bir şey*
Aufschrift *w* kazılmış yazı
aufstehen *v* **1** kalkmak, yerinden kalmak, ayağa kalmak **2** (aus dem Bett) kalkmak
aufsteigen *v* **1** (Fahrrad, Pferd usw.) *auf etw. Akk* binmek *bir şeye* **2** (an die Oberfläche) su yüzüne çıkmak
Aufstrich *m* ekmeğe sürülen şey
aufsuchen *v j-n/etw.* aramak
auftanken *v* yakıt almak, benzin almak
aufwachen *v* uyanmak
aufwärmen *v etw. Akk* kızıştırmak *bir şeyi*
aufwärts *adv* yukarı, yukarıya

Aufzug *m* asansör
Auge *s* göz
Augenblick *m* an
Augenbrauen *w Mz* kaşlar
Augentropfen *Mz* göz damlası
August *m* ağustos
aus[1] *prep* **1** (herausnehmen usw.) *etw.* -den, -dan *bir şey* **2** (weg) -den, -dan **3** (stammend usw.) -den, -dan, -lı, li, lu, lü **4** (gemacht) *etw.* -den, -dan *bir şey*
aus[2] *adj* kapalı; **Es ist ~.** Bitti.
Ausbildung *w* egzersiz, eğitim
Ausblick *m* görüş
Ausdruck[1] *m* **1** (Bekanntgabe) *etw. Gen* gösteri **2** (im Gesicht usw.) anlatım **3** (Kennzeichen) ifade
Ausdruck[2] *m* (etw. Gedrucktes) baskı, çıktı
ausdrücken *v* ifade etmek, *etw. Akk* göstermek *birine*; **sich ~** ifade etmek
ausdrücklich *adj* açık, kesin ♦ *adv* **1** (betonen usw.) açıkça **2** (ablehnen usw.) vurgulayarak, üstüne basa basa
ausfahren *v* **1** (mit dem Auto usw.) *aus/von etw.* kenara çekmek **2** (mit Freunden usw.) gezinmek
Ausfahrt *w* **1** (Ausgang) çıkış **2** (Ausfahren) kalkış **3** (auf der Autobahn) çıkış ► **eine ~ machen** gezinmek
Ausfall *m* **1** (von Gedächtnis usw.) arıza **2** (Bewegung) hamle, hücüm
ausfallen *v* **1** dökülmek, (Zahn usw.) sıradan çıkmak **2** (nicht stattfinden) iptal edilmek, yapılmamak ► **Der Strom ist ausgefallen.** Elektrik kesildi.
Ausflug *m* gezi, yolculuk
Ausfuhr *w* ihracat
ausführlich *adj* ayrıntılı, daha ayrıntılı, (Beschreibung usw.) geniş, kapsamlı ♦ *adv* ayrıntılı, detaylı, ayrıntılı bir şekilde, titizlikle
ausfüllen *v etw. Akk mit etw.* doldurmak *bşi bşle*
Ausgabe *w* **1** (Kosten) gider **2** (broschierte usw.) baskı **3** (Austeilung) çıkarma, verme
Ausgang *m* çıkış
ausgeben *v* **1** (Flugblätter usw.) dağıtmak *bşi* **2** (Geld) *etw. Akk für etw.* tüketmek *bir şey bir şey için*
ausgehen *v* **1** *aus etw. Akk* dışarı çıkmak *bir yerden* **2** *irgendwie* bitmek **3** (verbraucht sein) tükenmek
ausgeschaltet *adj* kapalı
ausgezeichnet *adj* mükemmel, üstün, şahane ♦ *adv* mükemmel bir şekilde, çok iyi, pek iyi
aushalten *v etw. Akk* sabretmek *bir şeye*, (Beschwerden usw.) dayanmak *bşe*; **Ich halte es nicht mehr aus.** Daha fazla dayanamayacağım.
auskennen **sich ~** *in etw. Dat* iyi tanımak; **sich ~** *in/mit etw.* tanımak
Ausland *s* dış ülkeler, yabancı ülkeler; **im ~** yurt dışında; **ins ~ fahren** yurtdışına gitmek
Ausländer *m* yabancı
ausländisch *adj* dış
auslaufen *v* **1** *aus etw.* akıp gitmek, (Wasser usw.) kaçmak, sıvışmak, sızmak **2** (Schiff) denize çıkmak
ausleeren *v etw. Akk* boşaltmak *bir şeyi*
ausleihen **sich ~** *etw. Akk von j-m* ödünç almak
ausloggen **sich ~** çıkış yapmak
ausmachen *v etw. Akk* söndürmek *bir şey*
Ausmaß *s* büyüklük, ebat
Ausnahme *w* istisna
ausnutzen *v* kullanmak *bşi*
auspacken *v* **1** (Geschenk usw.) *etw. Akk* boşaltmak *bir şeyi* **2** (Koffer usw.) boşaltmak
Auspuff *m* egzoz borusu
ausradieren *v* silmek
ausräumen *v* temizleyerek yer açmak
Ausrede *w für etw.* bahane
ausreichen *v* yeter
ausrichten *v* **1** *j-m etw. Akk* not bırakmak *birine* **2** (veranstalten) *etw. Akk* ev sahipliği yapmak ► **~ lassen** *j-m etw. Akk* not bırakmak *birine*
ausruhen **sich ~** dinlenmek, vazgeçmek
Ausrüstung *w* donatım, teçhizat, ihtiyaçlar, donanım
ausrutschen *v* **1** (hinfallen) kaymak **2** (aus der Hand usw.) kayıp düşmek *byden*, (aus Hand usw.) *aus etw.* kaymak *bşden*
Aussage *w* **1** (vor der Polizei usw.) ifade **2** (Mitteilung) söylem, sözler
aussagen *v* şahitlik etmek
ausschalten *v* **1** durdurmak *bşi*, kapamak *bşi*, (Maschine usw.) *etw. Akk* elektriği kapamak **2** (Konkurrenten usw.) *j-n* bertaraf etmek ► **den Gang ~** kontrol etmek
aussehen *v irgendwie* görünmek *bir şey gibi*
außen **von ~** dışarıdan
Außenseite *w etw. Gen* dışarısı *bir yerin*
außer *prep* **1** *j-m/etw.* başka, (ausgenommen) *j-m/etw.* dışında, hariç **2** (auch noch) *etw. Dat* ayrıca, başka ► **~ Betrieb** servis dışı
äußer(er,e,es) *adj* dış
außerdem *adv* hepsinden öte, üstelik, ayrıca; **und ~** bunun yanında
außergewöhnlich *adj* olağanüstü, müstesna
außerhalb *prep etw. Gen* dışında, dışarıda, (der Stadt usw.) dışında *bir şeyin*

außerordentlich *adj* olağanüstü ♦ *adv* olağanüstü biçimde
Aussicht *w* **1** (ins Weite usw.) görüş, (Panorama) manzara **2** *~en* (Chancen) prospekt *bir şeyde*
Aussichtspunkt *m* stratejik nokta
Aussichtsturm *m* kırılacak eşya
aussprechen *v* telaffuz etmek, (Wort usw.) dile getirmek *bşi*
Ausstattung *w* **1** donanım **2** (in einer Fabrik usw.) imkanlar
aussteigen *v aus etw.* inmek *bir şeyden, aus etw.* inmek *bşden*
ausstellen *v* **1** (Exponat usw.) sergilemek **2** (Urkunde usw.) *etw. Akk* çıkarmak
Ausstellung *w* sergi
Austausch *m* değişiklik, değiştirme
austauschen *v* **1** (gegenseitig) *etw. Akk gegen etw.* değiş tokuş yapmak **2** (Ersatzteil usw.) *etw. Akk gegen etw.* değiştirmek
Auster *w* istiridye
Australien *s* Avustralya
Australier *m* Avustralyalı, Avustralyalı *m*
australisch *adj* Avustralya, Avustralyalı
austrinken *v* **1** (Tee usw.) *etw. Akk* içmek **2** (Glas usw.) *etw. Akk bir şey* içmek **3** (zu Ende trinken) içmeyi bitirmek
ausüben *v* sürdürmek
Ausverkauf *m* satış, tasfiye satışı
ausverkauft *adj* satılıp tükenmiş
Auswahl *w* seçim
auswählen *v* seçmek, beğenmek
auswechseln *v* **1** *etw. Akk gegen etw.* değiştirmek **2** *j-n* yerini almak
Ausweis *m* nüfus cüzdanı, paso, kart, kimlik
auswendig *adv* ezbere
auszahlen *v j-m etw. Akk* ödemek *bşi*
ausziehen *v* **1** (Hose usw.) *etw. Akk* üstünü çıkarmak **2** *j-n* soymak *birini* **3** (aus dem Haus usw.) taşınmak **4** (herausziehen) dışarı itmek *bşi* ► **sich ~** soyunmak *kendi kendine*
Auszubildende *m* öğrenci, çırak
Auto *s* araba; **in ein ~ einsteigen** arabaya binmek
Autobahn *w* otoyol
Autobahnauffahrt *w* tali yol
Autokennzeichen *s* plaka numarası
Automat *m* otomat
automatisch *adj* otomatik
Autonummer *w* plaka numarası
Autor *m* yazar
Autowaschanlage *w* araba yıkama
Avocado *w* avokado
Axt *w* balta

B

Baby *s* bebek
Babyflasche *w* biberon
Babynahrung *w* bebek maması
Bach *m* dere
backen *v* pişirmek *bşi*, kızartmak *bşi*, (Kuchen usw.) fırında pişirmek
Backenzahn *m* azı dişi
Bäcker *m* ekmekçi, fırıncı
Bäckerei *w* ekmek fırını, fırın
Backwaren *w Mz* unlu mamulleri, (salzige) ekmek
Bad *s* **1** (Raum) banyo **2** (mit Heilquellen) ılıca **3** (Baden) banyo, yıkanma
Badeanzug *m* mayo
Badehose *w* mayo
Bademantel *m* bornoz
Bademeister *m* cankurtaran
baden *v* **1** *j-n* banyo yaptırmak *bsne*, yıkamak **2** (sich waschen) yıkanmak **3** (schwimmen) yüzme
Badetuch *s* havlu, banyo havlusu
Badewanne *w* küvet
Badezimmer *s* banyo
Bahn *w* **1** (von Projektil usw.) yörünge **2** (für Läufer usw.) hat **3** (Schienenverkehrsmittel) demiryolu **4** (Stadtverkehrsmittel) tramvay
Bahnhof *m* tren istasyonu, garaj
Bahnschranken *w Mz* demiryolu bariyeri
Bahnsteig *m* peron
Bahnübergang *m* hemzemin geçit
bald *adv* kısa zamanda; **so ~ wie möglich** olabildiğince çabuk
baldmöglichst *adv* olabildiğince çabuk
Balkon *m* balkon
Ball *m* **1** (für Sport) top **2** (Kugel) küre **3** (Schlag) vuruş
Ballon *m* balon
Banane *w* muz
Band[1] *s* **1** (magnetisches usw.) bant **2** (Förderband usw.) band **3** (Verbindung) bağ, tahvil **4** (im Haar usw.) kurdele, şerit
Band[2] *m* bölüm, cilt
Bank[1] *w* **1** (zum Sitzen) bank **2** (Werkbank usw.) çalışma tezgahı
Bank[2] *w* (Geldanstalt) banka
Bankautomat *m* bankamatik
Banknote *w* banknot
Bar *w* bar
Bär *m* ayı
barfuß *adj* yalınayak
Bargeld *s* peşin para
Bart *m* sakal
Basilikum *s* fesleğen
Basis *w* **1** esas, temel **2** (eines Objekts usw.) temel **3** (militärische usw.) üs

basteln *v* heves ederek ufak işler yapmak
Batterie *w* pil, akü
Bau *m* **1** yapı **2** (Gebäude) inşa **3** (eines Tieres) yuva
Bauch *m* göbek
bauen *v* **1** *etw. Akk* inşa etmek, *etw. Akk* yapmak **2** (Maschinen usw.) yapmak, inşa etmek
Bauer *m* **1** çiftçi, köylü **2** (im Schach) piyon
Bauernhaus *s* kır evi
Bauernhof *m* çiftlik
Baum *m* ağaç
Baumwolle *w* pamuk
Baustelle *w* inşaat alanı
Bauwerk *s* inşa
Beamte *m* kurumsal, memur, (im öffentlichen Dienst) devlet memuru
beanspruchen *v etw. Akk* iddia etmek, *etw. Akk* talep etmek
beanstanden *v etw. Akk* şikayet etmek
beantragen *v etw. Akk* adaylığını koymak, *etw. Akk* dilekçeyle başvurmak
bearbeiten *v* işlemden geçirmek, uyarlamak
beaufsichtigen *v etw. Akk* denetlemek, (Arbeit usw.) *etw. Akk* teftiş etmek
Becken *s* **1** (Reservoir) havza **2** (Körperteil) leğen kemiği
bedanken **sich ~** *bei j-m für etw.* teşekkür etmek
bedauern *v* **1** *j-n* acımak *bsne*, *j-n* üzülmek **2** *etw. Akk* üzüntü duymak *bir şeye*
bedecken *v j-n mit etw.* üzerini örtmek
bedeuten *v* demek, anlamına gelmek, *etw. Akk* kastetmek *bir şey*
Bedeutung *w* anlam, önemlilik
bedienen *v* **1** (einen Kunden usw.) *j-n* bakmak, hizmet etmek *bsne*, (Gast usw.) *j-n* hizmet etmek *birine* **2** (Maschine usw.) *etw. Akk* hizmet vermek *bir şey* ► **B~ Sie sich.** Buyurun!; **sich ~** fayda sağlamak *bir şeye*
Bedienung *w* **1** (von Kunden) servis **2** (eines Gerätes usw.) hizmet *bir şeyde* **3** (Personal) görevli
Bedingung *w* koşul; **unter der ~, dass** şartıyla
bedrohen *v j-n/etw.* tehlikeye atmak
Bedrohung *w* tehdit, (Gefahr) *etw. Gen* tehlike *bir şeyden*
Bedürfnis *s* ihtiyaç
beeilen **sich ~** *mit etw.* acele etmek *bir yere*
beeinflussen *v j-n/etw.* etkilemek
beenden *v* **1** bitirmek *bşi*, tamamlamak *bşi*, *etw. Akk* bitirmek *bşi*, sona erdirmek **2** (stoppen) *etw. Akk* bitirmek
Beerdigung *w* cenaze töreni
Beere *w* meyve tanesi
Beet *s* çiçeklik
befahrbar *adj* açık
befassen **sich ~** *mit etw.* katılmak *bir şeye*, (Problem usw.) ile ilgilenmek
Befehl *m* **1** (militärischer usw.) emir **2** (EDV) komut
befehlen *v j-m etw. Akk* emir vermek *birine*, *j-m etw. Akk* emretmek *bsne bşi*, emir vermek *bsne*
befestigen *v* **1** (festmachen) *etw. Akk an etw. Dat* takmak *bir şeyi bir şeye* **2** (eine Stadt usw.) kuvvetlendirmek *bşi*
befinden **sich ~** *irgendwo* yaşamak
Beförderung *w* **1** taşıma, nakliyat, transport **2** (in einen Rang) yükselme, terfi
befreien *v* **1** *j-n/etw.* kurtarmak *bsni*, (frei machen) özgürlüğünü kavratmak, (Stadt usw.) kurtarmak *bşi bşden* **2** (herausziehen usw.) *j-n/etw. aus etw.* kurtarmak *bsni byden* **3** (von Pflicht) *j-n von etw.* bağışık tutmak **4** *von j-m/etw.* defetmek *birini bir yerden* **5** (von Einschränkungen usw.) liberalleştirmek
befriedigen *v* **1** *j-n/etw.* memnun etmek *birini/bir şeyi* **2** (Bedürfnis usw.) tatmin etmek, hoşnut etmek
begabt *adj* yetenekli
begegnen *v j-m* buluşmak *biriyle*, *j-m* tanışmak *biriyle*
begehen *v* işlemek *bşi*, (Verbrechen usw.) *etw. Akk* suç işlemek
begeistert *adj* **1** (hingerissen) *von etw.* heyecanlı **2** (Fan) hevesli **3** (engagiert) *für etw.* ateşli, coşkulu
Begeisterung *w* **1** sevinç, neşe, keyif, *für etw.* heves *bir şeye* **2** (Verve usw.) canlılık, heves
begießen *v j-n/etw. mit etw.* sulamak *bir şeyi bir şeyle*
Beginn *m* baş, başlangıç, (eines Konzerts usw.) açma
beginnen *v* **1** *etw. Akk, mit etw.* başlatmak *bşi*, başlamak *bşe*, (eine Tätigkeit usw.) *etw. Akk, mit etw.* başlamak *bir şeyi yapmaya* **2** (Beginn haben) başlamak
beglaubigen *v etw. Akk* onaylamak, tasdik etmek, *etw. Akk* tasdik etmek *bşi*, onaylamak *bşi*
begleiten *v* uğurlamak *bsni*, eşlik etmek, *j-n irgendwohin* eşlik etmek
beglückwünschen *v j-n zu etw.* kutlamak
begreifen *v etw. Akk* anlamak *bir şeyi*
Begriff *m* konsept; **im ~ sein** *etw. Akk zu tun* üzere olmak
begrüßen *v* **1** *j-n* selamlamak **2** *etw. Akk* karşılamak
behalten *v* **1** (nicht zurückgeben) *etw. Akk* bırakmak *bir şeyi*, *etw. Akk* elde tutmak

bşi, muhafaza etmek **2** (Zustand usw.) bakmak **3** (Qualität usw.) *etw. Akk* bakmak *bir şeye*, *etw. Akk* muhafaza etmek *bşi*

Behälter *m* taşımalık

behandeln *v* **1** (respektvoll usw.) *j-n irgendwie* davranmak *birine*, *j-n irgendwie* taşımak **2** (ärztlich) *j-n/etw.* tedavi etmek *birini* **3** (Patienten usw.) *j-n/etw.* iyileştirmek *birini* **4** (Film usw.) *etw. Akk* değinmek

Behandlung *w* **1** (Umgang) *j-s* muamele *birine* **2** (eines Patienten usw.) tedavi

behaupten *v* ileri sürmek *bşi*, iddia etmek

Behauptung *w* iddia

beheizen *v* ısıtmak

beherrschen *v* **1** (ein Land usw.) *etw. Akk* kontrolü ele almak, hükmetmek, (Firma usw.) idare etmek, kontrol **2** (Fremdsprache usw.) hakim olmak, (gelernt haben) kavrayabilmek

behindern *v etw. Akk* mani olmak *bir şeye*

behindert *adj* özürlü

Behörde *w* bakanlık

behördlich *adj* yetkili

bei *prep* halinde, -de, -da

beibringen *v j-m etw. Akk* öğretmek *birine bir şey*

beide *num* her iki

Beifall *m* alkış

beifügen *v* tutturmak

Beilage *w* **1** (Zeitung usw.) ek **2** (Essen) garnitür

Beileid *s* geçmiş olsun dilekleri

Bein *s* bacak; **ein ~ stellen** *j-m* çelme takmak

beinahe *adv* hemen hemen, neredeyse, yaklaşık ♦ *part* direkt, açık açık

beiseite *adv* **1** (zur Seite) yandan, yan taraftan **2** (legen usw.) (bir) kenara, bir yana

Beispiel *s* **1** (Beweis) *etw. Gen* örnek **2** (Muster) örnek ► **zum ~** örneğin

beißen *v* **1** *in etw. Akk* ısırmak **2** (wiederholt) kemirmek **3** *j-n* ısırmak **4** (Schlange) sokmak **5** (Hund usw.) ısırmak

bekämpfen *v etw. Akk* ileri sürmek

bekannt *adj* **1** (allgemein usw.) tanıdık **2** (Variable usw.) bilinen, tanıdık ► **~ machen/geben** *etw. Akk* duyurmak; **(wohl) ~** *j-m* tanıdık

Bekannte *m* tanıdık

Bekanntschaft *w* ahbap

bekommen *v* almak, (Grippe usw.) yakalanmak

belasten *v* **1** *etw. Akk* tartmak *bir şeyi* **2** *j-n mit etw.* yüklemek **3** (mit einem Betrag usw.) *mit etw.* zimmetine geçirmek *bşi bsnin*

belästigen *v* **1** *j-n mit etw.* rahatsız etmek **2** (sexuell usw.) rahatsız etmek, taciz etmek

Belastung *w* **1** (Gewicht usw.) ağırlık, (Last) yük **2** (Arbeit usw.) basınç, *etw. Gen* baskı **3** (Schwierigkeit usw.) yük

belebt *adj* **1** (Straße usw.) boş değil **2** (Substantiv usw.) canlı

beleidigen *v j-n* onur kırmak; **sich beleidigt fühlen** *wegen etw.* gocunmak *bir şeye*

Beleidigung *w* hakaret

beleuchten *v etw. Akk* parlamak *bir şeyde*, (anleuchten) aydınlatmak *bşi*, ışıklandırmak *bşi*

Beleuchtung *w* ışıklandırma

beliebig *adj* hiç ♦ *pron* herhangi

beliebt *adj* **1** *bei j-m* popüler *biri için* **2** (Lieblings-) favori

bellen *v* havlamak, ürümek

Belohnung *w* ödül, mükafat, mükâfat, (finanzielle usw.) maaş

bemerken *v* **1** (sehen usw.) *j-n/etw.* dikkat etmek *birine/bir şeye* **2** belirtmek, not etmek, (nebenbei sagen usw.) arada söylemek, yorumlamak

Bemerkung *w* yorum, (schriftlich) not

bemühen **sich ~** *um etw.* efor sarfetmek *bir şey için*; **sich ~** *um etw.* çabalamak *bir şeyi yapmayı*

Bemühung *w um etw.* çaba, *um etw. bir şeye* efor

benachrichtigen *v j-n von etw.* haber vermek *bsne*, bildirmek *bsne*, *j-n von etw.* tebliğ etmek *birine bir şeyi*

benehmen **sich ~** davranmak

Benehmen *s* davranış

benötigen *v etw. Akk* acilen, hemen ihtiyaç olmak

benutzen *v* kullanmak *bşi*, *etw. Akk* kullanmak *bir şeyi*

Benutzer *m* kullanıcı

Benutzung *w etw. Gen* kullanım *bir şeyde*

Benzin *s* benzin; **Ich habe kein ~ mehr.** Benzinim bitti.

beobachten *v* **1** *j-n/etw.* izlemek *birini/bir şeyi*, (um zu lernen usw.) *j-n/etw.* dikkat etmek *birine/bir şeye* **2** (bemerken) gözetlemek *bşi* **3** (Entwicklung usw.) izlemek *bşi*, gözlemek *bşi*

Beobachtung *w* gözlem

bequem *adj* rahat ♦ *adv* kolayca

beraten *v j-n bei etw.* tavsiye etmek; **sich ~** *mit j-m über etw. Akk* danışmak

Beratung *w* **1** (Besprechung) danışma **2** (Beratertätigkeit) danışmanlık

berauben *v j-n etw. Gen* mahrum etmek

berechtigt *adj* **1** (Sorge usw.) haklı, gerekçeli **2** (Vorgehen usw.) meşru **3** (zuständig) yetkili

Bereich *m* bölge, alan, sektör

bereit *adj etw. Akk zu tun* istekli *bir şey yapmaya, zu etw.* hazır
bereiten *v etw. Akk* hazırlamak, *j-m etw. Akk* hazırlamak *biri için bir şey*
Bereitschaft *w* **1** (zum Handeln usw.) tedbirlilik **2** (zu helfen) istek **3** (Reserve) yedek
Berg *m* dağ
bergauf *adv* yokuş yukarı, yukarıya, yukarı
Berggipfel *m* dağın doruğu
Bergkette *w* rakım
Bergsteiger *m* dağcı
Bergwerk *s* maden ocağı
Bericht *m über etw. Akk* rapor *bir şeye ait*
berichten *v j-m von etw.* rapor etmek *birini birine*
Beruf *m* meslek
Berufserfahrung *w* pratik
beruhigen *v* **1** *j-n* yatıştırmak **2** (einen Wütenden usw.) sakinleştirmek *bşi*, yatıştırmak *bşi* **3** (durch Versicherung usw.) güven vermek *bsne* ► **sich ~** sakinleşmek
berühmt *adj* meşhur, ünlü, (bedeutend) üstün, mükemmel
berühren *v j-n/etw.* dokunmak *birine bir şeye*
Berührung *w* dokunuş
Besatzung *w* tayfa
beschädigen *v* hasara uğratmak, mahvetmek *bşi*, zarar vermek
Beschädigung *w* ziyan
beschäftigen *v j-n mit etw.* meşgul etmek *bsni*; **sich ~** *mit etw.* katılmak *bir şeye*, (Thema usw.) ile ilgilenmek
Beschäftigung *w* işe alma, (Arbeit) mesai
Bescheid *m* bildirme, ihbar etme; **~ sagen** *j-m* bildirmek *birine*
bescheiden *adj* alçak gönüllü
Bescheinigung *w* sertifika
beschlagnahmen *v j-m etw. Akk* el koymak
beschleunigen *v* **1** (sich schneller bewegen) hızlanmak **2** *etw. Akk* hızlanmak *bir şeyde*, (Entwicklung) çabuklaştırmak *bşi*, hızlandırmak *bşi* **3** (Anfang usw.) çabuklaştırmak *bşi*, hızlandırmak *bşi*
beschließen *v* **1** (Entschluss fassen) *etw. Akk* karar vermek *bşe* **2** (ein Gesetz usw.) oyla kabul etmek *bşi*
beschmutzen *v etw. Akk* kirletmek *bir şeyi*, *etw. Akk* kirletmek *bşi*, pisletmek *bşi*
beschränken *v etw. Akk* kısıtlamak *bir şey*
beschränkt *adj* **1** sıkışık, dar **2** (dumm) mankafa
Beschränkung *w* kısıtlama, limit
beschreiben *v* **1** (Blatt usw.) *etw. Akk* yazmak *bir şey* **2** (Person usw.) *j-n/etw.* betimlemek, (schildern) *j-n/etw.* tasvir etmek *bşi*
Beschreibung *w* betimleme
beschützen *v j-n/etw. vor j-m/etw.* korumak *birini/bir şeyi*
Beschwerde *w* şikayet, şikâyet
beschweren *v j-n* ezmek *bsni bş*, canını sıkmak *bsnin*; **sich ~** *bei j-m über etw. Akk* şikayet etmek
beseitigen *v* **1** *etw. Akk* silmek *bir şeyi* **2** (tilgen usw.) *etw. Akk* gidermek **3** (Abfall usw.) *etw. Akk* tasfiye etmek
Beseitigung *w* **1** silme **2** (Tilgung usw.) *von etw.* yok etme, kapatma
Besen *m* süpürge
besetzen *v* doldurmak
besetzt *adj* dolu
Besichtigung *w etw. Gen* ziyaret *bir yere*; **~ von Sehenswürdigkeiten** gezme
Besitz *m* **1** mal **2** (Besitzen) sahiplik
besitzen *v etw. Akk* sahip olmak, (innehaben) sahip olmak *bşe*
Besitzer *m* hamil, *etw. Gen* sahip
besonder(er,e,es) *adj* özel
besonders *adv* özellikle ♦ *part* özellikle
besorgen *v* **1** *etw. Akk* ilgilenmek, (Aufgabe usw.) *etw. Akk* kararlaştırmak, (erledigen) *etw. Akk* halletmek *bşi*, çözümlemek *bşi* **2** (beschaffen) *j-m etw. Akk für j-n* tedarik etmek *bşi*, sağlamak *bşi*
besprechen *v etw. Akk mit j-m* tartışmak
besser *adj* daha iyi ♦ *adv* daha iyi
best(er,e,es) *adj* en iyi
Bestandteil *m etw. Gen* parça *bir şeyden*
bestätigen *v* **1** (amtlich usw.) *etw. Akk* onaylamak **2** (Wahrhaftigkeit usw.) doğrulamak, doğrulamak *bşi*, teyit etmek
Bestätigung *w etw. Gen* onay
bestechen *v j-n/etw.* rüşvet vermek *bsne*
Besteck *s* çatal bıçak takımı
bestehen *v* **1** (als Ganzes) *aus etw.* oluşmak, *aus etw.* oluşmak *bşden*, ibaret olmak *bşden* **2** (Prüfung usw.) sınavı kazanmak **3** (von einem Problem usw.) *in etw. Dat* meydana gelmek **4** (beharren) *auf etw. Dat* ısrar etmek
bestehlen *v j-n um etw.* çalmak *birinden bir şey*, *j-n um etw.* soymak *bsni*, soyup soğana çevirmek
bestellen *v etw. Akk* ısmarlamak *bir şey*
Bestellung *w* ısmarlama
bestimmen *v* **1** (Anzahl usw.) *etw. Akk* belirlemek **2** (autoritativ) kararlaştırmak *bşi*
bestimmt[1] *adj* kesin
bestimmt[2] *part* kesinlikle, kuşkusuz, muhakkak
Bestimmungsort *m* istikamet
bestrafen *v j-n für etw.* cezalandırmak *birini bir şeyden ötürü*, *j-n für etw.* cezalandırmak *bsni*

Besuch *m* **1** *j-s/etw.* ziyaret **2** (Gast) ziyaretçi
besuchen *v* **1** *j-n* ziyaret etmek *birini*, uğramak *birine* **2** (Kurs usw.) *etw. Akk* gitmek *bir yere* ► **die Sehenswürdigkeiten ~** biraz gezinti yapma
Besucher *m* ziyaretçi
Betäubung *w* narkoz, anestezi
beten *v* dua etmek
Beton *m* beton
betonen *v* **1** (Bedeutung usw.) *etw. Akk* vurgulamak *bir şeyi* **2** *etw. Akk* vurgulamak *bşi*
betrachten *v j-n/etw. als j-n/etw.* saymak
beträchtlich *adj* büyük, büyükçe, önemli ♦ *adv* epeyce, oldukça
Betrag *m* toplam
betreffen *v* **1** *j-n/etw.* ilgilendirmek **2** (Erdbeben) *etw. Akk* uğramak *bşe* ► **was** *j-n/etw.* **betrifft** gelince
betreffend *adj* söz konusu
betreiben *v etw. Akk* hizmet vermek *bir şeye*; **Unternehmen ~** işi sürdürmek
betreten *v etw. Akk* girmek *bye*
Betrieb *m* **1** fabrika, işletme **2** (Tätigkeit usw.) *etw. Gen* çalışır durum *bir şeyde* **3** (einer Organisation usw.) *etw. Gen* çalışma *bir şeyde* **4** (Treiben) gürültü, kalabalık, (Treiben) koşuşma ► **außer ~** servis dışı
betrinken **sich ~** *von etw.* sarhoş olmak
Betrug *m* hile, aldatma, dolandırıcılık, kandırma
betrügen *v* **1** aldatmak *bsni*, ihanet etmek, *j-n* kandırmak **2** (Ehemann usw.) *j-n* aldatmak **3** *j-n um etw.* çalmak *bşi bsnden*, *j-n um etw.* aldatmak *bsni*, kandırmak *bsni*
Betrüger *m* dolandırıcı
betrunken *adj* sarhoş
Bett *s* **1** yatak **2** (eines Flusses usw.) nehir yatağı
betteln *v* **1** (um Almosen) *um etw.* dilenmek, dilencilik etmek **2** *um etw.* yalvararak istemek *bşi*, (bitten) *bei j-m um etw.* yalvararak istemek *bşi*, *bei j-m um etw.* yalvararak elde etmek
Bettlaken *s* çarşaf
Bettler *m* dilenci
Bettwäsche *w* çarşaf, yatak takımı
Beule *w* şiş
beurteilen *v j-n/etw.* yargılamak *birini/bir şeyi*
Beute *w* çalıntı, ganimet, (Fang) av
Bevölkerung *w* nüfus
bevorzugen *v* **1** *etw. Akk* öncelik vermek *bir şeye*, *j-n/etw. vor j-m/etw.* tercih etmek *bsni/bşi* **2** (favorisieren) *j-n/etw. vor j-m/etw.* tercih etmek *bşi*
bewachen *v* nöbet tutmak, (Haus usw.) *etw. Akk* korumak *bir şeyi*
bewaffnet *adj* silahlı
bewässern *v* sulamak *bşi*
beweglich *adj* hareketli
Bewegung *w* **1** egzersiz, hareket **2** (religiöse usw.) hareket ► **sich in ~ setzen** hareket etmek
Beweis *m etw. Gen* kanıt *bir şeyden*
beweisen *v* **1** *etw. Akk* kanıtlamak *bir şey* **2** (Fähigkeiten usw.) *etw. Akk* ispatlamak *bşi*, kanıtlamak *bşi* ► **sich ~** *als* göstermek *bir oluşumu*
bewerben **sich ~** *um etw.* başvurmak
bewohnbar *adj* meskun, oturulur, oturulabilir
bewohnen *v etw. Akk* sakin olmak
Bewohner *m* sakin
bewölkt *adj* bulutlu ♦ *adv* kapalı
bewundern *v j-n/etw. wegen etw.* hayran olmak
bewusst *adj* **1** (Lüge usw.) kasıtlı **2** (einer Tatsache usw.) *etw. Gen* farkında, bilinçli **3** (Mensch usw.) bilinçli ♦ *adv* **1** (mit Absicht) kasıtlı olarak **2** (mit Bewusstsein) bilinçlice ► **sich ~ werden** *etw. Gen* kavramak *bir şeyi*
bewusstlos **~ sein** bilinçsiz olmak
Bewusstlosigkeit *w* bilinçsiz
Bewusstsein *s* **1** bilinçlilik **2** (Wissen) *etw. Gen* bilinç ► **bei ~ sein** bilincinde olmak
bezahlen *v j-m etw. Akk* ödemek *birine,bir şeyi*
Bezahlung *w* ödeme, *etw. Gen* ücret *bir şeye ait*
bezeichnen *v* **1** *etw. Akk mit etw.* işaretlemek *bir şeyi bir şeyle* **2** (mit einem Namen usw.) işaretlemek *bşi*, belirlemek *bşi*
Bezeichnung *w* unvan
Beziehung *w* **1** ilişki **2** (Zusammenhang usw.) münasebet, ilişki
beziehungsweise *adv* belki, duruma göre ♦ *conj* belki
Bezirk *m* bölge, ilçe, mahalle
Bezug *m* örtü
bezüglich *prep* dair, ilişkin, ilgili
bezweifeln *v etw. Akk* şüphe etmek *bşden*, *etw. Akk* şüphelenmek *bir şeye*
BH *m* sutyen, sütyen
Bibliothek *w* kütüphane
biegen *v etw. Akk* eğmek *bşi*, bükmek *bşi*, *etw. Akk* gücünü bir tarafa yöneltmek
biegsam *adj* esnek
Biene *w* arı
Bier *s* bira; **~ vom Fass** fıçı bira
bieten *v j-m etw. Akk* teklif etmek
Bikini *m* bikini
Bild *s* resim
bilden *v etw. Akk* oluşturmak, teşkil etmek
Bildhauer *m* heykeltıraş
Bildschirm *m* ekran

Bildung *w* eğitim
billig *adj* ucuz ♦ *adv* ucuz(ca)
Binde *w* şerit
binden *v* **1** bağlamak *bşi* **2** (Beziehung usw.) ilişkide bulunmak **3** (Schleife um Geschenk usw.) *etw. Akk um etw.* bağlamak *bşi*, sarıp bağlamak
binnen *prep etw. Dat* içinde
Birne *w* **1** armut **2** (mattierte usw.) ampul
bis[1] *prep* ...e kadar; **~ zu/an/über** -e kadar; **geöffnet von... ~...** ...-den/dan ...-e/-a kadar açık
bis[2] *conj* kadar
Bischof *m* piskopos
bisher *adv* şimdilik, şimdiye kadar, şu ana kadar; **~ nicht** henüz değil
bisschen **ein ~** az; **ein ~** *etw. Gen* biraz
bitte *part* lütfen; **B~!** (Einwilligung usw.) Devam et!; **Hier ~.** (Schenken usw.) Buyurun.; **Ja ~?** Buyurun!; **Wie ~?** Efendim?
Bitte *w um etw. Akk* rica *bir şey için*
bitten *v j-n um etw.* istemek
bitter *adj* acı
Blase *w* **1** (Seifenblase usw.) kabarcık **2** (auf Haut) sulu kabarcık **3** (Organ) körük
blasen *v* **1** (Wind usw.) esmek **2** (Musikinstrument usw.) *etw. Akk* üflemek
blass *adj* soluk
Blatt *s* **1** yaprak **2** (Propeller usw.) pala
blau *adj* mavi; **ein ~er Fleck** bere
Blaubeere *w* çayüzümü
Blech *s* sac
Blechbüchse *w* pet
Blechdose *w* pet
Blei *s* kurşun
bleiben *v irgendwo* kalmak *bir yerde* ► **(übrig) ~** artmak
Bleistift *m* kurşun kalem
blenden *v* **1** (mit Licht) *j-n* göz kamaştırmak **2** (entzücken) *j-n* büyülemek **3** *j-n* kör etmek *bsni*
Blick *m auf etw. Akk* bakış
blind *adj* kör ♦ *adv* körü körüne
Blinddarm *m* apandis
Blinddarmentzündung *w* apandisit hastalığı
Blinker *m* sinyal ışığı, flaşör
Blinkleuchte *w* sinyal ışığı, flaşör
Blitz *m* şimşek
blitzen *v* şimşek çakması; **Es blitzt.** Şimşek çaktı.
Blitzlicht *s* flaş
blockieren *v etw. Akk* bloke etmek
blond *adj* sarışın
bloß *adj* sadece
blühen *v* **1** (Rosen usw.) çiçek açmak **2** (Geschäft usw.) başarılı olmak, serpilmek **3** (Schmuggel usw.) yayılmak
Blume *w* çiçek
Blumengeschäft *s* çiçekçi
Blumenkohl *m* karnabahar
Blumenstrauß *m* buket
Blumentopf *m* vazo
Bluse *w* bluz
Blut *s* kan
Blutdruck *m* tansiyon
Blüte *w* **1** (einer Pflanze) tomurcuk **2** (wirtschaftliche usw.) çiçeklenme, altın çağ
Blutegel *m* sülük
bluten *v* kan kaybetmek
Blutentnahme *w* kan aldırmak
blutig *adj* kanlı ► **~es Steak** çiğ et
Boden *m* **1** toprak, yeryüzü **2** (Oberfläche) yeryüzü **3** (im Zimmer usw.) zemin **4** (von einem Gefäß usw.) dip
Bogen *m* **1** (Biegung) kavis **2** (Tragwerk) kemer, yay **3** (Waffe) yay **4** (Papierblatt) kağıt parçası **5** (zum Spielen) yay
Bohne *w* **1** (Frucht) fasulye **2** (Sojabohne usw.) bakla
bohren *v* **1** (Loch usw.) delmek **2** (Schacht usw.) kazmak **3** (Nägel in Haut usw.) *etw. Akk in etw. Akk* kazımak *bşi bşe*
Bohrmaschine *w* matkap
Bombe *w* bomba
Bonbon *m* şeker
Boot *s* bot
Bord[1] *s* raf
Bord[2] *m* güverte, uçağa biniş; **an ~ gehen** (Schiff) binmek; **an ~** *etw. Gen* güvertede
Bordell *s* kerhane
Börse *w* piyasa
böse *adj* kızgın, öfkeli, kötülük; **~ sein** *j-m/auf j-n* kızmak
Botschaft *w* **1** (Vertretung) elçilik **2** (Nachricht) haber
Botschafter *m* büyükelçi
Brand *m* yangın
braten *v* **1** (im Fett) kavurmak, kızartmak *bşi* **2** kızartmak *bşi*, (in der Pfanne) kızartmak *bşi*
Braten *m* rosto
Bratwurst *w* sosis
brauchen *v etw. Akk* gerek duymak; **Ihr braucht nicht auf mich zu warten.** Beni beklemek zorunda değilsiniz.
braun *adj* kahverengi
bräunen *v* **1** (in der Sonne) yanmak **2** (Zwiebel usw.) *etw. Akk* kızartmak *bşi*
Braut *w* gelin
Bräutigam *m* damat
brav *adj* iyi ♦ *adv* itaatkar bir şekilde

brechen *v* **1** (Zweig usw.) *etw. Akk* bozmak **2** (Schwur usw.) uymamak **3** (bei Übelkeit) kusmak **4** (zerfallen) kırılmak ► **das Gesetz ~** kanunu çiğnemek; **(sich) ~** *etw. Akk* (Knochen usw.) kırmak *bir şeyi*
Brei *m* püre
breit *adj* geniş ♦ *adv* ardına kadar, sonuna kadar
Breite *w* **1** *etw. Gen* genişlik *bir şeyde* **2** (geografische) enlem
Bremse *w* fren
bremsen *v* frenlemek
brennen *v* **1** (Feuer usw.) yanmak **2** (heiß sein) alev almak, (Sonne usw.) vurmak *bye* **3** (weh tun) acımak **4** (eine CD usw.) yazmak **5** (Alkohol) damıtmak ► **Es brennt!** Ateş!
Brennstoff *m* yakıt
Brett *s* tahta
Brief *m* mektup
Briefkasten *m* posta kutusu
Brieftasche *w* cüzdan
Briefträger *m* postacı
Briefumschlag *m* zarf
Brille *w* gözlük
bringen *v* **1** (ein Buch usw.) *j-m etw. Akk* getirmek **2** (mit dem Auto usw.) *j-n/etw. irgendwohin* getirmek, (mit dem Auto) *j-n irgendwohin* araba ile götürmek, *j-n irgendwohin* bırakmak *birini bir yere* **3** *j-n/etw. irgendwohin* yerleştirmek *birini* **4** (in Verlegenheit usw.) getirmek *birini bir yere* **5** *j-n um etw. Akk* mahrum etmek ► **auf den Markt ~** takdim etmek *bir şey*; **in Verlegenheit ~** *j-n* utandırmak; **mit sich ~** *etw. Akk* (Konsequenzen usw.) içermek
Brokkoli *w* brokoli
Brombeere *w* böğürtlen
Bronze *w* bronz
Brot *s* ekmek
Brötchen *s* çörek, ekmek, francala
Bruch *m* **1** (Knochen) kırık **2** (Zahlen) kesir
Brücke *w* köprü
Bruder *m* kardeş, erkek kardeş
Brühe *w* et suyu, (Suppe) et ya da sebze suyuna çorba
brüllen *v* **1** kükremek, (Löwe usw.) kükreme **2** böğürmek, feryat etmek
Brunnen *m* **1** (für Grundwasser) kuyu **2** (Fontäne) çeşme **3** (Heilquelle) kaynak, çeşme
Brust *w* **1** göğüs, sine **2** (weibliche) meme
brutal *adj* vahşi, zalim, acımasız ♦ *adv* vahşice, zalimce
Buch *s* kitap
buchen *v etw. Akk* rezerve etmek
Bücherschrank *m* kitaplık
Buchhandlung *w* kitapçılık
Büchsenöffner *m* açacak
Buchstabe *m* harf
buchstabieren *v etw. Akk* harf harf söylemek
Bucht *w* körfez, (klein) koy
Buchung *w* rezervasyon
Bügeleisen *s* ütü
bügeln *v* ütülemek
Bühne *w* sahne
bunt *adj* **1** (nicht schwarz-weiß) renkli **2** (mit vielen Farben) çok renkli, rengarenk **3** (abwechslungsreich) çeşitli
Burg *w* kale
bürgen *v für j-n* kefil olmak *birine*
Bürger *m* vatandaş
Bürgermeister *m* belediye başkanı
Bürgersteig *m* kaldırım
Büro *s* büro
Bürste *w* **1** fırça **2** (zum Anstreichen usw.) boya fırçası ► **(kleine) ~** fırça
Bus *m* otobüs
Busbahnhof *m* otogar
Busen *m* göğüs, memeler
Bußgeld *s* ceza
Büstenhalter *m* sutyen, sütyen
Butter *w* tereyağı

C

Café *s* kafe, (Hotel) büfe
Camp *s* kamp
campen *v* kamp yapmak
Camper *m* kampçı
Campingplatz *m* kamp
Chance *w* **1** (Möglichkeit) fırsat **2** ***~n*** (Gewinnquote usw.) talih, şans
Charakter *m* **1** (Wesen) karakter **2** (einer Landschaft usw.) karakter, özellik
charakteristisch *adj* karakteristik
Chef *m* baş, önder, şef
Chirurg *m* cerrah
Chirurgie *w* cerrahlık
Chor *m* koro
Christ *m* Hristiyan
Comic *m* mizah dergisi
Computer *m* bilgisayar
Couch *w* kanepe, divan
Cousin *m* kuzen
Cousine *w* kuzen
Creme *w* krema, (Kosmetik) krem
Curry *m,s* köri

D

dabei *adv* aynı anda
Dach *s* çatı
Dachboden *m* tavan arası
Dachgepäckträger *m* port bagaj
dafür *adv* yerine
daheim *adv* (SwD, SüD) evde
damals *adv* o zaman
Dame *w* **1** (Person) bayan **2** **~n** bayanlar tuvaleti
Damenbinde *w* ped
Dämmerung *w* **1** (am Morgen) şafak **2** (am Abend) alacakaranlık
Dampf *m* buhar
dämpfen *v* **1** (Licht) sönükleşmek, (Schall usw.) kısmak **2** (Stoß usw.) azaltmak, kısmak **3** (unterdrücken) kısmak *bşi*
daneben *adv* yan
dank *prep j-m/etw.* sayesinde
dankbar *adj für etw.* müteşekkir; **~ sein** *j-m für etw.* minnettar olmak *birine bir şeyden ötürü*
danke **D~!** Teşekkürler!
danken *v j-m für etw.* teşekkür etmek
dann *adv* ondan sonra
Darm *m* bağırsak
darstellen *v* **1** (abbilden usw.) teşrih etmek *bşi*, betimlemek *bşi*, (gestalten) temsil etmek *bir şeyi* **2** (bedeuten) teşkil etmek **3** (spielen) *j-n* şekil vermek *bşe*
das *pron* o
dass *conj* ki
dasselbe *pron* aynı
Daten *Mz* bilgi, veriler
Dattel *w* hurma
Datum *s* tarih
Dauer *w* süre, sürme
dauerhaft *adj* kalıcı ♦ *adv* sürekli olarak, devamlı
Dauerkarte *w* giriş kağıdı, (Fahrkarte usw.) abonman kartı
dauern *v* sürmek; **Wie lange wird es ~?** Ne kadar sürecek?
dauernd *adj* sistematik, devamlı, muntazaman ♦ *adv* **1** (ohne Unterbrechung) hep, durmadan, (ohne Unterbrechung) sürekli olarak **2** (für immer) sürekli olarak, devamlı
Daumen *m* başparmak
Debitkarte *w* banka kartı
Deck *s* güverte
Decke *w* **1** battaniye, yorgan **2** (im Zimmer) tavan
Deckel *m* kapak
decken *v* **1** (schützen) *j-n/etw.* korumak **2** ***Tisch*** **~** masayı kurmak **3** *etw. Akk mit etw.* kapsamak **4** (finanziell) *etw. Akk* karşılamak ► **die Kosten ~** masrafları karşılamak
defekt *adj* bozuk, bozulmuş
Defekt *m* arıza
Deich *m* bent, set
dein, deine *pron* senin
demnächst *adv* kısa zamanda, az sonra
Demokratie *w* demokrasi
Demonstration *w* gösteri
denken *v* **1** (im Kopf haben) *an etw. Akk* düşünmek *bir şeyi/birini* **2** (Meinung haben) düşünmek **3** (sich erinnern) *an j-n/etw.* düşünmek *bşi/bsni* **4** (vorhaben) *an etw. Akk* düşünmek *bşi*
dennoch *conj* bununla birlikte
Deodorant *s* deodorant
der, die, das *pron* **1** bu **2** (bei Personen) kim, (Relativpronomen) hangi
derb *adj* kaba
derjenige, diejenige, dasjenige *pron* şu, o
deshalb *adv* bu nedenle ♦ *conj* bu nedenle, öyleyse, bu durumda, o halde
Design *s* dizayn
Desinfektion *w* dezenfeksiyon
Desinfektionsmittel *s* dezenfektan
desinfizieren *v* dezenfekte etmek
Dessert *s* tatlı
desto **je… ~** ne kadar … o kadar …
deswegen *adv* bu nedenle ♦ *conj* bu nedenle, öyleyse, bu durumda, o halde
deutlich *adj* **1** (Änderung usw.) önemli **2** (klar erkennbar) belirgin ♦ *adv* **1** (geschrieben usw.) anlaşılır bir şekilde **2** (hören usw.) açıkça, net olarak **3** (verständlich usw.) apaçık, kesinlikle
deutsch *adj* Alman ♦ *adv* Almanca
Deutsch(e) *s* Almanca
Deutsche *m* Alman *m*
Deutschland *s* Almanya
Devise *w* döviz
Dezember *m* aralık
Dezimalkomma *s* virgül
Dia *s* diyapozitif, saydam
Diabetes *m* şeker hastalığı
Diamant *m* elmas
Diät *w* diyet; **Ich halte ~.** Rejimdeyim.
dich *pron* seni
dicht *adj* **1** yoğun **2** (Soße usw.) koyu
Dichter *m* şair
dick *adj* **1** (Brett usw.) kalın **2** (Person usw.) şişman **3** (Suppe usw.) koyu
die *pron* bunlar; **~ (da)** onlar
Dieb *m* hırsız
Diebstahl *m* hırsızlık

dienen *v* **1** *j-m/etw.* hizmet etmek *bir şeye birine* **2** (Zweck haben) *als etw. Nom, zu etw.* hizmet etmek *bir şey gibi*
Dienst *m* nöbet, (Leistung) servis; **~e leisten** *j-m/etw.* yardım etmek *birine/bir şeyle*
Dienstag *m* Salı
Dienstleistungen *w Mz* hizmetler
diese *pron* bunlar
Diesel *m* mazot
dieser, diese, dieses *pron* bu, şu, o; **dieses Jahr** bu yıl
diesmal *adv* bu sefer
Ding *s* şey
dir *pron* sana
direkt *adj* **1** (Verbindung usw.) doğrudan **2** (Person) doğrulu, dürüst **3** (Lösung usw.) doğrulu ♦ *adv* **1** (ohne Umstände) doğrudan doğruya **2** (sofort) hemen
Direktor *m* direktör, müdür
Diskothek *w* disko
Diskussion *w* münazara
diskutieren *v über etw. Akk* tartışmak
dividieren *v etw. Akk durch etw.* bölüştürmek
doch *part* ki, neticede
Doktor *m* doktor
Dollar *m* dolar
dolmetschen *v* tercüme etmek, *etw. Akk in etw. Akk* tercüme etmek, çevirmek *bşi*
Dolmetscher *m* mütercim
Dom *m* tapınak
Donner *m* gök gürültüsü
Donnerstag *m* Perşembe
doppelt *adj* çift ♦ *adv* iki misli ► **~ so viel** iki katı
Dorf *s* köy
dort *adv* orada
dorthin *adv* orada
Dose *w* konserve
Dosenbier *s* kutu bira
Dosenöffner *m* açacak
Draht *m* tel
dramatisch *adj* dramatik
draußen *adv* dışarısı; **nach ~** dışarı
drehen *v* **1** *etw. Akk* döndürmek *bir şeyi* **2** (formen) *etw. Akk* bükmek *bir şeyi* **3** (Schiff, Wind usw.) geri dönmek **4** (Film) film çekmek ► **sich ~** dönmek
drei *num* üç
Dreieck *s* üçgen
dreißig *num* otuz
dreizehn *num* on üç
dringend *adj* acil, kışkırtılmış ♦ *adv* hemen, acilen
drinnen *adv* içeride, içeri
dritt(er,e,es) *num* üçüncü
Drittel *s* üçte bir
Droge *w* uyuşturucu
drohen *v* **1** *j-m mit etw.* tehdit etmek *biribi bir şeyle* **2** (Gefahr usw.) *j-m/etw.* tehlikeye atmak
Drohung *w* tehdit
drüben *adv* karşısında *bşin*, karşıda
Druck[1] *m* (Kraft usw.) basınç
Druck[2] *m* (Prozess) *etw. Gen* baskı
drucken *v* basmak
drücken *v* **1** (in der Hand usw.) *etw. Akk* sıkmak *bir şeyi* **2** (Knopf usw.) *etw. Akk* bastırmak *bir şeyi* **3** sıkmak *bşi*, (pressen) *etw. Akk* bastırmak *bir şeyi* **4** (mit der Hand usw.) *etw. Akk* ittirmek *bir şeyi* **5** (zu eng sein) sıkmak **6** *etw. Akk in etw. Akk* ittirmek *bir şeyi, bir yere* **7** *j-n/etw. in/an etw. Akk* bastırmak *bşi bşe*, sıkıştırmak *bşi bşe*
Druckerei *w* basım evi
Druckknopf *m* **1** (zum Verschließen) raptiye **2** (Maschinenteil usw.) düğme
du *pron* sen
Dudelsack *m* gayda
Duft *m* koku
duften *v* kokmak
dumm *adj* aptal, gerizekalı ♦ *adv* aptalca
Dummheit *w* aptallık, salaklık
Düne *w* kumul
dunkel *adj* **1** (fast schwarz) karanlık, koyu **2** (wenig beleuchtet) karanlık, loş **3** (mit dunkler Haut) esmer ♦ *adv* karanlık bir şekilde
dunkelhaarig *adj* esmer saçlı
Dunkelheit *w* karanlık
dünn *adj* **1** (Ast usw.) ince **2** (Suppe usw.) seyrek
durch *prep* **1** *etw. Akk* üzerinden *bir şeyi* **2** (Methode) *j-n/etw.* tarafından
durcheinanderbringen *v* bozmak, *etw. Akk* karıştırmak *bşi*, (verwechseln usw.) karıştırmak *bşi*
durchfahren[1] *v* (durch Tunnel usw.) *durch etw.* geçmek *bir yerden*
durchfahren[2] *v* (durchreisen) seyahat etmek, *etw. Akk* baştan başa dolaşmak
Durchfahrt *w* **1** (Durchfahren) *durch etw.* üst geçit **2** (Stelle) üst geçit
Durchfall *m* **1** (Erkrankung) ishal **2** (Film usw.) başarısızlık
durchfallen *v* **1** *durch etw.* düşmek **2** *in etw. Dat* elenmek
durchführen *v* **1** (durch Stadt usw.) *j-n durch etw.* götürmek *birini bir yere* **2** (Aufgabe usw.) *etw. Akk* gerçekleştirmek **3** (Vorhaben usw.) *etw. Akk* gerçekleştirmek **4** (Experiment usw.) yönetmek, yürütmek **5** (realisieren) *etw. Akk* gerçekleştirmek *bir şey*
Durchgang *m* geçit
durchgehen *v* **1** *durch etw.* geçmek *bir yerden* **2** (lesen usw.) *etw. Akk* geçmek *bir şey*

Durchmesser *m etw. Dat* çap
Durchreise *w durch etw.* üst geçit
durchreisen *v* seyahat etmek
Durchschnitt *m* ortalama
durchschnittlich *adj* ortalama
durchsehen *v etw. Akk* teftiş etmek
durchsichtig *adj* transparan
durchsuchen *v j-n/etw.* aramak, araştırmak
dürfen *v* yapabilmek
Durst *m* susama; **~ haben** susamak
durstig **~ sein** susamak
Dusche *w* duş; **eine ~ nehmen** duş almak
duschen **(sich) ~** duş almak
Dutzend *s* düzine
duzen *v j-n* sen diye hitap etmek
D-Zug *m* ekspres

E

Ebbe *w* çekilme
eben[1] *adj* eşit; **~ machen** dengelemek
eben[2] *part* sadece
Ebene *w* **1** (Land) düzlük, yayla, plato, plâto **2** (geometrische usw.) düzlem
ebenfalls *adv* dahi
ebenso *adv* aynen
Echo *s* yankı
echt *adj* hakiki, asıl ♦ *adv* gerçekten, hakikaten, sahiden ♦ *part* gerçekten, hakikaten
Ecke *w* köşe
eckig *adj* açısal
edel *adj* asil, (Mensch usw.) soylu
Edelstein *m* cevher
egal **Es ist mir ~.** Umursamıyorum.
Ehe *w* evlilik
Ehefrau *w* eş
Eheleute *w* evli çift
ehemalig *adj* eski, evvelki, önceki
Ehemann *m* koca, eş
Ehepaar *s* evli çift
eher *adv* daha önce ♦ *part* daha
Ehre *w* **1** onur **2** (Ehrenerweisung) onur, şeref
ehrlich *adj* **1** dürüst **2** (offen) samimi ♦ *adv* dürüstçe, samimi, içtenlikle ► **E~?** Ciddi mi?
Ei *s* yumurta
Eiche *w* meşe
Eidechse *w* kertenkele
Eierschale *w* kabuk
Eierstock *m* yumurtalık
eifersüchtig *adj* kıskanç; **~ sein** *auf j-n* kıskanmak, kıskançlık yapmak

eigen *adj* kendi
Eigenschaft *w j-s/etw.* özellik *birinin/bir şeyin*
eigentlich *part* gerçekten; **~ nicht** aslında değil
Eigentum *s* mal
Eigentümer *m etw. Gen* sahip
Eile *w* acele
eilen *v* acele etmek
eilig *adv* **1** hemen, derhal **2** (schicken usw.) ekspres ► **Ich habe es ~.** Acelem var.
Eimer *m* kova
ein *num* bir
einatmen *v* **1** (Atem holen) nefes almak **2** (Dämpfe usw.) *etw. Akk* solukla içeri almak **3** (Rauch usw.) *etw. Akk* içine çekmek *bşi*
einbahnig *adj* tek yönlü
Einbettzimmer *s* tek oda
einbrechen *v* **1** (Dieb usw.) *in etw. Akk* zorla girmek **2** (Feind usw.) *in etw. Akk* akın etmek *bir yere* **3** (Decke usw.) çökmek, yırtılmak, yarılmak
Einbruch *m* zorla girme
einchecken *v j-n* giriş yapmak
Eindruck *m* intiba
einfach[1] *adj* **1** (leicht) kolay **2** (unkompliziert) basit
einfach[2] (ohne Weiteres usw.) *adv* basitçe ♦ *part* sadece
Einfahrt *w* giriş
einfallen *v* **1** (Idee usw.) *j-m* aklına gelmek *birinin* **2** (in ein Land usw.) *irgendwohin* istila etmek
einfliegen *v* ulaşmak
Einfluss *m* etki
einfrieren *v* **1** (zu Eis werden) donmak **2** dondurmak *bşi*
einführen *v* **1** *etw. Akk irgendwohin* ithal etmek *bir şey bir yere* **2** (Maßnahme usw.) kurmak **3** (ein Produkt) takdim etmek *bir şey*
Eingang *m* giriş
Eingeborene *m* yerli
Eingemachte *s* reçelini yapma
eingeschaltet *adj* açık
einheimisch *adj* yerli
Einheit *w* **1** (Verbundenheit) birlik **2** (Meter usw.) birim **3** (organisatorisch) bütünlük
einheitlich *adj* **1** (Einheit bildend) birleşik, birimsel **2** (für alle gleich) tekdüze ♦ *adv* birlikte, beraber, ortaklaşa
einig *adj* birleşik
einig(er,e,es) *pron* bazı; **einige** birkaç; **einige Male** birkaç kere
einigen *v* birleştirmek *bir şeyi*; **sich ~** *über etw. Akk* kararlaştırmak
einjährig *adj* yıllık
Einkauf *m* alışveriş yapma
einkaufen *v* alışveriş yapmak

Einkaufspassage *w* alışveriş merkezi, pasaj
Einkaufswagen *m* market arabası
Einkaufszentrum *s* alışveriş merkezi
Einkommen *s* gelir
einladen *v j-n irgendwohin* davet etmek *birini bir yere, j-n* davet etmek *bsni*
Einladung *w* **1** davet **2** (Karte) davetiye
einlegen *v* **1** *etw. Akk in etw. Akk* sokmak, koymak *bir şeyi bir şeyin içine* **2** (Geld) *etw. Akk irgendwo* depozit olarak vermek **3** (Gurken usw.) turşusunu kurmak
Einlegesohlen *w Mz* ayakkabı tabanlığı
Einleitung *w* giriş, başlangıç
einloggen **sich ~** giriş yapmak
einlösen *v* rehinden kurtarmak *bşi*
einmal *adv* bir, (in Vergangenheit) çok eski ♦ *num* bir kere ► **auf ~** aniden, aynı zamanda
einmalig *adj* tek zamanlı
einmischen **sich ~** *in etw. Akk* müdahele etmek *bir şeye*
einpacken *v etw. Akk* paketlemek *bir şeyi*
Einreisevisum *s* giriş vizesi
einrichten *v etw. Akk* döşemek
Einrichtung *w* ev döşeme, eşya
einsam *adj* yalnız
einschalten *v* açmak; **(Licht) ~** açmak; **sich ~** çalışmak
einschiffen **sich ~** binmek
einschlafen *v* **1** (in Schlaf sinken) uyuya kalmak **2** (Bein usw.) uyuşmak
einschließen *v etw. Akk* zaptetmek *bir şey*
einschließlich *adv etw. Gen* dahil ♦ *prep etw. Gen* dahil
Einschreiben *s* taahhütlü mektup
einseitig *adj* tek taraflı
einsteigen *v in etw. Akk* oturmak *bir şeye*
einstellen *v* **1** (Arbeiter usw.) *j-n* almak *birini, j-n* işe almak *bsni* **2** (Maschine usw.) ayarlamak **3** (Radio) istasyona ayarlamak *bşi*, (Sender usw.) *etw. Akk* akort etmek *bir şeyi* **4** (Tätigkeit usw.) *etw. Akk* bırakmak *bşi*, ara vermek *bşe*, (Tätigkeit) *etw. Akk* durdurmak *bir şeyi* ► **sich ~** (kommen) sunmak *kendine*
Einstellung *w* **1** (von Tätigkeit usw.) durdurma **2** (Meinung) davranış, tavır, (Meinung) *zu etw.* yaklaşım
Einstieg *m* uçağa binme
Einstiegsgebühr *w* fiyat
einstoßen *v etw. Akk in etw. Akk* saplamak *bir şeyi bir şeyin içine*
einstürzen *v* yıkılmak
einteilen *v* **1** (in Stücke) *etw. Akk in etw. Akk* bölmek **2** (planen) programlamak *bşi*, zamanlamak *bşi*
eintreten *v* **1** *in etw. Akk* girmek **2** *für j-n/etw.* desteklemek, *für j-n/etw.* korumasına almak *bsni* **3** kapılmak *bşe*, egemen olmak, (geschehen) gelmek
Eintritt *m* **1** giriş **2** (Geld) giriş ücreti **3** (der Dunkelheit usw.) baş, başlangıç ► **~ frei** giriş bedava
Eintrittsgeld *s* giriş ücreti
Eintrittskarte *w* bilet
einverstanden **E~?** Tamam mı?
einwerfen *v etw. Akk in etw. Akk* atmak *bir şeyi*
einwickeln *v etw. Akk in etw. Akk* paketlemek *bir şeyi bir şeye*
Einwohner *m* sakin
einzahlen *v etw. Akk auf etw. Akk* depozit olarak vermek
Einzahlung *w* ödeme
Einzelheit *w* ayrıntı
einzeln *adj* başlıbaşına
Einzelzimmer *s* tek oda
einzig *adj* tek ♦ *adv* sırf, münhasıran, tek, yalnız ♦ *num* yek
einzigartig *adj* eşsiz
Eis *s* **1** (Wasser) buz **2** (Speiseeis) dondurma
Eisbecher *m* dondurma bardağı
Eisen *s* demir
Eisenbahn *w* demiryolu
Eisenbahnwagen *m* vagon
eisig *adj* buzlu, (Wetter usw.) ayaz, dondurucu
eiskalt *adj* buzlu
Eiter *m* irin, cerahat
ekelhaft *adj* iğrenç, kirli
elastisch *adj* esnek
Elch *m* kanada geyiği
elegant *adj* zarif
Elektriker *m* elektrikçi
elektrisch *adj* elektrikli
Elektrizität *w* elektrik
Element *s* **1** (Bestandteil) bileşen **2** (Naturkraft) doğa olayı, afet
Elend *s* canı yanma, acı
elf *num* on bir
Ellbogen *m* dirsek
Eltern *Mz* ebeveynler *Mz*
E-Mail *w* e posta; **~ schicken** *j-m* e posta göndermek
Empfang *m* **1** (Ware usw.) kabul **2** (von Gästen usw.) kabul, karşılama **3** (Signal usw.) alım **4** (Veranstaltung) misafirperverlik, resepsiyon
empfangen *v* hamile kalmak, döllenmek
Empfänger *m* **1** *etw. Gen* tasfiye memuru, (eines Briefes usw.) alıcı **2** (Gerät) alıcı
Empfängnisverhütung *w* doğum kontrolü

empfehlen *v j-n/etw. j-m* tavsiye etmek *birini/birine bir şeyi*
Empfehlung *w* öneri
empfindlich *adj* **1** (emotional) duyarlı **2** (leicht beleidigt) alıngan **3** (gegen Kälte usw.) *gegen etw.* duyarlı, (wenig beständig) hassas, nazik **4** (Verlust usw.) hissedilir
Ende *s* **1** son, bitim **2** (von Stock usw.) son ► **zu ~ bringen** *etw. Akk* bitirmek; **zu ~ sein** sonlandırmak
enden *v* sonlandırmak
endgültig *adj* final, nihai, son, (Ergebnis usw.) nihai
Endhaltestelle *w* terminal
endlich *adv* artık, sonunda
Endstation *w* terminal
Energie *w* enerji
eng *adj* **1** dar **2** (Zusammenhang usw.) yakın ► **~er werden** daraltmak
Engel *m* melek
England *s* İngiltere
Engländer *m* İngiliz
englisch *adj* İngiliz ♦ *adv* ingilizce
Enkel *m* erkek torun
Enkelin *w* kız torun
entdecken *v* **1** (Kontinent usw.) *etw. Akk* keşfetmek **2** (Verbrechen usw.) *etw. Akk* açıklamak
Entdeckung *w* keşif
Ente *w* ördek
entfernen *v* **1** (beseitigen) *etw. Akk von etw.* indirmek *bşi*, çıkarmak *bşi* **2** (in Ferne bringen) *etw. Akk von etw.* uzaklaştırmak *bşi/bsni byden* ► **sich ~** *aus etw.* uzaklaşmak *bir yerden*; **sich ~** *von etw.* uzaklaştırmak *bir şeyden*
entfernt *adj* **1** (Ort usw.) ücra, (Stelle usw.) uzakta **2** (Ähnlichkeit usw.) uzak
Entfernung *w* uzaklık
entführen *v etw. Akk* kaçırmak *bir şey*
Entführung *w* kaçırma
entgegengesetzt *adj* ters
enthalten *v etw. Akk* içermek, kapsamak; **sich ~** *etw. Akk* çekinmek; **sich ~** *etw. Gen* çekimser kalmak
entladen *v* **1** (Ladung usw.) boşaltmak **2** (Akkumulator usw.) deşarj etmek
entlang *prep etw. Dat* boyunca
entlassen *v* **1** (aus dem Krankenhaus usw.) taburcu etmek **2** (Arbeiter usw.) *j-n* işten çıkarmak
entschädigen *v j-n für etw.* tazmin etmek *bsni*, *j-n für etw.* telafi etmek
Entschädigung *w* tazminat
entscheiden *v etw. Akk* karar vermek *bşe*, kararlaştırmak *bşi*; **sich ~** karar vermek; **sich ~** *für etw.* karar vermek *bir şeye*
Entscheidung *w* karar
Entschluss *m* sonuç
entschuldigen *v j-n/etw.* özür dilemek ► **E~ Sie!** Affedersiniz!; **sich ~** *bei j-m für etw.* özür dilemek
Entschuldigung *w für etw.* özür ► **~!** Affedersiniz!
entspannen **sich ~** gevşemek
entsprechen *v etw. Dat* tekabül etmek
entsprechend *adj* **1** *etw. Dat* uyan *bşe*, aynı **2** (Amt usw.) ilgili ♦ *adv* uygun bir şekilde
entstehen *v* ortaya çıkmak, *aus etw.* doğmak *bşden*, sonucu olmak *bşin*, (sich entwickeln) meydana gelmek
enttäuschen *v j-n* düş kırıklığına uğratmak, *j-n* hayal kırıklığına uğratmak
Enttäuschung *w* düş kırıklığı
entweder **~... oder ...** ya da...
entwenden *v j-m etw. Akk* çalmak, *etw. Akk* gasp etmek *bşi*
entwerfen *v* tasarlamak *bşi*
entwickeln *v* **1** *etw. Akk* geliştirmek *bşi*, (entstehen lassen) *etw. Akk* gelişmek **2** (Druck usw.) sarf etmek **3** (Film) develope etmek ► **sich ~** gelişmek
Entwicklung *w* gelişme
Entwurf *m* **1** (einer Konstruktion usw.) dizayn **2** (schriftlicher) taslak
Entzündung *w* iltihap
er *pron* o
erbauen *v* inşa etmek *bşi*, kurmak *bşi*
erben *v etw. Akk von j-m* miras kalmak *bsnden*
Erbse **~n** bezelye
Erdapfel *m* (ÖrD) patates
Erdbeben *s* deprem
Erdbeere *w* çilek
Erde *w* **1** toprak, yeryüzü **2** (Oberfläche) yeryüzü **3** (Planet) Dünya ► **unter der ~** yer altı
Erdgeschoss *s* zemin kat
Erdnuss *w* yer fıstığı
Erdöl *s* madeni yağ
Ereignis *s* hadise, olay
erfahren[1] *v etw. Akk, über etw. Akk* anlamak
erfahren[2] *adj* *adj* deneyimli ♦ *adv* ustaca
Erfahrung *w* deneyim
erfinden *v* düşünmek *bşi*, (Glühbirne usw.) *etw. Akk* icat etmek
Erfindung *w* **1** (Gerät usw.) icat **2** (Erdichtung) buluş, icat
Erfolg *m* başarı; **~ haben** *bei etw.* başarı yakalama *bir şeyde*; **~ haben** *bei etw.* başarmak, başarı yakalamak *bir şeyde*
erfolgreich *adj* başarılı ♦ *adv* başarılı olarak, başarıyla
erforschen *v etw. Akk* araştırmak *bir şey*
Erfrischung *w* atıştırmalık
ergänzen *v* tamamlamak

Ergänzung *w* ilave, ilâve
Ergebnis *s etw. Gen* sonuç *bir şeyden*
ergreifen *v* **1** (mit der Hand) *etw. Akk* tutmak **2** (Rettungsring usw.) *etw. Akk* tutunmak *bir şeye* **3** (beherrschen) *etw. Akk* ele geçirmek *bir şey* **4** (anfangen) *etw. Akk* girişmek *bşe* **5** (Krankheit usw.) *etw. Akk* kapmak *bsnden bşi*
erhalten *v* **1** (Brief usw.) almak *bşi*, elde etmek **2** (Entwicklung usw.) devam ettirmek *bşi*, sürdürmek *bşi* ► **sich ~** korumak
erhöhen *v* **1** (Mauer usw.) yukarıya kaldırmak, yükseltmek **2** *etw. Akk* artmak *bir şey* **3** (Spannung usw.) artırmak *bşi*, yükseltmek *bşi* ► **den Lohn ~** *j-m* maaşına zam yapmak; **sich ~** artmak
erholen **sich ~** *von etw.* iyileşmek *bir şeyden*
Erholung *w* **1** (von Krankheit) iyileşme **2** (Ausruhen usw.) tatil
erinnern *v* **1** (an Erlebnis usw.) *j-n an etw. Akk* hatırlamak *birini/bir şeyi*, (evozieren usw.) *an etw.* hatırlatmak *bsni* **2** (an Pflicht usw.) *j-n an etw. Akk* hatırlatmak **3** (Erinnerung wachrufen) *j-n an j-n/etw.* hatırlatmak *bsni* ► **sich ~** *an etw. Akk, etw. Gen* hatırlamak *bir şeyi*; **sich ~** *an j-n/etw.* hatırlamak *birini/bir şeyi*
Erinnerung *w* **1** *an j-n/etw.* hatıra *bir şeyden/birinden* **2** *etw. Dat* hatırlatan *bir şey*
Erkältung *w* nezle
erkennen *v* **1** (in der Ferne usw.) tanımak *bsni*, teşhis etmek *bsni* **2** (Freund usw.) *j-n/etw.* tanımak *bsni*, (identifizieren) *j-n* tanımak *birini/bir şeyi* **3** (Umrisse in Dunkelheit usw.) *etw. Akk* tanımak *bsni*
erklären *v* **1** *etw. Akk* aydınlatmak *bşi*, açıklamak *bşi* **2** (sagen) ilan etmek
Erklärung *w* açıklama
erkranken *v an etw. Dat* hastalanmak
erlauben *v* izin vermek, *j-m etw. Akk* izin vermek, *j-m etw. Akk* olanak vermek
Erlaubnis *w* izin, müsaade
erlaubt *adj* izinli, kabul edilebilir, makbul
erleben *v* **1** (durchmachen) *etw. Akk* tecrübe etmek **2** (miterleben) *etw. Akk* görmek *bşi*, *etw. Akk bşe* kadar beklemek **3** (Alter) *etw. Akk* (bir zamana kadar) yaşamak
Erlebnis *s* deneyim
erledigen *v etw. Akk* kararlaştırmak, (Bestellung usw.) halletmek, tamamlamak
erleichtern *v* **1** kolaylaştırmak *bşi*, *j-m etw. Akk* kolaylaştırmak *bşi*, rahatlaştırmak *bşi*, (einfacher machen) *etw. Akk* kolaylaştırmak *bir şeyi* **2** (seelisch) iyileşmek *bir şeyden*
Ermäßigung *w* indirim
ermöglichen *v (j-m) etw. Akk bir şeyi,bir şeye* muktedir kılmak
ermorden *v j-n* öldürmek *birini*
ermüden *v* **1** yorulmak *bir şeyden* **2** *j-n* yormak *birini*
Ernährung *w* beslenme, (Regime) beslenme biçimi
ernst *adj* **1** (Gesicht usw.) ciddi, ağırbaşlı, önemli **2** (Interesse usw.) ciddi **3** (Lage usw.) ciddi ♦ *adv* ciddiyetle ► **Meinen Sie das ~?** Ciddi misiniz?
Ernst *m* ciddiyet, ciddilik, ciddîlik; **Im ~?** Ciddi mi?
ernsthaft *adj* **1** (Versuch usw.) ciddi **2** (wichtig usw.) önemli, ciddi ♦ *adv* ciddiyetle
ernstlich *adv* ciddiyetle
Ernte *w* **1** hasat **2** (geerntete Früchte) mahsul, ürün
ernten *v* **1** (Getreide usw.) *etw. Akk* hasat kaldırmak **2** (Ergebnisse seiner Bemühungen usw.) faydasını görmek *bşin*
eröffnen *v* **1** (Ausstellung usw.) *etw. Akk* açmak **2** (Aktion usw.) *etw. Akk* başlatmak
Eröffnung *w* açma
erpressen *v etw. Akk von j-m* gaspetmek *bsni*, *j-n* şantaj yapmak
erraten *v* tahmin etmek
erregen *v* **1** (emotional) *j-n* heyecanlandırmak **2** (sexuell) *j-n* tahrik etmek **3** (hervorrufen) *etw. Akk* yol açmak *bşe*, neden olmak *bşe*
erreichbar *adj* erişilebilir, ulaşılabilir, ulaşılır
erreichen *v* **1** (berühren) *etw. Akk* ulaşmak *bir şeye* **2** (zu Hause usw.) *j-n* ulaşmak, yetişmek **3** (Niveau usw.) *etw. Akk* ulaşmak *bir şeye* **4** *etw. Akk* varmak *bşe*, ulaşmak *bşe*, kazanmak *bşi*, erişmek
errichten *v* tesis etmek, *etw. Akk* inşa etmek
Ersatz *m* **1** *für etw.* yapay **2** *für etw.* telafi, telâfi
Ersatzteile *s Mz* yedek parça
erscheinen *v* görünmek
erschießen *v j-n* öldürmek *birini*
erschöpfen *v j-n* tüketmek, yormak
erschöpft *adj* bitkin, yorgun, yenilmiş
ersetzen *v* **1** *j-n/etw. durch j-n/etw.* yerini almak *birinin/bir şeyin/birilerinin* **2** (Geldverlust usw.) *j-m etw. Akk* telafi etmek
ersparen *v etw. Akk* tasarruf etmek *bir şey*, (Geld) tasarruf etmek, para biriktirmek
erst *adv* kadar ♦ *part* ancak, sadece
erst(er,e,es) *num* ilk
Erste-Hilfe-Kasten *m* ilk yardım çantası
ersticken *v* **1** boğulmak **2** *j-n* boğmak *bsni*, (töten) boğmak *bşi*
erstmals *adv* ilk defa, ilk kez, ilk seferde
Ertrag *m* getiri
ertragen *v* dayanmak *bşe*, *etw. Akk* sabretmek *bir şeye*

ertrinken *v* suda boğulmak
erwachsen *adj* yetişkin; **~ werden** olgunlaşmak
Erwachsene *m* yetişkin
erwägen *v etw. Akk* göz önünde bulundurmak, *etw. Akk* üzerinde düşünmek
Erwägung *w* üzerinde düşünme; **in ~ ziehen** *etw. Akk* göz önünde bulundurmak
erwähnen *v j-n/etw.* bahsetmek *birinden/bir şeyden*, (Quelle usw.) *etw. Akk* anmak, söz etmek
erwärmen *v etw. Akk* ısıtmak *bir şeyi*; **sich ~** (warm werden) ısınmak
erwarten *v* **1** (Besuch usw.) *j-n/etw.* beklemek **2** (voraussetzen usw.) *etw. Akk* beklemek
Erwartung *w* bekleyiş
erwecken *v etw. Akk* harekete geçirmek, *etw. Akk* uyandırmak *bşi*
erweitern *v* **1** (Weg usw.) *etw. Akk* genişletmek *bir şeyi* **2** (Kenntnisse usw.) *etw. Akk* genişletmek ► **sich ~** genişletmek
erzählen *v j-m etw. Akk* konuşmak *birine bir şey hakkında*, *j-m etw. Akk* konuşmak *birine bir şeyi*
Erzählung *w* **1** (von Erlebnis usw.) hikaye, hikâye **2** (Werk) hikaye, hikâye
erzeugen *v* üretmek, (Energie usw.) imal etmek
Erzeuger *m von etw.* yapıcı *kişi*
Erzeugnis *s* ürün
erziehen *v j-n* eğitmek *birini*, *j-n* yetiştirmek
Erziehung *w* yetiştirilme
es *pron* o
Esel *m* eşek
essbar *adj* yenilebilir, yenir
essen *v* yemek; **zu Abend ~** akşam yemeği yemek
Essen *s* yemek
Essig *m* sirke
Esszimmer *s* yemek salonu
Etage *w* kat
Etui *s* kalemlik, kalem kutusu
etwa *adv* aşağı yukarı, yaklaşık olarak
etwas *adv* birazcık, azıcık ♦ *pron* bir şey
euer, eure *pron* sizin
Eule *w* baykuş
Euro *m* avro
Europa *s* Avrupa
Europäer *m* Avrupalı, Avrupalı *m*
europäisch *adj* Avrupa, Avrupalı
ewig *adj* **1** baki **2** (Schwierigkeiten usw.) ebedi, sonsuz ♦ *adv* **1** sonsuza dek **2** (für immer) ebediyen
existieren *v* var olmak
Experiment *s* deney
extra *adv* **1** (noch dazu) ekstra **2** (eingepackt usw.) ayrı

F

Fabrik *w* fabrika
Fach *s* **1** (im Schrank usw.) bölüm **2** (in der Schule usw.) ders
Fachausdruck *m* ıstılah
Fächer *m* yelpaze
fachlich *adj* teknik ♦ *adv* ustaca, (geschult usw.) profesyonelce, profesyonel olarak
Fachmann *m für etw.* yetkin
fade *adj* tatsız, lezzetsiz
Faden *m* iplik
fähig *adj* **1** (geschickt usw.) muktedir **2** *zu etw.* kabiliyetli
Fähigkeit *w* kapasite, yetenek
Fahne *w* bayrak
Fahrbahn *w* yol şeridi, yolun taşıtlara özgü kısmı
Fähre *w* feribot
fahren *v* **1** (sich bewegen) *irgendwohin* gitmek *bir yere* **2** (transportiert werden) *mit etw.* gitmek *bir şeyle* **3** *j-n irgendwohin* araba ile götürmek, *j-n/etw. irgendwohin* bırakmak *birini bir yere* **4** *j-n/etw. irgendwohin* nakletmek **5** (Auto) *etw. Akk* sürmek **6** (Fahrrad usw.) *etw. Akk* sürmek *bir şey* **7** (mit der Bahn usw.) *mit etw.* seyahat etmek *bir şeyle* **8** *j-n/etw. irgendwohin* götürmek *birini bir yere* **9** (mit dem Auto) *in etw. Akk* araba kullanmak
Fahrer *m* **1** sürücü **2** (von Beruf usw.) şoför, sürücü
Fahrkarte *w* bilet
Fahrkartenautomat *m* bilet makinesi
Fahrplan *m* zaman çizelgesi
Fahrpreis *m* yol ücreti
Fahrrad *s* bisiklet
Fahrschein *m* bilet
Fahrspur *w* patika
Fahrstuhl *m* asansör
Fahrt *w* yolculuk; **Gute ~.** İyi yolculuklar.
Fahrzeug *s* araç, (Schiff, Boot usw.) gemi
fair *adj* şerefli, (Verhalten usw.) adil ♦ *adv* adil
Fakt *m,s* gerçek
Fall *m* **1** (das Fallen) düşüş **2** (Angelegenheit) vaka **3** (Grammatik) ismin hallerinden biri ► **im ~, dass...** olduğu takdirde
Falle *w* tuzak
fallen *v* **1** (zum Boden) düşmek **2** (Preise usw.) alçalmak, düşürmek **3** (stürzen) düşmek **4** (im Krieg) düşmek **5** (in eine Kategorie) *in etw. Akk* altına girmek ► **~ lassen** *etw. Akk* damlatmak
falls *conj* şayet, eğer; **~...** olduğu takdirde

falsch *adj* **1** (Diamant usw.) uyduruk **2** (Antwort usw.) hatalı, yanlış ♦ *adv* **1** (antworten usw.) kötü bir şekilde **2** (beschuldigen) sahte olarak
Falte *w* **1** (Stoff usw.) katlama **2** (Runzel) kırışık ► **~n** (im Gesicht) kırışık
falten *v* katlamak
Familie *w* aile
Familienname *m* soyad
fangen *v* **1** (Tier usw.) yakalamak, *etw. Akk* tutsak etmek **2** (Ball usw.) yakalamak
Fantasie *w* **1** (Vorstellungskraft) tahayyül **2** (Vorstellung) fantazi
fantastisch *adj* harika, harikulade ♦ *adv* acayip biçimde
Farbe *w* boya, (blau usw.) renk
färben *v* boyamak, renklendirmek *bşi*
Farbton *m* renk tonu
Fass *s* fıçı, (Weinfass usw.) varil
Fassade *w* cephe
fassen *v* **1** kavramak *bir şeyi*, (festhalten) tutmak *bir şey* **2** (um nicht zu stürzen usw.) *etw. Akk* tutunmak *bir şeye* **3** (Täter usw.) yakalamak *bsni/bşi* **4** (in Worte usw.) uygun bir şekilde ifade etmek
fast *adv* hemen hemen, neredeyse
Fastenzeit *w* oruç
faul *adj* **1** (Obst usw.) çürük **2** (Mensch usw.) tembel
Faust *w* yumruk
Fax *s,m* faks
Faxgerät *s* faks
Februar *m* şubat
Feder *w* **1** tüy **2** (Schreibgerät) tükenmez kalem **3** (aus Stahl usw.) yay
fehlen *v* **1** *j-m an etw. Dat* eksik olmak *bir şeye/birine*, bulunmamak **2** (verschwunden sein) eksik çıkmak **3** (nicht teilnehmen) *irgendwo* bulunmamak **4** *j./etw. j-m* özlemek *birini/bir şeyi*
Fehler *m* **1** (Verstoß) yanlış **2** (an einer Ware usw.) kusur, eksiklik **3** (Funktionsfehler usw.) hata
fehlerhaft *adj* hatalı
Fehlgeburt *w* düşük yapmak
Feier *w* kutlama
feierlich *adj* merasimli
feiern *v* **1** kutlamak *bşi*, tesit etmek, (Geburtstag usw.) kutlamak **2** (eine Party haben) kutlamak
Feiertag *m* tatil
feige *adj* korkak
Feige *w* incir
Feile *w* eğe
fein *adj* **1** saf **2** (Figur usw.) zayıf ♦ *adv* ince ince
Feind *m* düşman
feindlich *adj* düşmanca
Feld *s* **1** (Grundstück) tarla **2** (im Fragebogen usw.) karton kutu
Fell *s* kürk
Felsen *m* kaya
Fenster *s* pencere
Ferien *Mz* tatil
fern *adj* uzakta
Fernbedienung *w* uzaktan kumanda
Ferngespräch *s* şehirlerarası konuşma
fernsehen *v* Televizyon seyretmek
Fernsehen *s* televizyon
Fernseher *m* televizyon
Fernstraße *w* anayol
Ferse *w* topuk
fertig *adj* hazır; **(gerade) ~ sein** *mit etw.* bitirmek
fest *adj* **1** (Stoff usw.) katı **2** (widerstandsfähig) sağlam **3** (klar bestimmt) sabitlenmiş ♦ *adv* sıkıca ► **~ (angezogen)** (Schraube usw.) sıkı
Festland *s* **1** (Kontinent) anakara **2** (nicht Meer) kara, kuru bölge
festlegen *v* hedef koymak, (Termin usw.) *etw. Akk* belirlemek
festlich *adj* bayramlık
festnehmen *v j-n* gözaltına almak
feststellen *v etw. Akk* anlamak, kavramak, keşfetmek *bir şey*, (sagen usw.) tespit etmek
Festung *w* sağlamlık
fett *adj* **1** (Fleisch usw.) yağlı **2** (Mensch) şişman
Fett *s* yağ
fettig *adj* yağlı
feucht *adj* nemli ♦ *adv* rutubetli, nemli
Feuchtigkeit *w* **1** (der Luft) nem **2** (Wassertropfen usw.) nem, rutubet
Feuer *s* ateş ► **das ~ anmachen** yangın çıkarmak
Feuerlöscher *m* yangın söndürücü
feuern *v j-n* işten atmak *birini*
Feuerwaffe *w* ateşli silah
Feuerwehr *w* itfaiye
Feuerwehrmann *m* itfaiyeci
Feuerzeug *s* çakmak
Fieber *s* ateş
Figur *w* **1** (Körper) boy, vücut yapısı **2** (aus Porzellan usw.) heykelcik **3** (eines Films usw.) karakter **4** (geometrische) şekil
Filet *s* fileto
Filiale *w* şube
Film *m* **1** (Spielfilm) film **2** (Schicht) kaplama
filmen *v* film çekmek, *etw. Akk* filme almak
Filter *m* filtre, süzgeç
finanziell *adj* mali

finden *v* **1** bulmak **2** *etw. Akk irgendwie* keşfetmek ► **(den Weg) ~** *irgendwohin* isbet ettirmek; **Gefallen ~** *an j-m/etw.* sevmek *bir şeyi/birini*
Finger *m* parmak
finster *adj* asık suratlı, somurtkan; **~ ansehen** *j-n* kaşlarını çatmak
Firma *w* firma
Fisch *m* **1** balık **2 ~e** Balık burcu
Fischer *m* balıkçı
flach *adj* **1** düz **2** (Stein usw.) düz, yassı **3** (Teich, Teller usw.) sığ
Fläche *w* **1** (sehr große usw.) alan, saha, genişlik **2** (Arbeitsfläche usw.) alan **3** (Ausmaß) yüzölçümü
Flagge *w* bayrak
Flamme *w* alev
Flasche *w* şişe
Flaschenöffner *m* açacak
Fleck *m* leke
Fledermaus *w* yarasa
Fleisch *s* et
Fleischer *m* kasap
Fleischerei *w* kasap
fleißig *adj* ağır iş, çalışkan, gayretli
flicken *v* örerek onarmak *bşi*
Fliege *w* **1** sinek **2** (Krawatte) papyon kravat
fliegen *v* uçmak ► **in die Luft ~** (Gebäude usw.) havaya uçurmak
fließen *v* akmak
flirten *v mit j-m* flört etmek
Floh *m* bit
Flosse *w* yüzgeç
Flöte *w* flüt
fluchen *v* küfretmek, sövmek
Flug *m* uçuş
Flugbegleiter *m* (erkek) hostes
Flugbegleiterin *w* hostes
Flügel *m* **1** (Körperteil) kanat **2** (einer Armee usw.) kanat, yan
Fluggesellschaft *w* hava yolları
Flughafen *m* hava alanı
Flughafenterminal *m,s* havaalanı terminali
Flugkarte *w* uçak bileti
Flugschein *m* uçak bileti
Flugticket *s* uçak bileti
Flugzeug *s* uçak
Flur *m* koridor
Fluss *m* **1** (Gewässer) nehir **2** (des Verkehrs usw.) akış
flüssig *adj* **1** sıvı **2** (Rede usw.) akıcı **3** (Bewegung usw.) akıcı ♦ *adv* **1** (reden usw.) akıcı bir şekilde **2** (zügig) sürekli
Flüssigkeit *w* **1** sıvı **2** (Sprachgewandtheit) akıcılık
flüstern *v* fısıldamak
Flut *w* **1** denizin yükselmesi **2** (von Geld usw.) *von etw.* akım
Föhn *m* saç kurutma makinesi
Folge *w* **1** (von Zahlen usw.) sıra **2** (einer Tat usw.) *etw. Dat, von etw.* sonuç **3** (Ergebnis) *etw. Dat, von etw.* sonuç *bir şeye ait* **4** (Film usw.) *von etw.* cilt, bölüm, (Film usw.) *von etw.* devamı *bir şeyin* ► **als ~** *etw. Gen* sonucu olarak, neticesi olarak
folgen *v* **1** (nachgehen) *j-m/etw.* takip etmek *bir şeyi/birini* **2** (einen Verdächtigen usw.) *j-m/etw.* izlemek *birini/bir şeyi* **3** (in gewisser Reihenfolge) *nach etw.* takip etmek **4** (Chef usw.) *j-m/etw.* itaat etmek **5** (sich ergeben) *aus etw.* sonuç çıkmak *bşden*
Folklore *w* folklor
fordern *v* **1** *etw. Akk* istemek *birinden bir şey* **2** *etw. Akk von j-m* arz etmek *birinden bir şey* **3** (viel Zeit usw.) *etw. Akk* gerektirmek *bir şey*, (Zeit usw.) *etw. Akk* muhtaç olmak
fördern *v* **1** (Entwicklung usw.) *etw. Akk* desteklemek *bir şeyi* **2** (Kohle usw.) maden çıkarmak, *etw. Akk* çıkarmak
Forderung *w* **1** talep **2** (finanzieller Anspruch) alacak ► **~en** *an j-n/etw.* talepler
Forelle *w* alabalık
Form *w* **1** form **2** (Backform usw.) kalıp
Formular *s* baskı, matbua, tab, form
Forschung *w* araştırma
fortgeschritten *adj* gelişme
Fortschritt *m* ilerleme
fortsetzen *v etw. Akk* devam etmek
Fortsetzung *w* **1** (einer Tätigkeit usw.) *etw. Dat* devam **2** (Film usw.) *von etw.* cilt, bölüm, (Film usw.) *von etw.* devamı *bir şeyin*
Foto *s* fotoğraf
Fotoapparat *m* fotoğraf makinesi
Fotografie *w* **1** fotoğraf **2** (Hobby, Bereich usw.) fotoğrafçılık
fotografieren *v etw. Akk* fotoğraf çekmek, *j-n/etw.* fotoğrafını çekmek *bşin*
fotokopieren *v* fotokopi çekmek, *etw. Akk* kopya çekmek, *etw. Akk* suret çıkarmak
Fracht *w* nakliye
Frage *w* **1** soru **2** (Problem usw.) sorun ► *j-m* **eine ~ stellen** soru yöneltmek *birine*
Fragebogen *m* anket
fragen *v j-n nach j-m/etw.* sormak, *j-n nach etw.* sormak *bsne*; **Ich frage mich, ob...** ...acaba?; **sich** *etw. Akk* **~** merak etmek *bir şeyi*
Fragezeichen *s* soru işareti
Frankreich *s* Fransa
Franzose *m* Fransız *m*, Fransız erkek
französisch *adj* Fransız ♦ *adv* Fransızca
Frau *w* **1** (weibliche Person) kadın **2** (Gattin) eş ► **~ X** bayan

Fräulein *s* bayan
frech *adj* arsız ♦ *adv* arsızca
frei *adj* **1** serbest **2** (Platz) boş **3** (umsonst) bedava ♦ *adv* serbestçe, özgürce ► **~ machen** (Weg usw.) açmak
Freibad *s* açık yüzme havuzu
Freiheit *w* özgürlük, serbestlik
Freitag *m* Cuma
freiwillig *adj* gönüllü ♦ *adv* gönüllü olarak, kendi isteğiyle
Freizeit *w* boş zaman
Freizeitpark *m* eğlence parkı
fremd *adj* yabancı
Fremde *m* yabancı
Freude *w* neşe; **~ machen** *j-m* memnun etmek *birini*
freuen *v j-n* sevindirmek *bsni bşle*; **Freut mich.** Memnun oldum.; **sich ~** *über j-n/etw.* (genießen) memnun olmak
Freund *m* **1** (Bekannter) arkadaş, erkek arkadaş **2** (Partner) erkek arkadaş
Freundin *w* **1** (bayan) arkadaş, (Bekannte) kız arkadaş **2** (Partnerin) kız arkadaş
freundlich *adj* sıcak, (Wesen) nazik, sevgi dolu
Frieden *m* **1** (nicht Krieg) barış **2** (Ungestörtheit) rahatlık, sakinlik
Friedhof *m* mezarlık
frieren *v* donmak
frisch *adj* taze ♦ *adv* taze, yeni
Friseur *m* berber
Friseursalon *m* berber salonu
Frist *w* periyod
froh *adj* memnun, neşeli, sevinçli; **~ sein** *über etw. Akk* memnun olmak *bir şey yapmaya*
fröhlich *adj* neşeli, (Natur usw.) şen
Frosch *m* kurbağa
Frost *m* don
Frucht *w* cenin; **Früchte tragen** meyve vermek
fruchtbar *adj* **1** (Feld usw.) verimli, bereketli **2** (Frau usw.) doğurgan **3** (Schriftsteller usw.) verimli, üretken
früh *adj* erken ♦ *adv* erken
früher *adj* önceki, evvelki ♦ *adv* daha önce, (einst) evvelde, (vorzeitig) daha erken
frühestens *adv* en erken, ilk önce
Frühling *m* ilkbahar
Frühstück *s* kahvaltı; **Übernachtung mit ~** yatak ve kahvaltı
frühstücken *v* kahvaltı etmek, kahvaltı yapmak
Fuchs *m* tilki
fühlen *v etw. Akk* hissetmek; **sich ~** hissetmek
führen *v* **1** *j-n irgendwohin* öncülük etmek *birine bir yere* **2** (auf die andere Seite usw.) *j-n über etw. Akk* geçirmek *birini karşıya* **3** (begleiten) *j-n irgendwohin* delalet etmek *birini bir yere*, *j-n irgendwohin* yol göstermek *birine* **4** (Unternehmen usw.) *etw. Akk* yönetmek *bir şey* **5** (im Wettkampf usw.) önde gitmek **6** (Weg) *irgendwohin/durch etw.* yol göstermek *bir yere doğru*
Führer *m* **1** önder, lider, başkan, (Leiter) baş **2** (Buch) rehber
Führerschein *m* sürücü ehliyeti
Führung *w* **1** (eines Betriebes usw.) koşu **2** (Führungsorgane) kollama, (Personen) önderlik, liderlik **3** (Führungsposition) öncülük
füllen *v etw. Akk mit etw.* doldurmak *bşi*
Füllung *w* **1** (eines Bonbons usw.) dolgu, (Fleischfüllung usw.) iç, dolma içi **2** (in Matratzen usw.) dolgu malzemesi **3** (Tätigkeit) doldurma
Fundbüro *s* kayıp bürosu
fünf *num* beş
fünft(er,e,es) *num* beşer
fünfzehn *num* on beş
fünfzig *num* elli
Funke *m* kıvılcım
Funktion *w* **1** (Zweck) *etw. Gen* fonksiyon *bir şeyin*, işlev **2** (Posten) görev
funktionieren *v* çalışmak
funktionsfähig *adj* işlevsel, (im Betrieb) işleyen, çalışan
für *prep* **1** (Zweck usw.) *etw.* için **2** (Geschenk, Nachricht usw.) *j-n* için **3** (anstatt usw.) *j-n* -e, -a, -ye, -ya **4** (Preis usw.) *etw.* -e, -a, -ye, -ya **5** (Zeitdauer usw.) -e, -a, -ye, -ya ► **Ich brauche ein Zimmer ~ drei Tage.** Üç günlüğüne odaya ihtiyacım var.
furchtbar *adj* korkunç ♦ *adv* son derece
fürchten *v* **1** *j-n/etw.* korkmak, *etw. Akk* korkmak *bşden*, endişelenmek *bşden* **2** *für j-n/etw., um j-n/etw.* korkmak, *für/um j-n/etw.* korkmak, endişe etmek
Fuß *m* **1** ayak **2** (Maß) ayak numarası **3** (Sockel) dip, ayak ► **Gehen wir zu ~.** Yürüyerek gidelim.; **zu ~** yayan
Fußball *m* futbol
Fußboden *m* zemin
Fußgänger *m* yaya
Fußgängerübergang *m* yaya geçidi
Fußgängerüberweg *m* yaya geçidi
Fußgängerzone *w* yaya alanı
Fußknöchel *m* ayak bileği
Futter *s* astar

G

Gabel *w* **1** çatal **2** (für Heu usw.) yaba **3** (eines Fahrrades usw.) bisiklet çatalı
gähnen *v* esnemek
Galerie *w* galeri
Galle *w* safra
Gang *m* **1** (Art des Gehens) adım **2** (Geschwindigkeit) vites **3** (im Haus usw.) koridor **4** (zwischen den Sitzen usw.) geçiş **5** (Gericht) yemek ► **in ~ setzen** *etw. Akk* başlatmak *bir şeyi*
gangbar *adj* taşınır
Gans *w* kaz
ganz[1] *adj* **1** (völlig) bütün **2** (komplett) bütünleyici **3** (nicht beschädigt) bütün
ganz[2] *adv* *adv* kesinlikle, (allein usw.) büsbütün ♦ *part* oldukça
ganztägig *adj* bütün gün
gar *part* hiç; **~ nicht** hiç, asla
Garage *w* garaj, tamirhane, araba tamirhanesi
Garantie *w* garanti
garantieren *v* garanti etmek, garantilemek
Garderobe *w* vestiyer
Gardine *w* tül perde
Garnitur *w etw. Gen* ayarlama *bir şeyi*
Garten *m* bahçe
Gas *s* gaz, (Pedal usw.) gaz pedalı
Gashebel *s* gaz pedalı
Gaspedal *s* gaz pedalı
Gasse *w* ara sokak
Gast *m* konuk
gastfreundlich *adj* konuksever, misafirperver
Gastgeber *m* ziyaretçi
Gasthaus *s* konak
Gaststätte *w* konak
Gebäck *s* unlu mamulleri
gebären *v etw. Akk* doğum yapmak; **geboren sein/werden** doğmak
Gebärmutter *w* rahim
Gebäude *s* yapı
geben *v* vermek *birine bir şey*
Gebet *s* dua
Gebiet *s* sektör, (Region) alan, bölge
gebildet *adj* **1** (Bildung besitzend) eğitimli **2** *aus etw.* ibaret *bşden*
Gebirge *s* dağlar, rakım; **im ~** dağlarda
Gebiss *s* dişler
gebraten *adj* **1** kızarmış **2** (Fleisch usw.) kızartılmış, kızarmış
Gebrauch *m etw. Gen* kullanım *bir şeyde*
gebraucht *adj* kullanılmış
gebrochen *adj* parçalanmış
Gebühr *w für etw.* ücret
Geburt *w* doğum
Geburtsjahr *s* doğum tarihi
Geburtstag *m* doğum günü
Gebüsch *s* çalılık
Gedächtnis *s* bellek, hafıza
Gedanke *m* düşünce
Gedicht *s* şiir
Geduld *w* sabır
geduldig *adj* sabırlı
geeignet *adj für etw., zu etw.* uygun, (passend) *zu etw., für etw.* uygun *bir şeye* ♦ *adv* uygun bir şekilde, uygun olarak
Gefahr *w* tehlike
gefährlich *adj* tehlikeli, riskli, rizikolu ♦ *adv* tehlikeli bir şekilde
gefallen *v j-m* beğenmek *bşi*, hoşuna gitmek *bşin*, *j-m* cezbetmek; **Es gefällt mir.** Bunu seviyorum.
Gefallen *m* lütuf
gefangen nehmen *v j-n* zaptetmek
Gefängnis *s* hapishane
Gefäß *s* **1** (Behälter) konteyner **2** (Ader usw.) damar
Geflügel *s* hindi, kümes hayvanları
Gefrierschrank *m* dondurucu
gefroren *adj* donuk
Gefühl *s* **1** (körperlich usw.) his, (Wahrnehmung) hissiyat **2** (in Fingern usw.) his **3** (Emotion) his **4** *für etw.* his *bir şeye*
gegen[1] *prep* **1** (wirken usw.) *j-n/etw.* karşı **2** *etw.* nazaran ► **schützen** *j-n/etw.* ~ *etw.* korumak
gegen[2] *prep* yaklaşık
Gegend *w* manzara
Gegensatz *m zu etw.* aykırılık, tezat, karşıtlık
gegenseitig *adj* karşılıklı ♦ *adv* birbirine
Gegenstand *m* **1** (Sache) nesne **2** (Thema usw.) *etw. Gen* konu *bir şeyde*
Gegenteil *s von etw.* zıt; **im ~** tersine
gegenüber *prep* **1** (sitzen usw.) *j-m/etw.* karşısında **2** (Verhalten usw.) *j-m/etw.* doğru *-e*, karşı *-e* **3** (verglichen) *etw.* nazaran ♦ *adv* karşısında *bşin*, karşıda
Gegenwart *w* şu anki
Gegner *m* karşıt
geheim *adj* gizli ♦ *adv* gizlice ► **~ halten** *etw. Akk vor j-m* gizleme *bir şey birinden*
Geheimnis *s* sır
gehen *v* **1** yürümek, adım atmak, (sich bewegen) *irgendwohin* gitmek *bir yere* **2** *irgendwohin* gitmek *bir yere* **3** (in die Schule usw.) *in etw. Akk* gitmek *bir yere* **4** (weg) gitmek, yola çıkmak **5** *j-m irgendwie* iyi olmak **6** *mit j-m* gitmek *biriyle* **7** (möglich sein) mümkün olmak **8** (akzeptabel sein) uygun olmak ► **es geht** *etw. Akk zu tun*

olasıdır *bir şey yapmak*; **Mir geht es gut.** İyiyim.; **spazieren ~** yürümek; **Wie geht es Ihnen?** Nasılsınız?
Gehirn *s* beyin
Gehirnerschütterung *w* beyin sarsıntısı
Gehör *s* işitme, kulak
gehorchen *v j-m/etw.* itaat etmek
gehören *v* **1** *j-m* ait olmak **2** *zu etw.* ait olmak *bşe*
Gehweg *m* kaldırım
Geige *w* keman
Geisel *w* rehine
Geist *m* ruh
geizig *adj* hor
gekocht *adj* kaynamış
Gel *s* jel
Geländer *s* tırabzan
Geländewagen *m* arazi aracı
gelangen *v irgendwohin* gelmek, erişmek
gelb *adj* sarı
Gelb *s* sarı ışık
Geld *s* para
Geldautomat *m* bankamatik
Geldbörse *w* cüzdan
Geldstrafe *w* ceza; **mit einer ~ belegen** *j-n* cezalandırmak *birini*
Geldtasche *w* cüzdan
Gelegenheit *w etw. Akk zu tun* fırsat *bir şey yapmaya*
Gelenk *s* eklem
Geliebte[1] *m* sevgili
Geliebte[2] *w* sevgili
gelingen *v* **1** *j-m etw. Nom* iyi gitmesi *bir şeyin* **2** (Sache usw.) başarı kazanmak, başarılı olmak
gelten *v* **1** (Anordnung usw.) geçerli olmak **2** *für j-n/etw.* ilgilendirmek
Geltung **zur ~ bringen** *etw. Akk* kullanmak *bir şeyi*
gemahlen *adj* öğütülmüş
Gemälde *s* resim
gemein *adj* kaba
Gemeinde *w* köy
gemeinsam *adj* ortak ♦ *adv* birlikte, beraber
Gemeinschaft *w* **1** (von Menschen) topluluk, birlik **2** (von Staaten usw.) topluluk, cemaat
gemischt *adj* karışık
Gemüse *s* sebze
gemütlich *adj* rahat, sıcak
genau *adj* doğru ♦ *adv* tam
genehmigen *v etw. Akk* müsaade etmek
Genehmigung *w* **1** (Urkunde usw.) lisans **2** onay
genießen *v* **1** (erleben) *etw. Akk* tadını çıkarmak **2** (Anblick) *etw. Akk* zevk almak *bşden* **3** tadını çıkarmak *bşin*, (Speise, Getränk) *etw. Akk* zevk almak *bşden*
genug *adv* kafi, kâfi, yeter; **Ist das ~?** Yeter mi?
genügen *v* yetmek
genügend *adj* yeterli, yeter ♦ *adv* yeterince
Genuss *m* sevinç
geöffnet *adj* (tamamen) açmış, (Fenster usw.) açık
Gepäck *s* bagaj, eşya; **~ einchecken** bagaja vermek
Gepäckaufbewahrung *w* emanet
Gepäckstück *s* çanta
Gepäckträger *m* hamal
gepflegt *adj* temiz
gerade[1] (Linie usw.) *adj* **1** (Linie usw.) doğru **2** (Zahl) çift ♦ *adv* dik, doğru ► **~ machen** düzeltmek
gerade[2] *adv* (in dem Zeitpunkt) tam
geradeaus *adv* düz
Gerät *s* aygıt, (Messgerät usw.) alet
geräuchert *adj* tütsülenmiş, füme
Geräusch *s* ses
gerecht *adj* adil, adaletli ♦ *adv* adil, haklı olarak
gerechtfertigt *adj* meşru
Gericht[1] *s* (Institution) mahkeme
Gericht[2] *s* (Speise) yemek
gern *adj etw. Akk tun* memnun olmak *bir şey yapmaya*, *etw. Akk tun* severek
Gerste *w* arpa
Geruch *m* koku
Gerüst *s* iskele, (Grundkonstruktion usw.) bina iskeleti
Gesamtheit *w etw. Gen* bütünlük
Gesandte *m* elçi
Gesang *m* şarkı söyleme, vokal müziği
Gesäß *s* kalça, kıç, popo
Geschäft *s* **1** (Raum) dükkan, dükkân **2** (Transaktion) iş
geschäftlich *adj* ticaret
Geschäftsführer *m* genel müdür
Geschäftsmann *m* esnaf, tüccar, işadamı
geschehen *v* olmak *bş*
Geschenk *s* armağan
Geschichte *w* **1** (der Welt usw.) tarih **2** (Ereignis) hikaye, hikâye, öykü **3** (Unterrichtsfach) tarih
geschickt *adj* başarılı, becerikli, usta ♦ *adv* ustaca
geschieden *adj* boşanmış
Geschirr *s* **1** (zum Essen) tabak çanak, (zum Kochen) tencere seti **2** (von Zugtieren) koşum
Geschlecht *s* **1** (sexuell) cinsiyet **2** (Familie) aile

geschlechtlich *adj* cinsi
Geschlechtsverkehr *m* cinsel ilişki, cinsi münasebet
geschlossen *adj* kapalı
Geschmack *m* **1** (des Essens usw.) tat *bir şeyden*, lezzet **2** (von Erdbeeren usw.) tat **3** (Sinn) tat **4** (Vorliebe) beğeni, zevk, (Vorliebe) damak tadı
Geschwindigkeit *w* hız
Geschwister *s* kardeş
Gesellschaft *w* şirket, (menschliche) toplum; **~ leisten** *j-m* eşlik etmek
gesellschaftlich *adj* sosyal
Gesetz *s* yasa, kanun
gesetzlich *adj* yasal
Gesicht *s* yüz
gespannt *adj* gergin
Gespräch *s* konuşma
Gestalt *w* **1** form **2** (in einem Roman usw.) karakter
gestehen *v etw. Akk* itiraf etmek
gestern *adv* dün
gestrig *adj* dünkü
Gestrüpp *s* çalı
gesund *adj* **1** (Person usw.) sağlıklı, (Zähne usw.) iyi durumda **2** (gut für Gesundheit) sağlıklı, (Nahrung usw.) faydalı ► **~er Menschenverstand** sağduyu
Gesundheit *w* sağlık
gesundheitlich *adj* sağlık
Getränk *s* içecek
Getreide *s* tahıl
getrennt *adj* ayrı, ayırılmış, bireysel
Getriebe *s* **1** (Vorrichtung) şanzıman **2** (Betriebsamkeit) gürültü, kalabalık
Gewalt *w* şiddet
gewaltsam *adj* şiddet uygulayan, (unter Gewaltanwendung) zorlu, zorba ♦ *adv* zorla
Gewehr *s* tüfek
Gewerkschaft *w* sendika
Gewicht *s* **1** (Schwere) *etw. Gen* ağırlık *bir şeyde* **2** (Gegenstand) ağırlık **3** (Bedeutung) *etw. Gen* ağırlık
Gewinn *m* kazanç
gewinnen *v* **1** (Wettkampf usw.) *etw. Akk, in etw. Dat* kazanmak *bir şey* **2** *etw. Akk aus etw.* istifade etmek *bşden*, *etw. Akk* kazanmak *bir şey* **3** *j-n* kazanmak *birini*, (erobern) *j-n* fethetmek *bsni* **4** elde etmek, çıkarmak
Gewinner *m etw. Gen* kazanan *bir şeyi*
gewiss *adj* belirli ♦ *adv* kesinlikle, kuşkusuz ♦ *part* muhakkak, kesinlikle, mutlaka, elbette
Gewissen *s* vicdan; **ins ~ reden** *j-m* sohbet etmek *biriyle*
Gewitter *s* fırtına, gök gürültülü fırtına
gewöhnen **sich ~** *an j-n/etw.* alışmak *bir şeye*
Gewohnheit *w* alışkanlık, huy; **schlechte ~** bağımlılık
gewöhnlich *adj* **1** (normal usw.) sıradan, (normal) vasat **2** (Zeit usw.) alışılagelmiş ♦ *adv* genellikle, çoğunlukla
Gewürz *s* baharat
Gezeiten *w Mz* gelgit
gierig *adj nach etw.* istekli, (Blick usw.) açgözlü
gießen *v* **1** (Wasser in die Tasse usw.) *etw. Akk in etw. Akk* akmak *bir şey bir yere* **2** (durch Gießen verteilen) *etw. Akk in etw. Akk* koymak *bir yere* **3** (Blume usw.) *etw. Akk* sulamak
Gift *s* zehir
giftig *adj* toksik, zehirleyici, zehirli
Giftschlange *w* zehirli yılan
Gipfel *m* **1** (Berg usw.) *etw. Gen* tepe *bir şeyde* **2** (Wert usw.) doruk
Gips *m* badana
Girokonto *s* cari hesap
Gitarre *w* gitar
Gitter *s* **1** (am Fenster usw.) parmaklıklar **2** (Lüftunggitter usw.) parmaklık, ızgara **3** (in einem Graf usw.) parmaklık
glänzen *v* **1** (in der Sonne usw.) parlamak, parıldamak **2** sivrilmek
glänzend *adj* parlak
Glas *s* **1** (Material) cam **2** (Gefäß) cam bardak, kadeh
gläsern *adj* camdan
glatt *adj* **1** (Oberfläche usw.) pürüzsüz **2** (Gehweg usw.) kaygan **3** düzgün, engelsiz ► **~ sein** kaymak
Glatteis *s* cam buz, gizli buz
Glaube *m* inanç
glauben *v* **1** *j-m/etw.* inanmak, *j-m etw. Akk* inanmak *bşe* **2** (Ansicht haben) düşünmek **3** *an etw. Akk* inanmak ► **Ich glaube schon./Das glaube ich nicht.** Sanırım evet/hayır.
gleich *adj* **1** (mit denselben Eigenschaften) aynı **2** (Niveau) eşit **3** (Chancen usw.) eşit ♦ *adv* derhal ► **~ (sein)** *etw. Nom* eşitlemek *bir şeyi*
gleichfalls *adv* benzer
Gleichgewicht *s* denge
gleichgültig *adj* ilgisiz, kayıtsız, lakayıt
gleichzeitig *adv* aynı zamanda
Gleis *s* ray
Gletscher *m* buzul
Glied *s* **1** (einer Kette) parça **2** (Gliedmaße) uzuv **3** (Penis) penis
Glocke *w* zil, çan
Glück *s* **1** (Erfolg) şans **2** (Fortuna) talih **3** (Gefühl) mutluluk ► **~ haben** şanslı olmak; **zum ~** neyse ki, allahtan

glücklich *adj* **1** (Gewinner usw.) şanslı, (Zahl usw.) mutlu **2** (Mensch usw.) mutlu ♦ *adv* mutlu bir şekilde
glücklicherweise *part* neyse ki, allahtan
Glückwunsch *m* tebrik; **Herzlichen ~!** Tebrikler!
Glühbirne *w* ampul
Glühwein *m* sıcak şarap
Gold *s* altın
golden *adj* altın
Gott *m* tanrı, Tanrı, Allah
Grab *s* mezar
graben *v etw. Akk* kazmak
Graben *m* kazı, (Straßengraben usw.) hendek
Grad *m* derece
Gramm *s* gram
Grammatik *w* gramer
Grapefruit *w* greyfurt
Gras *s* **1** (Rasen) ot **2** (Pflanze) çim, ot
gratis *adv* bedava, parasız
gratulieren *v j-m zu etw.* kutlamak, tebrik etmek, *j-m zu etw.* tebrik etmek
grau *adj* gri, kır
Graupen *w* tahıl
grausam *adj* gaddar
greifen *v* **1** (mit Hand usw.) *nach etw.* uzanmak *bir şeye* **2** (Maßnahmen usw.) *zu etw.* tevessül etmek *bşe*, girişmek *bşe*
Grenze *w* **1** (Landesgrenze) sınır **2** (Trennungslinie) sınır, hudut **3** (Beschränkung usw.) *etw. Gen* sınır *bir şeye*
Grenzübergang *m* sınır geçme
Grill *m* ızgara
Grippe *w* grip
grob *adj* **1** kaba **2** (ungefähr) kabaca
groß *adj* **1** (Maß, Menge) büyük **2** (hoch usw.) uzun **3** (erwachsen) büyük
großartig *adj* harikulade, (ausgezeichnet usw.) üstün, mükemmel, şahane
Größe *w* **1** (Umfang usw.) büyüklük **2** (von Kleider usw.) beden **3** (in Physik) nicelik
Großmutter *w* büyükanne
Großvater *m* dede
großzügig *adj* mebzul
grün *adj* yeşil
Grund *m* **1** (Oberfläche) yeryüzü **2** (für Tat usw.) *für etw.* sebep *bir şeye* ► **auf ~** *etw. Gen* dolayı
gründen *v* kurmak
Grundlage *w etw. Gen* esas
gründlich *adj* baştanbaşa ♦ *adv* kökünden, temelinden, (untersuchen usw.) tamamıyla, tamamen
grundsätzlich *adj* esas ♦ *adv* kökünden, temelinden
Grundschule *w* ilkokul
Grundstück *s* toprak; **eingezäuntes ~** çevreleme
Gruppe *w* **1** grup **2** (Rettungsgruppe usw.) birlik
Gruß *m* selam, selamlama
grüßen *v* **1** *j-n* selamlamak, (offiziell, formell) selam vermek **2** *j-n von j-m* selam vermek *birine*
gültig *adj* geçerli
Gummi *m,s* lastik
Gummiband *s* lastik, lastik bandı
Gummistiefel *m Mz* lastik çizme
Gunst *w* yeğ
günstig *adj* **1** avantajlı **2** (Bedingungen usw.) elverişli **3** (Augenblick usw.) uygun
Gurke *w* salatalık
Gurt *m* **1** (Gürtel) kemer **2** (zum Anschnallen) kayış, kemer
Gürtel *m* kemer
gut *adj* **1** (qualitätvoll usw.) iyi **2** (nett) *zu j-m* iyi *biri için* **3 ~ *gehen*** iyi olmak, iyi hissetmek ♦ *adv* afiyette ► **Also ~.** Tamam o zaman.; **G~e Fahrt.** İyi yolculuklar.; **ziemlich ~** geçer
Gutachten *s* rapor
Gutschein *m* kupon
Gymnasium *s* lise
Gymnastik *w* jimnastik

H

Haar *s* saç; **sich die ~e schneiden lassen** saç kestirmek
Haare *s Mz* **1** (auf dem Kopf) saç **2** (auf der Brust usw.) kıl
Haarschnitt *m* saç tıraşı
Haarspray *m,s* saç spreyi
haben *v etw. Akk* sahip olmak
hacken *v* **1** *j-n* saplamak *bşi bsne*, (verletzen) *in etw. Akk* kesmek **2** kesmek *bşi*, yarmak *bşi* **3** (ein Beet usw.) çapalamak *bşi* **4** (Fleisch usw.) kıymak *bşi*
Hackfleisch *s* kıyma
Hafen *m* liman
Hafer *m* yulaf
haften[1] *v* (fest usw.) *für j-n* kefil olmak *birine*
haften[2] *v* (bürgen) *an/auf etw. Dat* sokulmak *bşe*, *auf/an etw. Akk* yapışmak *bşe*
Haftung *w* mesuliyet
Hagel *m* sağanak
Hahn *m* **1** (Vogel) horoz **2** (Wasserhahn usw.) musluk **3** (an Schusswaffen) tabanca horozu
Hähnchen *s* tavuk
Hai *m* köpekbalığı
Haken *m* **1** (zum Angeln usw.) kanca **2** (zum Aufhängen) çengel, kanca **3** (Schwierigkeit)

engel, pürüz, komplikasyiyon, (Schwierigkeit) sorun
halb[1] *adj* yarım, buçuk; **vor einer ~en Stunde** yarım saat önce
halb[2] *adv* yarı, yarıya kadar, yarısına kadar; **um ~ fünf** dört buçukta
Halbinsel *w* yarımada
Halbmesser *m* yarıçap
Hälfte *w etw. Gen* yarım *bir şey*
Halle *w* **1** büyük salon **2** (im Hotell usw.) hol
hallo *interj* merhaba, selam; **H~!** Buyurun!, Merhaba!, (Lenkung der Aufmerksamkeit) Alo!
Hals *m* boyun
Halsband *s* tasma
halt **H~!** Dur!
Halt *m* durdurma
haltbar *adj* dayanıklı
halten *v* **1** (in der Hand) *etw. Akk* tutmak *bir şeyi* **2** (fest sein usw.) tutmak **3** (in einer Lage usw.) tutmak **4** bakmak, (in Ordnung usw.) korumak *bir şeyi* **5** *j-n irgendwohin* esir etmek *birini bir yerde* **6** (Zug usw.) *irgendwo* durmak *bir yerde* **7** *j-n/etw. für j-n/etw.* saymak **8** (Haustier usw.) *etw. Akk* yetiştirmek **9** (frisch bleiben usw.) bozulmamak ► **das Wort ~** söz tutmak; **~ (können)** *etw. Akk* tutmak *bir şey*; **Halt die Klappe!** Sus! Kapa çeneni!; **sich ~** *an etw. Dat* (mit der Hand) tutmak *bir şeyi*; **sich ~** *irgendwohin* (sich nicht entfernen) tutmak *bir yere*; **sich ~** *an etw. Akk* (Anweisungen usw.) tutunmak *bir şeye*
Halter *m* tutacak
Haltestelle *w* durak
Hammer *m* çekiç
Hand *w* el
Handbuch *s* el kitabı, kılavuz, referans kitabı
Handel *m* icaret, (Zweig) ticaret
handeln *v* **1** (tun) davranmak **2** (Buch) *von etw., über etw. Akk* değinmek **3** pazarlık etmek **4** (Geschäft betreiben) *mit etw.* ticaret yapmak
Handfläche *w* avuç
Handgelenk *s* bilek
Handgepäck *s* el bagajı
Händler *m* mağazacı, satıcı
Handlung *w* **1** eylem, hareket **2** (eines Films usw.) kurgu
Handschellen *w Mz* kelepçe; **~ anlegen** *j-m* kelepçelemek *birini*
Handschrift *w* **1** (schön usw.) el yazısı **2** (Urkunde usw.) el yazması
Handschuh *m* eldiven
Handschuhfach *s* torpido gözü
Handtasche *w* çanta
Handtuch *s* havlu
Handwerk *s* hüner
Handwerker *m* zanaatkâr
Handy *s* cep telefonu
Hang *m* **1** (steil usw.) yokuş **2** (Tendenz) *zu etw.* eğilim, meyil
hängen[1] *v* (im Schrank usw.) **1** asılmak **2** (nicht verzichten) *an etw. Dat* yapışmak, tutunmak *bşe* **3** (an Mutter usw.) *an j-m* vefalı olmak *bsne*
hängen[2] *v* (hinrichten) **1** *etw. Akk* asmak *bir şey* **2** (hinrichten) *j-n* asmak *bsni*
harmlos *adj* samimi
hart *adj* **1** sert **2** (Tag usw.) zor ♦ *adv* şiddetle, şiddetli bir şekilde
hartnäckig *adj* inatçı, dik kafalı
Hase *m* yabani tavşan
Haselnuss *w* fındık
Hass *m* nefret
hassen *v j-n/etw.* nefret etmek *birinden/bir şeyden*, *j-n/etw.* nefret etmek *bşden/bsnden*
hässlich *adj* çirkin, iğrenç
Haufen *m* yığın
häufig *adj* sık ♦ *adv* sık sık
Hauptbahnhof *m* ana istasyon
Hauptgericht *s* ana yemek
hauptsächlich *part* en çok
Hauptstadt *w* başkent
Hauptstelle *w* merkez
Haus *s* ev, hane; **nach ~(e)** eve; **zu ~e** evde
Hausaufgaben *w Mz* ödev
Hausfrau *w* ev hanımı
hausgemacht *adj* ev yapımı
Haushalt *m* hane halkı
Haushaltsgerät *s* cihaz
Haushaltswaren *Mz* ev ihtiyaçları
Haustier *s* evcil hayvan
Haut *w* **1** (Körpergewebe) cilt **2** (von Pfirsich usw.) meyve kabuğu
Havarie *w* kaza
Hebel *m* kaldıraç, kol
heben *v etw. Akk* kaldırmak
Hecke *w* çalı çit
Heer *s* ordu
Heft *s* defter
heftig *adj* **1** (stark) güçlü **2** (Leidenschaft usw.) sert, keskin, (Leidenschaft usw.) yoğun ♦ *adv* **1** (sehr energisch usw.) coşkuyla, şevkle **2** (regnen usw.) yoğun
Heidelbeere *w* çayüzümü
heilen *v* iyileşmek, (Wunde usw.) iyileştirmek
heilig *adj* **1** (Person) aziz **2** (Sakrament usw.) kutsal **3** (Ort usw.) kutsal
heim *adv* eve
Heim *s* **1** memleket **2** (für Obdachlose usw.) barınak
Heimat *w* anavatan, yurt

heiraten *v* **1** (Ehe schließen) evlenmek **2** (die Ehe eingehen) *j-n* evlenmek *biriyle* **3** (Ehefrau werden) *j-n* evlenmek *biriyle*
heiser *adj* kısık, boğuk
heiß *adj* **1** (Gegenstand usw.) sıcak **2** (Liebe usw.) şevkli ♦ *adv* sıcak ► **Mir ist ~.** Bana sıcak geldi.
heißen *v irgendwie* denmek; **das heißt** öyle ki; **Ich heiße…** Adım…; **willkommen ~** *j-n* karşılamak *birini*; **Wie heißt du?** Adın ne?
heiter *adj* neşeli, keyifli
heizen *v* **1** *irgendwo* ısıtmak *bir yeri* **2** (Zimmer usw.) ısıtmak
Heizung *w* ısıtma
Hektar *s,m* hektar
Held *m* kahraman
helfen *v j-m mit etw.* yardım etmek *birine bir şeyle*
hell *adj* **1** (Farbe usw.) açık renk, (Licht usw.) parlak **2** sarışın ♦ *adv* parlak bir şekilde
Helm *m* kask, kasket
Hemd *s* gömlek
Henkel *m* kulp
Henne *w* tavuk
her *adv* buraya
heraus *adv aus etw.* dışarıda *bir şeyden*, (vom Sprecher) dışarı
herausfinden *v etw. Akk* bulmak
herausnehmen *v* dışarı çekmek *bşi bşden*, *etw. Akk aus etw.* seçmek *birini*
Herberge *w* misafirhane, pansiyon
Herbst *m* sonbahar
Herd *m* fırın
Herde *w* sürü
Herdplatte *w* ocak
herein *adv* içeriye; **H~!** Girin!
hereinkommen *v in etw. Akk* girmek; **Kommen Sie herein.** Girin.
Hering *m* **1** (Fisch) ringa **2 ~e** (Pflöcke) çadır kazığı, çadır kancası
Herkunft *w* kaynak
Herpes *m* uçuk
Herr *m* **1** bay **2** (Besitzer) erkek ► **~ X** bay
herrlich *adj* şahane, harika
herrschen *v* hüküm sürmek, hükümdarlık etmek, (in einem Land usw.) yönetim
herstellen *v* **1** imal etmek, üretmek *bşi* **2** (Ordnung usw.) başlatmak *bşi*
Hersteller *m von etw.* yapıcı *kişi*
herunter *adv* aşağıya
hervorragend *adj* harikulade, (Persönlichkeit usw.) üstün, mükemmel
Herz *s* **1** (Organ) kalp, gönül **2** (Karten) kupa
herzlich *adj* samimi ♦ *adv* samimiyetle, candan, yürekten, (lachen usw.) candan
Heu *s* saman
heucheln *v etw. Akk* inandırmak *bir şeyi*
heute *adv* bugün
heutig *adj* bugünkü
Hexe *w* cadı
hier *adv* burada; **~ (durch)** bu yoldan; **von ~ (aus)** buradan
hierher *adv* buraya
Hilfe *w* yardım ► **erste ~** ilk yardım
Hilfsmittel *s* alet
Himbeere *w* ahududu
Himmel *m* sema, gök, (Paradies) cennet
hinabsteigen *v* alçalmak
hinaufsteigen *v etw. Akk* tırmanmak
hinaus *adv* dışarı
hindern *v* **1** *j-n an etw. Dat* engellemek *bsni* **2** (im Wege stehen) *j-n* engellemek *birini*
Hindernis *s* **1** *für etw.* engel **2** (in Athletik usw.) engel
hineingehen *v in etw. Akk* sığmak, *in etw. Akk* içeri girmek *bir yere*
Hinfahrt *w* tek yol
hinfallen *v* düşmek
hinlegen *v etw. Akk irgendwohin* koymak *bir şeyi bir yere*; **sich ~** uzanmak, yatmak
hinten *adv* arkada, arkasında; **nach ~** geriye; **von ~** arkadan, arkasından
hinter *prep etw. Dat* arkasında *bir şeyin*; **fallen ~** *etw. Akk* arksına düşmek
hinter(er,e,es) *adj* arka
Hintergrund *m* arka plan
hinunter *adv* aşağıya; **die Treppe ~** aşağı kat
Hinweis *m* **1** (Warnung usw.) dikkat **2** (Rat usw.) ipucu **3** (auf eine Quelle usw.) *auf etw. Akk* uyarı *bir şeyde*
hinweisen *v auf etw. Akk* uyarmak *bir şey için*, *auf etw.* göstermek *bşi*, işaret etmek *bşe*
hinzufügen *v etw. Akk* eklemek
Hirsch *m* alageyik, geyik
historisch *adj* tarihi
Hitze *w* aşırı sıcak, sıcak hava, sıcaklık, (Wetter) boğucu sıcak
Hobby *s* hobi
hoch *adj* **1** (Berg usw.) yüksek yer **2** (Summe usw.) yüksek ♦ *adv* **1** (nach oben) yüksekte **2** yüksekte
höchstens *adv* en çok, en fazla
Hochwasser *s* **1** sel **2** (der Flut) gelgit
Hochzeit *w* düğün
hochziehen *v* kaldırmak *bir şeyi*
Hocker *m* tabure
Hoden *m* testis, er bezi, haya
Hof *m* **1** (Platz) mahkeme **2** (landwirtschaftlicher) çiftlik **3** (königlicher) kral sarayı
hoffen *v auf etw. Akk* dilemek *bir şey*
hoffentlich *part* inşallah
Hoffnung *w auf etw. Akk* umut *bir şeye*, ümit
höflich *adj* kibar

Höhe *w* **1** (Maß) yükseklik **2** (Summe usw.) miktar **3** (über dem Meeresspiegel) yükseklik
Höhepunkt *m* doruk
höher *adj* daha yüksek ♦ *adv* daha yüksek
hohl *adj* oyuk
Höhle *w* **1** mağara **2** (eines Tieres) yuva
holen *v etw. Akk* koşmak *bye*, koşarak gitmek *bye*, (Brot usw.) *j-n/etw.* getirmek
Hölle *w* cehennem
Holz *s* tahta
Honig *m* bal
hören *v* **1** (wahrnehmen) *etw. Akk* işitmek *bir şey* **2** (erfahren) *etw. Akk* duymak *bşi*, öğrenmek *bşi*
Hörer *m* ahize, kulaklık
Horizont *m* ufuk
Hose *w* pantolon
Hotel *s* otel
hübsch *adj* hoş ♦ *adv* iyi
Hubschrauber *m* helikopter
Huf *m* toynak
Hüfte *w* kalça
Hügel *m* tepe, zirve
Humor *m* mizah
Hund *m* köpek
hundert *num* yüz
Hunger *m* açlık; **Ich habe ~.** Açım.
hungern *v* aç kalmak, açlık çekmek
hungrig *adj* aç; **Ich bin ~.** Açım.
Hupe *w* klakson
hupen *v* klakson çalmak, korna çalmak
hüpfen *v* atlamak, hoplayıp zıplamak
husten *v* öksürmek
Husten *m* öksürük
Hut *m* şapka
hüten *v* **1** (Kinder usw.) *j-n* gözetlemek *birini/bir şeyi* **2** (Schafe usw.) *etw. Akk* otlatmak *bşi* ► **sich ~** *vor j-m/etw.* sakınmak
Hütte *w* kulübe, (primitive) izbe
hygienisch *adj* hijyenik

I

ich *pron* ben
ideal *adj* ideal
Idee *w* **1** (Gedanke) fikir **2** (Leitbild) düşünce, fikir **3** (Vorstellung usw.) fikir
Idiot *m* akılsız, aptal, salak, budala
Igel *m* kirpi
ihn *pron* onu
ihr[1] *pron* (einer Frau) ona
ihr[2] *pron* (Gruppe) siz; **I~, I~e** senin
ihr[3] *pron* **1** (3. Person Ez) onun **2** (3. Person Mz) onların
im **~ Gebirge** dağlarda; **~ Gegenteil** tersine
Imbiss *m* **1** (Gericht) aperatif **2** (Bahnhof) büfe
immer *adv* her zaman; **wer auch ~** herhangi; **für/auf ~** daimi
impfen *v* aşılamak *bsni*, aşı yapmak *bsne*
importieren *v etw. Akk irgendwohin* ithal etmek *bir şey bir yere*
in *prep* **1** (einem Raum usw.) içinde **2** (der Wüste usw.) de, da **3** (Richtung) içine **4** (die Stadt usw.) -a, -e **5** (Dauer) sonra ► **~ Sicherheit sein** güvende olmak
indisch *adj* hint, Hindistan
Industrie *w* endüstri
industriell *adj* endüstriyel
Infektion *w* enfeksiyon
Information *w* bilgi, danışma
informieren *v j-n über etw. Akk* bilgi vermek, *j-n über etw. Akk* rapor vermek
Ingenieur *m* mühendis
Inhaber *m etw. Gen* sahip
Inhalt *m* içerik, (eines Dreiecks usw.) alan
Inhaltsverzeichnis *s* içindekiler
Injektion *w* şırınga
Injektionsspritze *w* şırınga
Inland *s* yeraltı, yurt içi
inmitten *adv* ortada ♦ *prep etw. Gen* arasında, ortasında
innen *adv* içeride, içeri; **von ~** içeriden
inner(er,e,es) *adj* iç
innerhalb *prep* **1** *etw. Gen* içinde, ortasında **2** *etw. Gen* içinde
Insekt *s* böcek
Insel *w* ada
insgesamt *adv* genel olarak, toplam olarak, hep birlikte, tamamı
Institut *s* enstitü
Instrument *s* **1** alet, araç **2** (Geige usw.) saz
intelligent *adj* zeki
interessant *adj* ilgi çekici ♦ *adv* işin ilginç yanı, ilginç bir şekilde ► **~e Sache** ilginçlik
Interesse *s an etw. Dat* ilgi; **Ich habe kein ~.** İlgilenmiyorum.; *j-s* **~ wecken** ilgilenmek
interessieren *v* **1** (Interesse haben) *j-n* ilgilenmek *biriyle* **2** (j-n gewinnen suchen) *j-n für etw., an etw. Dat* ilgisini çekmek *bsnin* ► **sich ~** *für j-n/etw.* ilgi duymak *birine/bir şeye*
interessiert *adj an etw. Dat* ilgili *bir şey ile* ♦ *adv* ilgiyle
international *adj* uluslararası
Internet *s* internet
Internetanschluss *m* internet bağlantısı
Interview *s* görüşme
inzwischen *adv* bu arada, şimdilik

irgendein *pron* (-dan) biri, bazı, herhangi
irgendwann *adv* bir ara
irgendwie *adv* **1** (auf irgendeine Weise) nasılsa **2** (seltsam, bekannt usw.) bir şekilde, her nasılsa, (seltsam, bekannt usw.) nasılsa
irgendwo *adv* bir yerde
irgendwohin *adv* bir yere
irren **sich ~** yanılmak; **sich ~** *in etw. Dat* yanılmak *bir şeyde*
Irrtum *m* hata; **über seinen ~ aufklären** *j-n* aldanmış halden veya hatadan kurtarmak *birini*

J

ja *part* evet
Jacke *w* mont
Jagd *w* **1** avlama, (auf Hasen usw.) av **2** (nach dem Geld usw.) *nach etw.* kovalama
jagen *v* **1** (Wildtiere usw.) avlamak **2** *j-n* takip etmek
Jäger *m* avcı
Jahr *s* yıl; **in diesem ~** bu yıl; **voriges ~** geçen yıl
Jahrestag *m etw. Gen* yıl dönümü
Jahreszeit *w* mevsim
Jahrhundert *s* yüzyıl
jährlich *adj* yıllık ♦ *adv* yıllık, her yıl
Jahrzehnt *s* on yıllık
Januar *m* ocak
Jeans *Mz* kot
jed(er,e,es) *pron* her, herkes, (beliebige Person) herhangi bir kimse; **jedes Mal** her zaman; **jedes Mal wenn** ne zaman olursa
jedenfalls *adv* neyse
jedermann *pron* her, herkes
jederzeit *adv* her zaman
jedoch *conj* amma, fakat, ancak
jemand *pron* kimse, birisi
jenseits *prep etw. Gen* dışı
jetzt *adv* artık, şimdi; **bis ~** şimdilik; **für ~** şimdisi için
jeweils *adv* her zaman
joggen *v* koşturmak
Joghurt *m,s* yoğurt
Johannisbeere *w* frenk üzümü
Journalist *m* gazeteci
jucken *v* kaşınmak
Jude *m* Yahudi, Yahudî
Jugend *w* gençlik
Jugendliche *m* ergen
Juli *m* temmuz
jung *adj* genç; **~er Mann** genç adam
Junge[1] *m* oğlan, oğlan çocuğu
Junge[2] *s* yavru
Juni *m* haziran
Juwelier *m* kuyumcu

K

Kabel *s* kablo
Kabeljau *m* morina balığı
Kabine *w* **1** (für Passagiere usw.) kabin **2** (zum Umkleiden usw.) küçük oda
Käfer *m* böcek
Kaffee *m* kahve
Käfig *m* kafes
kahl *adj* kel, dazlak, yalın
Kai *m* iskele, rıhtım, yalı boyu
Kaiser *m* imparator
Kajüte *w* kamara
Kakao *m* kakao
Kalb *s* dana
Kalbfleisch *s* dana eti
Kalender *m* takvim
Kalk *m* kalsiyum oksit
kalt *adj* üşümüş ♦ *adv* üşümüş, (Wetter) soğuk ► **~es Büfett** soğuk büfe, açık büfe
Kälte *w* soğuk, soğukluk
Kamera *w* **1** (Video) kamera **2** (fotografisch) fotoğraf makinesi
Kamin *m* şömine
Kamm *m* tarak, (Gebirge usw.) dağ sırası
kämmen *v j-n/etw.* taramak *bşi*; **sich ~** taramak
Kammer *w* **1** (Abstellraum) küçük oda **2** (im Gerät usw.) hazne **3** (eines Parlaments) yasama meclisi
Kampf *m* **1** dövüş, savaş, (Schlägerei) kavga **2** (Wettkampf) karşılaşma, maç
kämpfen *v* **1** (mit Waffen) savaşmak **2** (um Macht usw.) *mit j-m/etw.* mücadele etmek *bsle* **3** (wetteifern) *mit j-m* yarışmak **4** (mit Problemen usw.) *mit etw.* ileri sürmek
Kanal *m* **1** (zwischen Meeren usw.) kanal **2** (für Abwässer) kanalizasyon **3** (Wasserleitung usw.) kanal **4** (TV) kanal **5** (diplomatisch usw.) kanal
Kaninchen *s* tavşan
Kanister *m* teneke
Kanne *w* **1** (für Tee usw.) çaydanlık **2** (Milchkanne usw.) güğüm
Kanone *w* **1** top **2** (Könner) *in etw. Dat* becerikli, usta
Kante *w* keskin kenar
Kantine *w* kantin, lokanta, yemekhane
Kap *s* burun
Kapazität *w* kapasite
Kapelle[1] *w* (Bau) şapel
Kapelle[2] *w* (Musikband) grup, bando

Kapital *s* **1** (Geld usw.) sermaye **2** (verfügbare Geldsumme) anapara
Kapitän *m* kaptan
Kapitel *s* bölüm
kaputt *adj* bozuk, bozulmuş; **~ machen** *etw. Akk* kırmak
kaputtgehen *v* bozulmak
kaputtmachen *v etw. Akk* bozmak
Kapuze *w* kapüşon
Karosserie *w* karoser
Karpfen *m* sazan
Karriere *w* kariyer
Karte *w* **1** (Plastikkarte usw.) kart **2** (für Kino usw.) bilet **3** (für Skat usw.) oyun kartı **4** (geografisch) harita
Kartoffel *w* patates
Käse *m* peynir
Kasse *w* **1** (Zahlstelle) yazar kasa **2** (im Kino usw.) bilet gişesi, kasa, gişe
Kassette *w* kaset
kassieren *v* tahsil etmek
Kassierer *m* kasiyer
Kassiererin *w* kasiyer
Kastanie *w* kestane ağacı, (Frucht) kestane
Kasten *m* valiz, (zum Aufbewahren) kutu, kasa
Kathedrale *w* katedral
Katze *w* kedi
kauen *v etw. Akk* çiğnemek
Kauf *m* satın alma
kaufen *v* satın almak, alışveriş yapmak, (satın) almak *bşi*
Käufer *m* alıcı
Kaufhaus *s* alışveriş merkezi
Kaugummi *m* sakız
kaum *adv* güçlükle, güçbela, hemen hemen hiç ♦ *conj* -dığı gibi
Kehle *w* gırtlak
kehren *v* yan yana itmek
Keil *m* kama
Keilriemen *m* fan kayışı
kein *pron* **1** (nicht ein) hiç **2** (von beiden) hiç biri bile ...den/ ...dan daha az.
keineswegs *adv* hiç bir şekilde
Keller *m* mahzen
Kellner *m* garson
kennen *v j-n/etw.* tanımak *birini/bir şeyi*
kennenlernen *v* **1** *j-n* tanımak *birini*, (neue Freunde usw.) *j-n* tanışmak *biriyle* **2** *j-n/etw.* tanımak *birini/bir şeyi*
Kennzeichen *s* işaret
Keramik *w* porselen, (Töpferware) seramik
Kerl *m* çocuk
Kern *m* çekirdek
Kerze *w* mum
Kessel *m* **1** (zum Wasserkochen) güğüm **2** (Gaskessel usw.) su ısıtıcısı **3** (Tal) ova
Kette *w* **1** (eisern usw.) zincir **2** (Schmuck) kolye **3** (Reihe von Dingen usw.) zincir **4** (im Gewebe usw.) çözgü
Keule *w* bacak
Kilogramm *s* kilogram
Kilometer *m* kilometre
Kind *s* çocuk; **ein ~ wickeln** altını değiştirmek
Kindergarten *m* anaokulu
Kinderwagen *m* bebek arabası
Kindheit *w* çocukluk
Kinn *s* çene
Kino *s* sinema
Kiosk *m* büfe
Kirche *w* kilise
Kirsche *w* **1** (Frucht) kiraz **2** (Baum) kiraz ağacı
Kissen *s* yastık
Kiste *w* sandık
Klage *w* hukuk davası; **~ erheben** *gegen j-n* dava açmak
Klammer *w* **1** (Gerät) kıskaç **2** (Schriftzeichen) parentez, ayraç
Klang *m* ses
klar *adj* **1** (Glas usw.) temiz, (Wasser usw.) yarısaydam **2** (Himmel usw.) açık **3** (Bedeutung usw.) açık ► **sich ~ werden** *über etw. Akk* açıklığa kavuşturmak *bir şeyi*
klären *v etw. Akk* açıklık kazandırmak, *etw. Akk* aydınlatmak *bşi*, aydınlığa kavuşturmak; **sich ~** aydınlanmak
Klarheit *w* berraklık
Klasse *w* sınıf
klassisch *adj* klasik
Klavier *s* piyano
Klebeband *s* bant
kleben *v* **1** *etw. Akk* yapıştırmak *bir şeyi* (beraber), (befestigen) *etw. Akk an/auf etw. Akk* yapıştırmak *bir şeyi bir şeye* **2** (Klebkraft haben) yapışmak **3** (klebrig sein) *an etw. Dat* yapışmak *bşe*
klebrig *adj* yapışkan
Klebstoff *m* yapıştırıcı
Kleid *s* giysi
Kleider *s Mz* giysiler
Kleiderbügel *m* askı
Kleiderschrank *m* dolap
Kleidung *w* giysiler
klein *adj* küçük
kleiner *adj* küçük, (Größe) daha küçük
Kleingeld *s* bozuk para
Kleinigkeit *w* **1** ufak tefek eşya, (etwas Kleines) önemsiz şey **2** (Angelegenheit) önemsiz şey, (Dummheit) saçmalık
kleinlich *adj* kılı kırk yaran

klettern *v* **1** *auf etw. Akk* tırmanmak **2** (herauskommen usw.) *aus etw.* dışarı çıkmak *bir şeyden* **3** (durchs Fenster usw.) *irgendwohin* tırmanmak **4** (im Gebirge usw.) tırmanmak
Klima *s* iklim
Klimaanlage *w* klima
Klinge *w* bıçak ağzı
Klingel *w* **1** (an der Tür) zil **2** (kleine Glocke) zil, küçük çan
klingeln *v* çalmak
klingen *v* **1** (hörbar sein) duyulmak **2** (Glocke) zili çalmak **3** (Eindruck vermitteln) *irgendwie* izlenim bırakmak
Klinik *w* poliklinik
Klinke *w* **1** (Türklinke usw.) kol **2** (Hebel) tutamak
klopfen *v* **1** *an etw. Akk* tıklatmak *bşi*, (an die Tür usw.) *auf/an etw.* tıklatmak *bşi*, (ans Fenster usw.) *an etw. Akk* vurmak *bir şeye* **2** *etw. Akk* yumuşatmak
Klosett *s* tuvalet
Kloß *m* hamur yuvarı
klug *adj* zeki
Knall *m* çat, patırtı, çatırtı
knapp *adj* **1** (Kleidung) sıkı **2** (gekürzt) özet
Kneipe *w* birahane
Knie *s* diz
knien *v* diz çökmek; **sich (nieder)knien** diz çökmek
Knoblauch *m* sarmısak
Knöchel *m* ayak bileği
Knochen *m* kemik
Knopf *m* düğme
Knospe *w* tomurcuk
Knoten *m* düğüm
Knotenpunkt *m* **1** (im Verkehr usw.) kavşak, dörtyol ağzı **2** (Verknüpfung) düğüm **3** (von Aktivitäten usw.) merkez
Koch *m* aşçı
kochen *v* **1** (im Wasser usw.) *etw. Akk* haşlamak, (Koch usw.) pişirmek **2** (zubereiten) yemek pişirmek **3** (Wasser usw.) kaynamak
Kochherd *m* fırın
Kochplatte *w* ocak üzerindeki metal yüzey
Koffer *m* valiz
Kofferraum *m* bagaj
Kohl *m* **1** lâhana **2** (ÖrD) (Rosenkohl usw.) lahana, lâhana
Kohle *w* kömür
Kohlrabi *m* yer lahanası
Kollege *m* iş arkadaşı, meslektaş
komisch *adj* komik ♦ *adv* komik bir şekilde
Komma *s* virgül
kommen *v* **1** *irgendwohin* gelmek **2** (gelangen) *irgendwohin* varmak *bir yere* **3** (Ansicht usw.) *zu etw.* ulaşmak **4** (verlieren) *um etw.* kaybetmek *bir şey* **5** (entfallen) *auf j-n/etw.* sonuç **6** (Zeit) gelmek ► **gelegen ~** *j-m etw. Nom* işe yaramak; **Komm schon!** Hadi!
Kommunikation *w* iletişim
kommunizieren *v mit j-m* iletişim kurmak
Komödie *w* komedi
Kompass *m* pusula
komplett *adj* bütün ♦ *adv* tamamen, tamamıyla ► **~er Service** herşey dahil
Kompliment *s* iltifat
komplizieren *v* karmaşık, *etw. Akk* zorlaştırmak, güçleştirmek, karmaşık hale getirmek
kompliziert *adj* karışık ♦ *adv* karmaşık bir şekilde
Komponist *m* besteci
Konditorei *w* pastane, şekerlemeci
Kondom *s,m* prezervatif
Konfitüre *w* reçel
König *m* kral
Königin *w* kraliçe
können[1] *v* (beherrschen usw.) *etw. Akk* yapabilmek
können[2] (fähig sein) **Ich kann nicht mehr.** Devam edemem.
Konserve *w* konserve
Konstruktion *w* **1** (Bauteil) konstrüksiyon **2** (Konstruieren) tasarım
Konsul *m* konsolos
Konsulat *s* konsolosluk
Kontakt *m* irtibat; **in ~ stehen** *mit j-m* görüşüyor olmak *biriyle*; **~ aufnehmen** *mit j-m* irtibat kurmak
kontaktieren *v j-n* irtibat kurmak
Konto *s* hesap; **laufendes ~** cari hesap
Kontoauszug *m* hesap bilançosu
Kontostand *m* bakiye
Kontrolle *w* **1** (gründliche usw.) yoklama, denetleme, kontrol **2** (Zollkontrolle usw.) teftiş **3** (Beherrschung) *über etw. Akk* kontrol
Kontrolleur *m* **1** müfettiş **2** (in der Straßenbahn usw.) denetçi
kontrollieren *v* **1** (überwachen) *etw. Akk* kontrol etmek **2** (Gebiet usw.) idare etmek, kontrol
Konzert *s* konser
Kopf *m* **1** baş, kafa **2** (oberer Teil) baş **3** (Salat usw.) baş **4** (einer Zeitung usw.) başlık
Kopfhörer *m Mz* kulaklık
Kopie *w* taklit, (eines Textes) kopya
Korb *m* sepet
Korken *m* tıpa, mantar
Korkenzieher *m* tirbuşon
Korn *s* **1** (Frucht) tahıl tanesi **2** tahıl **3** (einer Waffe) arpacık

Körper *m* **1** (menschlich) beden, vücut **2** (Gebilde) gövde
korrekt *adj* **1** (richtig) doğru **2** (Benehmen usw.) dürüst
Korrektur *w* **1** (eines Fehlers usw.) tashih **2** (Fahnenkorrektur usw.) düzeltme
Korridor *m* koridor
korrigieren *v* ayarlamak, düzeltmek
Kosmetik *w* makyaj malzemesi
Kost *w* yiyecek
kostbar *adj* değerli
kosten *v wie viel* mal olmak ► **Was/Wie viel kostet es?** Bu ne kadar tutuyor?, Bu kaç para?
Kosten *Mz* maliyet
kostenfrei *adj* bedava
kostenlos *adj* bedava ♦ *adv* bedava, parasız
Kostüm *s* kostüm
Kot *m* çıkartı, dışkı, hayvan dışkısı
Kotelett *s* külbastı, şnitzel, pirzola
Krach *m* gürültü
Kraft *w* güç
Kraftstoff *m* madeni materyal
Kraftwerk *s* elektrik istasyonu
Kragen *m* yaka
Krampf *m* kramp, (krampfhafte Bewegung) kasınç
krank *adj* hasta
Krankenhaus *s* hastane
Krankenschwester *w* hemşire
Krankenversicherung *w* sağlık sigortası
Krankenwagen *m* ambulans, cankurtaran
Krankheit *w* illet
kratzen *v* **1** (ritzen) kazımak, *etw. Akk* tırmalamak *bşi* **2** (Eis usw.) çizmek **3** (reiben) kaşımak *bşi*
Kraut *s* **1** (Heilpflanze usw.) bitki **2** (der Kartoffeln usw.) bitki sapı
Krawatte *w* kravat
Krebs *m* **1** (Tier) kerevit **2** (Krankheit) kanser **3** (Sternzeichen) Yengeç Burcu
Kredit *m* kredi
Kreditkarte *w* kredi kartı
Kreide *w* tebeşir
Kreis *m* halka
kreisen *v um etw.* devretmek
Kreislauf *m* dolanım
Kreisverkehr *m* döner kavşak
Kreuz *s* **1** çapraz **2** (im Kartenspiel) sinek
Kreuzfahrt *w* gemi gezisi
Kreuzung *w* **1** kavşak, dörtyol ağzı **2** (Pflanze usw.) melez
kriechen *v* **1** (auf allen vieren usw.) emeklemek, (liegend usw.) sürünmek **2** *aus etw.* sıvışmak **3** *vor j-m* yaltaklanmak, (unterwürfig sein) *vor j-m* kaşağılamak
Krieg *m* savaş
kriegen *v* **1** (Krankheit) yakalanmak **2** (hineinpressen usw.) *etw. Akk irgendwohin* sokmak *bir şeyi bir yere*
Krise *w* kriz
Kritik *w* tenkit, (kritische Beurteilung) eleştiri
kritisch *adj* kritik
kritisieren *v* eleştirmek *bşi*, tenkit etmek
Krone *w* taç
Krug *m* sürahi
krumm *adj* eğri
Küche *w* mutfak ► **häusliche ~** ev yemekleri
Kuchen *m* kek, pasta
Kugel *w* **1** (Körper) küre **2** (Geschoss) kurşun, (Kügelchen) top **3** gülle **4** (Eiskugel usw.) top
Kugelschreiber *m* tükenmez kalem
Kuh *w* inek
kühl *adj* soğuk
kühlen *v* soğutmak
Kühler *m* soğutucu
Kühlschrank *m* buzdolabı
Kultur *w* kültür
Kümmel *m* karaman kimyon tohumu
kümmern **sich ~** *um j-n/etw.* bakmak *birine/bir şeye*, dikkat etmek, (behilflich sein usw.) ilgi göstermek *birine/bir şeye*
Kunde *m* müşteri
kündigen *v etw. Akk* ikaz etmek *bir şeyi*
Kunst *w* **1** (Gestalten) sanat **2** (Geschick) yetenek, beceri ► **bildende ~** güzel sanatlar
Künstler *m* sanatçı
künstlich *adj* yapay
Kunststoff *m* plastik
Kupfer *s* bakır
Kuppel *w* kubbe
Kupplung *w* debriyaj
Kürbis *m* bal kabağı
Kurort *m* ılıca
Kurs *m* **1** kurs **2** (einer Währung) kur, döviz kuru
Kurve *w* **1** (Linie) eğri **2** (scharfe usw.) viraj
kurz *adj* **1** kısa **2** (nicht ausführlich) özet ♦ *adv* **1** (geschnitten usw.) kısa **2** (besprechen usw.) kısaca **3** kısaca ► **~ weggehen** *irgendwohin* sıçramak *bir yere*; **vor ~em** geçenlerde
kürzen *v* **1** (kürzer machen) *etw. Akk* kısaltmak *bir şeyi*, *etw. Akk* kısaltmak *bşi* **2** (Geld) *etw. Akk* azaltmak, indirmek
kürzlich *adv* geçenlerde
Kurzschluss *m* kısa devre
Kuss *m* öpücük

küssen *v j-n/etw.* öpmek *birini/bir şeyi, j-n* öpmek *birini*
Küste *w* kıyı
Kuvert *s* zarf

L

lächeln *v* gülümsemek
Lächeln *s* gülümseme
lachen *v über j-n/etw.* gülmek *birine/bir şeye, über j-n/etw.* kahkahayla gülmek
Lachen *s* gülüş
lächerlich *adj* gülünç
Lachs *m* som balığı
Lack *m* vernik
Ladegerät *s* şarj aleti
laden *v* **1** (beladen) *etw. Akk auf etw. Akk* yüklemek *bir şeyi bir şeye* **2** (Waffe) şarj etmek **3** (Batterie) (yeniden) şarj etmek
Laden *m* dükkan, dükkân
Ladung *w* **1** (Frachtgut) nakliye **2** (von Munition) patlama yükü **3** (elektrische) elektrik yükü **4** (Warenmenge usw.) doz
Lage *w* konum, yer, pozisyon *bir yerde*
Lager *s* **1** (Unterkunft) kamp **2** (für Vorräte usw.) depo **3** (Gesteinsschicht) yatak **4** (Maschinenelement) mil yatağı
lagern *v* **1** (im Wald usw.) kamp yapmak **2** (Vorräte usw.) *etw. Akk irgendwohin* depolamak *bşi*
Laib *m* somun
Laken *s* çarşaf
Lamm *s* kuzu
Lammfleisch *s* kuzu eti
Lampe *w* fener, lamba
Land *s* **1** toprak **2** (ländliches Gebiet) kırsal bölge **3** (Staat) ülke
landen *v* iniş yapmak, (aufsetzen) inmek *bşe*
Landkarte *w* harita
Landschaft *w* manzara
Landung *w* iniş
Landwirt *m* çiftçi
Landwirtschaft *w* tarım
lang *adj* uzun
lange *adv* uzunca
Länge *w* uzunluk
Langeweile *w* can sıkıntısı
langfristig *adj* uzun dönem
langsam *adj* yavaş ♦ *adv* yavaşça
längst *adv* uzun zaman önce
langweilen *v j-n* canını sıkmak; **sich ~** sıkılmak
langweilig *adj* sıkıcı
Lappen *m* **1** (zum Abwischen usw.) çaput **2** (eines Organs usw.) lop

Lärm *m* gürültü
lassen *v* **1** (erlauben) *j-n etw. Akk zu tun* izin vermek **2** (nicht ändern) *etw. Akk* bırakmak **3** (nicht wegnehmen) *j-m etw. Akk* bırakmak *bşi bsne* ► **Das lässt sich leicht reparieren.** Bu kolay onarılır.; **sich ~** *etw. Akk tun* (veranlassen) bırakmak *bir şey*
Last *w* **1** (auf dem Wagen usw.) nakliye **2** (in Kilogramm usw.) ağırlık **3** (Sorge usw.) yük
lästig *adj* can sıkıcı, sıkıcı, sinirlendirici, zor
Lastwagen *m* nakliye aracı
Lauf *m* **1** (einer Maschine usw.) *etw. Gen* çalışma **2** (physische Aktivität) koşu **3** (eines Gewehrs) namlu ► **im ~e** *etw. Gen* süresince, boyunca
laufen *v* **1** (Person usw.) koşmak, koşturmak **2** (hinüberlaufen) *über etw. Akk* koşarak geçmek **3** (zu Fuß gehen) yürüyerek gitmek **4** (in Gang sein) gitmek **5** (Gefäß usw.) sızmak
Laune *w* **1** (gute usw.) ruhsal vaziyet **2** (Einfall) kapris, naz, şımarıklık
launisch *adj* kaprisli
Laus *w* bit
laut *adj* gürültülü, yüksek sesli ♦ *adv* yüksek sesle, gürültüyle ► **~er stellen** *etw. Akk* (Radio usw.) açmak *bir şeyi*
läuten *v* zili çalmak
Lautsprecher *m* hoparlör
lauwarm *adj* ılık
Lawine *w* çığ
leben *v* yaşamak
Leben *s* yaşam, can, hayat
lebendig *adj* canlı ♦ *adv* diri diri, canlı canlı
Lebensmittel *s* **1** gıda **2** bakkal ürünü
Lebensmittelgeschäft *s* bakkal
Leber *w* karaciğer
lebhaft *adj* **1** (Kind usw.) neşeli, (Mensch) canlı, çevik **2** (Fantasie usw.) şehvetli **3** (Erinnerung usw.) canlı ♦ *adv* canlı bir şekilde
lecken[1] *v* (mit der Zunge) yalamak *bşi*
lecken[2] *v* (Gefäß usw.) sızmak
Leckerbissen *m* lezzetli yiyecek, nefis yiyecek, tatlı
Leder *s* deri
ledig *adj* bekar
leer *adj* **1** (Gefäß usw.) boş **2** (Blatt usw.) boş, temiz ► **~e Batterie** bitik pil; **Meine Batterie ist ~.** Pilim bitik.
leeren *v etw. Akk* boşaltmak *bir şeyi*
legal *adj* yasal ♦ *adv* kanunen, yasal olarak
legen *v* **1** *etw. Akk irgendwohin* koymak *bir şeyi bir yere*, (hinlegen) koymak, yerleştirmek *bşi bşe* **2** (in Mappe usw.) *etw. Akk in etw. Akk* sığdırmak *bir şeyi bir yere*

3 (Fundament usw.) koymak, (Gleise usw.) yüklemek 4 (Eier) yumurtlamak
Lehm *m* balçık
Lehrbuch *s* ders kitabı
lehren *v j-n etw. Akk* öğretmek *birine bir şey*
Lehrer *m* öğretmen
Leiche *w* ceset
leicht *adj* 1 (wenig wiegend) hafif 2 (Aufgabe usw.) kolay 3 (Berührung usw.) kibar 4 (Husten usw.) hafif ♦ *adv* 1 (ohne Problem) kolay, kolayca, kolaylıkla 2 (einfach) kolay 3 (erreichbar usw.) kolayca 4 (nur wenig) kolayca, kolaylıkla 5 (berühren usw.) hafifçe ► **ein ~er Hang** hafif yokuş
leiden *v* 1 *an/unter etw. Dat* acı çekmek *bir şeyden* 2 (Beleidigung usw.) *etw. Akk* dayanmak *bşe*, tahammül etmek *bşe*
Leidenschaft *w* tutku
leider *part* maalesef, ne yazık ki
leidtun *v j-m etw. Nom* üzülmek; **Es tut mir leid.** Üzgünüm.
leihen *v j-m etw. Akk* ödünç vermek *birine bir şeyi, j-m etw. Akk* ödünç vermek *bsne*; **sich ~** *etw. Akk von j-m* ödünç almak
Leim *m* yapışkan
Leine *w* tasma
leise *adj* sessiz ♦ *adv* sessiz, (sprechen usw.) sessizce ► **~r stellen** kısmak
leisten **Dienste ~** *j-m/etw.* yardım etmek *birine/bir şeyle*
Leistung *w* 1 (sportlich usw.) performans 2 (einer Maschine usw.) güç 3 (Betrag) ödenek
leiten *v* 1 (Firma usw.) *etw. Akk* becermek, *etw. Akk* idare etmek *bir şeyi* 2 *j-n irgendwohin* delalet etmek *birini bir yere, j-n irgendwohin* yol göstermek *birine* 3 (Wasser usw.) akıtmak 4 (durchziehen usw.) *etw. Akk durch etw.* geçirme *bir şeyi bir şeyden* 5 (leitfähig sein) nakletmek
Leiter[1] *m* 1 (einer Abteilung usw.) müdür, şef, (Person) baş 2 (Person) başkan, müdür 3 (Vorsteher) önder, lider, başkan 4 (Stoff) iletken
Leiter[2] *w* taşınır merdiven
Leitung *w* 1 (einer Firma usw.) koşu 2 (Hauptvertreter) önderlik, liderlik 3 (Telefonleitung usw.) hat
lenken *v* 1 (Richtung bestimmen) *etw. Akk* yön vermek *bşe*, yöneltmek *bşi* 2 (zum Ziel) *etw. Akk irgendwohin* sevketmek *bir şeyi bir yere*
Lenkrad *s* direksiyon
lernen *v* 1 (Fertigkeiten erwerben) *etw. Akk* öğretmek 2 (für eine Prüfung usw.) öğrenmek 3 (durch Erfahrungen) *aus etw.* öğrenmek *bşden*, ibret almak 4 (Handwerk) *etw. Akk* öğrenmek *bşi*
lesen *v* 1 (ein Buch usw.) *etw. Akk* okumak 2 (Vorlesungen halten) ders vermek
Leser *m* okur
letzt(er,e,es) *adj* sonuncu, (neuester) son; **das letzte Mal** geçende; **zum letzten Mal** son sefer
leuchten *v* 1 (Lampe usw.) parlamak 2 (mit Taschenlampe usw.) *auf etw. Akk* aydınlatmak *bşi*
Leuchtturm *m* fener
Leute *Mz* insanlar *Mz*
Licht *s* ışık
Lid *s* göz kapağı
lieb *adj* canım; **Das ist ~ von Ihnen.** Naziksiniz.; **~er** sevgili
Liebe *w* aşk; **~ machen** *mit j-m* sevişmek *biriyle*
lieben *v j-n/etw.* sevmek; **sich ~** sevişmek
lieber *adv* iyi olur; **Ich möchte ~...** Ben daha çok isterim...
Liebhaber *m* 1 (Geliebter) seven 2 meraklı
Liebling *m* 1 tatlım, sevgili 2 (Favorit) favori, gözde
liebst(er,e,es) **am liebsten** en iyisi
Lied *s* şarkı
liefern *v j-m etw. Akk* teslim etmek *birine bir şeyi*
Lieferung *w* teslim
Lieferwagen *m* minibüs
Liege *w* kuşet
liegen *v* 1 (Mensch) yatmak 2 (Sache) *irgendwo* durmak 3 (Problem usw.) *in etw. Dat* bulunmak *bşde* 4 (an Umständen usw.) *an j-m/etw.* bağlı olmak 5 (schätzen) *j-m an etw. Dat* umursamak 6 (wichtig sein) *an etw. Dat* ilgilendirmek
Liegestuhl *m* portatif karyola
Lift *m* asansör
Likör *m* likör
Limo *w,s* limonata
Limonade *w* limonata
Linie *w* 1 (Strich) çizgi 2 (Verkehrsstrecke) hat
link(er,e,es) *adj* sol
links *adv* solda; **nach ~** (wohin) solda; **von ~** soldan
Linse *w* 1 (Samen) mercimek 2 (optisch) lens
Lippe *w* dudak
Lippenstift *m* ruj
Liste *w etw. Gen* liste
Liter *m,s* litre
Literatur *w* edebiyat
Lkw *m* kamyon, nakliye aracı
loben *v j-n für etw.* övmek *birini bir şeyden ötürü, j-n/etw.* (çok) övmek *bşi*
Loch *s* delik

Locke *w* bukle
Lockenwickler *m* bigudi
locker *adj* **1** gevşek, (Schraube usw.) gevşemiş **2** (Boden usw.) dökülen **3** (Atmosphäre usw.) hoş, sevimli **4** (Gebäck usw.) yumuşacık
Löffel *m* **1** kaşık **2** (Maßangabe) *etw. Akk* bir kaşık dolusu
logisch *adj* mantıklı
Lohn *m* ücret; **den ~ erhöhen** *j-m* maaşına zam yapmak
lohnen **sich ~** ödemek
lokal *adj* yerel
Lokal *s* spot
Lokomotive *w* lokomotif
Los *s* **1** (Lotterieschein) piyango bileti **2** (Losen) piyango
löschen *v* **1** (Brand usw.) södürmek *bir şey*, (Feuer) söndürmek **2** (Daten) silmek
lose *adj* gevşek, gevşemiş
lösen *v* **1** (Krawatte usw.) *etw. Akk* serbest bırakmak **2** (Gleichung usw.) çözmek **3** (Haar) *etw. Akk* açmak
losfahren *v* yola çıkmak
loslassen *v etw. Akk* bırakmak *bir şeyi*, *j-n/etw.* bırakmak *bir şeyi/birini*
Lösung *w* **1** çözüm, sonuç **2** (eines Geheimnisses usw.) sonuç, netice **3** (Flüssigkeit) çözelti, eriyik
loswerden *v* **1** *j-n/etw.* defolmak *birinden bir yerden* **2** (Hemmungen etw.) *etw. Akk* üzerinden atmak
Löwe *m* **1** (Tier) aslan **2** (Sternzeichen) Aslan
Luchs *m* vaşak
Lücke *w* aralık
Luft *w* hava; **sich in ~ auflösen** kaybolmak, sıvışmak
lüften *v* havalandırmak
Lüfter *m* vantilatör
Luftmatratze *w* şişme yatak
Luftpost *w* uçak postası
Lüge *w* yalan
lügen *v j-m* yalan söylemek
Lunge *w* akçiğer
Lungenentzündung *w* zatürre
Lust *w an etw. Akk* istek; **~ haben** *etw. Akk zu tun* tadı olmak *bir şey yapmaya*; **~ zu essen** iştah
lustig *adj* eğlenceli, neşeli; **sich** *über j-n/etw.* **~ machen** dalga geçmek *biriyle*
lutschen *v* **1** (Bonbon usw.) *etw. Akk* emmek **2** (Daumen usw.) *an etw. Dat* emmek
Luxus *m* lüks

M

machen *v* **1** (durchführen) yapmak *bşi*, etmek *bşi* **2** (entstehen lassen) yapmak **3** (erzeugen) yapmak **4** *etw. Akk irgendwie* yapmak *bir şeyi bir şeyle* **5** (betragen) etmek *bş kadar* ► **eine Aufnahme** *von etw.* **~** fotoğraf çekmek *bir şeyi*; **einen Kopfsprung ~** atlamak; **geltend ~** *etw. Akk* (Rechte usw.) kullanmak; **Macht es nicht!** Yapmayın!; **sich bekannt ~** *mit etw.* tanışmak; **sich ~** *an etw. Akk* başlamak *bir şeye*; **sich ~** *an etw. Akk* başlamak *bir şeyi yapmaya*; **Spaß ~** *j-m etw. Nom* eğlendirmek; **unmöglich ~** *etw. Akk* imkansız kılmak *bir şey*; **Und was soll ich ~?** Ne yapayım?
Macht *w* **1** güç **2** (Staat) büyük güç
mächtig *adj* **1** (Herrscher usw.) güçlü **2** (groß) kocaman, iri
Mädchen *s* kız
Magazin *s* **1** (einer Waffe) şarjör **2** (Zeitschrift) dergi
Magen *m* mide
mager *adj* **1** (Mensch) zayıf **2** (Fleisch) yağsız
Magnet *m* mıknatıs
mahlen *v* öğütmek *bşi*
Mahlzeit *w* yemek; **~!** Afiyet olsun!
Mai *m* mayıs
Mais *m* mısır
Make-up *s* makyaj
mal *adv* kere
Mal **das nächste ~** gelecek; **zum ersten ~** ilk seferde
malen *v* boyamak
Maler *m* **1** (Künstler) ressam **2** (Handwerker) dekoratör
Malerei *w* ressamlık
manchmal *adv* bazen
Mandarine *w* mandalina
Mandel *w* **1** (Samen) badem **2** **~n** bademcikler
Mangel *m* **1** (Unvollkommenheit) kifayetsizlik **2** (Knappheit) *an etw. Dat* yoksunluk *bir şeyden* **3** (an einem Produkt usw.) kusur, eksiklik **4** (Defekt usw.) hata
Mann *m* erkek
männlich *adj* **1** erkek **2** (Eigenschaft usw.) erkekçe, erkeksi
Mannschaft *w* ekip, takım
Mantel *m* **1** (Kleidung) kaban **2** (Reifen) lastik
Mappe *w* klasör, (Hülle) dosya
Märchen *s* peri masalı
Margarine *w* margarin
Marke *w* **1** (Ware) marka **2** (Wertzeichen) pul **3** (Zeichen usw.) işaret

Markt *m* **1** (Straßenmarkt usw.) çarşı, pazar yeri **2** (Platz) pazar yeri, çarşı **3** (Warenverkehr) pazar
Markthalle *w* kapalı çarşı
Marmelade *w* reçel
Marmor *m* mermer
März *m* mart
Maschine *w* **1** makine, makina **2** **~n** (Maschinenausstattung) makine aksamı
Maß *s* **1** (Größe) ölçü **2** (Grad usw.) *etw. Gen* teşmil etmek
Massage *w* masaj
Masse *w* kütle
Maßeinheit *w* birim
mäßig *adj* ılımlı, (im Essen usw.) ölçülü, mutedil, (Wind usw.) ılıman
Maßnahme *w* tedbir
Maßstab *m* **1** (Verhältnis) ölçek **2** (zum Vergleich) ölçüt, kıstas
Mast *m* direk
Material *s* malzeme
Materie *w* madde
Matratze *w* yatak
Matte *w* minder
Mauer *w* duvar
Maurer *m* duvarcı
Maus *w* fare
Mayonnaise *w* mayonez
Mechaniker *m* mekanikçi
Medikament *s* ilaç
Medizin *w* tıp
Meer *s* deniz; **am ~** denizde, denizin kenarında
Meerrettich *m* yabanturbu
Mehl *s* **1** un **2** (Holzmehl usw.) yemek
mehr *adv* daha
Mehrheit *w j-s/etw.* büyük çoğunluk
mehrmals *num* birkaç defa, defalarca, birkaç kere
Mehrwertsteuer *w* KDV, katma değer vergisi
Meile *w* mil
mein, meine *pron* benim
meinen *v* düşünmek ► **Was ~ Sie damit?** Neyi kastediyorsunuz?
Meinung *w über etw. Akk* fikir
meistens *adv* en çok, genellikle
Meister *m* **1** (Weltmeister usw.) şampiyon **2** (Könner) *in etw. Dat* ehil *bir şeyde*
Meisterschaft *w* **1** (Weltmeisterschaft usw.) şampiyona **2** (Meisterhaftigkeit) ustalık
melden *v* **1** (öffentlich usw.) *etw. Akk* duyurmak **2** (benachrichtigen) *j-m etw. Akk* rapor etmek *birini birine* ► **sich ~** parmak kaldırmak; **sich ~** *bei j-m* (anrufen, schreiben usw.) aramak *birini*; **sich ~** (beim Chef usw.) rapor vermek *birine*
Meldung *w* **1** (amtliche) duyuru **2** (dienstliche) *über etw. Akk* rapor *bir şeye ait*
Melodie *w* **1** melodi **2** (eines Werbespots usw.) cıngıl
Menge *w* **1** tutar **2** (von Ideen usw.) çok sayıda **3** (von Elementen) küme ► **eine ~** *von etw.* çok olmak *bir şeyden*
Mensch *m* insan
Menschheit *w* beşeriyet
menschlich *adj* insan, insancıl
Menstruation *w* adet, aybaşı
Menü *s* menü
merken *v j-n/etw.* dikkat etmek *birine/bir şeye*; **sich ~** *etw. Akk* hatırlamak *bir şeyi*
Merkmal *s* karakteristik
merkwürdig *adj* inanılmaz ♦ *adv* tuhaf bir şekilde
Messe[1] *w* (Gottesdienst) ayin
Messe[2] *w* (Ausstellung) fuar
messen *v* **1** (Geschwindigkeit usw.) ölçmek *bşi* **2** (Größe haben) *wie viel* ölçmek
Messer *s* bıçak
Metall *s* metal
Meter *m,s* metre
Methode *w* yöntem
Metzger *m* (SüD) kasap
Metzgerei *w* (SüD) kasap
Miete *w* **1** (Geld) kira **2** (Verhältnis) kira, kiralık
mieten *v etw. Akk* kiralamak *kiralamak*
Mieter *m* kiracı
Migräne *w* migren
Mikrowelle *w* mikrodalga
Mikrowellengerät *s* mikrodalga
Mikrowellenofen *m* mikrodalga
Milch *w* süt
Milchgeschäft *s* sütçü
milde *adj* **1** (gütig) merhametli **2** (Klima usw.) ılıman **3** (Essen usw.) tatlı
militärisch *adj* askeri
Milliarde *w* milyar
Million *w* milyon
Milz *w* dalak
Minderheit *w* azınlık
minderjährig *adj* çocuk, genç
minderwertig *adj* aşağı, bayağı, düşük nitelikli, kalitesiz
mindestens *adv* en az(ından), en azından
Mineral *s* mineral
Mineralwasser *s* maden suyu
minimal *adj* **1** (Wert usw.) en az **2** (Schaden usw.) asgari
Minister *m* bakan
Ministerium *s* bakanlık
Ministerpräsident *m* başbakan
minus *adv* eksi
Minute *w* dakika

Minze *w* nane
mischen *v etw. Akk* karıştırmak
Mischung *w etw. Gen* karışık
Missbrauch *m* kötüye kullanma, (der Macht usw.) suiistimal
missbrauchen *v* kötüye kullanmak *bşi*, istismar etmek
Misserfolg *m* başarısızlık
Misstrauen *s* güvensizlik, itimatsızlık
Missverständnis *s* yanlış anlama
missverstehen *v etw. Akk* yanlış anlamak *bir şey*
mit *prep* **1** *j-m/etw.* ile **2** (Mittel) *j-m/etw.* tarafından ♦ *pron* kendiyle
Mitarbeiter *m* iş arkadaşı
mitbringen *v etw. Akk irgendwohin/j-m* getirmek *bş byden bsne*, *j-n* beraberinde getirmek
miteinander *adv* ile
mitfahren *v bei j-m* gitmek *biriyle*
Mitgefühl *s* halden anlama
Mitglied *s etw. Gen* üye *bir yere*
Mitleid *s* halden anlama, yazık
mitnehmen *v* **1** *etw. Akk* götürmek *bir şeyi* **2** (mit dem Auto usw.) *j-n/etw. irgendwohin* almak *birini*, (mit dem Auto) *j-n irgendwohin* götürmek *birini bir yere*
Mittag *m* öğle; **zu ~ essen** öğle yemeği yemek
Mittagessen *s* öğle yemeği
Mitte *w etw. Gen* orta *bir şeyde*; **in der ~** *etw. Gen* ortada *bir şey*
mitteilen *v j-m etw. Akk* bildirmek, *j-m etw. Akk* tebliğ etmek *birine bir şeyi*, *j-m etw.* bildirmek *bşi bsne*, haber vermek *bşi bsne*
Mitteilung *w* iletişim, uyarı
Mittel *s* **1** (Hilfsmittel) yol **2** (Arzneimittel usw.) *gegen etw.* ilaç **3** (Substanz) madde **4** (finanziell) yol
mittels *prep j-s/etw.* sayesinde
mitten *adv* ortaya ♦ *prep in etw. Dat* ortada *bir şey*, (irgendwo) *in etw. Dat* ortasında, (irgendwohin) *in etw. Akk* ortaya
Mitternacht *w* geceyarısı
mittler(er,e,es) *adj* orta
Mittwoch *m* Çarşamba
Mixer *m* mikser
Möbel *s Mz* mobilya
Mode *w* moda
Modell *s* **1** (von Gebäude usw.) maket **2** (von Gebäude usw.) model **3** (Frau) manken **4** (Mann) manken **5** (Erzeugnis) model **6** (Grundlage usw.) model, numune, örnek
mögen[1] *v* (verlangen) *etw. Akk von j-m* istemek *birinden bir şey*; **Ich möchte (mit)... sprechen.** ...ile konuşmak isterim.
mögen[2] *v* (gernhaben) *j-n/etw.* sevmek, beğenmek; **am liebsten ~** *j-n/etw.* en severek sahibi olmak *birinin/bir şeyin*
möglich *adj* **1** olası **2** (potenziell) olası, mümkün ► **es ist ~** *etw. Akk zu tun* olasıdır *bir şey yapmak*; **so bald wie ~** olabildiğince çabuk
möglicherweise *adv* olabilir, belki ♦ *part* belki
Möglichkeit *w* **1** (Auswahl) opsiyon, olanak **2** (Chance) olasılık, imkan
Mohn *m* haşhaş
Möhre *w* havuç
Moment *m* an
Monat *m* ay
monatlich *adj* aylık ♦ *adv* aylık
Mönch *m* rahip
Mond *m* ay
Montag *m* Pazartesi
Mord *m* cinayet
Mörder *m* katil
morgen *adv* yarın
Morgen *m* sabah; **am ~** sabah; **Guten ~.** Günaydın.
Morgendämmerung *w* şafak
morgens *adv* sabah, sabahleyin
Moschee *w* cami
Moskitonetz *s* sivrisinek ağı
Motiv *s* neden, sebep, motif
Motor *m* motor
Motorhaube *w* kaporta
Motorrad *s* motosiklet
Möwe *w* martı
Mücke *w* sivrisinek
müde *adj* yenilmiş, yorgun; **~ machen** *j-n* yormak *birini*; **~ sein** uykulu; **~ werden** yorulmak *bir şeyden*
Mühe *w* çaba
Mühle *w* değirmen
Müll *m* çöp
Mülleimer *m* çöp kutusu
multiplizieren *v etw. Akk mit etw.* çarpmak
Mund *m* ağız
mündlich *adj* sözlü ♦ *adv* sözlü olarak
Mündung *w* ağız
Mundwasser *s* gargara
Münzautomat *m* otomat
Münze *w* madeni para
Muschel *w* **1** (Tier) ambar **2** (Schale) midye
Museum *s* müze
Musik *w* müzik
musikalisch *adj* müzik
Musiker *m* müzisyen
Muskel *m* kas
Muslim *m* Müslüman
müssen *v etw. Akk tun* zorunda olmak *bir şey yapmak*; **Ich muss auf die Toilette.** Tuvaletim var.

Muster *s* **1** (Entwurf) model, numune, örnek **2** (eines Stoffes usw.) örnek **3** (Vorbild) *an etw. Dat* örnek **4** (Probestück usw.) örnek
Mut *m* cesaret, yüreklilik
mutig *adj* cesaretli, cesur, yürekli
Mutter[1] *w* (Frau) anne
Mutter[2] *w* (Schraube) somun
Muttersprachler *m* anadile sahip kişi
Mütze *w* şapka

N

Nabel *m* göbek
nach *prep* **1** (räumlich usw.) -a, -e **2** (später) sonra **3** (Vorbild) *etw.* göre
nachahmen *v j-n/etw.* taklit etmek *bsni, j-n* taklit etmek *bsni*
Nachbar *m* komşu
nachdenken *v über etw. Akk* düşünceye dalmak, *über etw. Akk* düşünmek *bir şeyi, über etw. Akk* düşünüp taşınmak, düşünmek *bşi*
Nachfolger *m j-s* halef *bir şeyde*; *j-s* **~ sein** halefi olmak
Nachfrage *w nach etw.* rağbet
Nachkomme *m* bir soydan gelen kimse
nachlassen *v* **1** (in Leistung) kolaylamak, (Intensität) sakinleştirmek, (Interesse usw.) zayıflamak, zayıf düşmek **2** (Rabatt) *j-m wie viel* indirim vermek
nachlässig *adj* yarım yamalak, (Mensch usw.) ihmalci, ihmalkar, (Mensch usw.) ihmalkar ♦ *adv* özensizce
Nachmittag *m* öğleden sonra
nachmittags *adv* öğleden sonra; **~ um drei** öğleden sonra saat üçte
Nachname *m* soyad
Nachricht *w* **1** haber, yenilik **2** (E-Mail usw.) mesaj
Nachspeise *w* tatlı
nächst(er,e,es) *adj* **1** (in Reihenfolge usw.) gelecek **2** (in der Zukunft) gelecek, sonraki **3** (in der Nähe) en yakın
Nacht *w* gece; **Gute ~!** İyi geceler!; **über ~** bir gece içinde
Nachteil *m* dezavantaj, eksi, (Kehrseite) sakınca, (Mangel usw.) eksiklik
Nachtisch *m* tatlı
nachts *adv* geceleyin
nachweisen *v etw. Akk* göstermek *bir şey, etw. Akk* kanıtlamak *bir şey*
nachzahlen *v etw. Akk* ödemek *bir şeyi*
Nacken *m* ense
nackt *adj* **1** (Körper) çıplak **2** (Stelle usw.) yalın
Nadel *w* **1** (Nähnadel) iğne **2** (Stecknadel) toplu iğne **3** (eines Kompasses usw.) ibre
Nagel *m* **1** (Metallstift) çivi **2** (Fingernagel) tırnak
Nagellack *m* oje
nahe *adj* yakın ♦ *adv* **1** (nicht weit entfernt) yakın **2** (verwandt usw.) yakından
Nähe *w* yakınlık; **aus der ~** yakınından
nähen *v* **1** (Kleid usw.) dikmek **2** (befestigen) *etw. Akk* dikmek *bir şeyi*
nähern *v j-m etw. Akk* yaklaştırmak *bir şeyi birine/bir yere*; **sich ~** *j-m/etw.* yaklaşmak
Nähmaschine *w* dikiş makinesi
Nahrung *w* besin, gıda, (Kindernahrung usw.) mama
Nahrungsmittel *s* gıda
Naht *w* dikiş
naiv *adj* saf
Name *m* ad, isim
Namenstag *m* ad günü, isim günü
nämlich *adv* yani
Narbe *w* yara
Nase *w* burun; **Ich habe davon die ~ voll.** Artık yeter bana.
nass *adj* ıslak ♦ *adv* rutubetli, nemli
Nation *w* ulus
national *adj* milli, ulusal
Nationalität *w* ulus
Natur *w* **1** (Tiere, Pflanzen usw.) doğa **2** (einer Person) mizaç
natürlich[1] *adj* **1** doğal **2** (Tod usw.) naturel
natürlich[2] *adv adv* doğal olarak, tabii ♦ *part* elbette
Navigation *w* navigasyon
Navigationsgerät *s* satnav
Nebel *m* **1** sis **2** (im Weltraum) nebula
Nebelscheinwerfer *m Mz* sis farları
neben *prep* **1** (an der Seite) *etw. Dat* yanında **2** (zusätzlich) *etw. Dat* ayrıca, başka
Nebenfluss *m* nehir kolu, nehir ayağı
nebensächlich *adj* ikincil, yan, yanındaki, yan taraftaki
Neffe *m* yeğen
negativ *adj* hayır, (nachteilig) negatif
nehmen *v* **1** (in die Hand) *etw. Akk* almak *bir şey* **2** (Essen usw.) ikram etmek *bir şey* **3** (Essen usw.) almak *bir şey* **4** (Pillen usw.) *etw. Akk* almak *bir şey* **5** (Risiko usw.) üstüne almak **6** (Einstellung) karar almak **7** (schöpfen usw.) koymak **8** (essen usw.) tüketmek *bşi*, yiyip bitirmek ► **in Anspruch ~** (Zeit) almak; **Wir ~ ein Taxi.** Taksiyle gidelim.
neidisch *adj* kıskanç
neigen *v* **1** (Kopf usw.) *etw. Akk* eğmek *bşi*, (senken) *etw. Akk* eğilmek **2** (Vorliebe haben) *zu etw.* ilgilenmek, hevesli olmak **3** (Ansicht) *zu etw.* eğilim göstermek

nein *part* hayır
Nektarine *w* nektarin
Nelke *w* karanfil
nennen *v* **1** (einen Namen geben) *j-n/etw. irgendwie* adlandırmak *bir şeyi/bir şeyi* **2** (bezeichnen) *j-n irgendwie* ad koymak, isim vermek **3** (namentlich) sıralamak *bşi*
Neoprenanzug *m* ıslak giysi
Nerv *m* sinir; **~en** (System) sinirler
nervös *adj wegen etw.* sinirli *bir şeye*
Nest *s* yuva
nett *adj* **1** (Wesen) nazik, sevgi dolu **2** (angenehm) sevgili
Netz *s* ağ
neu *adj* yeni ♦ *adv* yeni, yeniden
neuest(er,e,es) *adj* yeni, (Nachricht usw.) son, en yeni
neugierig *adj* meraklı
Neuigkeit *w* haber, yenilik
Neujahr *s* Yılbaşı
neulich *adv* geçenlerde
neun *num* dokuz
neunt(er,e,es) *num* dokuzuncu
neunzehn *num* on dokuz
neunzig *num* doksan
neutral *adj* tarafsız
nicht **eigentlich ~** aslında değil; **~ (ein)mal** asla; **noch ~** henüz değil; **N~ wahr?** öyle mi?; **überhaupt ~** hiç, asla; **warum ~** neden olmasın
Nichte *w* kız yeğen
Nichtraucher *m* sigara içmeyen
nichts *pron* hiç bir şey; **(Das) Macht ~!** Önemli değil.; **N~ zu danken.** Bir şey değil!
Nichtschwimmer *m* yüzme bilmeyen
nie *adv* asla
Niederlage *w* yenilgi, (im Spiel usw.) kaybetme
Niederschläge *w Mz* yağış
niedlich *adj* hoş, sevimli
niedrig *adj* aşağı ♦ *adv* alçak, aşağıda
niemals *adv* asla
niemand *pron* hiç kimse
Niere *w* böbrek
niesen *v* hapşırmak
nirgends *adv* hiç bir yerde
nirgendwo *adv* hiç bir yerde
nirgendwohin *adv* hiç bir yere
noch[1] *adv* **1** (dauern usw.) henüz **2** (ein Bier usw.) daha ► **~ einer** diğer; **~ einmal** bir daha; **~ nicht** henüz değil
noch[2] *conj* ne de; **weder… ~** ne… ne…
nochmals *adv* bir daha
Nonne *w* rahibe
Norden *m* kuzey
nördlich *adj* kuzey
normal *adj* normal
Not *w* **1** fakirleşme **2** zor bir durum
Notar *m* noter
Notaufnahme *w* acil
Notausgang *m* acil çıkış
Notdienst *m* acil
Note *w* **1** (Notenzeichen) nota, ses **2** (in der Schule) not
Notfall *m* acil durum, zor bir durum
notieren *v* not etmek *bşi, etw. Akk* not almak *bir şeyi*
nötig *adj* gerekli; **Das ist nicht ~.** Buna gerek yok.
Notiz *w* not
Notizblock *m* blok
Notlage *w* zor bir durum
Notlandung *w* acil iniş
notwendig *adj* gerekli, vazgeçilmez ♦ *adv* kaçınılmaz bir şekilde, mutlaka ► **~ sein** gerekmek; **wenn ~** gerekirse
November *m* kasım
nüchtern *adj* ayık
Nudeln *w Mz* şehriye
Null *w* sıfır; **Temperaturen unter ~** sıfırın altında
Nummer *w* **1** (zwei usw.) sayı **2** (Schuhe usw.) numara **3** (Zeitschrift usw.) sayı
Nummernschild *s* araba plakası
nur *adv* yalnızca; **nicht ~** tek değil; **~ dass** ayni zamanda
Nuss *w* fıstık
nutzen *v* **1** (Nutzen ziehen) *etw. Akk* kullanmak *bir şeyi* **2** (Nutzen bringen) *j-m* yararına olmak *bşin*
nützlich *adj* yararlı, *für j-n/etw.* faydalı
nutzlos *adj* boşuna, nafile ♦ *adv* boşuna, boş yere

O

ob *conj* eğer
obdachlos **~ sein** evsiz olmak
oben *adv* **1** (höher) yukarıya **2** (an der oberen Stelle) üstünde, tepesinde **3** (auf dem Himmel usw.) yukarı, yukarıda, üst **4** (im Stockwerk) yukarısı **5** (im Text) yukarıda ► **~ ohne** üstsüz
ober(er,e,es) *adj* yukarı
Oberfläche *w etw. Gen* yüzey *bir şeye ait*
Oberschenkel *m* but
objektiv *adj* objektif ♦ *adv* tarafsız bir şekilde
Obst *s* meyve
obwohl *adv* rağmen ♦ *conj* -se bile, rağmen
oder *conj* **1** ya da **2** yoksa, yahut ► **O~?** öyle mi?
Ofen *m* **1** (im Zimmer usw.) soba **2** (zum Backen usw.) fırın **3** (Schmelzofen, Glutofen usw.) fırın, ocak
offen *adj* **1** açık **2** (noch unbezahlt) ödenmemiş ♦ *adv* açıkça
offensichtlich *adj* açık, (klar usw.) belli, apaçık ♦ *adv* açıkça, gözle görülür bir şekilde
öffentlich *adj* halk ♦ *adv* alenen, açıkça
offiziell *adj* resmi, yetkili ♦ *adv* resmen, resmi olarak
öffnen *v* **1** (Tür usw.) *etw. Akk* açmak **2** (Bluse usw.) *etw. Akk* açmak *bir şeyi*
Öffner *m* açacak
Öffnung *w* açıklık, yarılma, yarık, çatlak
Öffnungszeiten *w Mz* açılış saati
oft *adv* sıklıkla
ohne *prep j-n/etw.* onsuz ♦ *conj etw. Akk zu tun* -madan, *etw. Akk zu tun* -siz
Ohr *s* kulak
Ohrring *m* küpe
ökologisch *adj* çevre, çevresel, ekolojik
Oktober *m* ekim
Öl *s* **1** (Flüssigkeit) yağ **2** (Rohstoff) madeni yağ
Olive *w* zeytin
Onkel *m* amca
Oper *w* opera
Operation *w* operasyon
Opfer *s* kurban
opfern *v etw. Akk* kurban etmek *bir şeyi/birini*
Opposition *w* muhalefet
Optiker *m* optik, gözlükçü
orange *adj* portakal rengi
Orange *w* portakal
Orchester *s* orkestra
Orden *m* ödül, (Gemeinschaft) cemiyet
ordentlich *adj* **1** (ordnungsliebend) derli toplu **2** (angemessen) tastamam, (vorschriftsmäßig) esaslı ♦ *adv* **1** (angemessen) tastamam **2** (angemessen) uygun bir şekilde **3** (viel) bayağı
ordnen *v etw. Akk* düzeltmek *bşi, etw. Akk* düzenlemek; **sich ~** sıralanmak
Ordnung *w* **1** (Harmonie) tertip **2** (Verkehrsordnung usw.) norm **3** (Tagesordnung usw.) düzen ► **in ~ bringen** *etw. Akk* sıraya koymak; **Ich bin in ~.** İyiyim.
Organ *s* **1** (im Körper) organ **2** (Gruppe von Personen) kuruluş, (Kollegium usw.) kadro, organ
organisieren *v etw. Akk* organize etmek
Orgasmus *m* orgazm
Orgel *w* organ
orientieren **sich ~** yönünü bulmak *kendi*
original *adj* orjinal
Original *s* orjinal
Ort *m* yer
örtlich *adj* yerel ♦ *adv* yer yer
Osten *m* doğu; **im ~** doğuda
Ostern *s* Paskalya
Österreich *s* Avusturya
Österreicher *m* Avusturyalı, Avusturyalı *m*
österreichisch *adj* Avusturya
östlich *adj* doğu
Ozean *m* okyanus

P

paar **ein ~** birkaç
Paar *s* çift
packen *v* **1** (in Papier usw.) paketlemek **2** (Koffer) *etw. Akk* paketlemek *bir şeyi* **3** (fest usw.) *etw. Akk* yakalamak *bir şey* **4** (Arm usw.) *etw. Akk* kavramak *bir şeyi* **5** (schnell, fest usw.) *etw. Akk* tutmak
Packung *w* paket
Paket *s* **1** (Verpacktes) yük **2** (Sendung) paket **3** (Ware) paket
Palast *m* saray
Palme *w* palmiye
Panne *w* arıza
Pantoffel *m* pabuç, terlik
Papier *s* kağıt, kâğıt; **~e** evraklar
Pappe *w* karton
Paprika *m* biber
Papst *m* papaz
Paradies *s* cennet
Parfüm *s* parfüm
Park *m* park
parken *v irgendwo* park etmek *bir yere*
Parkkralle *w* kıskaç
Parkplatz *m* otopark

Parkuhr *w* otopark saati
Parlament *s* parlamento
Partei *w* parti
Parterre *s* zemin kat
Partner *m* partner, (Begleiter) ahbap
Party *w* parti
Pass *m* **1** (zum Reisen) pasaport **2** (im Gebirge) boğaz, geçit
Passage *w* **1** (Ladenpassage) pasaj **2** (eines Textes usw.) parça
Passagier *m* yolcu
passen *v* **1** (Kleidung) *j-m* uymak **2** (Farben usw.) *zu etw.* uyum içinde olmak **3** (gefallen) *j-m* uymak *birine*
passend *adj* **1** (geeignet) uygun, münasip **2** (Name usw.) uygun, yerinde ♦ *adv* uygun bir şekilde, uygun olarak
passieren *v* olmak
Passwort *s* parola
Paste *w* macun
Pate *m* vaftiz babası
Patenkind *s* vaftiz çocuğu
Patient *m* hasta
Pauschalreise *w* paket tatil
Pause *w* **1** (während Tätigkeit) duraklama **2** (in Rede usw.) mola, teneffüs ► **Machen wir eine ~.** Hadi ara verelim.
Pech *s* kötü şans
Pedal *s* pedal
peinlich *adj* nahoş ♦ *adv* utandıracak bir şekilde ► **sich ~ fühlen** mahçup
Pelz *m* kürk
Penis *m* penis
Pension *w* **1** (Unterkunft) yatılı **2** (Verpflegung) emeklilik
perfekt *adj* mükemmel ♦ *adv* mükemmel bir şekilde, kusursuz bir şekilde
Periode *w* dönem, süre
Perle *w* **1** inci **2** (aus Glas usw.) boncuk
Person *w* **1** (Mensch) kişi, can **2** (juristische usw.) tüzel kişi
Personalausweis *m* nüfus cüzdanı
Personaldaten *w Mz* kişisel bilgi
persönlich *adj* kişisel ♦ *adv* kişisel olarak
Perspektive *w* **1** (Sicht) perspektif **2** (Zukunft) *etw. Gen* perspektif
Perücke *w* peruk
Petersilie *w* maydanoz
Pfad *m* güzergah, patika
Pfand *s* depozit, rehin, kefalet
Pfanne *w* tava
Pfeffer *m* biber
Pfeife *w* **1** (Musikinstrument) düdük **2** (vulg.) (Penis) sik, (zum Rauchen) pipo **3** (eines Schiedsrichters usw.) düdük
pfeifen *v* **1** ıslık açmak, ıslık çalmak **2** (mit Pfeife) ıslık açmak **3** (missachten) *etw. Akk* aldırmamak
Pfeil *m* **1** (Geschoss) ok **2** (Zeichen) ok işareti
Pfeiler *m* direk
Pferd *s* at
Pfirsich *m* şeftali
Pflanze *w* bitki
pflanzen *v* dikmek *bşi*
Pflaster *s* **1** (Straßenbelag) kaldırım **2** (Verband) yara bandı
Pflaume *w* erik, mürdüm eriği
Pflege *w j-s* bakım
pflegen *v j-n/etw.* bakmak
Pflicht *w* görev
pflücken *v* koparmak
pflügen *v* toprağı sürmek, *etw. Akk* kenara/yana itmek
Pförtner *m* güvenlik görevlisi, kapı görevlisi
Pfote *w* pati, hayvan ayağı, pençe
Pfund *s* pound
Pfütze *w* su birikintisi
Phase *w* evre
Pickel *m* sivilce
Picknick *s* piknik
Pille *w* hap
Pilot *m* pilot, havacı
Pilz *m* mantar
pinkeln *v* çiş etmek, işemek, çiş yapmak
Pinsel *m* boya fırçası
Pinzette *w* cımbız
Piste *w* pist
Pistole *w* kısa kabzalı tabanca
Pkw *m* araba
Plakat *s* afiş
Plan *m* plan
planen *v etw. Akk* planlamak *bir şey*
Planet *m* gezegen
planmäßig *adv* sistematik olarak
platt *adj* düz, yassı
Platte *w* **1** (Holzplatte usw.) pano **2** (aus Metall usw.) kolon **3** (Bauteil) panel **4** (Schallplatte) plak **5** (zum Servieren) tepsi **6** (Festplatte) bellek
Platten **Ich habe einen ~.** Lastiğim patladı.
Plattenspieler *m* gramofon, sesyazar
Platz *m* **1** (umbaute Fläche) meydan **2** (Teil eines Raumes) yer **3** (Kapazität usw.) boşluk
platzen *v* patlamak, (durch Innendruck) çatlamak, fıtık olmak
platzieren *v etw. Akk irgendwohin* sığdırmak *bir şeyi bir yere, j-n/etw. irgendwohin* yerleştirmek *bşi*
Platzkarte *w* koltuk rezervasyonu
plaudern *v* çene çalmak, gevezelik etmek, sohbet etmek

Plombe *w* mühür
plötzlich *adj* ani ♦ *adv* aniden, beklenmedik bir şekilde
plus *adv* artı
Pokal *m* kupa
polieren *v etw. Akk* parlatmak *bir şeyi*, (Metall usw.) parlatmak *bşi*, cilalamak
Politik *w* politika
Politiker *m* politikacı
politisch *adj* politik
Polizei *w* polis
Polizeidienststelle *w* karakol
Polizeiwache *w* karakol
Polizist *m* erkek polis, polis, polis memuru
Polohemd *s* polo yaka tişört
Porree *m* pırasa
Portemonnaie *s* cüzdan
Portion *w* porsiyon
Porto *s* posta ücreti
Porträt *s* portre
Porzellan *s* porselen
Position *w* **1** (räumliche) *etw. Gen* pozisyon *bir yerde* **2** (Haltung) pozisyon **3** (einer Liste) madde
positiv *adj* **1** (Antwort usw.) pozitif **2** (Wirkung usw.) olumlu **3** (Zahl usw.) pozitif
Post *w* **1** (Amt) postane **2** (Briefe usw.) posta **3** (System) posta
Postamt *s* postane
Posten *m* **1** (Betrag) madde **2** (Stellung) yer, görev
Postfach *s* posta kutusu
Postkarte *w* kartpostal
Postleitzahl *w* posta kodu
Postsendung *w* posta
prahlen *v mit etw.* övünmek
praktisch *adj* pratik ♦ *adv* **1** (eigentlich) pratik olarak, hemen hemen, (orientiert usw.) pratik bir biçimde **2** (im Prinzip usw.) hemen hemen, pratik olarak, (quasi) aslında
Präservativ *s* prezervatif
Präsident *m* başkan
Praxis *w* pratik
Preis *m* **1** (Betrag) fiyat **2** (für Beschaffung usw.) *etw. Gen* paha **3** (Belohnung) ödül
Presse *w* **1** (Maschine) pres **2** (Zeitung usw.) basım
Priester *m* rahip
Prinz *m* prens
Prinzessin *w* prenses
Prinzip *s* ilke
privat *adj* şahsi, özel
Probe *w* test
probieren *v etw. Akk* denemek *bir şeyi*
Problem *s* sorun
Produkt *s* çarpım
Produktion *w* üretim; **landwirtschaftliche ~** tarımsal ürün
Produzent *m* **1** *von etw.* yapıcı *kişi* **2** (von Filmen usw.) prodüktör
produzieren *v* imal etmek, üretmek *bşi*, (Sauerstoff usw.) *etw. Akk* mahsul vermek
Professor *m* profesör
Programm *s* **1** (Ablauf) *etw. Akk* program *bir şey ile ilgili* **2** (Computer) program **3** (TV) kanal
Prospekt *m* broşür
Prostituierte *w* fahişe
protestieren *v* **1** (öffentlich usw.) *gegen etw.* protesto etmek *bir şeyi* **2** (zurückweisen) *gegen j-n/etw.* itiraz etmek *bşe*, protesto etmek *bşi*
Provinz *w* il
Prozent *s* yüzde
Prozess *m* **1** (Rechtsstreit) duruşma **2** (Vorgang) işlem
prüfen *v* **1** sınamak *bşi*, denemek *bşi*, (Qualität) *etw. Akk* denemek *bir şeyi* **2** sınavdan geçirmek *bsni, j-n in etw. Dat* denemek, *j-n in etw. Dat* imtihan etmek
Prüfung *w* **1** (Qualität usw.) test **2** (Kenntnisse) sınav, imtihan **3** (im Theater usw.) prova
prügeln *v j-n* dövmek; **sich ~** *mit j-m* kavga etmek
Publikum *s* izleyici, seyirciler, izleyiciler
Puder *m* pudra
Pullover *m* kazak
Pulver *s* toz
Pumpe *w* pompa
pumpen *v* çekmek, *etw. Akk* pompalamak *bşi*, (Wasser usw.) pompalamak, pompayla çekmek
Punkt *m* **1** nokta **2** (Tupfen) benek **3** (Bewertung) puan
pünktlich *adj* tam, dakik ♦ *adv* (tam) zamanında
Pupille *w* pupil
Puppe *w* **1** (Spielpuppe) oyuncak bebek **2** (an Fäden) kukla **3** (eines Schmetterlings usw.) koza **4** (aus Papier usw.) kukla
Pute *w* hindi
putzen *v etw. Akk* temizlemek; **sich die Zähne ~** dişleri fırçalamak
Putzfrau *w* temizlikçi

Q

Quadrat *s* kare
Qual *w* acı
quälen *v* **1** işkence etmek, eziyet etmek, (seelisch) *j-n* cefa çekmek **2** (seelisch) *j-n* işkence etmek, eziyet etmek
Qualifikation *w* **1** *für etw.* yetki, vasıf, (Ausbildung) kalifikasyon **2** (Wettbewerb) kalifikasyon
Qualität *w* nitelik, *etw. Gen* kalite
Qualle *w* deniz anası
Quantität *w* nicelik, tutar
Quark *m* süzme peynir, tuzsuz beyaz peynir, lor
Quatsch *m* saçmalık, palavra
Quelle *w* **1** (eines Flusses usw.) pınar **2** *etw. Gen* kaynak *bir şeyden*
quer *adj* çapraz ♦ *prep durch etw., über etw. Akk* öbür tarafa
Quittung *w* hesap, makbuz

R

Rache *w* intikam
Rad *s* tekerlek
Radieschen *s* kırmızı turp
Radio *s* radyo
Rahmen *m* **1** (Einrahmung) çerçeve, (Konstruktion) çatı **2** (Gepräge) çerçeve, sınır ▸ **im ~** *etw. Gen* çerçevesinde
Rakete *w* **1** roket **2** roket, füze, kurşun
Rand *m* **1** (Kante) sınır **2** (eines Gefäßes usw.) kenar
Rang *m* **1** (Posten usw.) pozisyon **2** (militärischer) rütbe, saf, sıra **3** (im Theater usw.) sıra
rasch *adj* **1** (Gang usw.) hızlı **2** (Genesung usw.) hızlı, çabuk ♦ *adv* hemen, derhal
Rasen *m* çim alan, çimen
rasieren *v j-n/etw.* tıraş etmek *birini*; **sich ~** tıraş olmak *kendi kendine*
Rasse *w* **1** (Tier) cins, kabile, soy **2** (Mensch) ırk
Rast *w* dinlenme, istirahat
Raststätte *w* otoban lokantası
Rat *m* **1** (Ratschlag) öğüt **2** (Gremium) meclis, konsey, encümen, (Gremium) öğüt
raten *v* **1** *j-m etw. Akk* tavsiye etmek **2** *etw. Akk* sezmek *bir şeyi*
Rathaus *s* belediye binası
Ratschlag *m* öğüt
Rätsel *s* **1** (Denkaufgabe) bilmece **2** (Geheimnis) bilmece, muamma
rätselhaft *adj* gizemli, esrarengiz
Ratte *w* sıçan
rau *adj* **1** (Oberfläche usw.) kaba **2** (Klima usw.) sert **3** (Sitten usw.) kaba **4** (Geräusch usw.) keskin
Raub *m* soygun
Räuber *m* soyguncu
Raubtier *s* etobur, yırtıcı hayvan
Rauch *m* duman
rauchen *v* sigara içmek ▸ **R~ verboten** Sigara içilmez!
Raucher *m* sigara içen
Raum *m* **1** (Zimmer) oda **2** (leerer usw.) boşluk **3** (Gebiet) boşluk
räumen *v* **1** (abräumen) *etw. Akk* sofrayı kaldırmak **2** (ausräumen) temizleyerek yer açmak, (Zimmer usw.) boşaltmak
Raureif *m* kırağı
reagieren *v auf etw. Akk* tepki göstermek *bir şeye*
rechnen *v* **1** (Rechenaufgabe) *etw. Akk* hesaplamak **2** (Risiko usw.) *mit etw.* göz önüne almak **3** (annehmen) *mit etw.* hesaba katmak *bşi* **4** *mit etw.* güvenmek *bşe*, ummak *bşi*
Rechnung *w* fatura, (im Restaurant usw.) hesap
Recht *s* **1** (Rechtsordnung) hak **2** (Berechtigung) *zu etw.* hak *bir şeye* ▸ **~ geben** *j-m zu etw.* isimlendirmek *bir şeyi*; **Sie haben ~.** Haklısınız.
recht(er,e,es) *adj* sağ
rechtfertigen *v* **1** (entschuldigen) *etw. Akk* haklı çıkarmak, doğrulamak **2** (eine Tat usw.) doğruluğunu kanıtlamak *bşin*
rechtlich *adj* yasal
rechts *adv* sağ, *von etw.* sağda; **nach ~** sağ; **von ~** sağdan
Rechtsanwalt *m* avukat
Rechtschreibung *w* heceleme
rechtzeitig *adj* vaktinde ♦ *adv* zamanında
Rede *w* konuşma
reden *v* **1** (etwas äußern) *mit j-m von etw., über etw. Akk* konuşmak **2** (sich unterhalten) *mit j-m von etw., über etw. Akk* konuşmak *biriyle*
reduzieren *v* sınırlamak, *etw. Akk (um etw.)* azaltmak *bşi*, indirmek *bşi*, (Ausgaben usw.) indirmek *bşi*
Regal *s* raf
Regel *w* kural
regelmäßig *adj* düzenli ♦ *adv* düzenli olarak
regeln *v etw. Akk* ayarlamak
Regelung *w* kontrol
Regen *m* yağmur
Regenbogen *m* gökkuşağı
Regenmantel *m* yağmurluk
Regenschauer *m* yağmur

Regenschirm *m* şemsiye
regieren *v* hüküm sürmek, yönetim
Regierung *w* hükümet
Region *w* bölge
regional *adj* bölgesel, yöresel
Regisseur *m* yönetmen
registrieren *v* **1** (eintragen) *j-n/etw.* kayıt yaptırmak *biri olarak* **2** (bemerken) *j-n/etw.* dikkate almak *birini/bir şeyi* **3** (eintragen) kaydetmek *bşi*
regnen *v* yağmak
reiben *v* **1** (Hände usw.) ovuşturmak, *etw. Akk* sürtmek **2** sürtünmek, (Gemüse usw.) *etw. Akk* rendelemek *bir şey* **3** (raspeln) rendelemek *bşi*
reich *adj* **1** (Mensch usw.) zengin **2** (Quelle usw.) bol
reichen *v* **1** (geben) *j-m etw. Akk* vermek *birine* **2** (Menge usw.) yetmek
Reichtum *m* zenginlik, servet, varlık
reif *adj* **1** (Käse usw.) hazır, (Obst usw.) olgun **2** (Mensch usw.) olgun ► **~ werden** olgunlaşmak
Reifen *m* **1** lastik **2** (aus Metall) çember ► **platter ~** inik lastik
Reifenpanne *w* lastik patlaması
Reihe *w* **1** sıra **2** (Schlange usw.) grup
Reihenfolge *w* dizi, silsile, sıralama, sıralılık
rein *adj* **1** saf, halis, sade **2** (Gefühl usw.) saf, halis, (Unsinn usw.) sırf, düpedüz
reinigen *v* **1** *etw. Akk* temizlemek **2** (von Zusatzstoffen usw.) temizlemek
Reinigung *w* **1** temizlik **2** (Geschäft) kuru temizleyici
Reinigungsmittel *s* deterjan
Reis *m* pirinç
Reise *w* seyahat, tur; **Gute ~.** İyi yolculuklar.
Reisebüro *s* turizm ajansı
Reisebus *m* otobüs, yolcu otobüsü
Reiseführer *m* rehber
reisen *v* seyahat etmek
Reisende *m* yolcu
Reisepass *m* pasaport
Reiseschecks *m Mz* seyahat çekleri
reißen *v* **1** *etw. Akk* yırtmak *bir şeyi* **2** *an etw. Dat* (şiddetle) çekmek *bşi*
Reißverschluss *m* fermuar
reiten *v* ata binmek
reizen *v* sinirlendirmek, rahatsız etmek, (Haut usw.) tahriş etmek
Reklamation *w* şikayet, şikâyet
Reklame *w* tanıtım
reklamieren *v etw. Akk* şikayet etmek
rekonstruieren *v* imar etmek, *etw. Akk* yeniden yapmak
Rekord *m* kayıt
relativ *adj* göreli ♦ *adv* nispeten
Religion *w* din
religiös *adj* dini
rennen *v* koşmak, koşturmak
Rennen *s* yarış
Rente *w* emekli maaşı
Rentner *m* emekli
Reparatur *w* tamir, onarım
Reparaturwerkstatt *w* tamirhane
reparieren *v etw. Akk* onarmak
Reporter *m* muhabir
Republik *w* cumhuriyet
Reserve *w* yedek
Reserverad *s* istepne
Reservereifen *m* istepne
reservieren *v etw. Akk* rezerve etmek
Reservierung *w* rezervasyon
Respekt *m vor j-m* itibar *birine*, (Achtung) saygı, hürmet
respektieren *v etw. Akk* saygı duymak *bir şeye*
Rest *m* **1** (beim Verbrauch) *etw. Gen* geriye kalan, (nach Entnahme usw.) artık, fazla **2** (die Anderen) *j-s/etw.* kalanların hepsi *bir yerden*
Restaurant *s* restoran
retten *v j-n/etw. vor j-m/etw.* korumak *bşi*, muhafaza etmek *bşi*, *j-n/etw. vor j-m/etw.* kurtarmak *birini bir şeyden/bir şeyi birinden*
Rettung *w* kurtarma
Rettungswagen *m* ambulans, cankurtaran
Rezept *s* **1** (Heilmittel) reçete **2** (Gericht) *für etw.* tarif
Rezeption *w* resepsiyon
R-Gespräch **~ führen** ödemeli telefon etmek
richten *v* **1** (Fernrohr usw.) *etw. Akk auf j-n/etw.* yöneltmek *bşi bşe* **2** (Augen usw.) gözlerini dikmek *bsnin bşe* **3** *etw. Akk irgendwohin* yönlendirmek *bşi* **4** (eine Tätigkeit usw.) *etw. Akk auf etw. Akk* yöneltmek *bşi bşe* **5** (seine Anstrengung usw.) *auf etw. Akk* hedef almak *bşi*, yönelik olmak *bşe* **6** (vor dem Gericht usw.) *j-n* yargılamak *birini*
Richter *m* yargıç
richtig *adj* **1** (nicht falsch) doğru **2** (entsprechend usw.) tastamam ♦ *adv* **1** (korrekt) doğru olarak **2** (viel) bayağı
Richtung *w* yön
riechen *v* **1** *etw. Akk* kokusunu almak *bşin*, (durch den Geruchssinn) *etw. Akk* koklamak *bir şeyi* **2** (Rosen usw.) *nach etw.* kokusunu almak *bir şeyin* **3** *an etw. Dat* koklamak *bşi*
riesig *adj* **1** dev, muazzam, kocaman **2** (Summe usw.) kocaman, muazzam
Riff *s* kayalık, kısrak
Rind *s* sığır

Rinde *w* ağaç kabuğu
Rindfleisch *s* sığır eti
Ring *m* **1** (Schmuck) yüzük **2** (Boxring usw.) ring **3** halka
ringsum *adv bşin* etrafında, civarında
Rippe *w* kaburga
Risiko *s* risk, tehlike
riskant *adj* riskli ♦ *adv* riskli bir şekilde
riskieren *v etw. Akk* risk almak
Riss *m* **1** çatlak, çatlaklık **2** (Zeichnung) çizim
Rock *m* etek
Roggen *m* çavdar
roh *adj* **1** (Gemüse usw.) çiğ **2** (Diamant usw.) ham **3** (Tat usw.) vahşi
Rohr *s* **1** (Hohlkörper) pipet **2** (Pflanze) kamış
Röhre *w* boru, pipet
Rohstoff *m* materyal
Rolle *w* **1** (Papier usw.) sarma, tomar, rulo **2** (Schauspiel) ödev **3** (des Flaschenzuges) makara, (Möbelrolle usw.) tekerlek **4** (Rad) silindir **5** (Purzelbaum) takla **6** (Fleischrolle usw.) rulo
rollen *v* **1** *etw. Akk* yuvarlamak, (Fass usw.) yuvarlamak *bşi*, tekerlemek **2** (sich rollend bewegen) yuvarlanmak **3** (Teig usw.) *etw. Akk* yufka açmak
Rollstuhl *m* tekerlekli sandalye
Rolltreppe *w* yürüyen merdiven
Roman *m* roman
rosa *adj* pembe
Rose *w* gül
Rosenkohl *m* brüksel lahanası
rosig *adj* pembe
Rosinen *w Mz* kuru üzüm
Rosmarin *m* rosmarin, kuşdili
Rost[1] *m* (Konstruktion) ızgara
Rost[2] *m* (Eisenoxid) pas
rot *adj* kırmızı, (Haar usw.) kızıl; **~ werden** kızarmak
Route *w* güzergah
Rücken *m* sırt
Rückfahrkarte *w* gidiş-dönüş bilet
Rückfall *m* gerileme, tekrarlama
Rückkehr *w* dönüş, geri dönüş
Rucksack *m* sırt çantası
Rückseite *w* zıt, (eines Gebäudes) arka
Rücksicht *w* kale alma, dikkate alma, *auf etw.* saygı duymak *birine*; **mit ~** *auf etw. Akk* saygıyla *bir şeye*
Rückspiegel *m* ayna
rückwärts *adv* arkaya doğru, geri, geriye
Rückwärtsgang *m* geri
Rudel *s* ekip
Ruder *s* **1** kürek **2** (Steuerruder) dümen
Ruderboot *s* kayık, sandal
rudern *v* kürek çekmek
Ruf *m* **1** (Reputation) ün **2** (Ausruf usw.) sesleniş, çağırış
rufen *v* **1** (schreien usw.) *j-n* seslenmek **2** (Polizei, vor Gericht usw.) çağırmak *bsni bye* **3** (Arzt usw.) *j-n* çağırmak *bşi/bsni*
Ruhe *w* **1** (Ungestörtheit) rahatlık, sakinlik **2** (Untätigkeit) sakinlik, sükunet, sükûnet **3** (Erholung) dinlenme **4** (Stille) sessizlik
ruhig *adj* **1** (bewegungslos) hala **2** (Platz) sakin **3** (gelassen) sakin **4** (Atmosphäre usw.) sakin, rahat ♦ *adv* sakince
rühren *v* **1** (Suppe usw.) *etw. Akk* karıştırmak **2** (innerlich) duygulandırmak, dokunmak
Ruine *w* harabe, ören, kalıntı
rund *adj* yuvarlak
Runde *w* tur
Rundreise *w* tur
russisch *adj* Rus ♦ *adv* Rusça
Russland *s* Rusya
rutschen *v* **1** (auf dem Gehweg) kaymak **2** (ayağı) kaymak **3** (herunterrutschen) kaymak
rutschig *adj* kaygan

S

Saal *m* bölme, toplantı salonu
Sache *w* **1** (Gegenstand) şey **2** (Sachverhalt) olay ► **~n** şeyler
sachlich *adj* nesnel
Sack *m* çuval, torba
säen *v* ekmek *bşi*
Safe *m,s* kasa
Saft *m* **1** (aus Obst usw.) meyve suyu **2** (Pflanzensaft) özsu, usare **3** (Fleischsaft) sos
Säge *w* testere
sagen *v* **1** (aussprechen) *etw. Akk* söylemek *bir şey* **2** *j-m etw. Akk* konuşmak *bş hakkında*, söz etmek *bş hakkında*, (mitteilen) *j-m etw. Akk* anlatmak *birine bir şeyi* ► **kurz gesagt** kısaca
sägen *v* **1** (arbeiten) kesmek **2** (Baumstamm usw.) *etw. Akk* doğramak *bir şey*
Sahne *w* krema
Saison *w* sezon
Sakko *m,s* ceket
Salami *w* salam
Salat *m* salata
Salbe *w* merhem
Salbei *m,w* adaçayı
Salz *s* tuz
salzen *v* tuzlamak, *etw. Akk* tuzlamak *bşi*, tuz koymak *bşe*
salzig *adj* tuzlu

Salzstreuer *m* tuzluk
Samen *m* tohum, (Sperma) döl
sammeln *v* koleksiyon yapmak
Sammlung *w* **1** (von Gemälden usw.) koleksiyon **2** (von Altpapier usw.) toplama **3** (von Müll usw.) toplama
Samstag *m* Cumartesi
Sand *m* kum
Sandalen *w Mz* sandalet
sanft *adj* **1** (nicht stark usw.) kibar **2** (Geschmack usw.) tatlı ♦ *adv* hafifçe, kibarca
Sänger *m* şarkıcı
Sardine *w* sardalya
Sarg *m* tabut
satt *adj* tok
Sattel *m* sele, (Pferd usw.) semer
Satz *m* **1** (Aussage) cümle **2** (Teller usw.) *von etw.* ayarlama *bir şeyi, von etw.* set **3** (Tarif) miktar **4** (im Tennis usw.) set **5** (Bodensatz) çökelti, tortu
sauber *adj* temiz; **~ machen** *etw. Akk* temizlemek
säubern *v* **1** (Wasser usw.) temizlemek **2** (Partei usw.) *etw. Akk* kaldırmak
sauer *adj* **1** (Geschmack) ekşi **2** (Gärung usw.) asitli, (Säure) asit **3** *auf j-n* kızgın
Sauerkirsche *w* vişne
Sauerstoff *m* oksijen
Säule *w* **1** (Stütze usw.) sütun **2** (Rauchsäule usw.) direk, sütun
Säure *w* asit
Schach *s* satranç, (Stellung) Şah!
Schachtel *w* **1** (große) kutu **2** (Packung usw.) *etw. Gen* paket *bir şeye*
schade **Das ist ~.** Yazık.
Schädel *m* kafatası
schaden *v j-m/etw.* zarar vermek *birine/bir şeye, j-m/etw.* zarar vermek *bşe*
Schaden *m* **1** (Einbuße) tahribat, zarar, hasar **2** (Fehler) kusur
schädlich *adj* zararlı
Schaf *s* koyun
schaffen[1] *v* (hervorbringen) yaratmak
schaffen[2] *v* **1** (bewältigen) *etw. Akk* altından kalmak *bir şeyin, etw. Akk* başarmak *bir şeyi* **2** (rechtzeitig machen) *etw. Akk* yetişmek *bir yere* **3** (rechtzeitig kommen) *etw. Akk* yetişmek
Schaffner *m* biletçi
Schal *m* eşarp
Schale *w* **1** (Frucht) meyve kabuğu, (von Orange usw.) kabuk **2** (einer Nuss) kabuk **3** (Ei) kabuk
schälen *v* soymak *bşi*, yontmak *bşi*
Schallplatte *w* plak
schalten *v* değiştirmek; **den ersten/zweiten Gang ~** getirmek birinci/ikinci vites
Schalter *m* **1** (elektrischer) elektrik düğmesi, şalter, güç anahtarı **2** (zur Abfertigung) gişe
schämen **sich ~** *für j-n/etw.* (aus Scham) utanmak; **sich ~** (scheu sein) utanmak
Schande *w* utanç, (Unehre) rezalet
scharf *adj* **1** (Messer usw.) keskin **2** (Paprika usw.) acı, keskin **3** (Foto usw.) net ♦ *adv* hızlı
Schatten *m etw. Gen* gölge
schätzen *v* **1** (bestimmen) *etw. Akk* tahmin etmek **2** (taxieren) *etw. Akk* değerlendirmek, değer biçmek **3** (hochachten) *j-n/etw.* değer vermek, saygı göstermek, (hochachten) *j-n/etw.* saygı duymak *birine/bir şeye* **4** (Verdienst usw.) *etw. Akk* paha biçmek
Schätzung *w* **1** (von Entfernung usw.) tahmin **2** (des Preises) değerlendirme
schauen *v* **1** *auf j-n/etw.* gözünü dikmek **2** (dreinblicken) *irgendwie* görünmek
Schauer *m* yağmur
Schaufel *w* kürek
Schaufenster *s* vitrin
Schaum *m* köpük
Schauspieler *m* aktör
Scheck *m* çek
Scheibe *w* **1** (Gegenstand) disk **2** (aus Metall) levha, plaka **3** (Brot usw.) *etw. Gen* dilim *bir şeyde*, (Wurst usw.) yuvarlak
Scheibenwischer *m* silecek
Scheide *w* **1** (Schwert) kılıf **2** (Vagina) vajina
Scheidung *w* boşanma
Schein *m* **1** (Urkunde) diploma **2** (Geld) banknot **3** (des Lichts) parıltı, parlaklık
scheinbar *adj* görünür ♦ *adv* görünürde, görünüşte
scheinen *v* **1** (Licht ausstrahlen) parlamak **2** (vorkommen) *j-m irgendwie* görünmek *birine*
Scheinwerfer *m* far, projektör
Schenkel *m* but
schenken *v* vermek *birine bir şey, j-m etw. Akk* hediye etmek *birine bir şey*
Schere *w* **1** (Werkzeug) makas **2** (bei Krebsen) yengeç makası
Scherz *m* şaka; **~e machen** dalga geçmek
Scheune *w* samanlık
Schicht *w* **1** (Masse) katman **2** (Gesellschaftsschicht usw.) katman, kat, tabaka **3** (Arbeitsabschnitt) vardiya
schicken *v* **1** *j-m etw. Akk* göndermek *bir şeyi birine* **2** *j-n irgendwohin* göndermek *bir şeyi bir yere*
Schicksal *s* kader, kısmet
schieben *v* **1** *etw. Akk irgendwohin* ittirmek *bir şeyi, bir yere* **2** (heimlich usw.) *etw. Akk irgendwohin* sokmak *bşi bye*
Schiedsrichter *m* hakem
schief *adj* çarpık, eğri ♦ *adv* yamuk

Schienbein *s* incik, baldır
Schiene *w* **1** (für einen Zug usw.) ray **2** (für Frakturen) cebire
schießen *v* **1** (losschießen) vurmak **2** (sich bewegen) *von etw.* çıkmak, çıkıvermek **3** (Tränen in die Augen) akmak, boşanmak
Schiff *s* **1** (Wasserfahrzeug) gemi **2** (in einer Kirche usw.) nef ► **mit einem ~ fahren** gemiyle yolculuk etmek
Schifffahrt *w* denizde sürme
Schild *s* levha, (Reklameschild usw.) tabela, isim tabelası, isim levhası
Schilf *s* saz, hasırotu
Schimmel *m* küf
schimpfen *v mit j-m* küfretmek *birine*
Schinken *m* jambon
Schirm *m* abajur, lamba siperi
Schlacht *w* muharebe
schlachten *v* kesim
Schlaf *m* uyku
Schlafanzug *m* pijama
schlafen *v* **1** (gut, lange usw.) uyumak **2** (koitieren) *mit j-m* uyumak *biriyle*
Schlafsack *m* uyku tulumu
Schlaftablette *w* uyku hapı
Schlafwagen *m* kuşetli vagon, yataklı vagon
Schlafzimmer *s* yatak odası
Schlag *m* **1** (mit Faust usw.) darp **2** (des Herzens usw.) dövme ► **~ (mit der Faust)** tokat
Schlaganfall *m* felç
schlagen *v* **1** (Schlag geben) *j-n* vurmak *birine* **2** *j-n mit etw.* kırbaçlamak, kamçılamak, (prügeln) *j-n* dövmek **3** *an etw. Akk* tokmaklamak *bşi*, (an den Tisch usw.) *an etw. Akk* güm diye çarpmak, (an die Tür usw.) *an etw. Akk* vurmak *bşi*, *auf/an etw. Akk* dövmek **4** (Herz) atmak **5** (Uhr usw.) çalmak, (Uhr) vurmak *bşi* **6** (im Wettkampf, Krieg) *j-n* yenmek **7** (Eiweiß usw.) çırpmak *bşi*
Schläger *m* **1** (für Baseball usw.) beysbol sopası, (Tennisschläger usw.) raket **2** (Raufbold) kavgacı
Schlagzeile *w* başlık
Schlamm *m* çamur
Schlange *w* **1** (Tier) yılan **2** (Reihe) kuyruk ► **in der ~ warten** *auf etw. Akk* sırada beklemek *bir şey için*
schlank *adj* ince, zarif
schlau *adj* hazırlıklı, ihtiyatlı, kurnaz, sinsi
Schlauch *m* **1** (Röhre) boru **2** (bei Reifen) şamriyel, (Weinschlauch usw.) dağarcık
schlecht *adj* kötü ♦ *adv* **1** (minderwertig) kötü bir şekilde **2** (körperlich unwohl) kötü bir şekilde ► **Mir ist ~.** Hastayım., Rahatsızım.; **~ werden** bozulmak
Schleife *w* kurdele, şerit, fiyonk
schleppen *v* **1** *etw. Akk* sürüklemek *bir şeyi*, (schleifen) sürüklemek *bşi* **2** (Koffer usw.) *etw. Akk* zorla taşımak, sürüklemek *bşi* **3** (mit Gewalt hinbringen) *j-n irgendwohin* sürüklemek *bsni bye*, (mitnehmen) *j-n irgendwohin* sürüklemek *bşi*
schließen *v* **1** (Fenster usw.) *etw. Akk* kapatmak **2** (Betrieb) kapatmak **3** (mit dem Schlüssel) kilitlemek **4** (Vertrag) neticelendirmek **5** (Tatsache usw.) sonuç çıkarmak *bşden*
Schließfach *s* dolap
schließlich *adv* nitekim, sonunda, en son ♦ *part* nihayet, sonunda
Schlitten *m* kızak
Schlittschuh *m* paten; **~ laufen** paten yapmak
Schloss *s* kale, (Türschloss) kilit
Schlucht *w* kanyon, geçit, vadi, koyak
Schluck *m etw. Gen* yudum
schlucken *v* içine çekmek *bşi*
Schluss *m* **1** (einer Ära usw.) son **2** (gezogener usw.) sonuç ► **zu dem ~ kommen** sonuçlandırmak
Schlüssel *m* **1** (zum Schließen) anahtar **2** (Lösung) *zu etw.* anahtar *bir şeye*
schmackhaft *adj* lezzetli
schmal *adj* dar, ince, zayıf
schmecken *v* **1** (Beigeschmack haben) *nach etw.* tat almak *bir şeyden* **2** (lecker sein) *j-m etw. Akk* lezzetli bulmak ► **Es schmeckt mir nicht.** Bunu sevmiyorum.
schmeicheln *v j-m* pohpohlamak *bsni*
schmelzen *v* **1** (zergehen) erimek **2** ergitmek *bşi*, (zergehen lassen) eritmek *bşi*
Schmerz *m* ağrı, (seelisch) acı
Schmetterling *m* kelebek
Schminke *w* makyaj
schminken *v j-n/etw.* makyaj yapmak; **sich ~** makyaj yapmak
Schmuck *m* mücevher, (Zierde) dekorasyon
schmücken *v* bezemek *bşi*, süslemek *bşi*
Schmutz *m* kir
schmutzig *adj* **1** kirli, kirlenmiş **2** (Raum usw.) kirli, pis **3** (Details usw.) iğrenç **4** (Wort usw.) kaba ► **~ machen** *etw. Akk* kirletmek *bir şeyi*
Schnabel *m* gaga
Schnaps *m* **1** içki **2** tek içki
schnarchen *v* horlamak
Schnauze *w* burun
Schnecke *w* salyangoz, sümüklü böcek
Schnee *m* kar, kâr
schneiden *v* **1** (mit Messer) doğramak, dilimlemek, (mit Messer) *etw. Akk* kesmek **2** dilimlemek *bşi*, (Salami usw.) kesmek

3 (in Teile) *etw. Akk* kesmek 4 (verletzen) *j-n mit etw.* kesmek 5 (mit Schere) kesmek 6 (mit Schere) makasla kesmek 7 (Haar) *j-n* kesmek 8 (Schaf usw.) tıraş olma 9 (Film usw.) yayına hazırlamak *bşi* ► **sich die Haare ~ lassen** saç kestirmek; **sich ~** *an etw. Dat, in etw. Akk* (Schnittwunde) kesmek

Schneider *m* terzi

schneien *v* kar yağmak

schnell *adj* 1 (Bewegung usw.) hızlı 2 (Erledigung usw.) hızlı, çabuk ♦ *adv* 1 (sich bewegen usw.) hızlı 2 (eilig usw.) çabuk

Schnellstraße *w* otoyol, otoban

Schnitt *m* 1 (Kleider) kesme 2 (im Film) kurgu 3 (Haar) saç tıraşı 4 (mit dem Messer usw.) kesiş, kesit

Schnittlauch *m* Frenk soğanı

Schnitzel *s* şinitzel

Schnorchel *m* pipo

Schnuller *m* emzik

Schnupfen *m* nezle

Schnur *w* ince ip, kordon

Schnurrbart *m* bıyık

Schnürsenkel *m* ayakkabı bağcığı

Schock *m* şok

Schokolade *w* çikolata; **heiße ~** sıcak çikolata

schon *adv* zaten

schön *adj* 1 (Person) hoş 2 (Sache) güzel 3 (Gehalt usw.) güzel ♦ *adv* güzel ► **Das Wetter ist ~.** Hava güzel.; **~es Wetter** güzel hava

schonen *v j-n/etw.* esirgemek *birini bir şeyden*

Schönheit *w* güzellik

Schornstein *m* baca

schräg *adj* çapraz, çarpık, eğri ♦ *adv* çarpık bir şekilde, eğik bir şekilde

Schrank *m* dolap

Schranke *w* 1 bariyer 2 *etw. Gen* sınır *bir şeye*

Schraube *w* vida

schrauben *v etw. Akk irgendwohin* vidalamak *bir şeyi bir yere*, (Schraube) *etw. Akk* vidalamak *bşi*

Schraubenmutter *w* somun

Schraubenschlüssel *m* anahtar

Schraubenzieher *m* tornavida

Schrecken *m* dehşet, (Person) korkutucu

schrecklich *adj* 1 korkunç, müthiş 2 (Qualität usw.) korkunç, müthiş ♦ *adv* çok, son derece

Schrei *m* ağlama, (kreischender) çığlık, feryat

schreiben *v* 1 (aufzeichnen) yazmak 2 (formulieren) *etw. Akk* yazmak *bir şey* ► **Maschine ~** yazmak

Schreibtisch *m* masa

Schreibwaren *Mz* kırtasiye

schreien *v* 1 bağırmak, haykırmak 2 (Eule) ötmek

Schrift *w* 1 (System) yazı 2 (lesbar usw.) el yazısı 3 (Druckschrift) yazı biçimi

schriftlich *adj* yazılmış ♦ *adv* yazılı olarak

Schriftsteller *m* yazar

Schritt *m* 1 adım 2 (Körpergegend) kasık 3 (Handlung) hareket, eylem, faaliyet

Schrott *m* hurda

Schublade *w* çekmece

schüchtern *adj* çekingen, utangaç

Schuh *m* ayakkabı; **~e** kundura

schuld **~ sein** *an etw. Dat* kabahati yüklemek

Schuld *w* 1 (Fehler) kabahat 2 (Betrag) borç ► **Es ist nicht meine ~!** Bundan ben sorumlu değilim., Bu benim suçum değil; *j-m* **die ~** *an etw. Dat* **geben** suçlamak

schulden *v j-m etw. Akk* borçlu olmak

schuldig *adj* 1 *etw. Gen* suçlu *bir şeyden* 2 (Summe) borçlu

Schule *w* okul; **in der ~** okulda

Schüler *m* öğrenci

Schuljahr *s* eğitim yılı, ders yılı, yıl

Schulter *w* omuz

Schuppe *w* pul

Schürze *w* önlük

Schuss *m* ateş

Schüssel *w* kase, tabak çanak

Schusswaffe *w* ateşli silah

schütteln *v etw. Akk* sallamak *bşi*, silkelemek *bşi*, *j-n/etw.* çalkalamak *bir şeyi birini*; **den Kopf ~** kafa sallamak; **sich ~** (vor Lachen usw.) çalkalanmak

schütten *v etw. irgendwohin* dökmek *bir şeyi bir yere*

Schutz *m* 1 *gegen etw., vor etw. Dat* koruma *bir şeyden* 2 (Naturschutz usw.) koruma, himaye

schützen *v* korumak *birini/bir şeyi*

schwach *adj* zayıf ♦ *adv* güçsüz bir şekilde, zayıf bir şekilde

Schwäche *w* 1 (Gefühl usw.) zayıflık, güçsüzlük 2 (charakterliche usw.) zaaf, zayıf nokta

Schwager *m* enişte, kayın

Schwamm *m* sünger

Schwan *m* kuğu

schwanger *adj* gebe, hamile

Schwanz *m* 1 (eines Tiers) kuyruk 2 (vulg.) (Penis) sik

schwarz *adj* siyah, kara ♦ *adv* karaborsa

schwarzfahren *v* kaçak yolculuk yapmak

schweigen *v* sessiz olmak

Schwein *s* domuz, erkek domuz

Schweiß *m* ter

Schweiz *w* İsviçre

Schweizer *m* İsviçreli *m*
schweizerisch *adj* İsviçre
Schwellung *w* şişkinlik
schwer *adj* **1** (Gewicht) ağır **2** (intensiv) şiddetli ♦ *adv* zor
Schwert *s* kılıç
Schwester *w* kardeş, kız kardeş
Schwiegermutter *w* kaynana, kayınvalide
Schwiegersohn *m* damat
Schwiegertochter *w* gelin
Schwiegervater *m* kayınpeder
schwierig *adj* **1** güç **2** (Zeit usw.) ağır ♦ *adv* zorlukla, güçlükle
Schwierigkeit *w* **1** (Problem) dert, engel, güçlük, (Problem usw.) zorluk **2** (Eigenschaft) *etw. Gen* zorluk
Schwimmbad *s* havuz
Schwimmbecken *s* yüzme havuzu
schwimmen *v* **1** (Mensch) yüzmek **2** (Papierschiff) yüzdürmek
Schwimmen *s* yüzme
Schwimmer *m* **1** yüzücü **2** (Hilfsmittel) yüzen şey
Schwimmflossen *w Mz* palet
Schwimmweste *w* cankurtaran yeleği
schwindelig **~ werden** sersemlemek
schwindeln *v* fırıl fırıl dönmek; **Mir schwindelt.** Başım dönüyor.
schwitzen *v* terlemek
schwul *adj* nonoş
sechs *num* altı
sechst(er,e,es) *num* altıncı
sechzehn *num* on altı
sechzig *num* altmış
See[1] *m* göl
See[2] *w* deniz; **an der ~** denizde, denizin kenarında
Seeigel *m* deniz kestanesi
Seele *w* ruh, can
seelisch *adj* mental
Seemann *m* bahriyeli, denizci
Segel *s* yelken
sehen *v j-n/etw.* görmek
sehr *adv* çok, epeyce, oldukça
Seide *w* ipek
Seife *w* sabun
Seil *s* ip
Seilbahn *w* teleferik
sein[1] *v* **1** (existieren) var olmak **2** (vorkommen) olmak **3** (über Eigenschaften usw.) olmak ► **auf ~** kalkmış olmak; **ähnlich ~** *j-m/etw.* benzemek *birine/bir şeye*; **Ist das Ihr Ernst?** Ciddi misiniz?; **Mir ist kalt.** Üşüyorum.; **wach ~** uyanık olmak; **Was ist (los)?** Ne oluyor?; **Wo ist das?** O nerede?
sein[2] *pron* onun
seit *conj* -dığından beri, -alı ♦ *prep* -den, -dan
Seite *w* **1** (Fläche usw.) taraf **2** (Buch usw.) sayfa, (linke, rechte usw.) taraf **3** (Seitenteil usw.) yan **4** (einer Zeitung usw.) sayfa **5** (Standpunkt) *etw. Gen* bakış açısı, taraf
seitlich *adj* yan
Sekretär *m* **1** (einer Partei usw.) sekreter, katip **2** (Möbelstück) yazı masası
Sekretärin *w* sekreter
Sekt *m* sek
Sekunde *w* ikinci
selbst *adj* kendi
Selbstmord *m* intihar
selbstständig *adj* bağımsız
selbstverständlich *adj* aşikar, aşikâr, belli ♦ *part* elbette, tabii
Sellerie *m* kereviz sapı
selten *adj* az görülür ♦ *adv* nadiren, az
seltsam *adj* çok tuhaf, inanılmaz, tuhaf, garip ♦ *adv* tuhaf bir şekilde
Semester *s* sömestr
Seminar *s* seminer
senden *v* **1** (Brief usw.) *j-m etw. Akk* göndermek *bir şeyi birine* **2** (ausstrahlen) yayın yapmak
Sendung *w* **1** (Ware) gönderi **2** (Ausstrahlen) yayın **3** (Programm) yayın
Senf *m* hardal
senken *v* **1** (Augen usw.) önüne bakmak, (Kopf usw.) gözlerini indirmek **2** (nach unten) indirmek **3** (Summe usw.) azalmak ► **sich ~** yokuş aşağı
September *m* eylül
Serie *w* **1** (Fotos usw.) seri **2** (Geschehnisse usw.) sıra **3** (TV usw.) dizi
Service[1] *s* (Geschirr) servis
Service[2] *m,s* (Dienst) servis
servieren *v* servis yapmak
Serviette *w* peçete
Sessel *m* koltuk
setzen *v* **1** *j-n irgendwohin* yerleştirmek *birini bir yere* **2** (außer Betrieb usw.) *etw. Akk in etw. Akk* ayarlamak *bir şeyi bir şeyin içine* ► **in Gang ~** *etw. Akk* başlatmak *bir şeyi*; **sich ~** oturmak
Sex *m* seks
Shampoo *s* şampuan
sich *pron* kendi ► **mit ~** (bringen usw.) kendiyle
sicher *adj* **1** güvenli **2** (ohne Zweifel usw.) kesin ♦ *adv* güvenle, emniyetle ♦ *part* muhakkak, kesinlikle ► **sich** *etw. Gen* **~ sein** emin olmak *bir şey hakkında*
Sicherheit *w* **1** kesinlik **2** (Zustand) güvenli **3** (Platz) güvenli **4** (von Betrieb usw.) *etw. Gen* güvenlik *bir şeyde* **5** (Geld usw.) rehin, kefalet ► **in ~ sein** güvende olmak

Sicherheitsgurt **den ~ anlegen** güvenlik kemerini takmak
Sicherheitsnadel *w* çengelli iğne
sichern *v* **1** (schützen) *j-n/etw.* güvence altına almak *bsni*, (vor Gefahr) *etw. Akk* koruma *bir şeyi* **2** (Wagen, Waffe usw.) *etw. Akk irgendwohin* güvenliğini sağlamak *bir yerin* **3** (garantieren) *etw. Akk* sağlama almak
Sicherung *w* **1** sigorta **2** (Schutz) güvenlik ► **Die ~ ist herausgesprungen.** Sigortalar attı.
Sicht *w* bakış noktası
sichtbar *adj* görünür
sie *pron* **1** (Einzahl) o **2** (Mehrzahl) onlar
Sie *pron* siz
sieben *num* yedi
siebent(er,e,es) *num* yedinci
siebt(er,e,es) *num* yedinci
siebzehn *num* on yedi
siebzig *num* yetmiş
Sieg *m* zafer
Sieger *m* kazanma
siezen *v j-n* siz diye hitap etmek
Signal *s* işaret
Silbe *w* hece
Silber *s* gümüş
singen *v* şarkı söylemek
sinken *v* **1** alçalmak **2** (Boot) batmak **3** (Wert usw.) alçalmak, düşmek
Sinn *m* **1** (Sehkraft usw.) duyu **2** (Gerechtigkeit usw.) *für etw.* duyu *bir şeye* **3** (Gedanken usw.) düşünce **4** (Bedeutung) duyu **5** (Zweck) *etw. Gen* duyu *bir şeye* ► **~ ergeben** anlam vermek
sinnlich *adj* **1** (Wahrnehmung usw.) duyu, duyusal **2** şehvetli
sinnlos *adj* amaçsız, anlamsız, saçma, lüzumsuz
Sitte *w* alışkanlık, gelenek, örf, adet
Situation *w* durum
Sitz *m* **1** (Sitzgelegenheit) koltuk **2** (Institution) konut, ikametgah, ikametgâh **3** (Haltung) çömelme, oturuş
sitzen *v* oturmak
Sitzplatz *m* yer
Ski *m* kayak; **~ fahren** kayak yapmak
Skifahrer *m* kayakçı
Skilift *m* kayak giysisi
Skipass *m* skipass
Skipiste *w* pist
Skistöcke *m Mz* kayak sopaları
Skizze *w* **1** taslak, eskiz **2** (Beschreibung usw.) taslak, kroki
so *adv* **1** (auf diese Weise) böyle, öylesine **2** (so sehr) öyle ► **und ~ weiter** vesaire
Socke *w* çorap
Sofa *s* kanepe, divan
sofort *adv* anında; **Jetzt ~?** Hemen mi?
sofortig *adj* acil, acele
sogar *adv* de, da
Sohle *w* taban
Sohn *m* oğul
solange *adv* sürece
solch(er,e,es) *pron* böyle
Soldat *m* asker
sollen **Sag ihnen, sie ~ warten!** Söyle onlara, beklesinler.
Sommer *m* yaz
Sonderangebot *s* indirim
sondern *conj* ama
Sonnabend *m* (NoD) Cumartesi
Sonne *w* güneş
Sonnenaufgang *m* gün doğuşu
Sonnenblume *w* ayçiçeği
Sonnenbrand *m* güneş yanığı
Sonnencreme *w* güneş kremi
Sonnenstich *m* güneş çarpması
Sonnenuntergang *m* gün batımı
sonnig *adj* güneşli
Sonntag *m* Pazar
sonst *adv* yoksa
Sorge *w* **1** *um j-n/etw.* korku *birine/bir şeye karşı* **2** *für j-n* bakım ► **sich ~n machen** *um j-n/etw.* ilgilenmek *biriyle*; **~n** üzüntü
sorgen *v* **1** *für j-n/etw.* bakmak **2** (Problem lösen usw.) *für etw.* ilgilenmek
sorgfältig *adj* tedbirli ♦ *adv* itinayla
Sorte *w* tür, (von Frucht usw.) çeşit
Sortiment *s* çeşit, ürün yelpazesi, mal çeşitleri
Soße *w* sos
Souvenir *s* hediye
sowieso *adv* neyse ♦ *part* her halükarda, her neyse
sowohl **~ – als auch** hem … hem (de)
sozial *adj* sosyal
Spalte *w* **1** yarık, aralık, çatlak **2** (in einem Text) sütun
spalten *v* bölmek *bşi*, *etw. Akk* bölünmek, (chemische Verbindung usw.) çözüşmek *bşi*
Spanien *s* İspanya
spanisch *adj* İspanya, İspanyol ♦ *adv* İspanyolca
spannen *v* **1** (Seil usw.) *etw. Akk* germek **2** (einspannen) *etw. Akk* kenetlemek
Spannung *w* **1** (Anspannung) gerginlik, (Erwartung usw.) endişe **2** (elektrische) voltaj
sparen *v* **1** *auf etw. Akk* biriktirmek *bir şey için* **2** (Geld usw.) *etw. Akk* tasarruf etmek *bir şey* **3** (Wasser usw.) *etw. Akk* ekonomi yapmak
Spargel *m* kuşkonmaz
Sparkasse *w* tasarruf bankası

sparsam *adj* **1** (Person) tutumlu, tasarruflu **2** (Wagen usw.) ekonomik ♦ *adv* tutumlu bir şekilde, idareli bir şekilde
Spaß *m* eğlence
spät *adv* geç; **Wie ~ ist es?** Saat kaç?
spätestens *adv* en geç
Spatz *m* serçe
spazieren **~ gehen** yürüyüşe çıkmak
Spaziergang *m* gezme, gezinti, yürüyüş
Speck *m* domuz pastırması, (Schweinespeck) domuz kuyruk yağı
Speichel *m* salya, tükürük
Speicher *m* bellek
Speise *w* yemek
Speisekarte *w* yemek listesi
Speisesoda *w* sodyum bikarbonat
Speisewagen *m* yemekli vagon
Spende *w* bağış
sperren *v* bloke etmek *bşi*, kapatmak
Spezialität *w* spesiyalite
speziell *adv* özellikle, özel olarak
Spiegel *m* **1** (Glas) ayna **2** (Oberfläche) yüzey
Spiel *s* **1** (Spielen) oyun **2** (Match) maç
► **auf dem ~ stehen** tehlikede bulunmak
spielen *v* **1** (Kinder usw.) *mit etw.* oynamak *bir şeyle* **2** (Spiele usw.) *etw. Akk* oynamak *bir şeyle* **3** (Instrument) *etw. Akk* çalmak *bir şey* **4** (im Theater usw.) performans göstermek **5** *j-n/etw.* oynamak **6** (Film usw.) *etw. Akk* koymak *bir şey* **7** (Wettkampf austragen) sonuna kadar oynamak **8** (leichtfertig) *mit etw.* oynamak
Spielkarte *w* oyun kartı
Spielkasino *s* kumarhane
Spielplatz *m* oyun alanı
Spielzeug *s* oyuncak
Spinat *m* ıspanak
Spinne *w* örümcek
Spirale *w* spiral
spitz *adj* sivri
Spitze *w* **1** (eines Pfeils usw.) uç, (Messer usw.) *etw. Gen* uç, burun **2** (Turm usw.) *etw. Gen* tepe *bir şeyde* **3** (Vorderteil) *etw. Gen* alın **4** (Posten) zirve *bir şeyde* **5** (Gewebe) dantel
Splitter *m* **1** (im Finger usw.) kıymık **2** mermi parçası
Sport *m* spor
Sportler *m* sporcu
sportlich *adj* sporsever, (Aussehen usw.) spor
Sportplatz *m* spor sahası
spotten *v über j-n/etw.* alay etmek *bsle*
Sprache *w* **1** (Sprachfähigkeit) konuşma **2** (Deutsch usw.) dil
Spray *m,s* sprey
sprechen *v* **1** *mit j-m von etw., über etw. Akk* konuşmak *bsle* **2** (sich unterhalten) *mit j-m von etw., über etw. Akk* konuşmak *biriyle*
► **Ich spreche kein Englisch/Deutsch/Französisch.** İngilizce/Almanca/Fransızca konuşmuyorum.
Sprecher *m* **1** (Vertreter) sözcü **2** (im Fernsehen usw.) spiker
Sprechzimmer *s* muayenehane
springen *v* **1** atlamak **2** *aus etw.* zıplamak *bir yerden* **3** *über etw. Akk* zıplamak **4** (anbrechen) çatlamak **5** (Glas usw.) çatlamak
Spritze *w* **1** şırınga **2** (zum Versprühen) sprey
spritzen *v* **1** fışkırtmak, püskürtmek **2** (mit Pestiziden usw.) spreylemek **3** (sprudeln) fışkırma **4** (Fett usw.) cızırdamak **5** (mit Farbe) spreylemek **6** (Medikament usw.) *j-m etw. Akk* batırmak *birine*
sprühen *v* spreylemek
Sprung *m* atlama
spucken *v* tükürmek
Spülbecken *s* lavabo
spülen *v* **1** (Toilette) sifonu çekmek **2** (Wäsche) durulamak *bşi*
Spülmaschine *w* bulaşık makinesi
Spur *w* **1** (im Boden) iz **2** (Zeichen) *etw. Gen* belirti *bir şeyde* **3** (einer Tätigkeit usw.) iz **4** (eines Verbrechens usw.) iz **5** (Fleck usw.) işaret **6** (eines Rades usw.) iz
spüren *v etw. Akk* hissetmek
Staat *m* ülke
staatlich *adj* ülke
Staatsangehörigkeit *w* vatandaşlık
Staatsanwalt *m* savcı
Stab *m* **1** (aus Holz usw.) çubuk **2** (Offiziere) kurmay **3** (Experten) grup, takım, kadro
Stachel *m* **1** diken **2** (einer Wespe usw.) iğne
Stadt *w* şehir
Stadtviertel *s* mahalle
Stahl *m* çelik
Stall *m* ahır
Stamm *m* kabile
stammen *v aus etw.* gelmek
Stand *m* büfe
ständig *adj* sistematik, devamlı, muntazaman, sürekli ♦ *adv* daimi, hep, durmadan, her zaman
Stange *w* **1** (aus Metall usw.) demir çubuk **2** (zum Abstoßen usw.) sırık **3** (Stütze usw.) direk **4** (aus Metall usw.) çubuk
Stapel *m etw. Gen* istif *bir şeyde*
stark *adj* **1** (körperlich) güçlü **2** (Gefühl) sert, keskin, (Gefühl) yoğun **3** (Effekt usw.) güçlü, kuvvetli, şiddetli **4** (wirksam) güçlü
► **~e Regenfälle** yoğun yağmur

Stärke *w* **1** (eines Menschen) güç **2** (Substanz) kola
Start *m* kalkış, (Wettlauf) başlama
starten *v* **1** (Rennfahrer usw.) start almak **2** *bei etw.* start almak **3** (Motor usw.) çalıştırmak *bşi* **4** (Vorhaben usw.) *etw. Akk* başlatmak
Station *w* **1** (Haltestelle) istasyon **2** (in Krankenhaus) ünite
Stativ *s* üçayak, tripod
statt *adv etw. Gen* yerine *bir şeyin*
stattfinden *v* düzenlenmek, organize edilmek, gerçekleşmek, *irgendwo* olmak
Statue *w* heykel
Stau *m* sıkışıklık
Staub *m* toz; **~ wischen** *irgendwo, von etw.* tozunu almak
staubsaugen *v etw. Akk* süpürmek *bir şeyi*
Staubsauger *m* elektrik süpürgesi
staunen *v über etw. Akk* hayret etmek
Stausee *m* baraj
stechen *v* **1** (mit Messer usw.) *j-n mit etw.* bıçaklamak *birini bir şeyle*, *j-n mit etw.* delmek *biri bir şeyle*, (mit Nadel usw.) *mit etw. in j-n/etw.* saplamak *bsne* **2** (Insekten) *j-n* sokmak **3** (Dornen usw.) sancımak
Steckdose *w* priz
stecken *v* **1** *etw. Akk in etw. Akk* itmek *birini bir yere*, *etw. Akk irgendwohin* itmek *bir şeyi bir yere* **2** (festsitzen) *irgendwo* çakılıp kalmak *bir yerde* ► **in die Steckdose ~** *etw. Akk* takmak *bir şeyi*; **~ bleiben** *irgendwo* kalmak *bir yerde*; **~ bleiben** (im Hals) kalmak *birinin boğazında*
Stecker *m* fiş, priz; **den ~ herausziehen** fişten çekmek
Stecknadel *w* toplu iğne
stehen *v* **1** (auf den Füßen) ayakta durmak **2** (Gegenstände) durmak **3** (bewegungslos) durmak **4** (bestehen) *zu etw.* ısrar etmek **5** (Kleidung) *j-m* uymak *birine*
stehlen *v* çalmak, çalmak *bşi*, soymak
steif *adj* **1** (Material usw.) katı **2** (Glieder usw.) durgun, donuk **3** (Mensch usw.) çekingen
steigen *v* **1** yükselmek **2** (Wasserspiegel usw.) kaldırmak **3** (Preise usw.) yukarı çıkmak
steigern *v* **1** (vergrößern) *etw. Akk* şiddetlendirmek *bir şeyi*, *etw. Akk* yoğunlaştırmak *bir şeyi* **2** (Spannung usw.) artırmak *bşi* **3** (Adjektiv usw.) mukayese etmek
steil *adj* dik, sarp, yalçın
Stein *m* taş
Stelle *w* **1** (Punkt, Gebiet usw.) yer **2** (Job) pozisyon
stellen *v* **1** (auf den Tisch usw.) *etw. Akk irgendwohin* dikmek *bir şeyi bir yere*, (hinstellen) *etw. Akk irgendwohin* koymak *bir şeyi bir yere* **2** (Wecker usw.) ayarlamak **3** (Falle usw.) kurmak ► **sich ~** *irgendwohin* (ans Fenster usw.) kalkmak *bir yere*; **sich ~** *j-m* (widersprechen) karşı gelmek *birine*
Stellung *w* **1** (in der Gesellschaft) statü, (Stand) pozisyon **2** (Einstellung) tutum
Stempel *m* damga
sterben *v an etw. Dat* ölmek
Stern *m* **1** yıldız **2** (Zeichen usw.) (küçük) yıldız
stets *adv* her zaman
Steuer[1] *s* dümen
Steuer[2] *w auf etw. Akk* vergi
steuern *v* **1** (Fahrzeug) *etw. Akk* sürmek *bir şey*, (Schiff usw.) dümen kullanmak **2** (Gerät usw.) *etw. Akk* kontrol **3** (sich richten) *irgendwohin* hedefe gitmek *bir yere* **4** (Schiff – Kurs nehmen) yönetmek
Steuerung *w* kontrol, (Steuergerät) direksiyon
Stich *m* dikiş; *j-n* **im ~ lassen** hayal kırıklığına uğratmak
sticken *v etw. Akk mit etw.* nakışla süslemek
Stiefel *m* bot
Stiefmutter *w* üvey ana
Stiefvater *m* üvey baba
Stiel *m* **1** (einer Schaufel etc.) sap **2** (einer Pflanze) sap, (Stängel) sapçık
Stift *m* **1** (Schreibgerät) kurşun kalem **2** (Verbindungsteil) iğne
Stil *m* **1** stil **2** (architektonischer usw.) üslup, üslûp, tarz
still *adj* sessiz ♦ *adv* sessiz
Stille *w* sessizlik
Stimme *w* oy, (menschliche) ses
stimmen *v* **1** (bei Abstimmung) *für etw., gegen etw.* oy vermek **2** (Geige usw.) *etw. Akk* akort etmek ► **Stimmt so.** Üstü kalsın!
Stimmung *w* ruhsal vaziyet
stinken *v* pis kokmak, *nach etw.* kötü kokmak *bir şeyden*, *nach etw.* (çok) pis kokmak
Stirn *w* alın
Stock[1] *m* **1** (Zweig) baget **2** (Stütze usw.) baston **3** (als Waffe) çubuk, baston
Stock[2] *m* (Geschoss) kat
Stockwerk *s* kat
Stoff *m* **1** (aus Baumwolle usw.) dokuma, kumaş **2** (chemischer usw.) madde **3** (für ein Buch usw.) fikir, konu
stolpern *v über etw. Akk* ayağı takılmak
stolz *adj* **1** (mit Recht) *auf j-n/etw.* gururlu *biri* **2** (hochmütig) havalı
Stolz *m* gurur

stopfen *v* **1** örerek onarmak *bşi* **2** (hineinstecken) *etw. Akk irgendwohin* sıkıştırmak *bir şeyi bir yere*
Stöpsel *m* tıkaç, (in einer Wanne usw.) rezistans
stören *v* **1** *j-n* rahatsız etmek *bsni* **2** (beeinträchtigen) *etw. Akk* bozmak **3** (missfallen) *j-n* rahatsız etmek ► **nicht ~** *etw. Akk j-n* önemsememek *bir şeyi*
stornieren *v* iptal etmek
Stornierung *w* iptal
Störung *w* **1** (der Ruhe usw.) rahatsızlık **2** (technische) arıza **3** (gesundheitliche) hastalık
Stoß *m* atma
Stoßdämpfer *m* susturucu
stoßen *v* **1** *etw. Akk in etw. Akk* saplamak *bir şeyi bir şeyin içine* **2** *j-n/etw.* itmek *birine/bir şeye*, *j-n/etw.* itmek *bşi/bsni* **3** (mit Kopf usw.) *gegen/an etw.* çarpışmak **4** (Wand usw.) *gegen etw.* vurmak *bir şeye* **5** *an etw. Dat* çarpmak, (beschädigen usw.) *an etw.* çarpmak *bşe* **6** (begegnen) *auf j-n/etw.* karşılaşmak **7** (Problem usw.) *auf etw. Akk* karşılaşmak *bşle*, (Probleme usw.) *auf etw. Akk* karşılamak
Stoßstange *w* tampon
Stoßzeit *w* iş çıkış saati
strafbar *adj* suç oluşturan, (Tat usw.) cezalandırılabilir
Strafe *w* **1** (Bestrafung) penaltı, ceza **2** (Gefängnisstrafe) penaltı **3** (Geldbuße) ceza
Strahl *m* ışın
strahlen *v* parlamak
Strand *m* kumsal
Strandliege *w* şezlong
Straße *w* cadde, (Verkehrsweg) yol
Straßenbahn *w* tramvay
Strauch *m* çalı
Strauß1 *m* (Blumen) buket
Strauß2 *m* (Vogel) devekuşu
Strecke *w* **1** hat **2** (in Geometrie) doğru parçası
streicheln *v* okşamak, sıvazlamak
streichen *v* **1** (Wort usw.) *etw. Akk* çizmek **2** (Wände usw.) boyamak
Streichholz *s* kibrit
Streifen *m* **1** şerit, çizgi **2** (eines Landes usw.) bölge, mıntıka **3** (Stoff usw.) *etw. Gen* şerit *bir şeyde*
Streik *m für etw.* grev *bir şey için*
Streit *m* kavga, tartışma
streiten *v mit j-m um/über etw. Akk* münakaşa etmek, tartışmak, (diskutieren) *mit j-m über etw. Akk* münakaşa etmek; **(sich) ~** *über etw. Akk* tartışmak
streng *adj* katı, (Regeln usw.) sert
Strich *m* **1** (Linie) kısa çizgi **2** (Pinselstrich usw.) sürüş
stricken *v* örmek, bağlamak
Strickjacke *w* hırka
Stroh *s* saman
Strohhalm *m* pipet
Strom *m* akım ► **Der ~ ist ausgefallen.** Elektrik kesildi.; **(elektrischer) ~** elektrik akımı
Stromausfall *m* elektrik kesintisi
strömen *v* akın etmek
Strudel *m* bir çeşit kek
Strumpf *m* naylon çorap
Strumpfhose *w* külotlu çorap
Stück *s* **1** (Teil eines Ganzen) *von etw.* parça **2** (einzige Sache) parça, tane
Student *m* öğrenci, (an der Uni) üniversite öğrencisi
studieren *v an etw. Dat* okumak *bir şey üzerinde*
Studium *s* öğrenim; **das ~ abschließen** okumak
Stufe *w* step
Stuhl *m* **1** (Möbel) sandalye **2** (Kot) dışkı, gaita
stumm *adj* dilsiz
stumpf *adj* kör
Stunde *w* saat, (Unterricht) ders
stur *adj* inatçı
Sturm *m* fırtınaya yakın rüzgar, kuvvetli rüzgar
stürmen *v in etw. Akk* istila etmek, saldırmak *bye*, (eilen) koşmak, acele etmek
Sturz *m* **1** düşüş **2** (Türsturz usw.) tercüme
stürzen *v* **1** (stolpern usw.) düşmek **2** (fallen) düşmek, devrilmek **3** (wegeilen) *aus etw.* (hızla) çıkmak *byden* **4** (in ein Zimmer usw.) *irgendwohin* istila etmek, saldırmak *bye* **5** (stark zurückgehen) düşmek **6** (Regierung usw.) devirmek *bşi*, düşürmek *bşi* ► **sich ~** *irgendwohin* (springen) sıçramak *bir yere*
Substanz *w* madde
subtrahieren *v etw. Akk von etw.* çıkarmak
suchen *v* **1** (Verlorenes usw.) *j-n/etw.* aramak **2** (Job usw.) *j-n/etw.* aramak *birini/bir şeyi*, (Täter usw.) *nach j-m/etw.* aramak *birini/bir şeyi*
Süden *m* güney
südlich *adj* güney
Summe *w* toplam
summen *v* vızıldamak, (Maschine usw.) vınlamak
Sumpf *m* bataklık
Sünde *w* günah
Supermarkt *m* süpermarket
Suppe *w* çorba

surfen *v* göz atmak *bşe*, (Surfing betreiben) sörf yapmak
süß *adj* tatlı
Süßigkeiten *w Mz* tatlı, tatlılar, şekerleme
Süßstoff *m* tatlandırıcı
Süßwaren *Mz* şekerler, tatlı
Sweatshirt *s* pamuklu kalın tişört
sympathisch *adj* sempatik
Synagoge *w* sinagog, havra
System *s* **1** sistem, dizge, takım **2** (Staatsordnung) rejim, sistem

T

Tabak *m* tütün
Tabakladen *m* tütüncü
Tabelle *w* tablo
Tablette *w* hap, tablet
Tafel *w* **1** (zum Schreiben) yazı tahtası **2** (Schokolade usw.) kalıp
Tag *m* **1** (Gegenteil von Nacht) gün, gündüz **2** gün ► **eines ~es** bir; **Guten ~.** İyi günler.; **während des ~es** gündüzleyin
Tageszeitung *w* günlük gazete
täglich *adj* günlük, her günkü ♦ *adv* her gün ► **zweimal/dreimal ~** günde iki/ üç kere
tagsüber *adv* gündüz, gündüz vakti
Taille *w* bel
Tal *s* vadi
Talent *s für etw.* yetenek, marifet
Tampon *m* tampon
Tank *m* sarnıç, tank
Tankstelle *w* yakıt istasyonu
Tante *w* teyze
Tanz *m* dans
tanzen *v* dans etmek
Tapete *w* duvar kağıdı
tapfer *adj* cesur, yiğit, mert
Tarif *m* fiyat listesi, tarife, ücret
Tasche *w* **1** (Behälter) torba, çanta **2** (in Kleidungsstücken) cep
Taschendieb *m* yankesici
Taschenlampe *w* fener
Taschenmesser *s* çakı
Taschenrechner *m* hesap makinesi
Taschentuch *s* mendil
Tasse *w* fincan, tas
Tastatur *w* klavye
Taste *w* **1** (eines Gerätes usw.) düğme **2** (eines Computers usw.) klavye
Tätigkeit *w* **1** (Sichbeschäftigen) etkinlik **2** (Funktionieren) çalışma
Tatsache *w* gerçek
taub *adj* sağır
Taube[1] *w* (Vogel) güvercin
Taube[2] *m* (Person) sağır
tauchen *v* **1** *in etw. Akk* dalmak *bşe* **2** (als Taucher) dalmak **3** *etw. Akk in etw. Akk* dalmak *bir şeyi bir şeye* **4** (in den Saft usw.) *etw. Akk in etw. Akk* banmak
Tauchen *s* dalgıçlık
Taucherbrille *w* dalış maskesi
tauen *v* erimek
Taufe *w* vaftiz
tauschen *v* **1** *etw. Akk gegen etw.* değiş tokuş yapmak **2** (Blick usw.) değiş tokuş ► **Wollen wir ~?** Yerlerimizi değiştirelim mi?
täuschen *v* **1** (irreführen) *j-n* aldatmak *bsni*, kandırmak *bsni*, (irreführen) *j-n* kandırmak *birini* **2** (Augen) aldatmak *bsni*, kandırmak *bsni* ► **sich ~** *in etw. Dat* yanılmak *bir şeyde*
tausend *num* bin
Taxi *s* taksi
Taxifahrer *m* taksici, taksi şoförü
Technik *w* **1** (Erkenntnisse) teknoloji **2** (Methode) teknik
Techniker *m* teknisyen
technisch *adj* teknik
Tee *m* çay
Teekanne *w* çaydanlık
Teelöffel *m* çay kaşığı
Teich *m* göl, gölcük
Teig *m* hamur
Teigwaren *w Mz* makarna
Teil *m* **1** (des Ganzen usw.) *von etw., etw. Gen* parça *bir şeyden*, kısım **2** (organisatorischer usw.) bölüm, hane
teilen *v* **1** (in Teile) *etw. Akk in etw. Akk* bölüştürmek **2** (aufteilen) *etw. Akk mit j-m* bölüşmek *bir şeyi biriyle*, *etw. Akk mit j-m* paylaşmak *bir şeyi biriyle* **3** (gemeinsam nutzen) *etw. Akk mit j-m* bölüşmek *bir şeyi biriyle* ► **sich ~** *in etw. Akk* bölünmek
teilnehmen *v* **1** (Teilnehmer sein) *an etw. Dat* ortak çalışmak *bir şeyde*, *an etw. Dat* üye olmak *bir yere* **2** (aktiv usw.) *an etw. Dat* üye olmak *bir yere* ► **an einem Wettkampf** *gegen j-n* **~** yarış yapmak *biriyle*
Teilnehmer *m* yarışmacı, *etw. Gen* üye *bir yere*
teilweise *adv* kısmen
Telefon *s* telefon
Telefonat *s* telefonla arama
Telefonbuch *s* telefon rehberi
Telefongespräch *s* telefonla arama
telefonieren *v* telefon etmek, aramak
Telefonzelle *w* telefon kulübesi
Teller *m* tabak
Tempel *m* tapınak
Temperatur *w* sıcaklık; **erhöhte ~** sıcaklık
Tempo *s* tempo

Tempomat *m* hız kontrol düzeni
Tennis *s* tenis
Teppich *m* halı
Termin *m* **1** (Datum) tarih **2** (bei Arzt usw.) *mit j-m* randevu ► **(letzter) ~** mühlet
Terrasse *w* teras
Test *m* test, sınav
teuer *adj* pahalı ♦ *adv* pahalı ► **~ werden** pahalılaşmak
Teufel *m* şeytan
Text *m* metin
Theater *s* tiyatro
Thema *s* fikir, konu
Thermometer *s* termometre
Thymian *m* kekik
tief *adj* derin ♦ *adv* derin
Tiefe *w* derinlik
tiefgefroren *adj* dondurulmuş
Tiefland *s* ova
Tier *s* hayvan
Tierarzt *m* veteriner
Tinte *w* mürekkep
Tintenfisch *m* kalamar, mürekkep
Tisch *m* masa
Tischler *m* marangoz
Titel *m* derece, (Werk) başlık, (Würde usw.) unvan
Toast *m* tost
Tochter *w* kız, kız evlat
Tod *m* ölüm
tödlich *adj* ölümlü, (Dosis usw.) ölümcül, (todbringend) öldürücü
Toilette *w* tuvalet
Toilettenpapier *s* tuvalet kağıdı
toll *adj* fantastik, muhteşem, harikulade, mükemmel ♦ *adv* muhteşem bir şekilde, mükemmel bir şekilde
Tomate *w* domates
Tonne *w* ton
Topf *m* tencere
Tor *s* **1** (Eingang) kapı **2** (im Fußball usw.) kale **3** (Treffer) gol
Torte *w* pastası
Torwart *m* kaleci
tot *adj* ölü
töten *v* öldürmek *bsni*, *j-n/etw.* öldürmek *birini/bir şeyi*
Tourismus *m* turizm
Tourist *m* turist
Tradition *w* gelenek, anane
tragen *v* **1** (Koffer usw.) taşımak **2** (mitbringen) *etw. Akk irgendwohin* taşımak *birine bir şey* **3** (umstellen usw.) *j-n/etw. irgendwohin* taşımak **4** (Kleider) giymek **5** (Gewicht) taşımak **6** (bei sich haben) taşımak **7** (Baum usw.) *etw. Akk* ürün vermek ► **die Verantwortung** *für etw.* **~** sorumlu olmak; **Früchte ~** meyve vermek; **~ (können)** *etw. Akk* taşıyabilmek
Träger *m* **1** (Bauteil) kiriş **2** (für Kleider) kayış **3** (eines Preises usw.) sahip
Tragödie *w* facia, felaket, felâket, trajedi
Trainer *m* antrenör, çalıştırıcı
trainieren *v* **1** (vorbereiten) egzersiz yapmak **2** (Muskeln usw.) antrenman yapmak
Traktor *m* traktör
trampen *v* otostop
Träne *w* gözyaşı
Transport *m* taşıma, nakliyat, taşıma, transport
transportieren *v* **1** *etw. Akk irgendwohin* nakletmek *bşi bye*, *etw. Akk irgendwohin* taşımak *bir şeyi bir yere* **2** *j-n/etw. irgendwohin* nakletmek
Traube *w* salkım; **~n** üzüm
trauen *v* **1** (Vertrauen haben) *j-m/etw.* güvenmek *birine/bir şeye* **2** (ehelich verbinden) *j-n* evlendirmek *bsni* ► **sich ~** *etw. Akk zu tun* cüret etmek
Trauer *w* keder, hüzün, üzüntü
Traum *m* düş, hayal
träumen *v von j-m/etw.* hayalini kurmak
traurig *adj* üzgün
treffen *v* **1** (Ziel) *etw. Akk* isabet ettirme *bir şeyi* **2** (begegnen) *j-n* tanışmak *biriyle* **3** (erschüttern) ızdırap çekmek ► **sich ~** *mit j-m* buluşmak *biriyle*, görüşmek *biriyle*
Treffen *s* karşılaşma; **ein ~ verabreden** randevu almak
treiben *v* **1** *j-n/etw. irgendwohin* araba ile götürmek, *j-n/etw. irgendwohin* sevk etmek *bşi bye*, yöneltmek *bşi bye*, (Kühe usw.) sürmek *bşi* **2** (veranlassen) *j-n zu etw./in etw. Akk* tahrik etmek **3** (sich befassen) *etw. Akk* yapmak, *etw. Akk* spor yapmak
Treibstoff *m* madeni materyal
trennen *v j-n/etw.* ayırmak *bir şeyi birini*, (zerlegen usw.) ayırmak *bşi bşden*; **sich ~** *von j-m* ilişkiyi bitirmek
Trennung *w* ayrılış, ayrılma
Treppe *w* merdiven
Tretboot *s* su bisikleti
treten *v* **1** (in Pfütze usw.) *auf/in etw. Akk* yürümek *bir yere* **2** (in Bauch usw.) *j-n/etw., in etw. Akk* tekmelemek *bir şeyi/birini*, (Tritt versetzen) *j-n/etw.* tekme atmak **3** *aus etw.* çıkmak **4** (auf dem Fahrrad usw.) *etw. Akk, auf etw. Akk* pedal çevirmek
treu *adj* **1** (zuverlässig) *j-m* sadık **2** (genau) sadık
Trichter *m* huni
Trick *m* **1** (listiger usw.) hile **2** (Film usw.) özel efekt **3** (Zauber usw.) dolap
trinkbar *adj* içilebilir

trinken *v* **1** *etw. Akk* içmek **2** (Durst stillen) içmek *bşi* **3** *auf j-n/etw.* sağlığına içmek *bsnin*
Trinkgeld *s* bahşiş; **~ geben** *j-m* bahşiş vermek
Trinkwasser *s* içme suyu
trocken *adj* kuru
Trockenheit *w* kuruluk, (Trockenzeit) kuraklık
trocknen *v* **1** (trocken werden) kurutmak **2** (trocken machen) kurutmak *bşi, etw. Akk* kurulamak
Tropen *Mz* tropika
tropfen *v* damlamak
Tropfen *m* damla
trösten *v j-n* teselli etmek *bsni*, avutmak *bsni*
trotz *prep etw. Gen* rağmen
trotzdem *conj* bununla birlikte, rağmen
trüb *adj* **1** (Wasser usw.) bulanık **2** (Himmel) bulutlu **3** (Ort usw.) umutsuz, tesellisiz
tschüs **T~!** hoşçakal
T-Shirt *s* tişört
Tube *w* tüp
Tuch *s* bandana
Tulpe *w* lale
tun *v* yapmak *bşi*, etmek *bşi*, *etw. Akk* yapmak; *j-s* **Bestes ~** elinden geleni yapmak
Tunnel *m* tünel
Tür *w* kapı
Türknauf *m* tokmak
Turm *m* kule
turnen *v* egzersiz yapmak
Turnschuhe *m Mz* spor ayakkabı
Tüte *w* kese, külah
typisch *adj* tipik

U

U-Bahn *w* metro
übel *adv* rahatsız, (körperlich) kötü bir şekilde
Übelkeit *w* bulantı
üben *v etw. Akk* egzersiz yapmak
über[1] *prep* **1** (höher) *etw. Dat* üzerinde *bir şeyin* **2** (dem Niveau) üzerinde **3** (quer über) karşıya **4** (sprechen usw.) *etw. Akk* hakkında **5** (eine Oberfläche) *etw. Akk* üstünde **6** (auf der Oberfläche) boyunca
über[2] *prep* (mehr als) *wie viel* fazla
überall *adv* her yerde
Überblick *m* **1** (Kenntnisse) malumat *bir şey hakkında* **2** (Zusammenfassung) teşhis *bir şeyin* ► **einen (guten) ~** *über etw. Akk* **haben** yetkin olmak *bir şeye*
übereinstimmen *v* uygun olmak, uymak, (in Einklang stehen) *mit etw.* uymak *bşe*, uyuşmak *bşle*
überfahren[1] *v* (See usw.) *etw. Akk* yüzerek geçmek
überfahren[2] *v* (Fußgänger usw.) *j-n/etw.* ezmek
Überfall *m* saldırı
überfallen *v j-n* saldırmak
überflüssig *adj* artan, fazla
Überführung *w* **1** (Brücke) üsteçit, (für Fußgänger) üst geçit **2** (Transportieren) taşıma, nakliye
überfüllt *adj* kalabalık
Übergang *m* **1** geçiş **2** (Umwandlung) geçit
übergeben *v j-m etw. Akk* devretmek *bir şeyi birine*
überhaupt *part* hiç, (eigentlich) aslında, (insgesamt) genel; **~ nicht** hiç, asla
überholen *v j-n* sollamak
überlasten *v etw. Akk* yüklemek *bir şeyi*
überleben *v* hayatta kalmak
übermäßig *adj* aşırı, çok fazla ♦ *adv* aşırı derecede
übermorgen *adv* yarından sonraki gün
übernachten *v* boyunca uyumak *bş*, gecelemek *byde*, geceyi geçirmek, *irgendwo* gecelemek *bir yerde*
Übernachtung *w* geceleme; **~ mit Frühstück** yatak ve kahvaltı
übernehmen *v* **1** teslim almak *bşi*, (Besitz usw.) *etw. Akk* yönetimi ele almak **2** (Leitung usw.) *etw. Akk* sorumluluğu üstüne almak **3** (Pflicht usw.) üstüne almak **4** teslim almak *bşi*, (Methode usw.) benimsemek
überprüfen *v etw. Akk* gözden geçirmek, *etw. Akk* inanmak *bir şeye*
überqueren *v etw. Akk* karşıya geçmek
überraschen *v* **1** (erstaunen) *j-n mit etw.* şaşırtmak *birini bir şeyle* **2** (ertappen) *j-n* ansızın bulmak
überrascht *adj von etw.* şaşırmış *bir sebeple*
Überraschung *w* sürpriz
überreden *v j-n (zu etw. Akk)* konuşmak *biriyle*, (etwas zu tun) *j-n zu etw.* ikna etmek *bsni bşe*, razı etmek
Überschrift *w* başlık
Überschwemmung *w* sel, taşkın
übersetzen *v* çevirmek, tercüme etmek
Übersetzer *m* tercüman
Übersetzung *w* tercüme, çeviri
überspringen *v* **1** (Sprung machen) *etw. Akk* zıplamak **2** (auslassen) *etw. Akk* atlamak *bir şeyin üzerinden*
übertragen *v* **1** (Gegenstände usw.) götürmek *bşi bye*, *etw. Akk irgendwohin* transfer etmek *bir şeyi bir yere* **2** (Besitz

usw.) *etw. Akk auf j-n* transfer olmak *bir yere* **3** (Krankheit usw.) *etw. Akk auf j-n* geçirmek *bir şeyi birine*, (Krankheiten usw.) getirmek *bşi bye* **4** (senden) göndermek *bşi* **5** (Befugnis usw.) *etw. auf j-n* devretmek *bşi bsne*
übertreiben *v etw. Akk* abartmak, (im Erzählen usw.) abartmak *bşi*, (zu weit treiben) *etw. Akk* şişirmek *bir şeyi*
überweisen *v etw. Akk* ödeme yapmak, havale etmek
überwiegend *adj* öncelikli ♦ *adv* çoğunlukla, öncelikli, tamamıyla
überzeugen *v j-n von etw.* ikna etmek
überzeugend *adj* inandırıcı
überziehen *v* **1** (Konto usw.) tüketmek **2** (Zeit) aşmak *bşi*
üblich *adj* alışılagelmiş, genel ♦ *adv* genellikle
übrig *adj* artık, kalan ♦ *adv* fazla
übrigens *part* bu arada, nasılsa, zaten
Übung *w* **1** egzersiz **2** (Training) pratik, talim **3** (militärische usw.) eğitim **4** (Kräftigung usw.) alıştırma
Ufer *s* kıyı, set
Uhr *w* **1** (Uhrzeit) saat **2** (Armbanduhr usw.) kol saati, (Küchenuhr usw.) saat ► **um sieben ~** saat yedide
Ultraschall *m* ültrason
um *prep* **1** (räumlich) *etw. Akk* etrafında **2** (drei Uhr usw.) -de, -da **3** (bei Differenzangaben) kadar **4** (sich handeln usw.) *etw.* hakkında ► **Spätestens ~ fünf bin ich da.** Beşe kadar orada olacağım.; **~ drei Uhr** saat üçte; **~ halb fünf** dört buçukta
umarmen *v j-n* kucaklamak
umbinden *v etw. Akk mit etw.* paketlemek *bir şeyi bir şeye*
umbringen *v* öldürmek *bsni*, *j-n/etw.* öldürmek *birini/bir şeyi*
umdrehen *v* **1** (herumdrehen) *etw. Akk* çevirmek *bşi*, döndürmek *bşi*, (herumdrehen) *etw. Akk* döndürmek *bir şeyi* **2** (Seite usw.) *etw. Akk* dönmek ► **sich ~** dönmek
Umfang *m* **1** (Kugelumfang usw.) çemberin çevresi **2** (einer Stimme usw.) kapsam *bir şeye ait*
umfangreich *adj* kocaman, (Dokument usw.) geniş çaplı ♦ *adv* geniş çapta
umgeben *v etw. Akk mit etw.* çevirmek ♦ *adj* çevrili ► **~ sein** *von etw.* çevrelenmek
Umgebung *w etw. Gen* çevre
umgehen[1] *v* (sorgfältig usw.) *irgendwie mit etw.* hareket etmek, (benutzen) *mit etw.* kullanmak *bir şeyi*
umgehen[2] *v* **1** (herumgehen) *etw. Akk* pas geçmek **2** (Regeln usw.) *etw. Akk* uygulamamak *bşi*
Umgehungsstraße *w* çember, çevre yolu
umgekehrt *adj* ters ♦ *adv* ters, tersine, tersine çevrilmiş
umkehren *v* **1** (Richtung usw.) çevirmek *bşi*, döndürmek *bşi* **2** (ins Gegenteil) dönmek *bir şeye*
Umkreis *m* çember
Umleitung *w* sapak, (Strecke) dolambaçlı yol
umrechnen *v etw. Akk in etw. Akk* dönüştürmek, tahvil etmek
umrühren *v etw. Akk* karıştırmak
umschalten *v* **1** (Kamera usw.) *etw. Akk auf etw. Akk* çevirmek *bir şeyi bir şeye* **2** (Gang) vites değiştirmek
Umschlag *m* **1** (für Briefe) zarf **2** (zu Heilzwecken) kompres, sarma, sargılama
umsonst *adv* **1** bedava **2** boşuna, boş yere
umsteigen *v in etw. Akk* aktarma yapmak
Umstieg *m* transfer
umtauschen *v* bozdurmak
Umweg *m* uzun güzergah
Umwelt *w* çevre
umweltfreundlich *adj* çevreci, çevre dostu, doğa dostu
umwenden *v* dönmek, *etw. Akk* döndürmek *bir şeyi*
umwerfen *v* devirmek *bşi*, yıkmak *bşi*, *j-n/etw.* devirmek *bşi*, *j-n/etw.* itmek
umziehen *v* **1** (in neue Wohnung usw.) taşınmak *bir yere* **2** (Umzug durchführen) *etw. Akk* taşınmak *bir yere* **3** (Kleidung wechseln) *j-n* elbisesini değiştirmek *bsnin* ► **sich ~** elbiselerini değişmek
Umzug *m* alay
unabhängig *adj von j-m/etw.* bağımsız *birinden/bir şeyden*
unangenehm *adj* **1** hoş olmayan **2** (Situation usw.) uygunsuz ♦ *adv* hoşa gitmeyecek şekilde ♦ *pron* rahatsız, kendinde değil ► **~ sein** *j-m gegenüber* kötülük etmek *birine*
unanständig *adj* terbiyesiz, edepsiz
unbedingt *adj* kalıtsal, doğuştan ♦ *adv* ne pahasına olursa olsun
unbegrenzt *adj* limitsiz
unbekannt *adj* bilinmez, tanınmaz
unbequem *adj* rahatsız
und *conj* ve; **ab ~ zu** arad bir
undankbar *adj* nankör
unecht *adj* **1** sahte, yalancı, uyduruk **2** (Zuneigung usw.) sahte, düzmece, yapmacık
unendlich *adj* sonsuz ♦ *adv* durmadan, bitip tükenmek bilmeden
unentbehrlich *adj* vazgeçilmez, mecburi
unentschieden *adj* berabere kalma
unerträglich *adj* dayanılmaz, çekilmez

unerwartet *adj* beklenmeyen, umulmadık, (plötzlich) beklenmedik, ani ♦ *adv* beklenmedik biçimde, ansızın
unfähig *adj* **1** (unbegabt) yeteneksiz **2** (nicht imstande) *zu etw.* aciz *bir şeyden*
Unfall *m* kaza, (Verletzung) yara; **einen ~ haben** (Auto) çarpmak
ungeduldig *adj* sabırsız ♦ *adv* sabırsızca
ungefähr *adj* yaklaşık ♦ *adv* aşağı yukarı, yaklaşık olarak ♦ *prep* yaklaşık
ungenau *adj* doğru olmayan
ungenügend *adj* yetersiz
ungerade *adj* bölünmez
ungerecht *adj* haksız ♦ *adv* haksız yere, adaletsizce
ungern *adv* sevmeyerek
ungeschickt *adj* beceriksiz, hantal
ungesund *adj* sağlıksız
ungewiss *adj* belirsiz
ungewöhnlich *adj* alışılmamış, (Fähigkeit usw.) olağanüstü, (Mensch usw.) alışılmayan, olağandışı
unglaublich *adj* inanılmaz ♦ *adv* inanılmaz bir şekilde
ungleich *adj* farklı
Unglück *s* **1** (Tragödie usw.) felaket, felâket **2** (Pech usw.) talihsizlik
unglücklich *adj* **1** (deprimiert) mutsuz **2** (Tag usw.) şanssız **3** (Zufall usw.) şanssız
ungültig *adj* geçersiz
unhöflich *adj* saygısız
Uniform *w* üniforma, forma
Universität *w* üniversite
unklar *adj* net değil
unmittelbar *adj* derhal ♦ *adv* hemen
unmöglich *adj* imkansız, imkânsız
unnötig *adj* gereksiz
Unordnung *w* dağınıklık
unrecht **~ haben** hatası olmak *birinin*
Unruhe *w* huzursuzluk, tedirginlik
uns *pron* bizi
unschuldig *adj* masum
unser *pron* bizim
unsicher *adj* **1** (Situation usw.) belirsiz **2** (Mensch) güvensiz, (nicht selbstbewusst usw.) kararsız
unsichtbar *adj* görünmez, görünmeyen
Unsinn *m* saçma
unten *adv* **1** altında **2** (im Text usw.) aşağıda ► **nach ~** aşağıya; **von ~** aşağıdan
unter *prep* **1** (dem Tisch usw.) *etw. Dat* altında *bir şeyin* **2** (zwischen) arasında
unter(er,e,es) *adj* alt
unterbrechen *v* **1** (Tätigkeit usw.) *etw. Akk* sözünü kesmek **2** (Sprecher usw.) *j-n* sözünü kesmek *birinin*
Unterbrechung *w* müdahale
unterbringen *v j-n* barındırmak, yerleştirmek
unterdrücken *v* **1** (Gefühle usw.) bastırmak *bşi*, susturmak *bşi* **2** (Volk usw.) zulmetmek, eziyet etmek **3** (Aufstand usw.) bastırmak *bşi* **4** (Bemühung usw.) zaptetmek *bşi*, bastırmak *bşi*
untereinander *adv* birbirine
Unterführung *w* alt geçit
Untergang *m* feshetmek, (einer Zivilisation usw.) son
untergehen *v* **1** batmak **2** (Unternehmen usw.) iflas etmek, (zugrunde gehen) varlığı sona ermek
unterhalb *prep* en altta, dibinde
unterhalten *v* **1** (Verwandte usw.) *j-n* yaşamasına destek olmak *birinin* **2** (mit Erzählungen usw.) *j-n mit etw.* eğlendirmek *birini* ► **sich ~** *über etw. Akk* muhabbet etmek *biriyle bir şey hakkında*
Unterhemd *s* atlet
Unterhose *w* don, külot
Unterkunft *w* konaklama
unternehmen *v etw. Akk* bir harekette bulunmak
Unternehmen *s* **1** (Firma usw.) şirket **2** (Tätigkeit) ticaret
unterscheiden *v* **1** (Unterschied feststellen) *j-n/etw. von j-m/etw.* ayırt etmek **2** (anders machen) *j-n/etw. von j-m/etw.* ayırmak *bir şeyi bir şeyden* ► **sich ~** *in etw. Dat, von etw.* differ
Unterschied *m* fark
unterschiedlich *adj von etw.* farklı ♦ *adv* farklı
unterschreiben *v etw. Akk* imzalamak, imza atmak
Unterschrift *w* imza
unterstreichen *v* altını çizmek
unterstützen *v* **1** (helfen) *j-n* desteklemek *birini* **2** (ein Projekt usw.) *etw. Dat* desteklemek *bşi*, destek olmak *bşe*
untersuchen *v* **1** (Struktur usw.) *etw. Akk* araştırmak *bir şey* **2** (Problem usw.) *etw. Akk* araştırmak **3** (Patienten usw.) *j-n* muayene etmek **4** (überprüfen) *etw. Akk* tehkik etmek *bir şeyi* **5** (auf Fehler usw.) *etw. Akk* teftiş etmek
Untersuchung *w* **1** (eines Gebietes usw.) keşif **2** (ärztliche) tetkik **3** (polizeiliche) soruşturma
Unterteil *s,m* alt kısım
Unterwäsche *w* iç giyim, çamaşır
unverantwortlich *adj* sorumsuz
unvorsichtig *adj* dikkatsiz, tedbirsiz, ihtiyatsız
unwohl *adv* rahatsız; **Mir ist ~.** Rahatsızım.

unzufrieden *adj mit etw.* hoşnutsuz, memnuniyetsiz
Urin *m* idrar, sidik
Urkunde *w* belge, doküman, sertifika
Urlaub *m* izin, tatil, tatil yapma
Ursache *w etw. Gen* neden
Ursprung *m* kaynak
ursprünglich *adj* ilk, birincil, özgün ♦ *adv* aslında
Urteil *s* **1** (richterliches) hüküm, mahkeme kararı, yargı **2** (Stellungnahme) görüş, kaanat, fikir
Urwald *m* balta girmemiş orman

V

Vagina *w* vajina
Vase *w* vazo
Vater *m* baba
vegetarisch *adj* vejetaryen
Vene *w* damar
Ventil *s* vana
Ventilator *m* vantilatör
verabreden *v etw. Akk* ayarlamak; **sich ~** *mit j-m* buluşmak; **sich ~** *zu etw., auf etw. Akk* kararlaştırmak
Verabredung *w* randevu, buluşma
verabschieden **sich ~** *von j-m* vedalaşmak *biriyle*
veraltet *adj* eskimiş, zamanı geçmiş
verändern *v* değiştirmek
Veränderung *w* değişim, değişiklik
Veranstaltung *w* aktivite
verantwortlich *adj j-m für etw.* sorumlu ♦ *adv* sorumluluğunun bilincinde ► **~ sein** *für etw.* sorumlu olmak
Verantwortung *w für etw.* sorumluluk *bir şeye*
Verband *m* bandaj
Verbandkasten *m* ilk yardım çantası
verbessern *v* **1** (Leistung usw.) *etw. Akk* geliştirmek *bir şeyi* **2** (Fehler usw.) ayarlamak, düzeltmek
Verbesserung *w* **1** gelişme, iyileştirme, ilerletme **2** (eines Fehlers usw.) düzeltme
verbieten *v (j-m) etw. Akk* yasaklamak (birine/bir şeyi), *etw. Akk* yasaklamak *bşi*, yasak etmek
verbilligt *adj* indirimli
verbinden *v* **1** sarmak *bşi*, bandaj yapmak **2** (Schnüre usw.) *etw. Akk* bağlamak *bir şeyi*, *etw. Akk* bağlamak *bşi birbirine* **3** (mehrere Teile usw.) *etw. Akk mit etw.* birleştirmek **4** (Ganzes bilden) *etw. Akk mit etw.* bağlamak **5** (miteinander, zusammenschalten) bağlamak **6** (Telefonverbindung) *j-n mit j-m* bağlantı kurmak, *j-n* bağlamak *bşe/bsne* ► **sich ~** *mit j-m* irtibat kurmak; **sich ~** (zu einem Ganzen) bir araya gelme
Verbindung *w* **1** (zwischen zwei Teilen) mafsal **2** (Verkehrsverbindung usw.) bağlantı **3** (Beziehung usw.) *zwischen etw.* bağlantı **4** (von einem Gerät usw.) birleşme **5** (chemische) bileşim, karışım
Verbot *s etw. Gen* yasak
verboten *adj* yasaklanmış
Verbrauch *m* tüketim
verbrauchen *v etw. Akk* tüketmek, (Vorräte usw.) tüketmek, harcamak
Verbrechen *s* suç
Verbrecher *m* suçlu
verbreiten *v* **1** *etw. Akk* yayılmak *bir şeyi*, (Nachricht usw.) yaymak **2** (Ideen usw.) yaymak *bşi*, yaygınlaştırmak *bşi* ► **sich ~** (Nachricht usw.) yayılmak
verbreitern *v etw. Akk* genişletmek *bir şeyi*
verbrennen *v* **1** (verbrannt werden) yanıp kül olmak **2** (Abfall usw.) yakmak *bşi*, (Reisig usw.) *etw. Akk* yanmak **3** (verbrauchen) yanıp yok olmak **4** (durch Feuer zerstören) *etw. Akk* yakıp kül etmek **5** (verletzen) *j-n* yakmak *bşi* **6** (in Flammen umkommen) yanmak, yanarak ölmek **7** (als Ketzer usw.) *j-n* yakarak öldürmek *bsni* ► **sich ~** *an etw. Dat* yanmak
Verbrennung *w* **1** (Prozess) yakma **2** (Wunde) yanık
verbringen *v* harcamak, yaşamak
verbunden *adj* **1** *mit etw.* bağlı *bşe* **2** (innere Kohärenz) *mit etw.* birleşmiş
Verdacht *m* kuşku
verdächtig *adj* kuşkulu, (einer Tat usw.) *etw. Gen* şüpheli *bir şeyden*
Verdächtige *m* zanlı
Verdauung *w* sindirim
verderben *v* **1** bozulmak, çürüyüp bozulmak **2** (Freude usw.) *etw. Akk* bozmak *bir şeyi* ► **sich den Magen ~** mideyi bozmak
verdienen *v* **1** (Gehalt erwerben) para kazanmak **2** (Gewinn erzielen) *an j-m/etw.* yararlanmak **3** (als Belohnung) *etw. Akk* hak etmek, (Anerkennung) *etw. Akk* kazanmak *bir şey*
verdoppeln *v etw. Akk* iki katına çıkarmak *bşi*
verehren *v j-n/etw.* tapmak, ibadet etmek
Verein *m* dernek, cemiyet, ortaklık
Vereinbarung *w* anlaşma
vereinfachen *v etw. Akk* basitleştirmek *bşi*, sadeleştirmek *bşi*
vereinigen *v* birleştirmek *bir şeyi*, birleştirmek *bşi*

Verfahren *s* **1** (Handlungsmethode usw.) prensip **2** (amtliches usw.) takibat, prosedür
Verfassung *w* yasalar
verfolgen *v* **1** (beschatten) *j-n* izlemek *bşi*, gözlemek *bşi*, (Wild usw.) izlemek *bşi*, takip etmek **2** (Polizei usw.) *j-n* takip etmek **3** (Gegner usw.) kovalamak *bşi*, takip etmek **4** (strafrechtlich) kovuşturma açmak, kovuşturmak
verführen *v j-n* baştan çıkarmak *bsni*
vergangen *adj* geçmiş
Vergangenheit *w* geçmiş, (Zeitform) geçmiş zaman
vergeblich *adj* nafile, (Bemühungen usw.) boşuna ♦ *adv* boşuna
vergehen *v* **1** akmak, (Zeit) geçmek **2** (Empfindung) geçmek
vergessen *v* **1** (sich nicht erinnern) *etw. Akk* unutmak **2** (liegen lassen) *etw. Akk irgendwo* unutmak
vergewaltigen *v j-n* tecavüz etmek *birine*
Vergewaltigung *w* tecavüz
vergiften *v* zehirlemek *birini*
Vergiftung *w* zehirlenme
Vergleich *m* **1** *mit etw.* kıyaslama **2** (Benennung usw.) benzetme, karşılaştırma **3** (vor Gericht usw.) uzlaşma sağlamak ► **im ~ zu** *etw.* nazaran
vergleichen *v* **1** (Unterschiede) *j-n/etw. mit j-m/etw.* kıyaslamak **2** (angleichen) *j-n/etw. mit j-m/etw.* benzetmek *bşe/bsle*, (Ähnlichkeiten) *etw. Akk mit etw.* kıyaslamak ► **zu ~ sein** *mit etw.* karşılaştırabilmek
Vergnügen *s* **1** (Freude) zevk **2** (Amüsement usw.) eğlence ► **mit ~** *etw. Akk tun* memnun olmak *bir şey yapmaya*
vergrößern *v* **1** (vermehren) arttırmak *bir şeyi* **2** (Foto usw.) büyütmek **3** (optisch) büyütmek *bşi*
vergünstigt *adj* ayrıcalı
verhaften *v j-n* tutuklamak
Verhalten *s* davranış
Verhältnis *s* **1** (Verwandtschaft usw.) ilişki **2** (Liebschaft) *mit j-m* aşk ilişkisi, *mit j-m* ilişki
verhandeln *v* görüşmek
Verhandlung *w* **1** (Besprechung) görüşme, görüşmeler, müzakere, müzakereler **2** (vor Gericht) duruşma, sorgu, sorgulama
verheiratet *adj* evli
verhindern *v etw. Akk* izin vermemek *bir şeye, etw. Akk* korunmak *bir şeyden*
Verhör *s* sorgu
Verhütungsmittel *s* doğum kontrol hapı
Verkauf *m* satış *bir şey*
verkaufen *v etw. Akk j-m für etw.* satmak *bir şeyi birine*
Verkäufer *m* **1** tezgahtar, (Dealer usw.) satıcı **2** (Angestellte) satıcı
Verkaufsstand *m* büfe
Verkehr *m* trafik, ulaşım
Verkehrsmittel *s* ulaşım aracı
Verkehrszeichen *s* trafik işareti
verkehrt *adj* ters
verkleben *v etw. Akk mit etw.* yamalamak *bir şeyi bir şeyle*
verkleinern *v* küçültmek *bir şeyi*
verkürzen *v etw. Akk* kısaltmak *bir şeyi*
Verlag *m* yayınevi, (Buchverlag) yayın evi
verlangen *v* **1** *etw. Akk* istemek *birinden bir şey*, (fordern) *etw. Akk* talep etmek **2** (Konzentration usw.) *etw. Akk* gerektirmek *bir şey*, (Situation usw.) *etw. Akk* muhtaç olmak
verlängern *v* **1** (räumlich) *etw.* uzatmak *bir şeyi* **2** (zeitlich) *etw. Akk* uzatmak *bir şeyi*
verlangsamen *v* yavaşlatmak *bir şeyi*, yavaşlatmak *bşi*, engellemek *bşi*, (Tempo usw.) azaltmak *bşi*
verlassen *v j-n/etw.* bırakmak *birini/bir şeyi*; **sich ~** *auf j-n/etw.* güvenmek *birine/bir şeye*
verlaufen *v* cereyan etmek, (ablaufen) gerçekleşmek, içine olmak
Verleih *m* kiralama (ofisi)
verleihen *v* **1** (einen Titel usw.) *j-m etw. Akk* ödünç vermek *bsne*, (Preis usw.) *j-m etw. Akk* vermek *bsne bşi* **2** (Eigenschaft usw.) *etw. Akk etw. Dat* katmak, kazandırmak
verletzen *v* **1** (beschädigen) *j-n* yaralamak *birini* **2** (kränken) ızdırap çekmek **3** (Gesetz usw.) ihlal etmek, uymamak, (Gesetz usw.) *etw. Akk* ihlal etmek ► **sich ~** ızdırap çekmek
verletzt *adj* incinmiş, yaralı
Verletzung *w* **1** yara **2** (Verstoß) *etw. Gen* ihlal etme *bir şeyi* ► **~ des Gesetzes** yasa ihlali
verlieren *v* **1** *etw. Akk* kaybetmek *bir şey* **2** (durch Fehler usw.) *etw. Akk* kaybetmek *bşi* **3** (Kampf usw.) *etw. Akk gegen j-n* kaybetmek *biri olarak* **4** (Geld) *bei etw.* zarar etmek *bşde* ► **Luft ~** (Reifen) kaçmak; **sich ~** (sich verlaufen) kaybolmak; **verloren gehen** kaybetmek
verlobt *adj* nişanlı
Verlust *m etw. Gen* kayıp *bir şey*
vermehren *v* **1** (Eigentum usw.) *etw. Akk* arttırmak *bir şeyi* **2** (Pflanzen usw.) çoğaltmak *bşi*, üretmek *bşi* ► **sich ~** üremek
vermeiden *v etw. Akk* sakınmak *bşden*, korunmak *bşden*
vermieten *v etw. Akk an j-n* kiralamak *bir şeyi birine*; **Zimmer zu ~** kiralık odalar
vermindern *v* azaltmak
vermischen *v etw. Akk* karıştırmak

vermissen *v j-n/etw.* aramak *bsni, j-n/etw.* özlemek *birini/bir şeyi*
Vermögen *s* **1** (Reichtum) servet **2** (einer Firma usw.) mal varlığı
vermuten *v* düşünmek, sanmak, zannetmek
vernachlässigen *v etw. Akk* ihmal etmek *bşi*, boşlamak *bşi*
vernichten *v* imha etmek *bşi*, yok etmek
vernünftig *adj* mantıklı, rasyonel
veröffentlichen *v* yayımlamak
verpacken *v* paketlemek
Verpackung *w* paket, paketleme
verpassen *v* **1** (Bus usw.) *etw. Akk* kaçırmak *bieşeyi, etw. Akk* kaçırmak *bşi* **2** (Chance usw.) kaçırmak *bşi* ► **Ich habe den Bus verpasst.** Otobüsümü kaçırdım.
Verpflegung *w* yiyecek içecek
verpflichten **sich ~** *zu etw.* söz vermek *bir şey yapmaya*
Verpflichtung *w* yükümlülük, taahhüt, üstlenme
verraten *v* **1** (Geheimnis usw.) *j-m etw. Akk* ifşa etmek **2** (Identität usw.) *j-n* bağışlamak *birini* **3** (Verrat begehen) *j-n/etw.* ihanet etmek
verringern *v* azalmak, (Risiko usw.) *etw. Akk* azaltmak *bşi*, hafifletmek *bşi*
verrückt *adj* çılgın ♦ *adv* çılgınca
versammeln *v* biraraya toplamak; **sich ~** bir araya gelmek
Versammlung *w* **1** (Menschen) toplantı **2** (Sitzung) bir araya gelme **3** (politische) kurultay, kongre, meclis
versäumen *v* **1** (Unterricht usw.) *etw. Akk* kaçırmak *bşi* **2** (vergessen zu tun usw.) unutmak *bşi*, aklından çıkmak *bsnin*
verschieben *v* **1** (Stelle wechseln) *etw. Akk irgendwohin* hareket etmek *bir şeyle bir yere, etw. Akk irgendwohin* hareket etmek *bir şey olarak bir yere* **2** (zeitlich) *etw. Akk* ertelemek *bir şeyi* **3** (Handel treiben) *etw. Akk* yasadışı ticaret yapmak
verschieden *adj* çeşitli, muhtelif, farklı, değişik
verschlechtern *v etw. Akk* kötüleştirmek *bir şeyi*; **sich ~** kötüleşmek
verschlimmern *v* zorlaştırmak *bşi*, güçleştirmek *bşi, etw. Akk* kötüleştirmek *bir şeyi*, (bereits schlimmes) kötüleştirmek *bşi*
verschlucken *v* yutmak *bir şey*
Verschluss *m* **1** (einer Flasche) kapak, tapa **2** (eines Kleides usw.) ilikleme yeri
verschmutzen *v* kirletmek, *etw. Akk* kirletmek *bşi*, pisletmek *bşi*
Verschmutzung *w* kirlilik
verschreiben *v* yazmak *bşi*
verschütten *v* **1** dökmek *bir şey*, dökmek *bir şeyi* **2** (Lawine usw.) *j-n* örtmek
Verschwendung *w von etw.* kayıp *bir şey*
verschwinden *v* defolmak, (untergehen usw.) kaybolmak; **Verschwinde!** Defol!
Versehen *s* dikkatsizlik; **aus ~** kazayla
versichern *v* **1** (Versicherung abschließen) *j-n/etw.* sigortalamak *birini/bir şeyi* **2** (bestätigen) *j-n etw. Gen* garanti etmek, temin etmek *bsni* ► **sich ~** *gegen etw.* (Versicherung abschließen) sigortalamak *bir şeye karşı*
Versicherung *w* sigorta; **eine ~ abschließen** sigorta ettirmek
versinken *v* batmak
versorgen *v* **1** (beliefern) *j-n/etw. mit etw.* teslim etmek **2** (finanziell usw.) *j-n* temin etmek *bşi*
Versorgung *w mit etw.* garanti, *mit etw.* verilme, (mit Lebensmitteln usw.) sağlama, tedarik
verspäten **sich ~** geç kalmak
verspätet *adj* gecikmeli, geç, geç kalmış, gecikmiş
Verspätung *w* gecikme
versprechen *v j-m etw. Akk* söz vermek *birine*
Versprechen *s* söz
Verstand *m* akıl
verständigen *v* uyarı vermek, *j-n von etw.* haber vermek *bsne*, bildirmek *bsne*; **sich ~** *irgendwie* konuşmak
verständlich *adj* anlaşılır ♦ *adv* anlaşılır bir şekilde
verstärken *v* **1** (Mauer usw.) *etw. Akk* güçlendirmek *bir şeyi* **2** *etw. Akk* sağlamlaştırmak *bşi* **3** (zahlenmäßig) *etw. Akk* güçlendirmek *bir şeyi* **4** güçleşmek, güçlenmek **5** *etw. Akk* şiddetlendirmek *bir şeyi*, (Spannung usw.) yoğunlaştırmak *bir şeyi* **6** (Eindruck usw.) *etw. Akk* kuvvetlendirmek *bşi* ► **sich ~** güçlendirmek
verstecken *v etw. Akk vor j-m* saklamak *birinden bir şeyi*, (Drogen usw.) *etw. Akk* gizlemek *bşi*, saklamak *bşi*; **sich ~** saklamak
versteckt *adj* saklı, (geheim) gizli
verstehen *v* **1** *j-n/etw.* anlamak *birini/bir şeyi* **2** *etw. Akk* anlamak *bir şeyi, etw. Akk* anlamak *bşi*, kavramak *bşi* **3** *j-n/etw.* anlamak *birini/bir şeyi* ► **Ich verstehe nicht.** Anlamıyorum.
verstopft *adj* tıklım tıklım, sıkışık
Verstopfung *w* **1** (eines Durchgangs usw.) kabızlık **2** kabız
Verstoß *m* suç
Versuch *m um etw.* girişim

versuchen *v etw. Akk* çabalamak *bir şeyi yapmaya, etw. Akk* girişimde bulunmak, (sich bemühen) *etw. Akk* denemek *bir şeyi yapmayı*
Versuchung *w* ayartma
verteidigen *v* **1** (schützen) savunmak, müddafaa etmek **2** (Ansichten usw.) *j-n/etw.* savunmak *bsni*, müdafaa etmek **3** (Titel usw.) korumak *bşi*
Verteidigung *w* savunma
verteilen *v* **1** (an mehrere Personen) *etw. Akk an/unter j-n* dağıtmak, (Flugblätter usw.) dağıtmak *bşi* **2** (über eine Fläche) *etw. Akk irgendwohin* dağıtmak, *etw. Akk irgendwohin* paralamak
vertiefen *v etw. Akk* derinleştirmek *bşi*; **sich ~** *in etw. Akk* (sich konzentrieren) daldırmak *bir şeye*
Vertrag *m* **1** kontrat **2** (Staatsvertrag) antlaşma, sözleşme, mukavele, kontrat
vertragen *v etw. Akk* direnmek *bir şeye*
Vertrauen *s* güven
vertraulich *adj* gizli
vertreten *v* **1** (einspringen) *j-n* vekalet etmek *biri için* **2** (als Beauftragter) *j-n/etw.* temsil etmek *bir şeyi/birini* **3** (eine Meinung usw.) yaymak *bşi*
Vertreter *m* **1** (Ersatz) vekil **2** (Repräsentant) temsilci, yardımcı **3** (einer Theorie usw.) *etw. Gen* sözcü
vertrocknen *v* solmak
Verunreinigung *w* saf olmama
verursachen *v* yol açmak, *etw. Akk* neden olmak *bşe*
verurteilen *v* **1** (zu Strafe) *j-n zu etw.* kınamak *birini bir şey için* **2** (kritisieren) kınamak
Verwaltung *w* idare, yönetim
verwandeln *v etw. Akk in etw. Akk* dönüştürmek *bir şeyi bir şeye*
verwandt *adj* ilgili, bağlı, akraba
Verwandte *m* üye
Verwandtschaft *w* aile, (Verwandte) akrabalık
verwechseln *v j-n/etw. mit j-m/etw.* karıştırmak *birini/bir şeyle bir şeyi/bir şeyle*
verwenden *v* **1** *etw. Akk* kullanmak *bir şeyi* **2** (Mühe, Geld usw.) *etw. Akk auf etw. Akk* koymak *bir şeyi bir şeyin içine*
Verwendung *w etw. Gen* kullanım *bir şeyde*
verwirklichen *v etw. Akk* gerçekleştirmek *bir şeyi*, (vollziehen) *etw. Akk* uygulamak; **sich ~** gerçekleştirmek
verwirren *v* **1** *j-n* şaşırtmak, *j-n* yanıltmak **2** yönünü şaşırtmak *bsnin* **3** (Fäden usw.) karıştırmak *bşi*
verwunden *v j-n* yaralamak *birini*
verwundet *adj* yaralı
verzeihen *v j-m etw. Akk* affetmek *birini*
Verzeihung **~!** Affedersiniz!
verzichten *v auf etw. Akk* feragat etmek *bşden*, istifa etmek, *auf etw. Akk* teslim etmek *bir şeyi, auf etw. Akk* vazgeçmek *bşden*
Verzierung *w* dekorasyon
verzögern *v j-n/etw.* geciktirmek, (hinauszögern) geciktirmek *bşi*, (Prozess usw.) *etw. Akk* ertelemek *bşi*, tehir etmek; **sich ~** geç kalmak
Verzögerung *w* gecikme, rötar
verzweifelt *adj* umutsuz ♦ *adv* umutsuzca
Videokamera *w* video kamerası
Vieh *s* davar, (lebendes Inventar) çiftlik hayvanları
viel *adv* **1** (große Menge) fazla *bir şey* **2** (schlimmer usw.) *irgendwie* çok daha ► **so ~** çok fazla, kadar çok; **~e** çok; **wie ~** ne kadar; **wie ~e** kaç
vielleicht *part* belki, muhtemelen, büyük olasılıkla
vielmals *num* çok kere
vier *num* dört
viert(er,e,es) *num* dördüncü
Viertel *s* **1** (vierter Teil) çeyrek **2** (in der Stadt) mahalle
vierzehn *num* on dört
vierzig *num* kırk
Villa *w* villa
violett *adj* mor
Visitenkarte *w* kartvizit
Visum *s* vize
Vogel *m* kuş
Volk *s* **1** ulus **2** (Bevölkerung) halk
voll *adj* **1** (gefüllt) *etw. Gen* dolu **2** (komplett) eksiksiz **3** (Kalender usw.) yoğun ♦ *adv* son ses
vollenden *v etw. Akk* bitirmek
völlig *adj* tam ♦ *adv* kesinlikle, (ganz) tamamıyla, tamamen
volljährig *adj* reşit
vollkommen *adj* **1** (Lösung usw.) mükemmel **2** (Unsinn usw.) tam
vollständig *adj* eksiksiz
Volumen *s* hacim
von *prep* **1** -den, -dan **2** (reden, hören usw.) *etw.* hakkında ► **geöffnet ~… bis…** …-den/dan …-e/-a kadar açık; **~ vorne** önden
vor *prep* **1** (auf dem Weg usw.) *j-m/etw.* önünde, önüne, (räumlich) … -den önce **2** (bevor) evvel *-den*, önce *-den* **3** (zwei Jahren usw.) önce **4** (fliehen usw.) -den, -dan ► **~ allem** (Betonung) her şeyden önce, özellikle, (zuerst) ilk olarak; **~ einer halben Stunde** yarım saat önce
Voraus **im ~** önceden

voraussagen *v etw. Akk* önceden söylemek
voraussetzen *v* farzetmek, varsaymak
Voraussetzung *w* **1** (Vorstellung) varsayım **2** (Vorbedingung) *für etw.* ön koşul *bir şey için*
vorbei *adv* **1** (gehen usw.) *bşin* etrafında, civarında **2** (vergangen) sona ermiş ♦ *prep an etw. Dat* etrafında
vorbeifahren *v an etw. Dat* geçmek *bir şeyi, an j-m/etw.* etrafından geçmek, (mit Auto usw.) *an j-m/etw.* geçmek *birinin/bir şeyin*
vorbeigehen *v an j-m/etw.* geçmek
vorbereiten *v etw. Akk für j-n* hazırlamak *biri için bir şey, etw. Akk für j-n* hazırlamak *bşi bsne, etw. Akk* hazırlamak
Vorbereitung *w auf/für etw.* hazırlık *bir şeye;* **~en** hazırlık
Vorbild *s* misal
vorder(er,e,es) *adj* ön
Vorfahrt *w* öncelik
vorgestern *adv* dünden önce
vorhaben *v etw. Akk zu tun* kastetmek *bir şeyi, etw. Akk zu tun* üzere olmak
Vorhang *m* perde
vorher *adv* daha önce
Vorhersage *w* tahmin
vorig *adj* geçen, önceki
vorkommen *v* görünmek; **sich ~** hissetmek
vorläufig *adj* geçici, muvakkat, tedbirli ♦ *adv* şimdisi için
Vorlesung *w* ders
vorletzt(er,e,es) *adj* en sondan bir önce
Vormittag *m* seher, öğleden önce; **am ~** seher
vormittags *adv* seher; **um zehn Uhr ~** öğleden önce saat onda
vorn *adj* ön ♦ *adv* ilerde, önde
Vorname *m* ad
Vorrat *m* stok, ihtiyat, yedek; **Vorräte** erzak
Vorrichtung *w* araç
Vorschlag *m* öneri
vorschlagen *v* önermek *bir şey*
Vorschrift *w* kural
Vorschuss *m* avans
Vorsicht ~! Dikkat!
vorsichtig *adj* dikkatli ♦ *adv* dikkatlice
Vorsitzende *m* başkan
Vorspeise *w* aperatif
Vorstadt *w* varoş
vorstellen *v j-n j-m* takdim etmek; **sich ~** (Namen nennen) tanıştırmak *birini*, (sich ausmalen) tahayyül etmek
Vorstellung *w* **1** (Bekanntmachen) tanışma **2** (Ahnung) *von etw.* düşünce, fikir, hayal, (Gedanke) *von etw.* tasavvur **3** (Aufführung) gösteri
Vorteil *m* avantaj
Vortrag *m* **1** (wissenschaftlicher) ders **2** (eines Gedichts usw.) resital
vorübergehend *adj* geçici ♦ *adv* geçici olarak
Vorurteil *s* önyargı
Vorwahl *w* kod numarası
Vorwand *m* bahane
vorwärts *adv* ileri
Vorwurf *m* uyarı
vorzeitig *adj* erken, zamansız ♦ *adv* vaktinden önce
vorziehen *v etw. Akk etw. Dat* öncelik vermek *bir şeye*
Vulkan *m* volkan, yanardağ

W

Waage *w* **1** (Gerät) terazi **2** (Sternzeichen) Terazi
wach *adj* uyanık
Wachs *s* balmumu
wachsen *v* **1** (größer werden) büyümek **2** (entstehen) oluşmak, (sich entwickeln) büyümek
Wade *w* baldır
Waffe *w* silah
wagen *v etw. Akk zu tun* cüret etmek
Wagen *m* **1** (Eisenbahn) vagon **2** (Kraftwagen) araba
Wahl *w* seçim ► **~en** seçimler
wählen *v* **1** seçmek, beğenmek **2** (eine Telefonnummer) tuşlamak **3** (abstimmen) *j-n* oylamak *birini, j-n* seçmek
wahr *adj* hakikat; **Das ist nicht ~.** Bu doğru değil.; **Nicht ~?** öyle mi?; **~ werden** gerçekleştirmek
während *conj* iken ♦ *prep* süresince, boyunca
Wahrheit *w* hakikat, (Tatbestand) doğru, hak
wahrscheinlich *adj* olası ♦ *part* muhtemelen, büyük olasılıkla, olasılıkla
Währung *w* para
Waise *w* yetim, öksüz
Wald *m* orman
Wand *w* cephe, (im Zimmer usw.) duvar
wandern *v* **1** göçmek, göç etmek, (in den Bergen usw.) yürüyüşe çıkmak **2** (ziellos usw.) dolaşma
Wanderung *w* gezinti, yürüyüş, yol
Wange *w* yanak, yüz
wann *adv* ne zaman; **~ auch immer** her zaman
Wanne *w* küvet

Wanze *w* **1** (Insekt) tahtakurusu **2** (zum Abhören) gizli mikrofon
Wappen *s* arma
Ware *w* mal
warm *adj* **1** ılık **2** (Empfang usw.) samimi ♦ *adv* **1** sıcak **2** (empfangen usw.) sıcak bir şekilde, arkadaşça ► **~ machen** *etw. Akk* ısıtmak *bir şeyi*
Wärme *w* hararet, (angenehm) sıcak
wärmen *v* **1** (warm machen) *etw. Akk* kızıştırmak *bir şeyi* **2** (heizen) ısıtmak **3** (Kleider usw.) ısıtmak **4** (erwärmen) ısıtmak *bşi*
warnen *v j-n vor etw. Dat* uyarmak *bir şeyi*
Warnung *w* uyarı, ikaz
warten *v auf j-n/etw.* beklemek *birini/bir şeyi*
Warteraum *m* bekleme odası
Wartezimmer *s* bekleme odası
Wartung *w* bakım
warum *adv* niçin, neden
was *pron* **1** (Frage) ne **2** (Nebensatz) hangi ► **~ (auch) immer** (herhangi) bir şey; **~ für ein** nasıl
Waschanlage *w* araba yıkama
Waschbecken *s* lavabo
Wäsche *w* **1** (schmutzige) çamaşır **2** (Textilien) keten
Wäscheklammer *w* merdane
waschen *v* **1** (Wäsche) *etw. Akk* yıkamak **2** (reinigen) *etw. Akk* yıkamak *bir şeyi* **3** (Gemüse usw.) yıkamak *bşi*
Wäscherei *w* çamaşırhane
Wäschetrockner *m* kurutucu
Waschküche *w* çamaşırhane
Waschmaschine *w* çamaşır makinesi
Waschpulver *s* çamaşır tozu
Waschraum *m* çamaşır odası
Wasser *s* su, (kölnisches usw.) losyon
wasserdicht *adj* su geçirmez
Wasserfall *m* şelale
Wasserkocher *m* cezve
Wasserleitung *w* musluk
Wasserski *m Mz* su kayağı
Wassersportarten *w Mz* su sporları
Watte *w* pamuk
weben *v* dokumak *bşi*
Wechsel *m* **1** (abwechselnd) değişim **2** (Änderung) değişiklik **3** (Ablösung) tadil **4** (Wertpapier) senet
Wechselkurs *m* kur, döviz kuru
wechseln *v* **1** (ersetzen) *etw. Akk für etw.* değiştirmek **2** (Geld usw.) bozdurmak **3** (Berufe usw.) değiştirmek **4** (Kleingeld) *etw. Akk* bozdurmak *bşi* **5** (Schalter) değiştirmek *bşi*, çevirmek *bşi* ► **sich ~** *bei etw.* kesikleşmek
Wechselstube *w* döviz bürosu
wecken *v* **1** *j-n* uyandırmak **2** (Interesse usw.) uyandırmak *bşi* ► *j-s* **Interesse ~** ilgilenmek
Wecker *m* çalar saat
weder **~... noch** ne... ne...
weg *adv* uzakta; **Er ist schon ~.** Gitti artık.
Weg *m* yol; **welchen ~** nereden
wegen *prep j-s/etw.* dolayı; **~ des schlechten Wetters...** kötü havadan dolayı
wegfahren *v* gitmek
weggehen *v* yola çıkmak
weglaufen *v* kaçmak, koşarak gitmek, koşmak *bye*
wegnehmen *v j-m etw. Akk* götürmek *bir şeyi*
wegwerfen *v* **1** (Kippe usw.) atmak *bşi* **2** (zum Abfall tun) atmak *bir şeyi*
wegwischen *v* temizlemek *bir şeyi*, *etw. Akk* silerek temizlemek *bir şeyi*
wehtun *v* **1** ağrımak **2** (absichtlich usw.) *j-m* acıtmak *birini*
Weibchen *s* dişi
weiblich *adj* dişi, kadın
weich *adj* yumuşak ♦ *adv* yavaşça, tatlılıkla ► **~ gekocht** rafadan; **~ machen** *etw. Akk* yumuşatmak *bir şeyi*
Weihnachten *s* Noel
weil *conj* çünkü, madem
Weile *w* an, kısa süre
Wein *m* şarap
Weinberg *m* bağ
weinen *v* ağlamak
Weinstube *w* şarap barı
Weintraube *w* üzüm tanesi
weise *adj* akıllı
Weise *w* **1** (Methode usw.) biçim, şekil, tarz, (Methode usw.) yol **2** (Melodie) (küçük) şarkı
weiß *adj* beyaz
weit *adv* **1** (entfernt usw.) uzak **2** (geöffnet usw.) ardına kadar, sonuna kadar ► **bei ~em** uzaktan; **von ~em** uzaktan
weiter *adj* ötedeki ♦ *adv* ileriki, (fortsetzen) devam ► **und so ~** vesaire
weitergehen *v* **1** ileriye gitmek, ilerlemek **2** (Prozess usw.) devam etmek *bşe*
weitermachen *v etw. Akk, in etw. Dat* devam etmek *bşe*, *etw. Akk* devam etmek *bir şey yapmaya*
Weizen *m* buğday
welch(er,e,es) *pron* hangi
welken *v* solmak
Welle *w* **1** (Wasser) dalga **2** (Maschinenteil) şaft
Welt *w* dünya
Weltall *s* evren
Weltraum *m* evren, uzay
wenden *v* **1** (Seite usw.) dönmek **2** (Auto usw.) *etw. Akk* yön değiştirme, (in andere

Richtung) *etw. Akk* döndürmek *bir şeyi* **3** (Auto, Schwimmer usw.) geri dönmek ► **An wen soll ich mich ~?** Kime dönmeliyim?; **sich ~** *an j-n/etw.* başvurmak, dönmek *birine*

wenig *adv* az; **am ~sten** en az; **ein ~** *etw. Gen* biraz; **~e** birkaç; **~er werden** azalmak

weniger *adv* daha az

wenigstens *part* en azından

wenn *conj* **1** (konditional) eğer **2** (in der Moment) iken ► **auch ~** rağmen

wer *pron* kim

Werbespot *m* reklam, reklâm

Werbung *w* **1** (Werben) tanıtım **2** (eines Produktes) tanıtım, reklam, reklâm

werden *v etw. Akk* olmak

werfen *v* **1** atmak, fırlatmak **2** (Schatten usw.) *etw. Akk irgendwohin* atmak, yapmak **3** *etw. Akk irgendwohin* atmak, fırlatmak **4** (in Baseball usw.) yukarıya atmak / fırlatmak ► **sich ~** *irgendwohin* sıçramak *bir yere*

Werk *s* **1** (Schöpfung usw.) eser **2** (Mechanismus) (küçük) makine

Werkstatt *w* atölye

Werktag **~e** iş günleri

Werkzeug *s* **1** alet **2** (Gesamtheit von Werkzeugen) aletler ► **~e** aletler, gereçler

wert *adj etw. Gen* uygun *bir şeye*; **~ sein** *etw. Gen* (verdienen) değmek *bir şeye*

Wert *m* **1** (finanzieller) *etw. Gen* değer *bir şeyde* **2** (Bedeutung) değer *bir şeyde*

Wertsachen *w Mz* değerli eşya

wertvoll *adj* değerli, kıymetli

Wesen *s* öz, (Kern) esas *bir şeyden*

wesentlich *adj* asıl ♦ *adv* esasen, oldukça

Wespe *w* eşekarısı

wessen *pron* kimin

Weste *w* yelek

Westen *m* batı; **im ~** batıda

westlich *adj* batı

Wettbewerb *m* yarış, yarışma

Wette *w* bahis

wetten *v* **1** *um etw.* bahse girmek **2** *auf etw. Akk* bahis yapmak

Wetter *s* hava

Wettervorhersage *w* hava tahmini

Wettkampf *m* yarış, yarışma; **an einem ~** *gegen j-n* **teilnehmen** yarış yapmak *biriyle*

wichtig *adj* önemli; **das ~ste ist** öncelikle

wickeln *v* **1** (Draht usw.) yumaklamak *bşi* **2** (Wolle usw.) *etw. Akk auf etw. Akk* döndürmek *bir şeyi*

Widerspruch *m* **1** (Gegensatz) çelişki **2** (Widerrede) *gegen etw.* anlaşmazlık

Widerstand *m* **1** (Trotz) *gegen j-n/etw.* direnme *birine/bir şeye* **2** (Bewegung) direniş **3** (physikalisch) direniş

widerstehen *v* **1** (Änderung usw.) *etw. Dat* hazırlanmak *bir şeye* **2** (Angriff, Anprall usw.) *etw. Dat* direnmek

Widerwille *m gegen j-n/etw.* hoşlanmama

widmen *v etw. Akk j-m/etw.* ayırmak; **sich ~** *etw. Dat* (teilnehmen usw.) *biriyle* ilgilenmek; **sich ~** *j-m/etw.* ilgi göstermek *birine/bir şeye*; **sich ~** *etw. Dat* adamak

wie[1] *adv* **1** (Frage) nasıl **2** (Vergleich) gibi ► **W~ geht es Ihnen?** Nasılsınız?; **W~ ist es?** Nasıl bu?

wie[2] *conj* **1** (Ähnlichkeit) gibi **2** (beides) hem de ► **~ (zum Beispiel)** böyle; **W~ Sie wollen.** Nasıl isterseniz.

wieder *adv* tekrar, yeniden

wiederherstellen *v* yenilemek

wiederholen *v* **1** (nochmals machen) *etw. Akk* tekrarlamak **2** (um es zu betonen) tekrarlamak *bşi*, tekrar etmek **3** (Lernstoff usw.) *etw. Akk* tekrarlamak *bir şey*

Wiederholung *w* **1** *etw. Gen* tekerrür **2** (des Lernstoffes) tekrar **3** (eines Ereignisses) tekrarlama, tekerrür

wiederkommen *v* dönmek

wiegen *v* **1** (Gewicht haben) çekmek **2** (Gewicht feststellen) *j-n/etw.* çekmek

Wiese *w* çayır

wievielmal *pron* kaç kere

wild *adj* **1** (Raubtier usw.) yırtıcı, (Tier usw.) yabani **2** (zornig usw.) vahşi ♦ *adv* vahşice, çılgınca

Wild *s* **1** (wild lebend) vahşi hayvan **2** (Fleisch) av eti ► **jagdbares ~** av hayvanı

Wille *m* irade

willkommen *adj* başının üstünde yeri olan kimse, hoşgelmiş; **W~!** Hoşgeldiniz!

Wimper *w* kirpik

Wimperntusche *w* maskara

Wind *m* rüzgar, rüzgâr

Windel *w* bebek bezi

windig *adj* rüzgarlı, rüzgârlı

Windjacke *w* rüzgarlık, rüzgârlık

Windmühle *w* yel değirmeni

Windschutzscheibe *w* ön cam

Winkel *m* **1** (geometrisch) açı **2** (Ecke) köşe **3** (Augenwinkel) kenar **4** (verborgener) kuytu bir yer, köşe

winken *v* **1** (Fahne usw.) *mit etw.* dalgalanmak *birinin üstünde bir şey olarak* **2** *j-m* el sallamak

Winter *m* kış

winzig *adj* küçücük, ufak

wir *pron* biz

Wirbel *m* **1** girdap, çevrinti **2** (Knochen) omur

Wirbelsäule *w* belkemiği

wirken *v* **1** (Wirkung haben) etkili olmak, *auf j-n/etw. birini/bir şeyi* etkilemek **2** (Eindruck

machen) *auf j-n irgendwie* intiba bırakmak *birinde* **3** (Medikament usw.) etkilenmek ► **zu ~ beginnen** etki etmek
wirklich *adj* **1** gerçek **2** (wie es sein soll) hakikat ♦ *adv* **1** (in Wirklichkeit) gerçek **2** (in der Tat) gerçekten, hakikaten ♦ *part* ciddi, gerçekten, hakikaten ► **W~?** Ciddi mi?
Wirklichkeit *w* gerçeklik
wirksam *adj* etkili, işleyen, çalışan
Wirkung *w* etki
Wirt *m* meyhaneci
Wirtschaft *w* ekonomi
wirtschaftlich *adj* ekonomi
wischen *v* **1** *etw. Akk (von etw.)* silmek *bşi*, (entfernen) *etw. Akk* silerek temizlemek *bir şeyi* **2** (reinigen) *etw. Akk* silerek temizlemek, (Tafel) *etw. Akk* silmek *bir şeyi*
wissen *v etw. Akk, von etw.* bilmek *bir şeyi*
Wissenschaft *w* bilim
Wissenschaftler *m* bilim adamı
wissenschaftlich *adj* bilimsel
Witwe *w* dul
Witwer *m* dul
Witz *m* **1** şaka **2** nüktecilik
witzig *adj* komik
wo *adv* nerede; **~ (auch) immer** herhangi bir yer
Woche *w* hafta
Wochenende *s* hafta sonu
Wochentag **~e** iş günleri
woher *adv* nereden; **W~ kommen Sie?** Nerelisiniz?
wohin *adv* nereye
wohl **Ich fühle mich nicht ~.** Rahatsızım.
wohnen *v irgendwo* yaşamak, oturmak, (vorübergehend) *irgendwo* kalmak *bir yerde*; **Ich wohne im Hotel Alcron.** Alcron otelinde kalıyorum.
Wohnmobil *s* karavan
Wohnsitz *m* ikamet yeri
Wohnung *w* apartman dairesi
Wohnwagen *m* karavan
Wohnzimmer *s* oturma odası
Wolf *m* kurt
Wolke *w* bulut
Wolkenkratzer *m* gökdelen
wolkig *adv* bulutlu
Wolle *w* yün
wollen *v* **1** (vorhaben) *etw. Akk zu tun* istemek **2** (verlangen) istemek *birinden bir şey* ► **Was ~ Sie?** Ne istiyorsunuz?
Wort *s* sözcük
Wörterbuch *s* sözlük
Wortschatz *m* sözcük dağarcığı
Wrack *s* enkaz
Wunde *w* yara
Wunder *s* mucize
wunderbar *adj* şahane, harika ♦ *adv* harika bir şekilde
wundern **sich ~** *über etw. Akk* şaşırmak *bir şeyi görünce*
Wunsch *m* dilek
wünschen *v* **1** (erhoffen) *j-m etw. Akk* bilemek *bsne bşi* **2** (guten Appetit usw.) *j-m etw. Akk* dilemek *bsne* ► **sich ~** *etw. Akk* dilemek *bir şey*
würdig *adj* **1** (Person usw.) ağırbaşlı, vakur **2** (wert) *etw. Gen* uygun *bir şeye*
Wurf *m* atma
Würfel *m* **1** küp **2** (zum Spielen) zar
Wurm *m* kurt
Wurst *w* sosis, (Schinkenwurst usw.) salam
Würstchen *s* sosis
Wurzel *w* **1** (einer Pflanze usw.) kök **2** (Zahl) karekök
Wüste *w* çöl
Wut *w* kızgınlık, öfke, hiddet
wütend *adj* gözü dönmüş, öfkeli, kızgın

Z

zäh *adj* **1** (Fleisch usw.) sağlam **2** (mit Ausdauer usw.) sebatlı, dayanıklı
Zahl *w* **1** (Zahlwort usw.) sayı **2** (Angabe) numara **3** *etw. Gen* sayı *bir şeyin*
zahlen *v j-m für etw.* ödemek *birine,bir şeyi*; **Bitte ~!** Hesap lütfen!
zählen *v* **1** *bis wie viel* saymak *bşe kadar* **2** (Anzahl feststellen) saymak **3** (zuordnen) *j-n/etw. zu j-m/etw.* saymak **4** (gehören) *zu etw.* aynı grupta yer almak *biriyle* **5** (Anzahl haben) kapsamak, içermek **6** *auf etw. Akk* güvenmek *bşe*, ummak *bşi*
zahlreich *adj* kalabalık, sayısız
Zahlung *w* ödeme
zahm *adj* uysal
Zahn *m* diş ► **sich die Zähne putzen** dişleri fırçalamak
Zahnarzt *m* dişçi
Zahnbürste *w* diş fırçası
Zahnfüllung *w* dolgu
Zahnpasta *w* diş macunu
Zahnspange *w* diş teli
Zahnstocher *m* kürdan
Zange *w* kerpeten
zart *adj* **1** (körperlich) zayıf **2** (Struktur usw.) saf **3** (empfindlich usw.) müşfik, şefkatli
zärtlich *adj* müşfik, şefkatli
Zauber *m* **1** (Zauberkraft) büyü **2** (Reiz) cazibe
Zaun *m* çit
Zebrastreifen *m* yaya geçidi

Zehe *w* **1** (am Fuß) parmak **2** (von Knoblauch) diş ► **auf den ~n** (gehen usw.) parmak ucuna basarak; **große ~** başparmak
zehn *num* on
zehnt(er,e,es) *num* onuncu
Zehntel *s* onda biri
Zeichen *s* **1** (Geste usw.) sinyal **2** (Symbol) işaret **3** (zum Unterscheiden) işaret **4** sembol **5** (Anzeichen) işaret *bir şeyde* **6** (Buchstabe usw.) karakter
zeichnen *v* çizmek, (Dreieck usw.) kroki yapmak
Zeichnung *w* çizim, resim
zeigen *v* **1** (in einer Richtung) *auf j-n/etw.* göstermek *birine/bir şey*, (vorzeigen) *j-m etw. Akk* göstermek *birine bir şeyi* **2** (vorzeigen) *etw. Akk* göstermek **3** *etw. Akk* göstermek *birine*, (Freude usw.) *etw. Akk* bildirmek *bsne* **4** (ausdrücken) *etw. Akk* kendini göstermek *bir şeyde* ► **sich ~** (sich sehen lassen) gözükmek, (Wahrheit usw.) ortaya çıkmak
Zeile *w* çizgi
Zeit *w* **1** zaman **2** (Zeitpunkt) zamanlama **3** (Ära) çağ ► **in letzter ~** son zamanlarda; **Abfahrtszeit/Ankunftszeit** gidiş/geliş saati
zeitgenössisch *adj* çağdaş, geçici
Zeitpunkt *m* an
Zeitschrift *w* dergi
Zeitung *w* gazete
Zelle *w* hücre
Zelt *s* çadır; **ein ~ aufstellen** çadır kurmak
Zentimeter *m,s* santim
zentral *adj* merkezi
Zentrale *w* **1** (einer Organisation usw.) kumanda merkezi **2** (Telefonzentrale) merkez, telefon santralı, (Telefonzentrale) santral
Zentrum *s* merkez
zerbrechen *v* kopmak
zerbrechlich *adj* kırılabilir
Zeremonie *w* tören
zerreißen *v* **1** (in Stücke) *etw. Akk* yırtmak *bir şeyi* **2** (Seil usw.) koparmak **3** (zerfleischen) parçalamak *bşi*, yırtmak *bşi*
zerschlagen *v etw. Akk* kırmak ♦ *adj* parçalanmış
zerstören *v* yok etmek
Zettel *m* **1** (mit Notiz usw.) levha, (Notizzettel usw.) mektup **2** (Kassenzettel usw.) makbuz
Zeuge *m* tanık *bir şeye*; **~** *etw. Gen* **sein** (Unfalls usw.) şahitlik *bir şeye*
Zeugnis *s* sertifika, (vom Arbeitgeber) rapor, tavsiye mektubu
Ziege *w* keçi
Ziegel *m* tuğla
ziehen *v* **1** (Handwagen usw.) *etw. irgendwohin* çekmek *bir şeyi bir yere* **2** (Bremse usw.) *an etw. Dat* çekmek *bir şeyi* **3** (herbeischleppen) *etw. Akk irgendwohin* çekmek *bşi bye*, (schleppen) *etw. Akk irgendwohin* çekmek *bye* **4** *etw. Akk aus etw.* kenara çekmek *bir şeyi bir yerden* **5** (Los usw.) kura çekmek **6** (Waffe) birdenbire çekmek, sarılmak *bşe* ► **Nutzen ~** *aus etw.* yararlanmak
Ziel *s* **1** (zu erreichender Punkt) hedef **2** (Absicht) gol **3** (eines Rennens) bitiş
ziemlich *adv* kafi, kâfi ♦ *part* oldukça
Zigarette *w* sigara
Zigarre *w* puro
Zimmer *s* oda; **~ zu vermieten** kiralık odalar
Zimmermädchen *s* oda hizmetçisi
Zimt *m* tarçın
Zins *m* faiz
Zirkus *m* sirk
Zitrone *w* limon
Zitronenlimonade *w* limonata
zittern *v* seğirmek, titremek, (vor Kälte usw.) çalkalanmak
zögern *v* duraksamak, tereddüd etmek, ertelemek *bşi*
Zoll *m* gümrük
Zollabfertigung *w* gümrükten çekme
Zollamt *s* gümrük
Zollbeamte *m* gümrük memuru
Zoo *m* hayvanat bahçesi
Zopf *m* saç örgüsü
zu[1] *prep* -a, -e
zu[2] *adv* (schwer usw.) -de, -da
Zubehör *s* donatı
Zubereitung *w* hazırlık *bir şeye*
Zucchini *w* kabak
züchten *v etw. Akk* bitki yetiştirmek
Zucker *m* şeker
Zuckerwürfel *m* şekerin parlaklığı
zudecken *v* **1** (bedecken) *j-n/etw. mit etw.* üzerini örtmek **2** (mit Deckel usw.) *etw. Akk mit etw.* üstünü kapamak *bşin*, örtmek *bşi*
zuerst *adv* daha önce, ilk
Zufall *m* rastlantı
zufällig *adj* **1** (Treffen usw.) kazara, tesadüfi **2** (Auswahl usw.) rastgele, tesadüfi ♦ *adv* şans eseri
zufliegen *v* ulaşmak
zufrieden *adj mit j-m/etw.* mutlu *biriyle/bir şeyle*, (Lächeln usw.) hoşnut, memnun
Zug *m* **1** (Verkehrsmittel) tren **2** (Wesenszug) karakteristik **3** (militärische Abteilung) manga **4** (im Schach usw.) hamle
zugänglich *adj* erişilebilir; **für die Öffentlichkeit ~** kamuya açık
zugeben *v* **1** (hinzufügen) *etw. Akk irgendwohin* ilave etmek **2** itiraf etmek, kabul etmek
zugleich *adv* aynı anda
zuhören *v j-m/etw.* dinlemek

zukleben *v* **1** (Umschlag usw.) *etw. Akk* kapamak *bir şeyi* **2** *etw. Akk mit etw.* yamalamak *bir şeyi bir şeyle* ► **mit Klebeband ~** *etw. Akk* bantlamak *bir şeyi*
zuknöpfen *v* düğmelemek
Zukunft *w* gelecek
zulassen *v* izin vermek, (damit es geschieht) *etw.* imkan vermek
zuletzt *adv* sonunda, son olarak
zum **~ Beispiel** örneğin; **~ dritten Mal** üçüncü kez; **~ letzten Mal** son sefer
zumachen *v etw. Akk* kapatmak
Zündkerze *w* buji
zunehmen *v* **1** şişmanlamak, kilo almak **2** (mehr werden) çoğalmak
Zuneigung *w* sevgi, eğilim
Zunge *w* dil
zurück *adv* **1** (gehen usw.) geri, (zum Ausgangspunkt) ters **2** (zurückgeblieben) gerisinde
zurückerstatten *v j-m etw. Akk* ödemek *bşi*
zurückfahren *v* geri gitmek
zurückgeben *v j-m etw. Akk* geri dönmek
zurückkommen *v* dönmek
zurücklegen *v* bir mesafeyi katetmek, (zu Fuß) *etw. Akk* yürümek
zurücktreten *v* **1** (nach hinten) geri gitmek **2** çekilmek *bşden*, istifa etmek, (abdanken) bırakmak
zurzeit *adv* şu an
zusammen *adv* **1** beraber, birlikte **2** (verbinden usw.) birlikte **3** (betragen usw.) hep birlikte
zusammenarbeiten *v mit j-m* işbirliği yapmak
zusammenbrechen *v* **1** (Mensch) çökmek **2** (Brücke usw.) yıkılmak
zusammendrücken *v etw. Akk* sıkıştırmak
Zusammenfassung *w* özet
Zusammenhang *m* alaka, ilgi, bağlantı, *zwischen etw. Dat* bağ
zusammenhängen *v mit etw.* bağlı olmak *bir şeye*
zusammensetzen *v etw. Akk* yerleştirmek *bir şeyi*; **sich ~** *aus etw.* oluşmak
Zusammenstoß *m* **1** (Zusammenprall) çarpışma **2** (Auseinandersetzung) çatışma, ihtilaf
zusammenstoßen *v* çarpışmak
zusammentreffen *v mit j-m* buluşmak *biriyle*
zusätzlich *adj* **1** ilave, ilâve **2** (als Zusatz usw.) ek, ilave, ilâve ♦ *adv* **1** (als Zusatz) *zu etw.* ilaveten **2** (übrig) ekstra
Zuschauer *m* izleyici, (Schaulustige) seyirci
Zuschlag *m* ek, ek ücret
Zustand *m j-s/etw.* durum *birine ait*
zuständig *adj* ilgili, yetkili, salahiyetli, salâhiyetli
zusteigen *v in etw. Akk* binmek *bir şeye*
zustellen *v j-m etw. Akk* teslim etmek
zustimmen *v j-m/etw.* aynı fikirde olmak; **nicht ~** *j-m/etw.* aynı fikirde olmamak
Zustimmung *w* rıza, kabul, *zu etw.* kabul etme
Zutat *w* içerik, malzeme
zuteilen *v* **1** (vergeben) *j-m etw. Akk* atamak **2** (als Anteil usw.) *j-m etw. Akk* paylaştırmak
Zutritt *m zu etw.* erişim, (Erlaubnis usw.) giriş; **~** *zu etw.* **bekommen** erişim sağlamak
zuverlässig *adj* güvenilir ♦ *adv* güvenilir bir şekilde
zuziehen *v* **1** (Vorhang usw.) *etw. Akk* kapatmak **2** (Schlinge usw.) germek *bir şeyi* **3** (als Einwohner) *irgendwohin* taşınmak *bye*
Zwang *m* **1** (rücksichtsloser usw.) basınç **2** (innerer) içtepi
zwanzig *num* yirmi
zwar *conj* gerçi; **und ~** yani
Zweck *m* maksat; **Es hat keinen ~.** Bu anlamsız.
zwei *num* iki
Zweibettzimmer *s* çift oda
zweifach *adj* çift
Zweifel *m* **1** kuşku, şüphe **2** kuşku, şüphe ► **ohne ~** kuşkusuz, şüphesiz
zweifelhaft *adj* kuşkulu
zweifellos *adv* şüphesiz, kuşkusuz ♦ *part* kuşkusuz, şüphesiz, tartışmasız
zweifeln *v an j-m/etw.* kuşku duymak
Zweig *m* **1** dal **2** (Abteilung usw.) branş
zweimal *num* iki kere
zweit(er,e,es) *num* ikinci; **zum zweiten Mal** ikinci kere
Zwiebel *w* soğan
Zwilling *m* **1** ikiz **2** **~e** ikizler
zwingen *v j-n zu etw.* zorlamak, *j-n zu etw.* zorlamak *birini bir şeye*
zwischen *prep* arasında
Zwischenlandung *w* ara iniş
zwölf *num* on iki
Zylinder *m* silindir